新訳

ミリンダ王の問い

ギリシア人国王とインド人仏教僧との対論

宮元啓一
Keiichi Miyamoto

花伝社

新訳　ミリンダ王の問い——ギリシア人国王とインド人仏教僧との対論◆目次

第一篇……第一、第二回の対論

第二篇……第三回の対論開始

凡例

一　底本は、*The Milindapañho being Dialogues between King Milinda and the Buddhist Sage Nāgasena*, the Pali Text, edited by V.Trenckner., published for the Pali Text Society by Luzac & Company Ltd., London, 1962. ただし、これを基にしながらも、他の諸本による校訂も含んだ、中村元・早島鏡正訳『ミリンダ王の問い』1，2，3（「東洋文庫7」、平凡社、一九六三〜六四年）は、広くわが国では読まれてきており、その校訂理由も明記されているので、今回の訳もこの東洋文庫版を踏襲することにする。

二　今日でもよく知られていない文物に関わる原語については、逐一訳すことはせず、全体像を示唆するだけに留めた。例えば、首都の町の区画整備にかかわる原語が列挙されていても、「区画がきちんと整理されている」という程度に留めた。また、ナーガセーナ長老は布教術に巧みであるため、例えば、「美しい、麗しい、綺麗な……」と、同義語を畳みかけることがよくある。その同義語の群れをすべて訳し分けることは困難であるし、またほぼ無意味であると思われるので、「とても美しい」だけに留めた。また、残虐な処刑法が列挙されている個所は、輪郭を示すだけで、子細には訳さないことにした。

三　仏教では、法数といって、事項を数でまとめることが非常に多い。本訳では、必要なものは列挙されるすべての事項を訳すが、仏教辞典ではないので、多くの場合、中村元先生が編纂された各種の辞典、とくに、『仏教語大辞典』（縮刷版、昭和五十六年）と、水野弘元『仏教要語の基礎知識』（春秋社、一九七二年）を、読者諸氏が参照してくださるであろうことを前提に、全部列挙することはしなかった。

四　節のタイトルは、原本にはなく、読者の便宜のために、わたくしが付けたものである。

五　所々に認め難い差別表現が見られるが、これも歴史上の事実であるので、読者諸氏はそうしたものとして批判的に受け止めていただければ幸いである。

ブッダとミリンダ王　関連地図

かの幸有るお方、修行を完成された阿羅漢、正しく目覚めたお方に帰命頂礼したてまつる。

序話

ミリンダという名のかの王は、バクトリア王国の首都サーガラで、あたかもガンジス川が海に注ぐかのように、ナーガセーナを訪れた。

多彩な談論を得意とする王は、真理の灯にして無明《むみょう》の闇を破るかの者に、真偽のほどを確かめようとする数多くの問いを投げかけた。

こうした問いへの答えこそは、深い道理にもとづき、聞く者の耳にやさしく、聞く者の心を喜ばし、未曽有のものであり、身の毛がよだつほどのものであった。

ナーガセーナの議論は、論と律に深く分け入り、経の網目を解きほどき、譬喩《ひゆ》と明快な筋道とによって鮮明なものであった。

諸君、智をしかるべきところに誘い、心を励まし、疑いの根を打ち破る、こうした素晴らしいミリンダ王の問いに耳を傾けよ。

以下のように伝えられている。

サーガラという名の、ありとあらゆる物流の要衝である、ギリシア人たちの都城があった。山紫水明の美しいところであった。遊園、庭園、郊外の閑静な地、泉、蓮池がそなわっていたが、こうしたものは、巧みな職能者が、川や山や林を巧みに配して設計したものである。外敵や反逆者たちは追い払われ、そうした輩たちによる危害が及ぶことはなかった。さまざまな堅固な物見櫓と城壁があり、最勝の大手門と櫓門があって、深い堀と白亜の城壁がこの都城を取り囲んでいた。都城の内部は、区画が整然と仕切られていた。数多くの高価な品物が店に満ち、見栄え良く並べられていた。また、この都城は、さまざまな百を数える布施堂によって美しく装われ、ヒマーラヤの山頂のように聳え立つ十万の豪邸で荘厳されていた。街路は、象、馬、車、歩行者であふれ、あでやかな出で立ちの男衆と女衆が列をなし、王族階級、祭官階級、庶民階級、奉仕階級の人々が群がっていた。人々は、さまざまな沙門・バラモン（併せて「出家修行者」）をもてなして喜びの声を上げ、さまざまな流派の指導者たちが、この地に好んでやってきた。店には、カーシやコートゥンバラなどに産するありとあらゆる織物がどっさりと置かれ、見栄え良く並べられたさまざまの美しい花や香料を売る店からは、芳しい香りが漂ってきた。人々を魅了するたくさんの宝物があふれ、四方の飾り窓に贅沢な品々を陳列した商人たちの同業組合が並んでいた。街には貨幣、金、銀、銅、宝石が満ちあふれ、光り輝く宝の国のようであった。穀物、財物、生活用品は豊かにあり、倉庫や蔵にあふれていた。さまざまの美味な水気の少ない食物・水気の多い食物・粘り気のある食物・飲料（以上の食物を左から右へ順に並べたもので、今日の南インドの「ターリー」と呼ばれる贅沢な定食がそれに当たる）が豊富である。まるで楽園の地ウッタルクル州のようで、穀物がすべてそろっていることは、毘沙門天の都城、アーラカマンダーのようであった。

　ここで、話題を変え、ミリンダ王とナーガセーナの前《ぜん》生《しょう》における行いを語らなければならないが、それに当たっては、話題を、次の六つに分けて語らなければならない。すなわち、前生と今生《こんじょう》との関係、ミリンダ王の問い、ことの特質についての問い、「『マハーウンマッガ・ジャータカ（前生物語）』に出てくる羊問答に由来する」難問、推論についての問い、譬喩についての問いの六つである。このうち、ミリンダ王の問いは、特質についての問いと疑いを絶つことについての問いとの二つに分かれ、難問も、大いなる章とヨーガを修する者の議論についての問いとの二つに分かれる。

　前生と今生との関係とは、ミリンダ王とナーガセーナの前生における行いのことである。

　伝えられるところでは、昔、幸有るお方であるカッサパ（過去七仏《しちぶつ》の一人、迦葉仏《かしょうぶつ》）の教えが現に行われていたころ、ガンジス川近くのある所に、大きな比丘（男性の出家修行者）たちの集団（サンガ、僧伽《そうぎゃ》、僧）が居住していた。そこでは、誓戒（禁《ごん》＝律）と仏教徒としての心構え（戒）を完全に守っている比丘たちが朝早く起きて、柄の長い箒をとり、心に目覚めた人ブッダの功徳をつぶさに思い浮かべながら境内を掃き、塵を集めて山のように盛り上げた。ある日、ある比丘がある沙弥《しゃみ》（比丘見習い）に声をかけた。

「沙弥よ、来て、この塵を捨ててきなさい」と。

　その沙弥は、聞こえなかったようで、そのまま行ってしまった。二度、三度呼ばれてもやはり聞こえなかったようで、そのまま行ってしまった。そのため、比丘は、「この沙弥は強情者だ」と怒って、箒の柄で沙弥を打った。そこで、怖さのために泣く泣く塵を捨てたその沙弥は、「わたくしは、塵を捨てるという功徳あるこの行いを為した「という嘘偽りのない真実のことばの力」によって、涅槃にいたるまで、この世でどこに生まれ変わろうと、真昼の太陽のように、大きな威力があり、大きな威光を放つ者でありたい」との、最初の誓いを立てた。

　沙弥は、塵を捨ててから、沐浴のためにガンジス川の岸辺に赴き、ガンジス川の勢いある怒濤を見て、「わたくしは、涅槃にいたるまで、この世でどこに生まれ変わろうと、この勢いある怒濤のように、速やかに弁舌の才能、尽きることのない弁舌の才能がありますように」との、第二の誓いを立てた。

　かの比丘も、箒小屋に箒をしまったあと、沐浴のためにガンジス川の岸辺に赴き、沙弥の誓いを耳にして、「わたくしによって動かざるを得なかったこの者でさえ、今、このように誓いを立てた。どうして、次のような誓いをわたくしが成就できないことがあろうか」と考え、「わたくしは、涅槃にいたるまで、この世でどこに生まれ変わろうと、このガンジス川の勢いある怒濤のように、尽きることのない弁舌の才能がありますように。また、この沙弥から投げかけられるいかなる問いをも、弁舌あざやかな問いをすべて解き明かすことができますように」との誓いを立てた。

この両人は、ともに諸天（天界《てんがい》）や人間（人間界）に転生しながら、次の目覚めた人ブッダが出現されるまでの期間を過ごした。ときに、この幸有るお方（迦葉仏）は、かつてモッガリプッタ・ティッサ長老にその将来を確証された（授記された）ように、この両人にもその将来を確証された。

「自分が世を去ってから五百年ののち、この両人はまたこの世に生まれるであろう。自分が精妙に示して説いた教え（法）と律とを、この両人が、かたや問いを投げかけ、かたや譬えを適用することによって、もつれを解き、不明なところがまったくないように解明するであろう」と述べられて。

この両人のうち、沙弥は、閻浮提《えんぶだい》（ジャンブディーパ、つまりはインド亜大陸）のサーガラという都城で、ミリンダという名の王となった。王は、学識があり、傑出しており、聡明であり、有能であった。そして、過去・未来・現在のものごとについて、適宜、適切に決断し命令を下した。また、王は、いくつもの学問に通じていた。すなわち、天啓聖典（＝ヴェーダ聖典）、憶念聖書（法典など）、サーンキヤ哲学、ヨーガ哲学、ニヤーヤ哲学、ヴァイシェーシカ哲学、数学、音楽、医学、四つのヴェーダ本集、古伝聖典、史書、天文学、幻術、論理学、呪術、兵法、韻律学、符号算、以上、十九の学問に通じていたのである。論客としては、近づき難く、打ち勝ち難く、数ある宗教指導者のなかで頂点をなすと称されていた。閻浮提全土のなかで、剛毅さ、敏捷性、武勇、智慧について、ミリンダ王に匹敵する者は誰もいなかった。そして、豊かで、大いに富み、大いに栄え、数えきれないほどの兵力と車輛とを保有していた。

さて、ある日、ミリンダ王は、四軍（象軍、馬軍、戦車軍、歩兵軍）の陣列を観閲しようと思い、門から出て、都城の外で軍を観閲した。観閲が終了してのち、議論好きの王は、唯物論者（順世外道《じゅんせげどう》）や詭弁（揚げ足取り）論者と議論を交わそうと心がはやるばかり、太陽を仰ぎ見て、随臣たちに語りかけた。

「日はまだ早い。今から都城に戻っても意味がない。誰か、識者、沙門かバラモン修行者で、教団を率いる者、学派を率いる者、学派の教師、修行完成者たる阿羅漢、正しく目覚めたと自認する者で、余と対論して、余の疑問を解くことのできる者はいないか。」

こう語りかけられて、五百人のギリシア人は、ミリンダ王にこう答えた。

「大王様、六師（六師外道）がおります。プーラナ・カッサパ、マッカリ・ゴーサーラ、ニガンタ・ナータプッタ、サンジャヤ・ベーラッタプッタ、アジタ・ケーサカンバリン、パクダ・カッチャーヤナです。この者たちは、教団を率い、学派を率いる者であり、学派の教師であり、世に知られ、名声があり、教団の指導者であり、多くの人々に尊敬されております。大王様、かれらのもとに赴いて、問いかけなさいませ。そして疑いを解きなさいませ。」

そこで、ミリンダ王は、五百人のギリシア人を従えて、王専用の華麗な二輪馬車に乗り、プーラナ・カッサパのもとを訪れた。近づいて、プーラナ・カッサパと挨拶し、喜ばしく記憶にのこるほど丁重な言葉を交わしてから、傍らに坐った。傍らに坐ったミリンダ王は、プーラナ・カッサパにこう問いかけた。

「カッサパ先生、世界を支えているものは何でしょうか？」

「大王様、世界を支えているのは地（地輪＝金輪《こんりん》――その下に水輪、またその下に風輪があるとされる）です。」

「カッサパ先生、もし地が世界を支えているのであるならば、無間地獄《むけんじごく》に赴く衆生《しゅじょう》は、なぜ地を乗り越えて赴くのでしょうか？」

ミリンダ王がこう問うたとき、プーラナ・カッサパは、この問いを呑み込むこともできず、吐き出すこともできず、ただ頭を垂れて沈黙し、呆然と坐り込んでいた。

次に、ミリンダ王は、マッカリ・ゴーサーラにこう問いかけた。

「ゴーサーラ先生、善悪の行い（業）というものがありますか？　善く為された行い、悪しく為された行いには、果報というものがありますか？」

「大王様、善悪の行いというものはありません。善く為された行為、悪しく為された行いには、果報というものはありません。大王様、現世において王族階級である人は、来世にもまた王族階級の人となるでありましょう。現世において祭官階級である人、庶民階級である人、奉仕階級である人、その下の階層の人、そのまた下の階層の人は、来世にもまた王族階級の人、庶民階級の人、奉仕階級の人、その下の階層の人、そのまた下の階層の人となるでありましょう。善悪の行いには何の用もありません。」

「ゴーサーラ先生、もし現世において武人階級である人、祭官階級である人、庶民階級の人、奉仕階級の人、その下の階層の人、そのまた下の階層の人が、来世にもまた武人階級の人、祭官階級の人、庶民階級の人、奉仕階級の人、その下の階層の人、そのまた下の階層の人となるのであれば、為すべき善悪の行いなるものはありません。ゴーサーラ先生、それでは、現世において手を切断された人は、来世にもまた手を切断された人となるのでしょうか？　足を切断された人は、来世にもまた足を切断された人となるのでしょうか？　耳や鼻を切り落とされた人は、来世にもまた耳や鼻を切り落とされた人となるのでしょうか？」

こう問われたとき、ゴーサーラは沈黙した。

そこで、ミリンダ王には、次のような思いが浮かんだ。「ああ、何と閻浮提全土は中身が空っぽである。ああ、何と閻浮提全土はまるで籾殻である」と。

そこで、ミリンダ王は、随臣の者にこう問うた。

「諸君、まことに、月明かりの夜は美しい。今、沙門あるいはバラモンの修行者で、余と対論を交わし、疑いを取り除くことのできる人物を、余は訪ねて問いを投げかけようと思うが、誰かそうした人物がいるだろうか？」と。

こう問われたとき、随臣たちは沈黙し、王の顔を仰ぎながら立ち尽くすばかりであった。

そのころ、サーガラの都城に、沙門やバラモンの修行者や資産家で学識豊かな人物がいないこと、すでに十二年を経過していた。しかし、王は、「沙門やバラモンの修行者や資産家で学識豊かな人物がいる」と聞けば、どんな所にも赴いて、その者たちに問いを投げかけた。その者たちは、王から投げかけられた問いにすべて答えて王を満足させることができず、あちらこちら、別の地へと去って行った。また、別の地へと去っては行かなかった者たちは、沈黙したまま居坐り続けた。比丘はほとんどみな、ヒマーラヤ山へ去って行った。

丁度そのころ、十億の修行完成者阿羅漢たちが、ヒマーラヤ山麓のラッキタタラという地域に居住していた。そして、アッサグッタ長老は、天耳《てんに》という神通によってミリンダ王の言葉を聞き、ユガンダラ山頂に比丘の集団を呼び寄せ、こう比丘たちに問うた。

「友よ、誰か、ミリンダ王と対論を交わして、王の疑いを解くことのできる比丘はいませんか？」

こう問われたとき、十億の阿羅漢たちは黙り込んだ。そこで、アッサグッタ長老は、比丘の集団に向かってこう言った。

「三十三天（忉利天《とうりてん》）はヴェージャヤンタ宮の東方にケートゥマティーという名の天宮があり、そこに、マハーセーナという名の天子が住まわっておいでである。このお方は、ミリンダ王と対論を交わし、王の疑いを解く力を持っておいでである。」

これを聞いた十億の阿羅漢たちは、ユガンダラ山から姿を消して、三十三天に現れた。

諸天の帝王、帝釈天は、この比丘たちが遠くからやって来るのを見た。見て、帝釈天はアッサグッタ長老のもとに近づいた。近づいて、アッサグッタ長老に挨拶し、傍らに立った。傍らに立った帝釈天は、アッサグッタ長老にこう問うた。

「大先生、比丘の集団が到着されました。わたくしは、比丘の集団の雑用係を務めるものです。何をお望みでいらっしゃいますか？　わたくしは、何をすればよいのでしょうか？」

そこで、アッサグッタ長老は、諸天の帝王、帝釈天に、こう語りかけた。

「大王様、閻浮提のサーガラという都城に、かのミリンダという名の王がいます。王は、論客として、近づき難く、打ち勝ち難く、さまざまの宗派の指導者たちのなかの最上の人と言われております。王は、比丘の集団に近づいて、邪見の論法をもって問いを投げかけ、比丘の集団を悩ましております。」

そこで、諸天の帝王、帝釈天は、アッサグッタ長老にこう語った。

「先生、そのミリンダ王こそは、ここを去って人間界に生まれたお方です。先生、ケートゥマティー天宮に、マハーセーナという名の天子がお住まいです。このお方は、ミリンダ王と対論を交わし、王の疑いを解くことができます。わたくしは、かの天子様に、人間界に生まれるように懇願することにいたしましょう。」

そこで、諸天の帝王、帝釈天は、比丘の集団を先に立ててケートゥマティー天宮に入り、マハーセーナ天子を抱いて、こう言った。

「先生、比丘の集団は、先生が人間界に生まれなさるようにと懇願しております。」

「先生、わたくしは、業苦《ごうく》に満ちた人間界を望みません。人間界はきつい所です。先生、わたくしは、この天界で順々に上の方の境涯に生まれ変わって、そこで完全な涅槃《ねはん》（般《はつ》涅槃）に入る（＝入滅する）つもりでおります。」

二度、三度と諸天の帝王、帝釈天が懇願したが、天子マハーセーナの答えはこうであった。

「先生、わたくしは、この、業苦に満ちた人間界を望みません。人間界はきつい所です。先生、わたくしは、この天界で順々に上の方の境涯に生まれ変わって、そこで完全な涅槃に入るつもりでおります。」

そこで、アッサグッタ長老は、天子マハーセーナにこう語りかけた。

「先生、今ここで、わたくしどもが人間界と天界を眺め渡すに、先生を措いて、ミリンダ王の議論を打ち破って、仏の教えを王に理解させることのできる人物は見当たりません。先生、比丘の集団は、先生に懇願して、『尊者様、人間界に生まれて、十力《じゅうりき》を具するお方（仏）の教えを、よろしく、人々にお勧めくださいますように』と言っているのです。」

こう語りかけられたとき、天子マハーセーナは、「わたくしは、ミリンダ王の議論を打ち破って、仏の教えを王に理解させることができるであろう」と考えられたとのことで、そこで、嬉しく、満足し、悦びにあふれて、

「先生、分かりました。わたくしは、人間界に生まれることにいたしましょう」

と、承諾されたのである。

こうして、比丘たちは天界での使命を果たしたのち、三十三天から姿を消し、ヒマーラヤ山麓のラッキタタラに現れた。ときに、アッサダッタ長老は、比丘の集団に次のように問いかけた。

「友よ、この比丘の集団のなかで、比丘でありながら集会に来なかったものは誰か？」

こう言われたとき、ある比丘が、アッサダッタ長老にこう答えた。

「先生、ヒマーラヤ山中に出かけて行き、七日目に滅尽定に入ったローハナ長老という人物がおります。その者のもとに使者を遣わしてはどうでしょうか？」

ローハナ長老も、丁度そのとき、滅尽定から起ち上がり、「比丘の集団は、わたくしが来るのも待っている」と知ったので、ヒマーラヤ山中から姿を消し、ラッキタタラにいる十億の阿羅漢たちの目の前に現れた。そのとき、アッサグッタ長老は、ローハナ長老に次のように問うた。

「ローハナ君、目覚めた人ブッダの教えが打ち破られようとしているときに、なぜ今、君は比丘の集団の為すべきことを見ないのですか？」

「わたくしは、気が付かなかったのです。」

「では、ローハナ君、君は棒たたきの刑罰を受けなければなりません」

「先生、わたくしは何をすればよいのでしょうか？」

「ローハナ君、ヒマーラヤの山腹に、カジャンガラという名のバラモンたちの居住地区がある。そこに、ソーヌッタラという名のバラモンが住んでいます。その者の息子として、ナーガセーナという名の童子が生まれるでありましょう。そうなったなら、君は七年と十か月のあいだ、その者の家に托鉢に入りなさい。托鉢に入って、ナーガセーナ童子を連れて行って、出家させなさい。その童子が出家したとき、君は刑罰を免れることになるでしょう。」

そこで、ローハナ長老は、「分かりました」と、承諾した。

さて、天子マハーセーナは、天界を去り、ソーヌッタラという名のバラモンの妻の胎内に生を結んだ。生を結んだそのとき、三つの不可思議で未曽有の出来事が起きた。武器や農具が燃え上がり、穀物の若芽が実を結び、そして大雨が降った。こうして、ローハナ長老は、天子マハーセーナが生を結んでからというもの、七年と十か月のあいだ、その家に托鉢に入ったが、一日たりとも、わずかに一匙の食、わずかに一杯の粥すらも受けることなく、ただの一度も、挨拶の言葉、合掌、あるいは敬礼も受けることがなかった。それほどであったから、受けたのは侮辱や詰りだけで、「先生、先に行ってください」という〔托鉢の出家を敬遠するための〕言葉さえも受けることがまったくなかった。ところが、七年と十か月が経過したある日、「先生、先に行ってください」という言葉だけは受けたのである。その日、かのバラモンは、家の外での仕事から帰る途上、ローハナ長老に出会い、

「もし、御出家、御坊は我が家に立ち寄りましたか?」と尋ねた。

「いかにも、バラモン様、わたくしはそうしました。」

「御坊は何か受け取りになりましたか?」

「いかにも、わたくしは受け取りました。」

バラモンはそれを聞いて喜ばず、帰宅して家人に問うた。

「お前たちはあの出家に何か布施したのか?」

「いいえ、わたくしたちは何も布施しませんでした。」

バラモンは、次の日、「今日は、嘘をついたというかどで、あの出家を懲らしめてやろう」と目論見ながら自宅の戸口に坐っていた。長老が、その日、バラモンの家の戸口に着いたとき、バラモンは長老を見てこう言った。

「昨日、御坊は、我が家で何も受け取らなかったに、『わたくしは受け取りました』と仰いました。そもそも、御坊たちに、嘘をつくことが許されておいでなのでしょうか。」

「バラモン様、七年と十か月のあいだ、あなた様の家でわたくしは、『先に行ってください』という言葉すらも受けませんでした。ところが昨日、『先に行ってください』という言葉だけは受け取りました。その一言の挨拶の言葉を受け取りましたので、『受け取りました』と申したのです。」と、長老は答えた。バラモンは、心中、考えた。「この人たちは、挨拶の言葉を受けただけでさえ、人々のあいだで、『わたくしは受け取りました』と口に出して言っている。もしも、何か他の食べ物を受け取ったならば、どうして『受け取った』と口に出して言わないことがあろうか」と。

バラモンは感激して、自分のために設えられた料理から、一匙の食物を、あれこれと、家人に命じて長老に布施し、

「御坊はこうした食べ物をいつでもお受け取りください」と、言った。バラモンは、その次の日から、訪ねてくる長老の物静かな振る舞いを見て、ますます大いに喜び、長老がいつも自分の家で食を摂るよう、お願いした。長老は黙ったまま、満足の意を表し、毎日食事を終えて立ち去るときは、いつも、目覚めた人ブッダの短い文言を唱えて行くのであった。

さて、かのバラモンの妻は、十カ月の時を経て、一人の男の子を産んだ。その子はナーガセーナと名づけられた。童子はだんだんと成長して七歳となった。そのとき、童子の父は、童子ナーガセーナにこう言った。

「愛児ナーガセーナよ、お前はこのバラモンの家に伝わる学問を学びたいと思うか?」

「父上、このバラモンの家に伝わる学問とはどういうものなのですか?」

「愛児ナーガセーナよ、その学問というのは、三ヴェーダのことを言うのだ。その他の知識はたんなる技能に過ぎない。」

「それでは父上、わたくしはそれを学ぶことにいたします。」

そこで、バラモン、ソーヌッタラは、あるバラモンの教

師に一千金の報酬を与え、家の中の一室の隅に寝床を設け、その教師にこう言った。

「バラモン先生、どうかこの子にヴェーダ聖典を教えてください。」

「それでは良い子よ、ヴェーダ聖典を習得しなさい。」

と言って、先生は授業を開始した。ナーガセーナ童子は、一度教えられただけで、三ヴェーダが分かり、その真意をよく理解した。一度聞いただけで、三ヴェーダのみならず、それにまつわる語彙、説かれている祭祀の決まり、音韻論、語源論、第四のヴェーダであるアタルヴァヴェーダ、第五のヴェーダである史書の一字一句を理解し、文法を知り、唯物論（順世外道）や大人相《だいにんそう》（仏や転輪聖王《てんりんじょうおう》が具えるとされる三十二の身体上の特徴）を観ずる術にも通ずるようになった。そこで、童子ナーガセーナは、父にこう言った。

「父上、このバラモンの家に、これ以上学ぶべきものがありますか？　それともこれだけですか？」

「愛児ナーガセーナよ、このバラモンの家には、これ以上に学ぶべきものはない。学ぶべきものはこれだけだ。」

そこで、童子ナーガセーナは先生を前にした最後の授業を受けたのち、家を出て、それまでに身についた習性に何となく駆られ、ひっそりとした場所に行き、独り坐って瞑想にふけった。そして、自分が学んだことを、初め、中頃、終わりにわたって振り返り、その初めにも、中頃にも、終わりにも、かけらほどの価値も見出せなかった。

「ああ、これらヴェーダ聖典は、まこと、中身がない。ああ、これらヴェーダ聖典は、まこと、籾殻同然である。価値もないし、実効性をともなう真実の言葉ではない。」

と言って後悔し、心楽しまずにいた。

ちょうどそのとき、ローハナ長老は、ヴァッタニヤの住まいに坐して、童子ナーガセーナの心中を察し、内衣をつけ、鉢《はつ》と上衣《じょうえ》を手に執って、ヴァッタニヤの住まいから姿を消し、ガジャンガラのバラモンの居住地区に現れた。童子ナーガセーナは、自宅の門口に立って、ローハナ長老がはるか遠くからやって来るのを見た。童子はそれを見て、感激し、欣喜雀躍し、心に満足を憶えた。「おそらく、この出家は、いつか嘘偽りのない真実の言葉を教えてくれるに違いない」と。童子は、ローハナ長老のもとに近づいた。近づいて、ローハナ長老にこう問うた。

「先生、そのように頭を剃り、黄ばんだ（袈裟）衣をまとっておられるあなた様は、いったいどなたでいらっしゃるのでしょうか？」

「童子よ、わたくしは出家した者です。」

「どうしてあなた様は『出家した者』だと言うのですか？」

「童子よ、諸々の悪しき穢れを離れるために家を出たのです。それでわたくしは『出家した者』と言うのです。」

「先生、どういうわけで、先生の髪は、他の人たちと違うのですか？」

「童子よ、出家した者は、十六の障碍《しょうげ》を見て取って、髪や髭を剃るのです。十六とは次の通りです。すなわち、飾り立てる障碍《しょうげ》、美しく装う障碍、油を塗る障碍、髪を洗う障碍、花飾りを挿す障碍、香料を用いる障碍、香を肌に塗りつける障碍、訶梨勒《かりろく》の乾いた実のようになる障碍、阿摩勒の乾いた実のようになる障碍、ラッカー（色樹脂）を塗る障碍、髪を結う障碍、櫛で梳く障碍、髪床に行く障碍、髪をほどく障碍、虱が繁殖する障碍、髪が抜けたことで嘆き悲しみ泣き出すほどの戸惑いを生ずる障碍、以上です。童子よ、こうした十六の障碍に覆われた人たちは、どんな素晴らしい学芸を身につけていても、すべて台無しになってしまうのです。」

「先生、どういうわけで、あなた様の衣も、他の人たちと違うのですか？」

「その心配も、この黄ばんだ衣には無縁なのです。だから、わたくしの衣は、他の人々のものとは違っているのです。」

「先生、あなた様は、色々の学術を御存知でいらっしゃいますか？」

「確かに、わたくしは色々の学術を知っている。この世で最上の聖典なるものも知っている。」

「先生、その最上の聖典なるものをわたくしに授けてくださいませんか？」

「分かった。童子よ、授けてもよいが。」

「それでは、わたくしにお授けください。」

「童子よ、今はそのときではない。わたくしは、托鉢のためにあなたの家にやって来たのですから。」

そこで、童子ナーガセーナは、ローハナ長老の手から鉢を受け取り、長老を家のなかに案内し、盛りだくさんの、水気の少ない食物・水気の多い食物を手ずから給仕し、満足が行くほど思う存分食事を提供した。ローハナ長老が食べ終わり、鉢から手を離したとき、ナーガセーナは長老にこう語りかけた。

「先生、今すぐ、わたくしに聖典をお授けください。」

「童子よ、君がさまざまの障碍を離れ、君のご両親の同意を取り付け、わたくしがまとっている出家の衣をまとうのであれば、そのときわたくしは君に聖典を授けてあげよう。」

そこで、童子ナーガセーナは、両親に近づいてこう語った。

「母上、父上、かの出家は、この世で最上の聖典なるものを知っていると言っています。けれども、自分のもとで出家しない者には聖典を授けてくれません。そこで、わたくしは、かの出家のもとで出家して、その聖典を習得したいと思います。」

そのとき、両親は、「出家してまでもこの子は聖典を習得したいと言っているが、それは善いとして、習得し終えたなら、また家に戻って来てほしいものだ」と思いながら、「息子よ、そうするがよいでしょう」と言って、息子が出家することに同意した。そこで、ローハナ長老は、童子ナーガセーナを連れて、ヴァッタニヤの滞在地にあるヴィジャンバ庵に到着した。到着して、ヴィジャンバ庵の休息所で一夜を明かし、ラッキタタラに赴いた。赴いて、十億の阿羅漢たちがいるところでナーガセーナを出家させた。そのとき、出家したナーガセーナ長老は、ローハナ長老にこう語りかけた。

「先生、わたくしは、先生のと同じ衣をまとっております。さあ、聖典をお授けください。」

そこで、ローハナ長老は、「自分は、まず、ナーガセーナに何を教えるべきであろうか。経か、それとも論か？」と思案し、「このナーガセーナはまことに聡明であるから、簡単に論を習得できるであろう」と見て取り、ナーガセーナに、まず、論を教えた。そこで、ナーガセーナ長老は、善・悪・無記について三対と二対の用語にまとめた『法集論《ほうじゅうろん》』と、五蘊《ごうん》の分類を始めとする十八の分類でまとめられた『分別論《ふんべつろん》』と、包摂と排除によって万象を十四に分類する『界論』と、五蘊の識別と十二処の識別を六分類した『人施設《じんせせつ》論《ろん》』と、五百の自説と五百の他説併せて千の説を集成分類した『論事』と、二対の感官と二対の蘊などを十分類した『双論』と、因縁・所縁などを二十四分類する『発趣論《ほっしゅろん》』といった、論蔵のすべてを、たった一度、先生が読誦《どくじゅ》しただけで分かってしまった。そこで、ナーガセーナ長老は言った。

「先生、もう結構です。それ以上お説きにならないでください。わたくしはこれまでのものだけを暗誦することにいたします。」

そして、ナーガセーナ長老は、十億の阿羅漢たちがいる所に近づいた。近づいて、十億の阿羅漢たちにこう語った。

「先生方、わたくしは、善・悪・無記というこの三つの言葉に集約して、論蔵のすべてを詳細にわたって説明することにいたします。」

「よいでしょう、ナーガセーナさん、説明してください。」

そこで、ナーガセーナ長老は、七カ月のあいだ、右の七つの論を詳細に解き明かした。大地は震動し、諸天は賞讃の声を上げ、梵天は手を叩き、空からは、天の抹香や天の曼陀羅華《まんだらげ》が降り注いだ。こうして、十億の阿羅漢たちは、ナーガセーナ長老が満二十歳を迎えたとき、ラッキタタラで具足戒《ぐそくかい》（すべての戒律）を授けた。今や具足戒を受けたナーガセーナ長老は、一夜明けて、朝早く内衣《ないえ》をまとい、鉢と上衣を携えて、托鉢のために村に入って行ったが、そのとき、ナーガセーナには次のような思いが生じた。「まったくのところ、わたくしの先生は頭が空っぽだ。まこと、わたくしの先生は頭が悪い。目覚めた人ブッダのその他の言葉（律と経）を放っておいて、初めに論だけをわたくしに教えたのだから。」

そのとき、ローハナ長老は、ナーガセーナ長老の心中を心で察し、ナーガセーナ長老にこう語った。

「ナーガセーナ君、君はよろしからぬ思いを抱いたね。

ナーガセーナ君、そういうことを考えるのは君にとってよろしいことではない。」

そのとき、ナーガセーナ長老は思った。

「何と、まことに不可思議なことだ。何と、まことに稀有なことだ。わたくしの先生がわたくしの心中を察しておられるとは！　まったくのところ、わたくしの先生は智慧者だ。わたくしは先生に謝らなければならない。」

そこで、ナーガセーナ長老は、ローハナ長老にこう語った。

「先生、お許しください。もうそのような思いを起こしません。」

すると、ローハナ長老は、ナーガセーナ長老にこう語った。

「ナーガセーナ君、それだけで君を許すわけには行きませんよ。そこで話があるのだが、ナーガセーナ君、サーガラという名の都城があり、そこをミリンダという名の王が統治している。王は、邪見による論法で問いを投げかけ、比丘の集団を悩まして来た。もし、君がそこに行ってその王を論破し、比丘の集団に対して浄信（迷いのない信頼）を起こさせるならば、わたくしは君を許してあげよう。」

「先生、ミリンダ王だけなど問題ではありません。先生、閻浮提全土のすべての王たちがやって来て、わたくしに論戦を挑んだとしても、わたくしはそれをものともせず、すべてに答えて解決してみせましょう。先生、ですから、わたくしをお許しください。」

にもかかわらず、ローハナ長老に「許すわけにはいかない」と言われたとき、ナーガセーナ長老は言った。

「先生、それならば、この雨期の三カ月、わたくしは、どなたのもとで過ごせばよいのでしょうか？」と。

「ナーガセーナ君、今、アッサグッタ長老が、ヴァッタニヤに滞在しておられる。ナーガセーナ君、君は行って、その、アッサグッタ長老がもとを訪ねなさい。訪ねて、わたくしの名を告げて、アッサグッタ長老の足に頂礼《ちょうらい》し、こう言いなさい。『先生、わたくしの先生は、先生のおみ足に頂礼し、先生がご健勝でおられるかを伺っておられます。わたくしの先生は、この雨期の三カ月、先生のもとで過ごすようにと、わたくしを遣わされたのです』と。また、『君の先生の名は？』と問われたとき、『先生、ローハナ長老といいます』と答えなさい。『わたくしの名は何か？』と問われたならば、こう言うがよろしい。『先生、わたくしの先生は、先生のお名前を知っておいでです』と。」

「先生、かしこまりました。」

と、答えて、ナーガセーナ長老は、ローハナ長老に挨拶し、先生を右遶《うにょう》して（右回りに回り）から退出し、鉢と上衣を携えて、順々に諸所を遍歴しながら、ヴァッタニヤに滞在するアッサグッタのもとに到着した。到着して、アッサグッタ長老に挨拶してから、その傍らに坐った。傍らに坐ったナーガセーナ長老は、アッサグッタ長老にこう語りかけた。

「先生、わたくしの先生は、先生のおみ足に頂礼し、こう申しております。『先生におかれましてはご健勝でいらっしゃいますでしょうか』と。先生、わたくしの先生は、この雨期の三カ月の間、先生のもとで過ごすようにと、わたくしを遣わされたのです。」

そこで、アッサグッタ長老は、ナーガセーナ長老にこう言った。

「君の名は何か?」

「先生、わたくしの名はナーガセーナです。」

「君の先生の名は何か?」

「先生、ローハナ長老と言います。」

「わたくしの名を知っておいでか?」

「先生、存じております。」

「分かった。ナーガセーナ君、鉢と上衣をここに置きなさい。」

「かしこまりました」と言って、ナーガセーナ長老は鉢と上衣を置いた。翌日、ナーガセーナ長老は、アッサグッタ長老の僧房を掃き清め、洗顔のための水、歯磨きのための水を用意した。ところが、アッサグッタ長老は、自分でその僧房を掃き清め、洗顔と歯磨きのために用意された水を捨てて新たな水をみずから用意した。さらに、ナーガセーナ長老が用意した楊枝を投げ捨てて、別の楊枝を持って来た。アッサグッタ長老は一言も口を利かなかった。こうして七日が過ぎた。アッサグッタ長老は、ナーガセーナ長老に、また同じことを問うた。そこで、ナーガセーナ長老が、前と同じように答えたとき、アッサグッタ長老は、ナーガセーナ長老に、雨期の安居《あんご》(蟻などを踏み殺さないように不要な外出を避ける一時定住生活)を許可した。

さて、ある優婆夷(女性の信者)がいて、アッサグッタ長老に三十年にわたり奉仕していた。ときに、その優婆夷は、安居の三カ月が過ぎてから、アッサグッタ長老のもとを訪れた。訪れて、アッサグッタ長老にこう言った。

「先生、先生のもとに他の比丘がおられますか?」

「優婆夷殿、わたくしのもとに、ナーガセーナという名の比丘がいます。」

「それでは、アッサグッタ長老様、ナーガセーナ様といっしょに、明日、食物をお受けくださいませ。」

アッサグッタ長老は、沈黙して承諾の意を表した。そこで、アッサグッタ長老は、一夜明けて、早朝、内衣をまとい、鉢と上衣を携えて、伴の若い出家ナーガセーナ長老といっしょに、優婆夷の住いを訪れた。訪れて、設えられた座に坐った。そのとき、かの優婆夷は、アッサグッタ長老とナーガセーナ長老に、たくさんの水気の少ない食物・水気の多い食物を手ずから給仕して満足させ、食べたいだけ食べてもらった。ときに、アッサグッタ長老は、食べ終わり、鉢から手を離して、ナーガセーナ長老にこう語りかけた。

「ナーガセーナ君、君はこの優婆夷殿に、随喜の言葉を述べなさい。」

と、こう言って、座を起って行ってしまった。

ときに、かの優婆夷は、ナーガセーナ長老に、こう語りかけた。

「ナーガセーナ長老様、わたくしは年老いております。甚深の真実の教えで、わたくしに随喜の言葉を述べてください。」

そこで、ナーガセーナ長老は、かの優婆夷に、世間の常識を超えている（出世間の）、万象が頼りにならない果敢ないものであるという、深甚の論の教えをもって、随喜の言葉とした。そのとき、即座に、かの優婆夷に、「すべて生ずるものは滅するものである」という、世俗の塵を離れ、世俗の垢を離れ真理の眼が生じた。ナーガセーナ長老もまた、その優婆夷に随喜の言葉を述べ終わってから、自分が説いた真理の教えを改めて見直し、真正面から観察に没入した結果、即座に預流果《よるか》（聖者の流れに入ったという位）に到達した。

ちょうどそのとき、アッサグッタ長老は、四阿に坐していたが、ナーガセーナ長老と優婆夷の両人がともに真理の眼を得たことを知り、「素晴らしいことである（善いかな、善哉《ぜんざい》）」との言葉を発した。

「素晴らしいことです。素晴らしいことです。ナーガセーナ君、一本の矢を放つことで、二つの偉大な身体が射抜かれたのだ。」

数千の諸天もまた、「素晴らしいことです」との言葉を発した。さて、ナーガセーナ長老は、座より起って、アッサグッタ長老のもとを訪れた。訪れて、アッサグッタ長老の傍らに坐った。傍らに坐ったナーガセーナ長老に、アッサグッタ長老はこう語りかけた。

「ナーガセーナ君、君はパータリプッタに行きなさい。パータリプッタの都城にあるアソーカ僧房に、ダンマラッキタ長老が滞在している。君は、そのお方のもとで、目覚めた人ブッダのことばを十全に習得するがよい。」

「先生、パータリプッタの都城は、ここからどれほどの距離があるのでしょうか？」

「ナーガセーナ君、百ヨージャナ（数百キロメートル）ある。」

「道のりは大変遠いです。途中で托鉢して食物を得ることは難しいです。どうやったらわたくしは旅が出来るでしょうか？」

「ナーガセーナ長老殿、行けばどうにかなる。途上で、米の粥、黒い粒を取り除いた白米の粥、色々の汁物、色々の副菜といった食物を托鉢で得ることが出来るでしょう。」

「先生、分かりました。」

と、言って、ナーガセーナ長老は、アッサグッタ長老に挨拶し、長老を右周りに回ってその場を去り、鉢と上衣を携えて、パータリプッタを目指して旅立った。

そのとき、パータリプッタ出身のある同業者組合長が、五百輌の車を連ねてパータリプッタに通ずる道を進みつつあった。パータリプッタの組合長は、ナーガセーナ長老が遠くからやって来るのを見た。見て、五百輌の車列を止め、ナーガセーナ長老のところに近づいた。近づいて、ナーガセーナ長老に挨拶してから、

「先生、どちらに行かれるのでしょうか？」

と、言った。

「長者殿、わたくしは、パータリプッタに向かいます。」

「先生、それは結構なことです。わたくしどもも、パータリプッタに向かっているところでございます。わたくしどもと一緒であれば、楽しい道のりになることでしょう。」

さて、今や、パータリプッタの組合長は、ナーガセーナ長老の威風に打たれて喜び、ナーガセーナ長老に、たくさんの、水気の少ない食物・水気の多い食物を手ずから給仕し、満足してもらい、思うだけ食べてもらった。ナーガセーナ長老が食べ終わり、鉢から手を離したとき、組合長は、粗末な座具を取って傍らに坐った。傍らに坐った組合長は、ナーガセーナ長老にこう問うた。

「先生、お名前は何と？」

「長者殿、わたくしはナーガセーナと申します。」

「先生、あなた様は目覚めた人ブッダの言葉を御存知でいらっしゃいますか？」

「長者殿、わたくしは、論のすべての文言を存じております。」

「先生、それはわたくしどもにとって素晴らしいことです。わたくしどもにとってまことに素晴らしいことです。先生、わたくしどももまた、論を弁ずるものです。先生もまた、論を弁ずるお方です。先生、論の文言をお語りください。」

そこで、ナーガセーナ長老は、パータリプッタの組合長に、論を説いた。順々に説き示していったとき、パータリプッタの組合長に、「およそ生ずるものは滅するものである」という、塵を離れ、垢を離れた真理の眼が生じた。それから、パータリプッタの組合長は、五百の車輌を先に行かせ、自分はその後についた。組合長は、パータリプッタからほど遠からぬ分かれ道に至って立ち止まり、ナーガセーナ長老にこう語りかけた。

「ナーガセーナ長老様、これがアソーカ僧園に向かう道です。これは、わたくし所有の、長さ十六尺、幅八尺の安からぬ織物です。先生、慈しみの心をもって、この安からぬ織物をお受け取りください。」

ナーガセーナ長老は、慈しみの心をもって、その安からぬ織物を受け取った。そこで、パータリプッタの組合長は、たいへん喜び、欣喜雀躍し、満足であることを示して、ナーガセーナ長老に挨拶し、長老を右回りに回ってから立ち去った。

こうして、ナーガセーナ長老は、アソーカ僧園のダンマラッキタ長老のもとに向かった。近づいて、ダンマラッキタ長老に挨拶してから、自分がここを訪れるに至った経緯

を語った。そのあと、ダンマラッキタ長老のもとで、たった一度説示されただけで、三カ月のあいだに、律蔵・経蔵・論蔵の三蔵に収められている目覚めた人ブッダの言葉を、とりあえず文言の上から習得した。さらに、次の三カ月のあいだに、それを意味の上から習得した。そのとき、ダンマラッキタ長老は、ナーガセーナ長老にこう語りかけた。

「ナーガセーナ殿、例えば、牛飼いは、牛を飼育しますが、牛から得られたさまざまの製品は、他の人々が余すところなく利用します。それと同じことで、ナーガセーナ殿は、三蔵に収められている目覚めた人ブッダの言葉を習得しておられるとしても、それによって、自身の、出家としての修行の階梯を上げることに努めることがあってしかるべきであるのに、御貴殿はそうしておいでではない。それはいかがなものであろうか?」

「仰ることはよく分かります。それ以上仰らなくとも分かります。」

と、言って、ナーガセーナ長老は、丸一日かけて、無《む》碍《げ》自《じ》在《ざい》の理解力と弁舌力を得るとともに、ついに修行完成者、阿羅漢の位に達した。そして、苦聖諦《くしょうたい》・苦集聖諦《くじゅうしょうたい》・苦滅聖諦・苦滅道聖諦の四聖諦に通暁するや、諸天は称賛の声を上げ、大地は震動し、梵天は鼓を撃ち、空からは、天の栴檀香の粉末や天の曼陀羅華《まんだらげ》が降り注いだ。

ちょうどそのとき、十億の阿羅漢たちは、ヒマーラヤ山麓のラッキタタラに集まっていた。そして、阿羅漢たちは、ナーガセーナ長老のもとに使者を遣わして要望した。

「ナーガセーナ殿、こちらに来たれ、わたくしどもは御貴殿に会いたいのだ」と。

そこで、ナーガセーナ長老は、使者の伝言を聞き、アソーカ僧園から姿を消して、ヒマーラヤ山麓のラッキタタラに集まっている十億の阿羅漢たちの面前に現れた。ときに、十億の阿羅漢たちは、ナーガセーナ長老にこう語りかけた。

「ナーガセーナ殿、かのミリンダ王は、議論の主張と反主張とを駆使しながら問いを投げかけ、比丘の集団を悩ましている。ナーガセーナ殿、今が絶妙の時機です。そこに行って、ミリンダ王を論じ伏せてもらいたいのだ。」

「先生方、ミリンダ王だけでなく、たとい閻浮提全土の王たちがやって来てわたくしに問いを投げかけても、わたくしは、それにすべて答えて問題を解決してみせるでありましょう。ですから、先生方、皆様も怖れることなく、サーガラの都城においでください。」

ときに、ナーガセーナ長老と比丘たちは一緒に行き、サーガラの都城を黄ばんだ色（袈裟）で染め上げ、出家修行者（仙人）独特の風を吹き込んだ。

ちょうどそのとき、アーユパーラ長老は、サンケッヤの僧房に滞在していた。そのとき、ミリンダ王は、随臣たちにこう問うた。

「皆の者、まこと、月明かりの夜は美しい。今、沙門でもバラモンの出家でも、余と対論を交わし、わが疑いを取り除くことの出来る人物のもとを訪ねて、対論のための問いを投げかけようと思うのだが、誰かいるであろうか？」

　こう問われたとき、五百のギリシア人たちは、ミリンダ王にこう提案した。

「大王様、アーユパーラという名の長老がおります。この長老は、三蔵仏典のすべてを暗誦できる人、多聞（教えをたくさん聞き知っている）の人、古くから伝承されてきた教え（阿含）に通暁した人です。その長老は、今、サンケッヤの僧房に滞在しております。大王様、そこに出向かれ、アーユパーラ長老に問いかけてはいかがでしょうか？」

「分かった。それでは、その先生に余が会いたいと告げてもらいたい。」

　そこで、宮廷の占い師の判断で、アーユパーラ長老のもとに使者が遣わされた。

「先生、ミリンダ王様が、長老様にお会いしたいと申しております。」

　アーユパーラは、快く答えた。

「それでは、お越しください。」

　そこで、ミリンダ王は、五百のギリシア人に囲まれ、豪華な車に乗って、サンケッヤ僧房のアーユパーラ長老のもとを訪れた。近づいて、アーユパーラ長老に挨拶し、親愛に満ちた礼儀正しい言葉を交わして、傍らに坐った。傍らに坐ったミリンダ王は、アーユパーラ長老にこう問いかけた。

「アーユパーラ長老殿、あなた方が出家するのは、何を目的としているのですか？また、あなた方にとって、最高の目的は何なのですか？」

　長老は答えた。

「大王様、わたくしたちが出家するのは、まこと、真理を実践し、心の平安を目指すためであります。」

「先生、では、在家の人たちでも、真理を実践し、心の平安を目指す人はいますでしょうか？」

「います。大王様、在家の人たちでも、真理を実践し、心の平安を目指す人はいます。たとえば、大王様、幸有るお方（目覚めた人ブッダ）が、ヴァーラーナシーのイシパタナ（「仙人堕処」、出家修行者が集まるところ）」、別名ミガダーヤ（鹿苑《ろくおん》）で、初めて真理の教えと言う車輪型の飛び道具を飛ばされたとき（初転法輪時《しょてんぼうりんじ》）、一億八千万の梵天たちが真理を現観し、また、無数の諸天も真理を現観しました。こうした諸天は、みな在家であって、出家ではありませんでした。また、大王様、幸有るお方が、『大会経《だいえ》』『大吉祥《きちじょう》経』『等心経』『教誡羅睺羅《らごら》経』『打倒経』をお説きになられたとき、無数の諸天が真理を現観しました。こうした諸天は、みな在家であって、出家ではありませんでした。」

「アーユパーラ長老殿、それでは、あなた方が出家する意味はないということになりますね。あなた方は、前世に積んだ悪業の報いとして、釈迦族の子（ブッダ）に従う修行者として出家して、十三頭陀《ずだ》の徳目（十三項目にわたる、苦行と言ってもよい修行）を厳守する羽目に陥っているのです。一坐食支《いちざじき》（座をいったん起ったらもう食事はしないという項目）を守る比丘たちは、前世で他人の食物を奪った盗人であり、その他人の食物を奪った業の報いとして、今や、一坐食支を守らなければならない羽目に陥っているのでしょう。こうした比丘たちは、食べたいときに食べることができません。こうした比丘たちには、戒を実践するのでも、苦行を修するのでも、清澄な行を修するのでもありません。あるのは刑罰だけで、こうした比丘たちは、おそらく前世に村落を奪い取った盗人であって、その、他人の家を破壊したという業の報いとして、今や、露地住支を守る羽目に陥っているのでしょう。また、先生、露地住支（屋根の下、床の上でないところに住するという項目）を守る比丘たちは、おそらく前世に村落を奪い取った盗人であって、その、他人の家を破壊したという業の報いとして、今や、露地住支を守る羽目に陥っているのでしょう。こうした比丘たちは、随処住支（たまたま得た坐具や坐処で満足するという項目）を守っていますが、あるのは刑罰だけで、こうした比丘たちは、戒を実践するのでも、苦行を修するのでもなく、清澄な行を修するのでもありません。また、アーユパーラ長老殿、常坐不臥支（いつも坐ったままでおり、横にならないという項目）を守っている比丘たちは、おそらく前世に追い剥ぎや盗人であって、道行く人々を捕らえ縛り坐らせた業の報いとして、今や、常坐不臥支を守る羽目に陥っているのでしょう。こうした比丘たちは、横になって休むことができませんが、あるのは刑罰だけであって、戒を実践するのでも、苦行を修するのでも、清澄な行を修するのでもありません。」

と、ミリンダ王は語った。

こう言われたとき、アーユパーラ長老は沈黙し、一言も答えなかった。そこで、五百のギリシア人は、ミリンダ王にこう語った。

「大王様、この長老は賢者であります。にもかかわらず、長老は、自信を失くし、一言も答を返されないのです。」

「ああ、まこと、閻浮提は空っぽである。ああ、まこと、閻浮提は籾殻同然である。余と対論を交わし、余の疑いを取り除くことの出来る沙門もバラモンの出家修行者も、誰もいないとは。」

さて、ミリンダ王は、周りを見渡して、ギリシア人たちが少しも畏れ入ったという風ではなく、ざわめいてもいないのを見てこうつぶやいた。

「間違いない。余と対論を交わせる智慧のある比丘が確かにいるのに違いない。」

そこで、ミリンダ王は、ギリシア人たちにこう問うた。

「皆の者、余と対論し、余の疑いを取り除くことの出来る智慧のある比丘が誰かいるのか？」

さて、そのとき、ナーガセーナ長老は、沙門の集団に取り巻かれながら、村、町、王族が支配する市街を托鉢して巡りながら、ついにサーガラの都城にたどり着いた。長老は、比丘の集団の統率者であり、世に名高く、多くの人々の尊敬を受けていた。また、長老は、智慧者であり、博識であり、弁舌に巧みであり、自信に満ち溢れており、伝承仏典（阿含《あごん》）に通じ、広大な無碍自在の理解力を持っていた。また、長老は、九分教《くぶんきょう》（この時代行われていた仏典の分類）の教主の教えを理解し、勝者（仏）の言葉の真意と文言とを巧みに弁別した。そこで、人々にとって、長老は、近づき難く、打ち勝ち難く、超え難く、妨げ難く、退け難い人物であった。長老は、沈着なること大海のごとく、不動なること山の王のごとく、邪悪を打ち払い、暗闇を破し、光明をもたらし、大いなる弁舌家であり、他の教団の長に率いられた人々を震え上がらせ、外道を論破した。長老は、比丘《びく》・比丘尼《びくに》・優婆塞《うばそく》・優婆夷《うばい》（以上を四衆《ししゅ》と言う）、および、王・随臣たちから大いに尊敬を受け、衣・食・坐具・薬（以上を四資具と言われる必需品）を得、正しく利養と名聞とを得ていた。目覚めた人ブッダの言葉に耳を傾けようとやって来る人々にたいして、長老は、勝者（仏）が説かれた九つの宝（九分教）を説き示し、真理への道を示し、真理の灯を掲げ、真理の祭柱を建て、真理の供儀祭を讃え、真理の旗を翻し、真理の旗を高く掲げ、真理の螺貝（法螺貝）を吹き鳴らし、真理の鼓を撃った。長老は、獅子吼し、帝釈天の武器である雷霆のごとく声を轟かせ、甘美な声を響かせ、勝れた智慧の電光の閃きに包まれ、慈悲の水よりなる甘露の（不死の）大いなる真理の雨によって、あらゆる衆生を満足させていた。それゆえ、次のように偈頌に唱われている。


「ナーガセーナは、多聞の人であり、談論が巧みで、自信に満ちている。

勝れた智慧者であり、語ることが時機にかなっている。

〔律・経・論の〕三蔵と、〔経のうちの長《じょう》部・中部・相応部・増支部・小部の〕五部と、そのうちの四部とに通暁する比丘たちは、ナーガセーナの教えに従っている。

深甚の智慧があり、聡明で、道と道ならざるものとを熟知しており、自信に満ちているナーガセーナは、最勝の目的を達成した。

かの聡明で真理を語る比丘たちに取り巻かれ、
ナーガセーナは、村や町を経巡りながら、サーガラに近づいた。

そして、サンケッヤの僧院に逗留した。

人々は言う、『ナーガセーナは、山中の鬣豊かな獅子のようである』と。」


そのとき、デーヴァマンティヤ（ギリシア語名、デメトリオス）は、ミリンダ王にこう申し上げた。

「大王様、お待ちください。お待ちください。大王様、ナーガセーナという名の長老がおります。長老は、大いなる智慧の持ち主であり、弁舌と理解力に並々ならぬ才能を持っております。長老は、今、サンケッヤの僧院に逗留しております。大王様、どうかそこに出向かれ、ナーガセーナ長老に問いを投げかけなさるのがよろしいかと存じます。長老は、大王様と対論を交わして、大王様の疑いを取り除くことが出来るでありましょう。」

そのとき、ミリンダ王は、思いもかけず「ナーガセーナ」という名を聞いて畏怖し、呆然とし、身の毛がよだった。そこで、ミリンダ王は、デーヴァマンティヤにこう問うた。

「これ、聞くが、ナーガセーナなる比丘は本当に余と対論を交わせるのか？」

「大王様、かの比丘は、帝釈天・閻魔・毘沙門天・生類《しょうるい》の主・夜耶天・兜率天《とそつてん》といったこのような守護神とでも、あるいはまた、すべての生類の父や祖父である大梵天とでも、対論を交わすことが出来ます。人間とならば尚更です。」

そこで、ミリンダ王は、デーヴァマンティヤにこう命じた。

「それでは、デーヴァマンティヤよ、その先生のもとに使者を遣わせ。」

「王様、かしこまりました。」

と、言って、デーヴァマンティヤは、ナーガセーナ長老のもとに使者を遣わした。

「先生、ミリンダ王様が先生にお会いしたいと申しております。」

ナーガセーナ長老も、このように告げた。

「それでは、王様がこちらにおいでください。」

そこで、ミリンダ王は、五百のギリシア人たちに取り囲まれ、豪華な車に乗り、大軍勢とともにサンケッヤの僧院に逗留しているナーガセーナ長老のもとに近づいて行った。

そのとき、ナーガセーナ長老は、八万の比丘たちとともに、四阿の中に坐っていた。ミリンダ王は、ナーガセーナ長老の取り巻き衆を遠くから見た。見て、デーヴァマンティヤにこう問うた。

「デーヴァマンティヤよ、このたくさんの取り巻き衆は誰のものか？」

「大王様、ナーガセーナ長老の取り巻き衆であります。」

そのとき、ミリンダ王は、ナーガセーナ長老の取り巻き衆を遠くから見て、畏怖し、呆然とし、身の毛がさかだった。今や、ミリンダ王は、犀に囲まれた象のように、金翅《こんじ》鳥《ちょう》（迦楼羅《かるら》）に囲まれたコブラ（龍）のように、大蛇に囲まれた野狐（ジャッカル）のように、水牛に囲まれた熊のように、蛇に睨まれた蛙の様に、豹に追われた鹿のように、蛇使いに出会った蛇のように、猫に出会った鼠のように、祈祷師に出会った悪鬼のように、食を起こす悪魔ラーフの口に入った月のように、籠に押し込められた蛇のように、籠に閉じ込められた鳥のように、網に捕らえられた魚のように、蛇が住い為す林に入り込んだ人間のように、毘沙門天に逆らって罪を犯した夜叉のように、臨終を迎えた天子のように、大いに恐れ戦き心が動転し、「余がこのような状態にあるとはいえ、この余を侮るではないぞ」と勇気を奮い絞り、デーヴァマンティヤにこう語った。

「デーヴァマンティよ、誰がナーガセーナ長老であるか、余に教えるではない。余は、教えられずとも、誰がナーガセーナ長老であるかを見分けるであろう。」

「ごもっともでございます。大王様、きっとご自身で見分けられるでありましょう。」

ちょうどそのとき、ナーガセーナ長老は、かの取り巻き衆の比丘たちのなかにあって、手前の方にいる四万の比丘たちよりも年少で、後ろの方にいる四万の比丘たちよりも年長であった。そこで、ミリンダ王は、前方、後方、中頃のすべての比丘たちを見渡して、遠くからではありながらも、ナーガセーナ長老が、まさに比丘たちの真ん中に坐っているのが見て取れた。あたかも、獅子が、畏れることなく怯えることなく、身の毛がよだつこともなく、畏怖と不安からまったく離れているごとくであるのを見届け、その風情によって、「かの人物こそがナーガセーナ長老である」と知った。そこで、ミリンダ王は、デーヴァマンティヤにこう告げた。

「デーヴァマンティヤよ、あの人物こそがナーガセーナ長老である。」

「大王様、その通りです。あの人物こそがナーガセーナ長老です。大王様、よくぞナーガセーナ長老をお見分けになられました。」

ここで、ミリンダ王は、「余は、人から教えられることなくナーガセーナ長老を見分けたのだ」と喜んだ。しかし、ミリンダ王は、ナーガセーナ長老を見るや否や、畏怖し、呆然とし、身の毛がよだった。そこで、次のような偈頌が説かれているのである。

「正しい行いを完遂し、最上の自制をよく修めたナーガセーナを見て、この王はこう語った。

『数多くの論客をこれまで余は見てきた。多くの対論を余は交わしてきた。

しかし、今日は、これまでにはない戦慄と畏怖を、余は憶えるのだ。

今日は、余は負け、ナーガセーナが勝つに間違いない。

何となれば、余は、心穏やかではいられないからである』と。」

第一篇…………

第一、第二回の対論

第一章

第一　名称と自己

ときに、ミリンダ王は、ナーガセーナ長老のもとに近づいて行った。近づいて、ナーガセーナ長老に挨拶し、親愛に満ちた礼儀正しい言葉を交わして、傍らに坐った。ナーガセーナ長老も、これに返礼し、ミリンダ王を喜ばせた。そこで、ミリンダ王は、ナーガセーナ長老にこう問うた。

「長老殿は、どのようにして世に、先生として認知されておられるのでしょうか？　先生は、お名前を何と仰いますか？」

「大王様、わたくしは、ナーガセーナとして認知されております。大王様、修行仲間たちは、わたくしをナーガセーナと呼んでおります。また、両親は、スーラセーナとか、ヴィーラセーナとか、シーハセーナとかの名前をつけております。しかし、大王様、この『ナーガセーナ』は、たんなる名称に過ぎないのです。そこに、その名称が示すわが本体としての自己はないのです。」

そこで、ミリンダ王はこう問うた。

「ここにいる五百人のギリシア人諸君、八万の比丘の皆様方、余の言うことを聞いてもらいたい。このナーガセーナ殿はこう言ったのだ、『その名称が示すわが本体としての自己はないのです』と。信じられない言葉ではないか？」

ミリンダ王は、そこで、ナーガセーナ長老にこう問うた。

「もしも、御貴殿の本体としての自己がないのであれば、御貴殿に、衣・食・坐具・薬という必需品（四資具）を布施するのは誰でしょうか？　その布施を受けて使用するのは誰でしょうか？　戒（仏教徒としての心構え）を守るのは誰でしょうか？　修行に打ち込むのは誰でしょうか？　修行道の果報である涅槃に達するのは誰でしょうか？〔五つの戒とは、不殺生戒《せっしょう》、不偸盗戒《ふちゅうとう》、不邪婬戒《じゃいん》、不妄語戒《もうご》、不飲酒戒《おんじゅ》であるが、〕殺生を為すのは誰でしょうか？　偸盗をはたらくのは誰でしょうか？　邪婬を犯すのは誰でしょうか？　妄語を発するのは誰でしょうか？　飲酒するのは誰でしょうか？　それでは、善も悪もなく、善を為す者も悪を為す者もなく、そうせしめる者もなく、善悪の業の果報もないことになります。ナーガセーナ長老殿、先生には、戒律を授ける師なく、受戒式を取り仕切る師なく、出家としての作法を指導する教師なく、修行仲間もいないことになります。『修行仲間たちは、わたくしをナーガセーナと呼んでおります』と御貴殿は仰っいましたが、そのとき、『ナーガセーナ』と呼ばれるものは一体何なのでしょうか？　ナーガセーナ長老殿、髪がナーガセーナなのですか？」

「大王様、そうではありません。」

「体毛がナーガセーナ殿なのですか？」

「大王様、そうではありません。」

「爪がナーガセーナ殿なのですか？」

「大王様、そうではありません。」

「歯が――、皮膚が――、肉が――、筋が――、骨が――、骨髄が――、腎臓が――、心臓が――、肝臓が――、肋膜が――、脾臓が――、肺臓が――、腸が――、腸間膜が――、胃が――、糞が――、胆汁が――、痰が――、膿が――、血が――、汗が――、脂肪が――、涙が――、膏が――、唾が――、鼻汁が――、関節潤滑液が――、尿が――。」

「大王様、そうではありません。」

「〔われわれの個体を構成するのは五蘊、つまり、色《しき》・受・想・行《ぎょう》・識の五つのまとまりであるが、〕先生、色（色かたち、平たく言えば身体）がナーガセーナ殿なのですか？」

「大王様、そうではありません。」

「受（感官が対象を取り込む作用）がナーガセーナ殿なのですか？」

「大王様、そうではありません。」

「想（感官から得た情報を輪郭付ける作用）がナーガセーナ殿なのですか？」

「大王様、そうではありません。」

「行（記憶や意志など）がナーガセーナ殿なのですか？」

「大王様、そうではありません。」

「識（判断作用）がナーガセーナ殿なのですか？」

「大王様、そうではありません。」

「先生、それならば、五蘊全体がナーガセーナ殿なのですか？」

「大王様、そうではありません。」

「それでは、五蘊以外のところにナーガセーナ殿がおられるのでしょうか？」

「大王様、そうではありません。」

「先生、余は御貴殿に繰り返し問うてみましたが、どうしてもそれでは『ナーガセーナ』なるものを見出すことが出来ません。先生、『ナーガセーナ』とはただの言葉に過ぎないのでしょうか？　ならば、その言葉が意味する『ナーガセーナ』なるものは、一体何なのでしょうか？　先生は、『ナーガセーナという名称に対応するものはない』と言って、虚言を吐かれたということになりますね。」

　そこで、ナーガセーナ長老はミリンダ王にこう反問した。

「大王様は、華やかな武人階級を出自とし、大いに贅沢にお育ちですね。大王様が、真昼間、熱い大地や焼けた砂地の上を、そして、ごろごろした石ころを踏みながら歩いてこられたとすれば、おみ足は、さぞ痛いことでありましょう。また、身心が疲弊し、体が痛むことでしょう。大王様は、そもそも、徒歩で来られたのでしょうか、それとも乗りものに乗って来られたのでしょうか？」

「先生、余は、徒歩で来たのではありません。余は、車でやって来たのです。」

「大王様、車でやって来られたのでしたら、何が車であるのか、わたくしにお教えください。大王様、轅が車なのでしょうか?」

「先生、そうではありません。」

「軸が車なのでしょうか?」

「先生、そうではありません。」

「輪が車なのでしょうか?」

「先生、そうではありません。」

「基盤が車なのでしょうか?」

「先生、そうではありません。」

「止棒が車なのでしょうか?」

「先生、そうではありません。」

「軛が車なのでしょうか?」

「先生、そうではありません。」

「スポークが車なのでしょうか?」

「先生、そうではありません。」

「鞭が車なのでしょうか?」

「先生、そうではありません。」

「ならば、大王様、轅・軸・輪・基盤・止棒・軛・スポーク・鞭の総体が車なのでしょうか?」

「先生、そうではありません。」

「ならば、大王様、それらとは別に車があるのでしょうか?」

「先生、そうではありません。」

「大王様、わたくしは陛下に繰り返し問うてみましたが、車が何であるかを見出しませんでした。大王様、車とは、ただの言葉に過ぎないものなのでしょうか? だとすれば、その言葉が指し示す車なるものはないのでありましょうか? 大王様、陛下は、『車なるものは何なのだ』と、嘘偽りを語られたのであります。大王様、陛下は、閻浮提全土で筆頭格の王者でいらっしゃいます。それにもかかわらず、陛下は何を畏れて嘘偽りを語られたのでしょうか? 五百人のギリシア人たちと八万の比丘たちは、どうかわたくしの言葉をお聞きいただきたい。ここにおわすミリンダ王様は、こう仰ったのです。『余は車でやって来たのだ』と。ところが、『大王様、もしも陛下が車でやって来られたのであるならば、わたくしに、何が車であるのかお示しください』と問われたとき、大王様は、『これこそが車であると、特定の車を示すことはできない』とお答えになられた。皆さん、これがどういうことであるが分かりますか?」

こう問われたとき、五百人のギリシア人たちは、ナーガセーナ長老の言葉をもっともなことだとして、ミリンダ王にこう申し上げた。

「今こそ、大王様、陛下のお言葉を聞きたいと存じます。」

そこで、ミリンダ王は、ナーガセーナ長老にこう語った。

「ナーガセーナ長老殿、余は嘘偽りをかたっているのではありません。轅を縁として、軸を縁として、輪を縁として、基盤を縁として、止棒を縁として、『車』という仮の名称が生ずるのです。」

「大王様、陛下は車を正しく把握されました。大王様、それと同じように、わたくしの場合、髪を縁として、体毛を縁として、――尿を縁として、色蘊を縁として、受蘊を縁として、想蘊を縁として、行蘊を縁として、識蘊を縁として、『ナーガセーナ』という仮の名称が生ずるのです。しかしそれでも、勝義よりすれば、その仮の名称が指し示すわが本体としての自己はないのです。大王様、ヴァジュラー比丘尼が、幸有るお方（仏）の面前で、次の偈頌を唱えました。

『たとえば、部分の集まりを縁として、「車」という言葉があるように、五蘊があるとき、「生類」という呼称があります』と。」

「稀有なことです、ナーガセーナ長老殿。未曽有のことです、ナーガセーナ長老殿。余の問いは、見事に解消されました。もしも、目覚めた人ブッダがご存命であれば、絶賛されることでありましょう。素晴らしいことです。素晴らしいことです。余の問いは、まことに綺麗に解消されました。」

第二　出家の年齢

「ナーガセーナ長老殿、御貴殿は正式に出家となってからの年数はいくつですか？」

「大王様、七つです。」

「先生、御貴殿の「七つ」とは何なのですか？　御貴殿が七つなのですか？　それとも、数が七つなのですか？」

ちょうどそのとき、全身に装飾品をまとい、美しく着飾ったミリンダ王の影が地面に映り、また、水がめのなかに映った。そこで、ナーガセーナ長老は、ミリンダ王にこう問うた。

「大王様、陛下の影が、こうして、地面や水がめのなかに映りました。では大王様、陛下が王様なのでしょうか、それとも影が王様なのでしょうか？」

「ナーガセーナ長老殿、余が王なのであって、影は王ではありません。じつに、余を縁として影が生じたのです。」

「大王様、まさにそのとおりです。正式の出家となってからの年数が七つなのであって、余が七なのではありません。じつに、大王様、影の譬えのように、わたくしを縁として七つが生じたのです。」

「稀有なことです、ナーガセーナ長老殿。未曽有のことです、ナーガセーナ長老殿。余の問いは、まことに綺麗に解消されました。」

第三　対等な対論の条件

王は語りかけた。

「ナーガセーナ長老殿、余とまた対論を交わしていただけませんでしょうか?」

「大王様、もしも陛下が、智慧ある者の論法によって対論されるのでありましたら、わたくしは、陛下と対論を交わしましょう。しかし、もしも陛下が、王者の論法で対論しようとお思いであれば、わたくしは陛下との対論は御免蒙ります。」

「ナーガセーナ長老殿、智慧ある者の論法とはどのようなものなのでしょうか?」

「大王様、智慧ある者の対論の場合、説明が行われ、互いに批判がなされ、それによって修正がなされますが、智慧ある者は、それに怒りを憶えることがありません。大王様、智慧ある者は、このような対論をなすのです。」

「先生、では、王者の論法とはどのようなものなのでしょうか?」

「大王様、智慧ある者の論法とは対照的に、およそたいがいの王者たちは、対論をなすに当たって、自分がこれだと思い込む一つのことに固執します。もしもそれに異議を唱える者がいれば、『この者に罰を与えよ』といって、その者の処罰を命じます。大王様、たいがいの王者たちは、このような対論をなすのであります。」

「先生、余は、智慧ある者の論法を用いることといたしましょう。王者の論法は用いますまい。先生は、心配することなく、くつろいで論じてください。たとえば、先生は、比丘や沙弥や在家や在家のなかでもとくに比丘に奉仕してやまない者たちを相手にするのと同じように、心配することなく、くつろいで論じてください。畏れることはありません。」

「大王様、よく分かりました。」

と、言って、長老は同意した。王が言った。

「ナーガセーナ長老殿、余は御貴殿に問いたいことがあります。」

「大王様、どうぞお問いください。」

「先生、余は御貴殿に問うているのですよ。」

「大王様、陛下の問いはとっくに答えられているのですよ。」

「先生、何が答えられているというのですか?」

「大王様、では、陛下は何を問うておられるのでしょうか?」

第四　気息は生命原理ではない

ときに、ミリンダ王は、こう思った。

「この比丘は、まこと、智慧ある者だ。余とまともに対論を交わす才覚がある。余は、この者に問いたいことが山ほどある。本日は、問いたいことを問い終わる前に、日は西に沈むであろう。余としては、明日、わが宮廷で対論を交わすに越したことはないであろう。」

そこで王は、デーヴァマンティヤにこう命じた。

「デーヴァマンティヤよ、では、汝は、かの先生に、明日はわが宮廷で対論を交わすことにしたいと告げてもらいたい。」

こう命じてから、ミリンダ王は座を立ち、ナーガセーナ長老に暇乞いし、馬にまたがり、ナーガセーナか、ナーガセーナか、と呟きを繰り返しながら去っていった。

そこで、デーヴァマンティヤは、ナーガセーナ長老にこう告げた。

「先生、ミリンダ王様が申すことには、明日は、宮廷で対論を交わしたいとのことです。」

「分かりました。」と長老は同意した。

一夜明けて、デーヴァマンティヤとアナンタカーヤ（ギリシア語名、アンティオコス）とマンクラ（ギリシア語名、メネクレス）とサッバンディナ（ギリシア語名、サロポドトス、あるいは、パシドトス）は、ミリンダ王のもとに赴き、こう申し上げた。

「大王様、ナーガセーナ長老はやって来ますでしょうか？」

「間違いない。長老は来るに決まっている。」

「長老は、どれだけの数の比丘たちと来るでありましょうか？」

「どれだけでもよい、長老が望むだけの数の比丘と来ればよいのだ。」

そこで、サッバディンナは申し上げた。

「大王様、長老は、十人の比丘と来るのがよかろうかと存じます。」

そこで王は言った。

「どれだけでもよい。長老が望むだけの数の比丘と来ればよいのだ。」

再び、サッバディンナは申し上げた。

「大王様、長老は、十人の比丘と来るのがよかろうかと存じます。」

三度、王は言った。

「どれだけでもよい。長老が望むだけの数の比丘と来ればよいのだ。」

三度、サッバディンナは申し上げた。

「大王様、長老は、十人の比丘と来るのがよかろうかと存じます。」

「用意は万端整っているのだ。余は告げる。『どれだけでもよい。長老が望むだけの数の比丘と来ればよいのだ』と。このサッバディンナは、余の意向に反しておる。これでは、余は、比丘たちに存分に食をもってもてなすことが出来ないではないか？」

こうして、デーヴァマンティヤとアナンタカーヤとマンクラは、ナーガセーナ長老のもとに赴いて、長老にこう告げた。

「先生、ミリンダ王様は、このように仰せです。『どれだけでも、先生のお望みなさるだけの数の比丘の方々とおいでくださいませ』と。」

そこで、ナーガセーナ長老は、朝、内衣をまとい、鉢と上衣を手に執り、八万の比丘とともに、サーガラの都城に入った。そこで、アナンタカーヤは、ナーガセーナ長老のもとに赴き、こう問うた。

「ナーガセーナ長老殿、わたくしが『ナーガセーナ』と言ったとき、その『ナーガセーナ』とは何を指すのでしょうか？」

長老は答えた。

「では、その『ナーガセーナ』とは何を指すのかと御貴殿はお考えですか？」

「先生、先生の身体の内にあり、呼吸というかたちで出入りする気息なる生命原理がナーガセーナ殿であるとわたくしは考えます。」

「ではお聞きしますが、呼吸という形をとる気息というのは風でありますが、もしもその風が外に出たまま入って来ないとか、内に入ったまま出て来ないとかということがあれば、そもそも、人は生きていることが出来るでしょうか？」

「先生、生きていることは出来ません。」

「では、螺貝の奏者が螺貝を吹くとき、吹いた風がもとに戻るでしょうか？」

「先生、戻って来ません。」

「また、竹笛の奏者が竹を吹くとき、吹いた風がもとに戻って来るでしょうか？」

「先生、戻って来ません。」

「また、角笛の奏者が角笛を吹くとき、吹いた風がもとに戻って来るでしょうか？」

「先生、戻って来ません。」

「では、こうした者たちは、どうして死なないのですか？」

「わたくしは、あなた様のような論客とまともに対論することは叶いません。では先生、これが何を意味しているのか、お教えください。」

「呼吸と言う形を取る気息は、生命原理ではありません。呼吸というのは、身体を成り立たす一つのものです。」

こうして、アナンタカーヤは、優婆塞になることを誓った。

第五　出家の目指すもの

　ときに、ナーガセーナ長老は、ミリンダ王の宮殿に赴いた。赴いて、設えられた座に坐った。そこで、ミリンダ王は、ナーガセーナ長老とその取り巻き衆に、水分の少ない食物・水分の多い食物という美味しい食事を手ずから給仕し、満足の行くまで存分に食べさせた。そのあと、一人一人の比丘にそれぞれ一揃いの衣をまとわせ、ナーガセーナ長老に、三衣《さんね》をまとってもらってから、長老にこう言った。

「ナーガセーナ長老殿、十人の比丘とここにお坐りください。他の者たちは、座をはずしてもらいたい。」

　ところで、ミリンダ王は、ナーガセーナ長老が食事を終え、手を鉢から離したのを見届け、別の粗末な座具を取って来て傍らに坐った。傍らに坐ったミリンダ王は、ナーガセーナ長老にこう問うた。

「ナーガセーナ長老殿、どのようなことについて対論をなすべきでしょうか？」

「大王様、わたくしたちには、目指す目的があります。ですから、その目的なるものについて対論を交わすのがよいのではないでしょうか？」

　王は問うた。

「ナーガセーナ長老殿、御貴殿たちが出家したのは何のためなのでしょうか？」

　長老は答えた。

「大王様、今受けている苦が滅せられ、これから先に苦が生じませんように、との目的のために、わたくしたちは出家したのです。まこと、わたくしたちの窮極の目的は、輪廻的な生存に執着することのない、完全な涅槃であります。」

「ナーガセーナ長老殿、出家の全員がそれを目的にして出家となったのでしょうか？」

「大王様、必ずしもそうではありません。ある人々は、そうした目的のために出家しますが、ある人々は、権力者に脅えて出家し、ある人々は、盗賊に脅えて出家し、ある人々は、負債に苦しめられて出家し、ある人々は、食い扶持を得るために出家します。とはいえ、まっとうに出家する人々は、かの目的のために出家するのです。」

「それでは、先生は、そうした目的のために出家されたのでしょうか？」

「大王様、実は、わたくしは、幼くして出家しました。ですから、わたくしは、そうした窮極の目的のために出家したという自覚はありませんでした。しかし、わたくしは、このように考えたのです。『ここにいる沙門や仏教徒は、智慧者であり、わたくしに正しい教育を授けてくださるであろう』と。そこで、わたくしは、その人たちに教えられて、出家の目的はそういうことであると理解し、そして、ことの本質に気づいたのです。」

「分かりました、ナーガセーナ長老殿。」

第六　生まれ変わる理由

王は問うた。

「ナーガセーナ長老殿、今生を終えたのち、生まれ変わらない人がいるでしょうか?」

長老は答えた。

「ある人々は生まれ変わりますが、ある人々は生まれ変わりません。」

「どのような人が生まれ変わり、どのような人が生まれ変わらないのでしょうか?」

「大王様、煩悩のある人は生まれ変わりますが、煩悩の無い人は生まれ変わりません。」

「では、先生は、今生を終えてから、生まれ変わることになるのでしょうか?」

「大王様、もしもわたくしが執着心を持っていれば、生まれ変わるでしょう。また、もしもわたくしが執着心を持っていなければ、生まれ変わることはないでありましょう。」

「分かりました、ナーガセーナ長老殿。」

第七　生まれ変わらない理由

王は問うた。

「ナーガセーナ長老殿、今生を終えて生まれ変わらない人は、正しい思念によって、生まれ変わることがないのではありませんか?」

「大王様、そうした人は、正しい思念と、智慧と、その他の善い行いによって、今生を終えてまた生まれ変わることがないのです。」

「先生、正しい思念と智慧とは同じものではないのですか?」

「大王様、正しい思念と智慧とは別物なのです。大王様、正しい思念は、羊や山羊や牛や水牛や駱駝や驢馬にもありますが、智慧はないのです。」

「分かりました、ナーガセーナ長老殿。」

第八　煩悩を滅するのが智慧である

王は問うた。

「先生、思念は何を特質とし、智慧は何を特質とするのでしょうか?」

「大王様、思念は捉えることを特質とし、智慧は切断することを特質とします。」

「思念が捉えることを特質とするとは、どういうことでしょうか？　また、智慧が切断することを特質とするとはどういうことでしょうか？　譬えを御存知でしょうか？」

「大王様、麦を刈る人たちを御存知でしょうか？」

「先生、存じておるが。」

「大王様、麦を刈る人たちは、どのようにして麦を刈るのでしょうか？」

「先生、左手で麦を束にしてつかみ、右手に鎌をもって刈るのです。」

「大王様、麦を刈る人が、左手で麦の束をつかみ、右手の鎌で麦を刈るように、大王様、それと同様に、沙門は、思念によって意を捉え、智慧によって煩悩を切断するのです。大王様、こういうわけで、思念は捉えることを特質とし、智慧は切断することを特質とするのです。」

「分かりました、ナーガセーナ長老殿。」

第九　智慧を育む戒（心構え）

王は問うた。

「ナーガセーナ長老殿、先程、『その他の善い行い』と仰いましたが、その善い行いとは何なのでしょうか？」

「大王様、戒（善い心構え）と信頼と精進《しょうじん》（不退転の勇気）と念《ねん》（記憶に深く刻むこと）と心統一（三昧）、以上がその『善い行い』であります。」

「先生、その戒は何を特質としているのでしょうか？」

「大王様、戒は、あらゆる善い行いがそれによって成り立つことを特質としております。つまり、勝れた機能（五根）・勝れた力（五力《りき》）・目覚めの成立要件（七覚支、七菩提分）・八聖道・精神集中の拠り所（四念処《しねんじょ》）・正しい努力（四正勤《ししょうごん》）・超能力の基（四神足《しじんそく》）・色界の四禅・八解脱・四無色定《しむしきじょう》・八等至《はっとうし》は、戒があってこそ成り立つのです。大王様、戒によって修行の基礎を築いた者にとって、まこと、どのような善い行いも欠損することがないのであります。」

「譬えを述べてください。」

「大王様、たとえば、どのような植物であれ、芽生え、育ち、繁茂するものは、みな、大地に依存し、大地あってこそ成り立ち、そうして芽生え、育ち、繁茂するように、大王様、それと同じように、沙門は、戒に依存し、戒あってこそ成り立つ五つの勝れた徳分、すなわち、信頼・精進・念・三昧・智慧という、すべての心の作用を習得するのです。」

「さらに譬えを述べてください。」

「大王様、たとえば、この地上で力を奮って何を為すにしても、大地に依存し大地あってこそ成り立つものであるように、大王様、それと同じように、沙門は、戒に依存し、戒あってこそ成り立つ五つの勝れた徳分、すなわち、信頼・精進・念・三昧・智慧という、すべての心の作用を習得するのです。」

「さらに譬えを述べてください。」

「大王様、たとえば、都城建設の技術者が、都城を建造しようとするならば、まずは、建造予定地を整地し、樹木の株や茨を取り除き、平らにならし、それから整然と区画を整備することによって都城を建造するように、大王様、それと同じように、沙門は、戒に依存し、戒あってこそ成り立つ五つの勝れた徳分、すなわち、信頼・精進・念・三昧・智慧という、すべての心の作用を習得するのです。」

「さらに譬えを述べてください。」

「大王様、例えば、軽業師が技を披露しようとするならば、大地を掘って砂利や瓦礫を取り除き、地面を平らにならし、堅すぎない地面の上で技を披露するように、大王様、それと同じように、沙門は、戒に依存し、戒あってこそ成り立つ五つの勝れた徳分、すなわち、信頼・精進・念・三昧・智慧という、すべての心の作用を習得するのです。大王様、幸有るお方（仏）は次のように説いておられます。

『智慧ある人は、戒を基礎にして心と智慧を陶冶する。
　熱心で熟達した比丘は、
　煩悩のもつれを解きほぐすであろう。』と。また、
『この大地が、生類の生きる基盤であるように、
　戒のすべての項目を収めた波羅提木叉《はらだいもくしゃ》（戒本）は、善い行いを増す基礎であり、
　勝者（仏）の教えへの入り口である。』と。」

「分かりました、ナーガセーナ長老殿。」

第十　智慧を育む信頼

王は問う。

「ナーガセーナ長老殿、信頼は何を特質とするのでしょうか？」

「大王様、信頼は、浄めることを特質とし、また、安心して躍り込むことを特質とします。」

「先生、信頼が浄めることを特質とするとは、どのようなことなのでしょうか？」

「大王様、信頼が生まれて行くと、五つの蓋（煩悩）がなくなり、蓋がなくなった心は清澄なものとなります。大王様、信頼が浄めることを特質とするとは、そういうことです。」

「譬えを述べてください。」

「大王様、転輪王が四軍を引き連れて進む途中に、小さな川を渡ることになるとしましょう。その川は、たくさんの象軍、たくさんの騎馬軍、たくさんの戦車軍、たくさんの歩兵軍によって震動させられ、かき混ぜられて濁るでありましょう。川を渡り終えたとき、転輪王が家臣たちに、『皆

の者、水を持ってこい。余は水が飲みたい』と命じたとしましょう。さて、転輪王が、水を浄める作用のある不思議な宝石（摩尼宝珠《まにほうじゅ》）があったとしましょう。家臣たちが、『王様、かしこまりました』と承って、その不思議な宝石を川に投げ入れるとしましょう。すると、厄介者の水草が消え失せ、泥は沈殿し、川の水は清澄なものとなるでありましょう。家臣達たちは、転輪王に水を持って来るでしょう。『王様、水をお飲みください』と言って。大王様、心というものは、この水のようなものだと見るべきであります。修行者は、ちょうど、その場合の家臣のようなものだと見ればよいでしょう。煩悩というものは、そうした厄介者の水草や泥のようなものだと見られます。信頼は、水を浄める作用のある不思議な宝石のようなものだと見てよいでしょう。水を浄める作用のある不思議な宝石が、水中に投げ入れられるや、厄介者の水草は消え失せ、泥は沈殿し、水は清澄なものとなるように、信頼が生まれて行くと、五つの蓋がなくなり、蓋がなくなった心は清澄なものとなるのです。大王様、信頼が浄めることを特質とするとは、そのようなことです。」

「先生、では、信頼が、安心して躍り込むことを特質とするとは、どのようなことでしょうか？」

「大王様、たとえば、ある修行者が、他の修行者が心解脱に達したのを見て、〔聖者の四つの位、すなわち、下位から上位へ順に、〕預流果《よるか》、一来果《いちらいか》、不還果《ふげんか》、阿羅漢果に安心して躍り込み、未踏だった境地に達するために修行に邁進するように、大王様、信頼が安心して躍り込むことを特質とするとは、そのようなことであります。」

「譬えを述べてください。」

「大王様、たとえば、大雨が山頂に降るとしましょう。雨は、山頂から、低い方へと流れ下り、峡谷、岩のあらゆる隙間に入り込んであふれる川となり、その川の水は、両岸を溢れ超えようとするとしましょう。そのとき、ある人がやって来て、自分の体力と体調をよく自覚した上で、ほどけないように衣を帯でしっかり縛り、向こう岸に渡ったとしましょう。その人が渡り切ったのを見て、他の大勢の人たちもまた川を渡ることになるでありましょう。大王様、そのように、修行者は、他の修行者が心解脱に達したのを見て、預流果、一来果、不還果、阿羅漢果に安心して躍り込み、未踏だった境地に達するために修行に邁進するでありましょう。大王様、信頼は安心して躍り込むことを特質とするとは、そういうことであります。大王様、幸有るお方は、素晴らしい『サンユッタ・ニカーヤ（相応部）』の中で、次のように説いておられます。

『人は、信頼によって激流を渡り、
不放逸《ふほういつ》によって海を渡り、
精進によって苦しみを越え、
智慧によって完全に清らかになる。』と。」

「分かりました。ナーガセーナ長老殿。」

第十一　智慧を育む精進

王は問う。

「ナーガセーナ長老殿、精進は何を特質とするのでしょうか。」

「大王様、精進は、支えることを特質とします。いかなる善も、精進に支えられれば、消え失せることがありません。」

「譬えを述べてください。」

「大王様、たとえば、自分の家が倒壊しようとするとき、人は、他から材木を持って来て家を支えようとします。こうしてしっかりと支えられた家は倒壊することがありませんが、大王様、精進が支えることを特質とするとは、そのようなことであります。いかなる善であれ、精進に支えられれば、消え失せることはありません。」

「さらに譬えを述べてください。」

「大王様、たとえば、戦で、大部隊が小部隊を攻めるとしましょう。そのとき、小部隊を率いる王将が、四方に援軍をかき集め、その援軍と力を合わせれば、小部隊といえども大部隊を撃破することができるようなことです。大王様、精進が支えることを特質とするとは、そういうことであります。いかなる善であれ、精進に支えられれば、消え失せることがありません。大王様、幸有るお方は、次のように説かれました。

『比丘たちよ、精進を心得た聖なるわが弟子たちは、悪を捨てて善を修得し、邪を捨てて正を修得し、己を完全に掃き清める』と。」

「分かりました、ナーガセーナ長老殿。」

第十二　智慧を育む専念

王は問う。

「ナーガセーナ長老殿、専念は何を特質としているのでしょうか？」

「大王様、専念は、一々数え挙げることを特質とし、また、注視することを特質とします。」

「先生、専念が、一々を数え挙げることを特質とするとは、どのようなことなのでしょうか？」

「大王様、専念に入って行くと、修行者は、善・不善、邪・正、卑・尊、黒・白といった、対照をなす性質を持つものを、一々数え挙げます。すなわち、これらは四念処である、これらは四正勤である、これらは四神足である、これらは五根である、これらは五力である、これらは七覚支（七菩提分）である、これらは八聖道である、これは止《し》である、これは観《かん》で破る、これは明知《みょうち》である、これは解脱であると、一々を数え挙げます。そこから、修行者は、学習すべき徳目を学習し、学習すべきでない事柄を学習せず、取り入れるべき徳目を取り入れ、取り入れるべきでない事柄を取り入れません。大王様、専念が、一々を数え挙げることを特質とするとは、そういうことなのです。」

「譬えを述べてください。」

「大王様、たとえば、ある転輪王がいたとして、その財務官が、転輪王に、朝な夕な、王がどれほどの財力を持っているかを自覚してもらうとします。すなわち、『王様には、これだけの象軍があります。これだけの騎馬軍があります。これだけの戦車軍があります。これだけの歩兵軍があります。黄金はこれだけあります。金貨はこれだけあります。財宝はこれだけあります。王様、このことをよく心得てくださいますように』と言って、王の財力を一々数え挙げるように、大王様、それと同様に、専念に入って行くと、修行者は、善・不善、邪・正、卑・尊、黒・白といった、対照的な性質を持つものを一々数え挙げます。すなわち、これらは四念処である、これらは四正勤である、これらは四神足である、これらは五根である、これらは五力である、これらは七覚支（七菩提分）である、これらは八聖道である、これは止である、これは観である、これは明知である、これは解脱であると、一々数え挙げます。それから、修行者は、学習すべき徳目を学習し、学習すべきでない事柄を学習せず、取り入れるべき徳目を取り入れ、取り入れるべきでない事柄を取り入れません。大王様、専念が、一々数え挙げることを特質とするとは、そういうことなのであります。」

「先生、では、専念は注視することを特質とするとは、どのようなことなのでしょうか？」

「大王様、専念に入って行くと、修行者は、自分に益があるものと害があるものとの行き先を熱心に知ろうとします。すなわち、これは益があるものである、これは害があるものである、これらはためになるものである、これらはためにならないものである、と熱心に知ろうとします。それから、修行者は、害があるものを遠のけ、益があるものを注視し、ためにならないものを遠のけ、ためになるものを注視します。大王様、専念が注視することを特質とするとは、そういうことであります。」

「譬えを述べてください。」

「大王様、たとえば、転輪王の宝の一つである将軍が、王にとって益があるものと害があるものとを察知し、これらは王様に益があるものであり、これらは害があるものであり、これらはためになるものであり、これらはためにならないものであると知り、それから、害があるものを遠のけ、益があるものを注視し、ためにならないものを遠のけ、ためになるものを注視しますが、それと同じように、大王様、専念に入って行くと、修行者は、自分に益があるものと害があるものとの行先を熱心に知ろうとします。すなわち、これらは益があるものである、これらは害があるものである、これらはためになるものであり、これらはためにならないものである、というように。それから、修行者は、害があるものを遠のけ、益があるものを注視し、ためにならないものを遠のけ、ためになることを注視します。大王様、専念が注視を特質とするとは、そういうことでありです。大王様、幸有るお方は、こう説かれました。『比丘たちよ、わたくしは、専念は、どのようなときにもためになるものである、と言うのだ』と。」

「分かりました、ナーガセーナ長老殿。」

第十三　智慧を育む三昧《さんまい》（心統一、定《じょう》）

王は問う。

「ナーガセーナ長老殿、三昧は何を特質とするのでしょうか？」

「大王様、三昧は、導き手であることを特質とします。すべての善い事柄は、三昧を導き手とし、それらを三昧に向かわせ、三昧に赴かせ、三昧へと導くのです。」

「譬えを述べてください。」

「大王様、大楼閣のすべての梁は、ことごとく頂上に向かい、頂上に赴き、頂上に集結しますが、頂上は、そうしたもろもろの梁の頂上であると讃えられますように、大王様、それと同じように、すべての善い事柄は三昧を導き手とし、三昧に向かわせ、三昧に赴かせ、三昧へと導くのです。」

「さらに譬えを述べてください。」

「大王様、たとえば、ある王様が、四軍を率いて戦に臨むとしましょう。全軍、つまり、象軍、騎馬軍、戦車軍、歩兵軍は、王様を導き手とし、王様のもとに集結するように、すべての善い事柄は、三昧を導き手とし、三昧に向かわせ、三昧に赴かせ、三昧へ導くのです。大王様、専念が導き手であることを特質とするのは、そういうことであります。大王様、幸有るお方は、次のように説かれました。『比丘たちよ、三昧を修得せよ。三昧に達した者は、如実にものごとを知るのだ』と。」

「分かりました、ナーガセーナ長老殿。」

第十四　智慧は明知の光を発する

王は問う。

「ナーガセーナ長老殿、智慧は何を特質とするのでしょうか？」

「大王様、わたくしは、すでに、『智慧は切断を特質とする』と言いましたが、さらに言えば、智慧は照らすことを特質とするのであります。」

「先生、智慧が照らすことを特質とするとは、どのようなことなのでしょうか?」

「大王様、修行者に智慧が生まれて来ると、その智慧は、無明の闇を破り、明知の光を発し、知の輝きを放ち、四聖諦を顕わにします。それから修行者は、諸行無常とか、一切皆苦とか、五蘊非我・諸法非我と、正しい智慧によって、すべての事象(諸法)を見通すのであります。」

「譬えを述べてください。」

「大王様、たとえば、ある人が、真っ暗闇の家に燈明を持って来るとしましょう。持って来られた燈明は、闇を破り、光を放ち、照明し、色形を顕すように、大王様、それと同じように、智慧が生まれて来ると、その智慧は、無明の闇を破り、光明の光を発し、知の輝きを放ち、四聖諦を顕わにします。それから修行者は、諸行無常とか、一切皆苦とか、五蘊非我・諸法非我といった、正しい智慧によってすべての事象を見極めるのであります。大王様、智慧が照らすことを特質とするとは、そのようなことであります。」

第十五　煩悩を断ずることがすべての目的

王は問う。

「ナーガセーナ長老殿、以上のもろもろの徳目は多岐にわたりますが、それらの目的は同じものなのでしょうか?」

「大王様、そのとおりであります。以上のもろもろの徳目は多岐にわたりますが、それらの目的は同じであります。つまり、煩悩を断ずること、これが目的なのであります。」

「大王様、以上のもろもろの徳目は多岐にわたるというのに、どうして煩悩を断ずるという一つの目的に資するのでありましょうか?」

「大王様、たとえば、軍にはいろいろあり、象軍、騎馬軍、戦車軍、歩兵軍とありますが、戦において敵軍を破るというただ一つの目的があります。それと同じように、大王様、以上のもろもろの徳目は多岐にわたりますが、それらの目的は同じ、煩悩を断ずることであります。」

「分かりました、ナーガセーナ長老殿。」

第二章

第一　無我説で輪廻の主体が説明できるか

王は問う。

「ナーガセーナ長老殿、死んで生まれ変わった者は、生前の者と同じでしょうか、あるいは異なっているのでしょうか？」

長老は答えた。

「同じでもなく、異なっているのでもありません。」

「譬えを述べてください。」

「大王様はどうお考えでしょうか？　かつて幼くして愛らしく寝床におられたときの陛下と、今の成人された陛下とは同一人物でありましょうか？」

「先生、そうではありません。かつて幼くして愛らしく寝床にいたときの余と、今の成人した余とは別人であります。」

「大王様、もしもそうであるならば、今の陛下には、陛下を産み育てられた母君も父君も、また、かつて陛下の教育に当たられた師も、さまざまな能力を授けてくれた指導者も、陛下の模範となる生活規範を守った人も、尊敬すべき智慧者もいないことになるでありましょう。大王様、陛下が母君の胎内におられたとき、さまざまな成長過程を経たはずですが、そのときどきの母君と、幼少のときの母君と、成人なされたときの母君とは、みな、別人なのでありましょうか？　さまざまな能力を学んだ人と、学び終わった人とは、別人なのでありましょうか？　悪行を犯した者と、手足を切断する刑罰を受ける者とは、別人なのでありましょうか？」

「先生、そうではありません。先生は、こう言って、何を余に説こうとなさるのでしょうか？」

長老は答えた。

「大王様、わたくしは、かつて幼くして愛らしく寝床におりましたが、そのわたくしが今成人となっているのです。まこと、このわが身体は、幼いころからのすべての状態がまとまって、今、こうして一つの身体となっているのであります。」

「譬えを述べてください。」

「大王様、たとえば、ある人が灯を点した場合、その灯は夜通し燃え続けるのでしょうか？」

「先生、そのとおりです。夜通し燃え続けるでありましょう。」

「大王様、〔初夜・中夜・後夜と経過する夜の時間のうち、〕

初夜の炎と中夜の炎とは同じものなのでしょうか？」

「先生、そうではありません。」

「では、中夜の炎と後夜の炎とは同じものなのでしょうか？」

「先生、そうではありません。」

「大王様、それでは、初夜の炎と中夜の炎と後夜の炎とは、それぞれ別物なのでありましょうか？」

「先生、そうではありません。同じものに依って炎は夜通し燃え続けているのです。」

「大王様、生き物のそれぞれの自己にまつわる事象よりなる連続体（「相続」）は、時を経過しながら連続してあるものなのです。生ずるものと滅するものは別物であるとはいえ、どちらが時間的に先であるから後のものとは別物であるとかということなく、時を経過しながら連続しているのであります。生き物のそれぞれの自己にまつわる事象よりなる連続体は、その先後で同じであるでもなく異なるものでもないものとして、その集約点である今現在の意識に収められるにいたるのであります。」

「さらに譬えを述べてください。」

「大王様、搾られた生乳が、しばらくするとクリームとなり、クリームからバターとなり、バターからチーズになりますが、大王様、もしも、生乳はクリームと同じ、クリームはバターと同じ、バターはチーズと同じだと言う人がいたとして、大王様、その人の言っていることは正しいでしょうか？」

「先生、そうではありません。後のものは、前のものに依って生ずるのですから。」

「大王様、生き物のそれぞれの自己にまつわる事象よりなる連続体は、そのように時を経過しながら連続してあるものなのです。生ずるものと滅するものは別物であるとはいえ、どちらが時間的に先であるから後のものとは別物であるとかということなく、時を経過しながら連続しているのであります。こういうように、それは、時間の先後で同じであるでもなく異なるものでもないものとして、その集約点である今現在の意識に収められるにいたるのであります。」

「分かりました、ナーガセーナ長老殿。」

第二　死んでも生まれ変わらない人

王は問う。

「ナーガセーナ長老殿、今生に死んでまた生まれ変わる（結生《けっしょう》する）ことのない人は、自分が生まれ変わることがないであろうと知っているのでしょうか？」

「大王様、その通りであります。生まれ変わることのない人は、自分が生まれ変わることがないであろうと知っているのです。」

「ナーガセーナ長老殿、どうしてそう分かるのですか？」

「生まれ変わるための要因が働かないので、そういう人は、自分が生まれ変わることがないであろうと知っているのです。」

「譬えを述べてください。」

「大王様、たとえば農家の主が、田を耕して種をまき、穀物蔵を満たしたけれども、そののち、田を耕しもせず、種もまかず、蓄えられていた穀物を、自分たちで消費したり、何か別のものと交換したり、何か必要に応じて出庫したりしたとしましょう。大王様、その場合、かの農家の主は、わが穀物蔵は底をつくであろうということを自覚しているのでしょうか？」

「先生、そうです。その者はそれを自覚しているでしょう。」

「どうしてその者はそう自覚しているのでありましょうか？」

「穀物蔵を満たす要件が働かないので、その者は、わが穀物蔵は底をつくであろうことが分かるのです。」

「大王様、そのように、生まれ変わるための要件が働かないので、そういう人は、自分が生まれ変わることがないであろうと知っているのです。」

「分かりました、ナーガセーナ長老殿。」

第三　解脱に関わる知識と智慧

王は問う。

「ナーガセーナ長老殿、知識なるものは、まことに雑多なものを対象として生じますが、そうした知識が生ずる人には、智慧もまた生ずるのでしょうか？」

「大王様、その通りであります。雑多な知識が生ずる人には、智慧もまた生ずるのです。」

「先生、そうした雑多な知識と智慧とは同じものなのでしょうか？」

「大王様、その通りであります。雑多な知識と智慧とは同じものなのです。」

「先生、雑多な知識の一々に対応して智慧が生ずるとして、しかし、知識は多岐にわたりますから、そこに、雑多な知識と智慧とのあいだに、混乱が生ずることはないのでしょうか？」

「大王様、ある事柄については混乱があり、ある事柄には混乱がないでありましょう。」

「先生、ある事柄については混乱があり、ある事柄については混乱がないとは、どういうことなのでしょうか？」

「大王様、まだ知られていない技術上の課題や、訪れたことのない地域の事情や、聞いたことのない名称や固有名詞については混乱するでありましょう。」

「どのような事柄については混乱しないのでありましょうか?」

「大王様、そこで登場するのが智慧なのでありまして、その智慧によって、諸行無常とか、一切皆苦とか、五蘊非我・諸法非我とかと知られたならば、そこに何の混乱も生じないでありましょう。」

「先生、では、そうした智慧を得た人にとって、かつてあったはずの迷妄(癡《ち》=無明)はどこに行ってしまうのでしょうか?」

「大王様、智慧が生じた途端、迷妄は即座に消えてなくなるのです。」

「譬えを述べてください。」

「大王様、たとえば、ある人が、暗闇の家の中に灯火を携えて入ったとき、それで暗闇は消えてなくなり、明るくなるでありましょう。大王様、そのように、智慧が生じた途端、迷妄は即座に消え失せるのです。」

「先生、では、その智慧はどこに行くのでしょうか?」

「大王様、智慧もまた、自らの役割を果たした途端、消えてなくなります。しかし、その智慧によって感得されたこと、つまり、諸行無常とか、一切皆苦とか、五蘊非我・諸法非我という真実は消え去ることはないのです。」

「ナーガセーナ長老殿、先生は、智慧は、自らの役割を果たした途端、消えてなくなるけれども、その智慧によって感得されたこと、つまり、諸行無常とか、一切皆苦とか、五蘊非我・諸法非我という真実は消え去ることはないと言われましたが、そのことについての譬えを述べてください。」

「大王様、ある人が、夜に書状を送ろうとして、書記を呼んで灯を点けさせ書状を認めさせ、それが終わったところで灯を消したとしましょう。その場合、灯を消しても、書状を消すことにはなりません。大王様、それと同様に、智慧は、自らの役割を果たした途端、消えてなくなるけれども、その智慧によって感得されたこと、つまり、諸行無常とか、一切皆苦とか、五蘊非我・諸法非我という真実は消え去ることはありません。」

「さらに譬えを述べてください。」

「大王様、たとえば、東方のある地方では、人々は家ごとに、五つの水がめを火災に備えておく習慣があります。家が火災に遭ったとき、人々は、その五つの水がめを屋根に投げつけて火を消すのであります。大王様、そうやって火を消した人々が、役割を終えた水がめに、また消火の用をなさしめよう、と考えるでありましょうか?」

「先生、そうではありません。その人々は、もう水がめは要らない。使った水がめはもう用済みだ、と言うでありましょう。」

「大王様、その五つの水がめと同様に、勝れた働きをする信根・精進根・念根・定根・慧根の五根も同じような働きをします。修行者は、かの東方のある地方の人々に当たります。もろもろの煩悩は、火災に当たります。東方のある地方の人々が、五つの水がめで火を消すのと同じように、修行者は、五根によってもろもろの煩悩を消すのです。消された煩悩が再燃することはありません。大王様、このように、智慧は、自身の役割を果たした途端に消え去るのです。しかし、その智慧によって感得されたこと、つまり、諸行無常とか、一切皆苦とか、五蘊非我・諸法非我とかの真実は消え去らないのです。」

「さらに譬えを述べてください。」

「大王様、たとえば、医師が、木の根から抽出した五種の薬剤をもって患者に接し、その薬剤を患者に服用させたならば、それで患者の苦しみは除かれるでありましょう。大王様、そのあとで、その医師が、この薬剤をさらにこの患者に服用させようと考えるでありましょうか？」

「先生、そうではありません。その薬剤はもう用が済みました。もう必要はありません。」

「大王様、五根は、その五つの薬剤に当たります。修行者は、その医師に当たります。もろもろの煩悩は、患者の病状に当たります。凡夫は、患者に当たります。その五種の薬剤によって患者の病状が除かれ、そうして病状が除かれた患者が全快するように、五根によってもろもろの煩悩が取り除かれれば、もはや煩悩が生ずることはありません。大王様、こういうように、智慧は、自身の役割を果たした途端消え去りますが、その智慧によって感得されたこと、つまり、諸行無常とか、一切皆苦とか、五蘊非我・諸法非我という真実は消え去らないのです。」

「さらに譬えを述べてください。」

「大王様、たとえば、戦に意識を集中する武人が、五本の矢で戦に臨み、敵を撃破しようとするとき、戦場で五本の矢を射かけ、それで敵を破ったとしましょう。大王様、その武人は、すでに射た矢でまた射かけよう、と考えるでしょうか？」

「先生、そうではありません。それらの矢は使用済みです。どうして用いることがあるでしょうか？」

「大王様、五根は、その五本の矢に当たります。修行者は、その武人に当たります。もろもろの煩悩は、敵に当たります。五本の矢で敵が破られるように、五根によってもろもろの煩悩が破られると、煩悩はもはや起こりません。大王様、こういうように、智慧は、自身の役割を果たした途端消え去りますが、その智慧によって感得されたこと、つまり、諸行無常とか、一切皆苦とか、五蘊非我・諸法非我という真実は消え去らないのです。」

「分かりました、ナーガセーナ長老殿。」

第四　解脱した人と身体の苦

王は問う。

「ナーガセーナ長老殿、次生に生まれ変わることのない人は、何らかの苦しみを感受するのでしょうか？」

長老は答えた。

「そうした人は、ある種の苦しみを感受し、ある種の苦しみを感受しないのであります。」

「どうした苦しみを感受し、どうした苦しみを感受しないのでしょうか？」

「大王様、そうした人は、身体の苦しみを感受しますが、心の苦しみを感受しないのであります。」

「先生、そうした人は、どうして身体の苦しみを感受し、またどうして心の苦しみを感受しないのでありましょうか？」

「身体の苦しみを感受せしめる起因が已むことがないから、身体の苦しみを感受し、心の苦しみを感受せしめる起因が已むから、心の苦しみを感受しないのです。大王様、幸有るお方は、こう説かれました。『その者は、唯一、身体の苦しみだけを感受し、心の苦しみを感受しないのである』と。」

「ナーガセーナ長老殿、身体の苦しみを感受する人（阿羅漢）が、完全な涅槃（般涅槃）になぜ入らないのでしょうか？」

「大王様、阿羅漢には、好悪も嫌悪もありませんが、熟し切っていない（死に切っていない）身体を抱えたままなのです。賢者たる阿羅漢は、自身の身体が熟し切る（死ぬ）のをただ待つだけなのであります。大王様、真理の将軍サーリプッタ（舎利弗）長老は、このように説かれました。

『われは死ぬことを喜ぶこともなければ、生まれ変わることも喜ばない。

あたかも、雇用されたものが給金を待つように、われはしかるべき時を待つ。

正しく望みを持ち、正しく智慧を持ち、しかるべき時まで待つのである』と。」

「分かりました、ナーガセーナ長老殿。」

第五　感受の善悪

王は問う。

「ナーガセーナ長老殿、楽は善なのですか、不善（悪）なのですか、無記（善とも悪とも言えないもの）なのですか？」

「大王様、楽は、善であることもありましょうし、悪であることもありましょうし、無記でもありましょう。」

「先生、もしも、善が苦でなく、苦が善でないならば、善であるのに苦だということはありえませんね。」

「大王様はどうお考えでしょうか？　たとえば、ある人が、一方の手で熱鉄球を摑み、一方の手で冷たい雪の塊を摑むとしたならば、両手とも痛み苦しむでしょうか？」

「先生、そのとおりです。両手とも痛み苦しむでしょう。」

「大王様、では、両手とも熱いのでしょうか？」

「先生、そうではありません。」

「大王様、では、両手とも冷たいのでしょうか？」

「先生、そうではありません。」

「大王様、陛下はこの議論に負けたのでございます。もしも熱さが苦痛を与えるというのであれば、その場合、両手が熱いというわけではないのですから、それは有り得ないことです。また、もしも冷たさが苦痛を与えるいうのであれば、その場合、両手が冷たいというわけではないのですから、それは有り得ないことです。では、なぜ、両手がともに苦痛を憶えるのでしょうか？　両手がいっしょに熱いのでもなく、いっしょに冷たいのでもなく、片手が熱く片手が冷たいなかで両手とも苦痛を感ずるのです。ですから、陛下の言われるようなことは有り得ません。」

「余は、御貴殿のような論客とまともに対論を交わすことがかないません。今の話の本筋を示していただければ幸いです。」

そこで、ナーガセーナは、論（阿毘達磨《あびだるま》）に即した議論によって王を納得させた。

「大王様、在家には、在家ならではの六つの喜びがあり、出家には、出家ならではの六つの喜びがあり、在家には、在家ならではの六つの憂いがあり、出家には、出家ならではの六つの憂いがあり、在家には、在家ならではの六つの心の平安があり、出家には、出家ならではの六つの心の平安があるというように、六つの生活様式ごとに六種の感受のありかたがあります。さらに、過去世に三十六種の感受のありかたがあり、未来世に三十六種の感受のありかたがあり、現在世に三十六種の感受のありかたがあります。それらを集約すれば、じつに、百八種に及ぶ感受のありかたがあるのです。」

「分かりました、ナーガセーナ長老殿。」

第六　輪廻するものは何か？

王は問う。

「ナーガセーナ長老殿、次生に生まれ変わる主体は何なのでしょうか？」

「大王様、名称と形態（漢訳で「名色」、もとは、唯名論用語の森羅万象、仏教では心と身体）が次生に生まれ変わるのであります。」

「今のこの名称と形態が、そのまま次生に生まれ変わるのでしょうか？」

「大王様、今のこの名称と形態が、そのまま次生に生まれ変わるのではありません。大王様、今この名称と形態は、善悪の行い（業）を造りますが、その善悪の業の果報として、新たな名称と形態が、次生に生まれ変わるのです。」

「先生、もしも、今のこの名称と形態が、そのまま次生に生まれ変わるのでないならば、人は今生で造った悪業から免れることになるのではありませんか？」

長老は答えた。

「もしも人が、次生に生まれ変わることがないならば、人は、今生で造った悪業から免れるでありましょう。しかしながら、大王様、ともあれ人は次生に生まれ変わるのですから、悪業から免れることはないのです。」

「譬えを述べてください。」

「ある人が、別の人が所有するマンゴー樹の実を盗んだとしましょう。マンゴー樹の所有者が、その実を盗んだ者を捕らえて王の前に突き出して、『王様、この者が、わがマンゴー樹の実を盗んだのです』と訴えたとき、その盗人が、『王様。わたくしは、この人のマンゴー樹の実を盗みはしません。この人が植えたマンゴー樹の実と、わたくしが盗んだマンゴー樹の実とは別物なのです。わたくしが罰せられるいわれはありません』と弁明するならば、大王様、その者は罰せられるべきでありましょうか？」

「先生、そうです、その者は罰せられるべきです。」

「なぜでしょうか？」

「先生、その者が何と言おうとも、その者が植えてから最初のマンゴーの実を見たわけではないにしても、今しがたのマンゴー樹の実を盗んだ廉で、罰せられるべきです。」

「大王様、それと同様に、人は、今この名称と形態で善悪の業を造り、その業の果報として新たな名称と形態が次生に生まれ変わるのです。ですから、その人が悪業から免れることはありません。」

「さらに譬えを述べてください。」

「大王様、たとえば、ある人が、別の人の稲を、――甘諸を盗んだとしましょう。――」

「大王様、たとえば、ある人が、ひどく寒いときに火を焚き、暖まってから、火を消さないで立ち去ったため、その火が他人の畑を焼いてしまったとしましょう。畑の所有者がその者を捕らえて王の前に突き出し、『王様、この者がわたくしの畑を焼いたのです』と訴えたとき、当の者が、『王様、わたくしは、この人の畑を焼いてなどしていません。わたくしが消さなかったあの火と、畑を焼いた火とは別物です。わたくしが罰せられるいわれはありません』と弁明したならば、大王様、その者は罰せられるべきでしょうか？」

「先生、そうです、その者は罰せられるべきです。」

「どうしてでしょうか？」

「先生、その者がそう弁明したとしても、畑を焼き始めた最初の火を見ていなかったとはいえ、畑を焼いた最後の火について、罰せられるべきです。」

「大王様、それと同様に、人は、今この名称と形態で善悪の業を造り、その業の果報として新たな名称と形態で次生に生まれ変わるのです。」

「さらに譬えを述べてください。」

「大王様、たとえば、ある人が灯を携えて屋上のテラスに上って食事を摂ったところ、灯が屋根の藁を燃やし、藁が燃えて家を燃やし、家が燃えて村を燃やしたとしましょう。そこで、村人たちがその者を捕らえて、『おい、お前はどうして村を燃やしたのだ?』と問うたとき、その者が、『みなさん、わたしは村を燃やしたりしていません。わたしが食事を摂るための明かりとして用いた灯と、村を燃やした灯とは別物です』と弁明したとして、両者が言い争いながら大王様のもとにやって来たならば、大王様は、どちらの言い分を正しいとなされますか?」

「先生、村人たちの言い分が正しいでしょう。」

「どうしてでしょうか?」

「その者がそう弁明したとしても、村を燃やした火は、そのものが食事のために用いた火から生じたものだからです。」

「大王様、それと同様に、今生で命終《みょうじゅう》となる名称と形態と、次生に生まれ変わる名称と形態とは別物であるとは言え、後のものは前のものから生じたのです。ですから、その人は、もろもろの悪業からまぬがれないのです。」

「さらに譬えを述べてください。」

「大王様、ある男が、幼い少女に求婚し、結納金を収めて立ち去ったとしましょう。その少女がのちに生育し、適齢に達したとき、別の男が結納金を収めてその少女と結婚したとしましょう。そのとき、前の男がやって来て、『おい、お前はどうしてわが妻を連れて行くのだ?』と問うたとして、後の男が、『わたしはあなたの妻を連れ去るのではない。あなたが求婚して結納金を収めたあの幼かった少女と、わたしが今求婚して結納金を収めたこの生育して適齢に達したこの女性とは別人なのです』と答えたとしましょう。両者が言い争いながら大王様のもとにやって来たならば、大王様はどちらを正しいとなされますか?」

「先生、前の男の方が正しいでしょう。」

「どうしてでしょうか?」

「後の男がそう弁明したとしても、生育したこの女性は、かの幼かった少女から育った人だからです。」

「大王様、それと同様に、命終となる今生の名称と形態と、次生に生まれ変わる名称と形態とは別物であるとは言え、後者は前者から生じたのです。それゆえ、その人は、もろもろの悪業から免れないのです。」

「さらに譬えを述べてください。」

「大王様、たとえば、ある人が、牛飼いから壺一つ分の牛乳を購入し、それをその牛飼いに預け、『明日取りに来る』と言って立ち去ったとしましょう。その牛乳は次の日、クリームに変ってしまうでありましょう。そこでかの者がやって来て、『あの壺一つ分の牛乳を渡してほしい』と言ったとして、牛飼いがクリームを差し出したとしよう。かの者は、『わたしはクリームを購入したのでない。あの壺一つ分の牛乳を渡してほしい』と言ったとき、牛飼いが、『あなたが知らない間に、牛乳がクリームに変ったのですよ』と答えたとしましょう。両者が言い争いながら大王様のもとにやって来たならば、大王様はどちらを正しいとされますか？」

「先生、牛飼いの方が正しいでしょう。」

「どうしてでしょうか？」

「かの男がそう言ったとしても、そのクリームはかの牛乳から生じたものだからです。」

「大王様、それと同様に、命終となる今生の名称と形態と、次生に生まれ変わる名称と形態とは別物ではありますが、後者は前者から生ずるのです。ですから、その人は、もろもろの悪業から免れないのです。」

「分かりました、ナーガセーナ長老殿。」

第七　生まれ変わりの問い、再び

王は問う。

「それではナーガセーナ長老殿は、次生に生まれ変わりますか？」

「大王様、もう已めようではありませんか？　このようなことを問うて何になるのでしょうか？　わたくしはすでに、『大王様、もしもわたくしが生存に執着しているならば、次生に生まれ変わるでありましょう。また、もしもそのように執着していないならば、次生に生まれ変わることはないでありましょう』と申したではありませんか？」

「譬えを述べてください。」

「大王様、たとえば、ある人の王様の執務に携わるとしましょう。王様が、その人のやり方に満足し、執務を委ねるとしましょう。その人は、王様の執務に専念することによって、色《しき》・声《しょう》・香・味・触《そく》という五欲の対象が保証され満たされることになるでありましょうが、もしもその人が、『わが王様は何も政務もとらない』と公表したならば、大王様、その人は正しいことをしているのでしょうか？」

「先生、そうではありません。」

「大王様、それと同様に、陛下がこのような問いを発して何になるのでしょうか？　わたくしはすでに、『もしもわたくしが生存に執着しているならば、次生に生まれ変わるでありましょう。また、もしもそのように執着していないならば、次生に生まれ変わることは無いでありましょう』と申したではありませんか？」

「分かりました、ナーガセーナ長老殿。」

第八　名称と形態

王は問う。

「ナーガセーナ長老殿、先生は、名称と形態と言われましたが、その名称とは何なのでしょいうか、形態とは何なのでしょうか？」

「大王様、麤大《そだい》なるものが形態であり、微細《みさい》なる心（心王《しんのう》）と心作用（心処《しんじょ》）という原子事象（法）が名称なのであります。」

「ナーガセーナ長老殿、名称だけが次生に生まれ変わることがなく、また、形態だけが次生に生まれ変わることがないのは、どうしてでしょうか？」

「大王様、名称と形態という事象は、互いに依存しあっており、一つものとして生起するものだからであります。」

「譬えを述べてください。」

「大王様、たとえば、雌鶏に卵黄がなければ、卵は産まれないでありましょう。卵黄と卵とは、ともに互いに依存しあっており、一つものとしてともに産まれるのです。それと同様に、大王様、もしも名称がないならば、形態もないでありましょう。名称と形態は、ともに互いに依存しあっており、一つものとして生起するものなのであります。このことは、長大な時間を経てそうあらしめて来たものであります。」

「分かりました、ナーガセーナ長老殿。」

第九　時間の経過

王は問う。

「先生は、今、長大な時間を経て、と仰いましたが、それは何でしょうか？」

「大王様、それは、過去時（過去世、過去の事象が属する時間領域）と未来時（未来世、未来の事象が属する時間領域）と現在時（現在世、現在の事象が属する時間領域）とであります。」

「先生、そもそも時間の経過というものはあるのでしょうか？」

「先生、経過する時間もあれば、経過しない時間もあります。」

「先生、経過する時間とはどのようなもので、経過しない時間とはどのようなものなのでしょうか？」

「大王様、過ぎ去り無くなった過去の事象（諸行）には、時間の経過はありません。業が今や果報を結ばんとする働き（異熟《いじゅく》）と熟することを特質とするもろもろの事象と次生に業の果報として生まれ変わらせる要因については、現在進行中という時間の経過があります。今生で死して次生に生まれ変わる衆生には、時間の経過があります。今生で死して次生に生まれ変わることのない衆生には、時間の経過がありません。完全な涅槃（般涅槃）に入った衆生には、時間の経過はありません。なぜなら、その者たちは、生まれては死ぬことからまったく離れた完全な涅槃に入っているからであります。」

「分かりました、ナーガセーナ長老殿。」

第三章

第一　時間の依って来る根本とは何か？

王は問う。

「ナーガセーナ長老殿、過去世（過去の時間領域）が依って来る根本は何なのでしょうか？　未来世（未来の時間領域）の依って来る根本は何なのでしょうか？　現在世（現在の時間領域）の依って来る根本とは何なのでしょうか？」

「大王様、過去世と未来世と現在世の依って来る根本は無明《むみょう》であります。無明を縁として行《ぎょう》（想起と意志）が生じ、行を縁として識（判断）が生じ、識を縁として名色《みょうしき》（認識の対象）が生じ、名色を縁として六入（六つの感官）が生じ、六入を縁として触《そく》（感官と対象との接触）が生じ、触を縁として受（感覚）が生じ、受を縁として愛（貪欲）が生じ、愛を縁として取《しゅ》（執着する行為）が生じ、取を縁として有《う》（輪廻の中に閉じ込められた生存）が生じ、有を縁として生《しょう》（輪廻するものとして生まれること）が生じ、生を縁として老・死・愁い・悲しみ・苦・憂慮・悩みが生じます。こういうわけですから、時間の始まりは知られないのであります。」

「分かりました、ナーガセーナ長老殿。」

第二　時間の始まりは知られない

王は問う。

「ナーガセーナ長老殿は、今、時間の始まりは知られないと仰いました。その譬えを述べてください。」

「大王様、種を土の播くと、芽が生え、しだいに大きくなって実を結びます。その実を採取してまた土に播くと、その実から芽が生え、しだいに大きくなってまた実を結ぶように、この連続体としての個体（「相続」）には、終わりというものがあるでしょうか？」

「先生、終わりというのものはありません。」

「大王様、それと同じことで、時間の始まりは知られないのであります。」

「さらに譬えを述べてください。」

「大王様、たとえば、鶏から卵が生じ、卵から鶏が生じ、また鶏から卵が生じますが、この連続体の個体に、終わりというものがあるでしょうか？」

「先生、終わりということはありません。」

「大王様、それと同じように、時間の始まりは知られないのであります。」

「さらに譬えを述べてください。」

ナーガセーナ長老は、地面に円を描いて王に言った。

「大王様、この円に終着点はありますでしょうか？」

「先生、終着点はありません。」

「大王様、それと同じように、幸有るお方は、このように円を成す循環を説かれました。すなわち、『眼と色とかたち（対象）に依拠して眼《げん》識（視覚）が生ずる場合、この三つのものが合わさることが触であり、触を縁として受（感覚）が生じ、受を縁として愛（貪欲）が生じ、愛を縁として執着する行為（業）が生じ、その業からまた眼が生ずるのである』と。このようなわけで、こうしたことの連続に、終わりというものがあるでしょうか？」

「先生、終わりということはありません。」

「大王様、耳と音声に依拠して耳《に》識（聴覚）が——中略——意と法（感覚情報）によって意識が生じます。こうした三つのものが合わさることが触であり、触を縁として受が生じ、受を縁として愛が生じ、愛を縁として執着する業が生じ、業からまた意が生ずるのです。この連続に終わりというものがあるでしょうか？」

「先生、終わりというものはありません。」

「大王様、そのように、時間の始まりは知られないのであります。」

「分かりました、ナーガセーナ長老殿。」

第三　因果応報のものごとには始まりがある

王は問う。

「ナーガセーナ長老殿は、始まりはないと仰いましたが、その始まりとは何なのでありましょうか？」

「大王様、ものごとの始まりは過去のものであります。」

「ナーガセーナ長老殿は、始まりなるものはないと仰いましたが、では、そもそものごとの始まりなるものは、みな、知られないのでありましょうか？」

「大王様、あるものは知られ、あるものは知られません。」

「先生、それでは、どのようなものが知られ、どのようなものが知られないのでしょうか？」

「大王様、無明が生ずる以前のものの始まりは知られません。しかし、以前には無かったものが今生じ、そうして生じて有るようになったものがまた無くなるというようなものの始まりは知られます。」

「ナーガセーナ長老殿、以前には無かったものが今、生じ（生まれ）、そうして生じて有るようになったものがまた無くなる（死ぬ）というようなものは、前後が際断されて消え去るのではありませんか？」

「大王様、もしもそれが生まれる前と死んだ後のこの前後が際断されて消え去るのだとしましたら、そういうものは増大していくことができるでありましょうか？」

「そうです。そういうものも増大していくことができます。しかし、先生、余はそのようなことを問うているのではありません。断ぜられた際（死んだ時）を越えて増大することができるのでありましょうか？」

「そのとおりです。増大することができます。」

「譬えを述べてください。」

そこで、ナーガセーナは、樹と種の譬喩を説いた。「五蘊は一切の苦の種であります」というようにして。

「分かりました、ナーガセーナ長老殿。」

第四　輪廻の生存が成立する根拠

王は問う。

「ナーガセーナ長老殿、生ずる行（想起や意志などの心の作用）というものが何かあるのでしょうか？」

「大王様、そのとおりです。生ずる行というものがあるのです。」

「先生、それはどのようなものなのでしょうか？」

「大王様、まこと、眼と何らかの色形（色）があるときに、視覚（眼識）があります。眼識があるということは、そこに眼と色との接触があるということです。眼と色との接触があると、そこに、眼を介した色の感受（受）があり、受があるときに愛があり、愛があるときに取があり、取があるときに輪廻的な生存（有）があり、有があるときに誕生（生）があり、生があるときに、老、死、愁い、悲しみ、苦、憂慮、悩みが起こります。このようにして、苦の集まりが起こってくるのです。ところが、大王様、眼がなく色がないときには眼識がありません。眼識がなければ眼と色との接触はなく、眼と色との接触がなければ眼を介する受がなく、受がなければ愛がなく、愛がなければ取がなく、取がなければ有がなく、有がなければ生がなく、生がなければ老、死、愁い、悲しみ、苦、憂慮、悩みがありません。このようにして、苦の集まりのすべてが滅するのであります。」

「分かりました、先生。」

第五　無明を縁として生ずる行（記憶と意志などの心の作用）

王は問う。

「ナーガセーナ長老殿、今、無いのに生ずる行はあるでしょうか？」

「大王様、今無いのに生ずる行はありません。大王様、行は、今、有るから生ずるのです。」

「譬えを述べてください。」

「大王様、どうお考えになられるでしょうか？　陛下が今そのなかに坐しておられるこの家は、今無いのに生じたのでしょうか？」

「先生、今、無いのに生じたものは、この世にはまったくありません。今、有るもののみが生じたのです。先生、この家の材木は、もともと林のなかにあったものです。この壁土は、もともと大地にあったものです。男女のそれなりの労働によって、この家が生じたのです。」

「大王様、それと同じように、今、無いのに生ずる行はありません。行は、今、有るから生ずるのです。」

「さらに譬えを述べてください。」

「大王様、たとえば、様々な種なる生き物が大地に播かれて、次第に大きくなって花や実を結ぶのですが、その樹は今無いのに生じたのではありません。そうした樹は、今有るから生ずるのです。大王様、それと同じように、今無いのに生ずる行はありません。行は、今有るから生ずるのであります。」

「さらに譬えを述べてください。」

「大王様、たとえば、陶工は、地面から粘土を掘り出してさまざまの陶器を造りますが、そうした陶器は、今、無いのに生じたのではありません。それは、今、有るから生じたのであります。大王様、それと同じように、今、無いのに生ずる行はありません。行は、今、有るから生ずるのであります。」

「さらに譬えを述べてください。」

「大王様、たとえば、ヴィーナー（インドの伝統的弦楽器、「琵琶」の起源とされる）の様々な部分とそれを弾ける人の努力がなかったならば、音は生ずるでしょうか？」

「先生、そういうことはありません。」

「では、大王様、ヴィーナーの様々な部分とそれを弾ける人の努力があれば、音は生ずるでしょうか？」

「先生、そうです。音が生ずるでありましょう。」

「大王様、それと同じように、今、無いのに生ずる行はありません。行は、今、有るからこそ生ずるのであります。」

「さらに譬えを述べてください。」

「大王様、たとえば、木で火を熾す道具が無く、そうすることが出来る人の努力が無いならば、火は熾きるでしょうか？」

「先生、そうではありません。」

「では、大王様、木で火を熾す道具があり、そうすることが出来る人の努力が有るならば、火は熾きるでしょうか？」

「先生、そのとおりです。火は熾きるでありましょう。」

「大王様、それと同じように、今、無いのに生ずる行はありません。行は、今、有るからこそ生ずるのであります。」

「さらに譬えを述べてください。」

「大王様、たとえば、火を熾す力のある不思議な宝石が無く、太陽の光が無く、乾いた牛糞が無いならば、火は熾きるでしょうか？」

「先生、そうではありません。」

「では、大王様、火を熾す力のある不思議な宝石が有り、太陽の光が有り、乾いた牛糞が有るならば、火は熾きるでしょうか?」

「先生、そうです。火は熾きるでありましょう。」

「大王様、それと同じように、今、無いのに生ずる行はありません。行は、今、有るからこそ生ずるのであります。」

「さらに譬えを述べてください。」

「大王様、たとえば、鏡も明かりも顔も無いならば、自分の写像は生ずるでしょうか?」

「先生、そうではありません。」

「では、大王様、鏡も明かりも顔も有るならば、自分の写像は生ずるでしょうか?」

「先生、そうです。自分の写像は生ずるでしょう。」

「大王様、それと同じように、今、無いのに生ずる行はありません。行は、今、有るからこそ生ずるのであります。」

「分かりました、ナーガセーナ長老殿。」

第六　無我説

王は問う。

「ナーガセーナ長老殿、我《が》(自己、認識の主体、輪廻する主体)なるものが有ると知られるのでしょうか?」

「大王様、そもそも、陛下の仰る我とは、どのようなものなのでしょうか?」

「先生、身心の内にある生命原理たる我は、眼によって色かたちを見、耳によって音声を聞き、鼻によって香を嗅ぎ、舌によって味を味わい、身(皮膚)によって触を感じ、意(思考器官=脳)によって法(諸感官が捉えて来た外的な情報)を処理するのです。たとえば、今、わたくしたちは、この宮殿に坐しておりますが、わたくしたちは、あちこちにある窓のどの窓からでも眺めたいと欲するものを見ることが出来ます。すなわち、東の窓から眺めることもできますし、西の窓から眺めることも出来ますし、北の窓から眺めることも出来ますし、南の窓から眺めることも出来ます。先生、それと同じように、身心の内にある生命原理たる我は、見ようとするときに必要な、どの門(感官)をも介して見るのであります。」

長老は答えて言う。

「大王様、五つの門(眼耳鼻舌身《げんにびぜつしん》の五つの感官、五根)について語りたいと思いますので、しっかりとお聞きください。もしも、身心の内にある生命原理たる我なるものが、眼によって色かたちを見るのであれば、それはあたかも、この宮殿に坐しているわたくしたちが、あちこちにある窓のどの窓からでも眺めたいと欲するものを見ることが出来ます。すなわち、東の窓からも、西の窓からも、北の窓からも、南の窓からも色かたちを眺めることが出来るのと同じように、身心の内にある生命原理たる我は、眼によって色かたちを見、耳によって色かたちを見、鼻によって色かたちを見、舌によって色かたちを見、身（皮膚）によって色かたちを見、意によって色かたちを見るということになるはずです。眼によっても音声を聞き、鼻によっても音声を聞き、舌によっても音声を聞き、身（皮膚）によっても音声を聞き、意によっても音声を聞くことになるはずです。眼によっても香を嗅ぎ、耳によっても香を嗅ぎ、舌によっても香を嗅ぎ、身（皮膚）によっても香を嗅ぎ、意によっても香を嗅ぐことになるはずです。眼によっても触を感じ、耳によっても触を感じ、鼻によっても触を感じ、舌によっても触を感じ、意によっても触を感ずることになるはずです。眼によっても法（得られた感覚情報）を処理し、耳によっても法を処理し、鼻によっても法を処理し、舌によっても法を処理し、身（皮膚）によっても法を処理することになるはずです。」

「先生、そういうことにはなりません。」

「大王様が仰ることは、前後、一貫しません。大王様、たとえば、この宮殿に坐しているわたくしたちは、そうした窓を開けて体を乗り出して顔を外に出しますと、大空を介して、より一層、色かたちを見ることが出来るでありましょう。それと同じように、眼の門が取り払われると、身心の内にある生命原理たる我は、大空を介して、より一層、よく色かたちを見ることになるはずです。また、耳の門、鼻の門、舌の門、身体（皮膚）の門が取り払われると、大空を介して、より一層、よく音声を聞き、香を嗅ぎ、味を味わい、触を感ずることになるはずです。ですが、本当にそうなのでありましょうか？」

「先生、そうではありません。」

「大王様が仰ることは、前後、一貫しません。ここに、ディンナという名の人物がいますが、ここを出て、門外に立つとしましょう。大王様は、その者が、ここを出て、門外に立っていることがお分かりになりますか？」

「先生、分かります。」

「大王様、それと同じように、舌に味のあるものが置かれたとき、身心の内にある生命原理たる我は、これは酸っぱい、これは塩辛い、これは苦い、これは辛い、これは甘いということを識別するでありましょうか？」

「先生、そうです。識別するでありましょう。」

「では、味のあるものが身心の内に入ったとき、身心の内にある生命原理たる我は、これは酸っぱい、これは塩辛い、これは苦い、これは辛い、これは甘いということを識別するでしょうか？」

「先生、そういうことはありません。（味を識別するのは舌であって、身心の内にある生命原理たる我ではない。）」

「大王様が仰ることは、前後、一貫しません。大王様、たとえば、ある人が、百個の蜜壺を持って来て蜜の桶を満たした後で、別の人の口を塞いでその蜜の桶に放り込んだとして、投げ込まれた人は、そこに甘いものが満ちているかどうかを、識別できるでしょうか？」

「先生、そういうことはありません。」

「大王様、どうしてでありましょうか？」

「先生、その人の口に蜜が入らないからです。」

「大王様が仰ることは、前後、一貫しません。」

「余は、先生のような論客とまともに対論することがかないません。道理をお話いただければ幸いです。」

そこで、長老は、論（アビダルマ）にまとめられている仏説を説いて、ミリンダ王を納得させた。

「眼と色とを処《しょ》（拠り所）として眼識（視覚）が生ずるとき、それと一緒に、触（感官である眼と感官の対象である色との接触）と受（感受）と想（感受された外界情報の輪郭付け）と行（記憶と意志などの心の作用）と統覚（知覚したのは他ならぬ己だとの自覚）と生命力（自己に相当するもの）と思念（情報処理）が生ずるのであります。このように、そうした諸々の事象は、縁（相依ること）より生ずるもの（縁生《えんしょう》）なのであります。そこに、身心の内にある生命原理たる我なるものは認められません。耳が音声を捉える場合にも、鼻が香を捉える場合にも、舌が味を捉える場合にも、身（皮膚）が触を捉える場合にも、同様なのであります。そうした諸々の事象は、縁より生ずるものなのであります。そこに、身心の内にある生命原理たる我なるものは認められません。」

「分かりました、先生。」

第七　知覚、及び、意識なる統覚

王は問う。

「ナーガセーナ長老殿、眼識が生ずると、意識もまた生ずるのでありましょうか？」

「大王様、その通りであります。眼識が生ずると、意識もまた生ずるのです。」

「ナーガセーナ長老殿、まず眼識が生じ、後で意識が生ずるのでしょうか？　あるいは、まず意識が生じ、後で眼識が生ずるのでしょうか？」

「大王様、まず眼識が生じ、後で意識が生ずるのです。」

「ナーガセーナ長老殿、眼識が意識に向かって、『わが後に君も生ぜよ』と指示するのでしょうか？　あるいは、意識が眼識に向かって、『君が生じたならばわれも生じよう』と告げるのでありましょうか？」

「大王様、そういうことではありません。両者には何の相談もありません。」

「ナーガセーナ長老殿、眼識が生ずると後で意識が生ずるのはなぜでしょうか？」

「大王様、傾向と通過経路と慣性と繰り返し経験することによる習熟とがあるからであります。」

「ナーガセーナ長老殿、傾向があるから、眼識が生ずると後で意識が生ずるとは、どのようなことなのでしょうか？　譬えを述べてください。」

「大王様、いかが考えられますでしょうか？　雨が降ると、水はどちらから流れて来るでしょうか？」

「先生、傾斜の上から流れて来ます。」

「では、次に雨が降るとして、水はどちらから流れて来るでしょうか？」

「先生、先と同じところから流れて来ます。」

「大王様、先の水が後の水に、われが流れたところから君も流れよ、と指示するでありましょうか？　また、後の水が先の水に、君が流れたところからわれも流れよう、と告げるでありましょうか？」

「先生、そういうことではありません。両者が互いに連絡を取ることはありません。どちらの水も、傾斜の上から流れて来るのです。」

「大王様、それと同じように、傾向があるから、眼識が生ずると、後で意識も生ずるのです。そうだからと言って、眼識が意識に、われが生じたなら君も生ぜよ、と指示することはありませんし、意識が眼識に、君が生じたならわれも生ぜん、と告げることもありません。両者が互いに連絡を取ることはありません。傾向があるから、眼識が生ずると、後で意識も生ずるのです。」

「ナーガセーナ長老殿、通過経路があるから、眼識が生ずると、後で意識が生ずるというのは、どのようなことなのでしょうか？　譬えを述べてください。」

「大王様は、どう考えられるでありましょうか？　王国の国境の街には堅固な城壁と物見櫓がありますが、門はただ一つしかありません。その街を出ようとする人は、どこから出るでしょうか？」

「先生、その門から出るでありましょう。」

「別の人が現れて、その街から出ようとするときには、どこから出るでしょうか？」

「先生、先の人が出て行ったその門から出るでしょう。」

「大王様、先の人が後の人に、わが出るところから君も出るがよい、と指示するでしょうか？　また、後の人が先の人に、君が出た門からわれも出ることにする、と告げるでしょうか？」

「先生、そういうことではありません。両者が互いに連絡を取ることはありません。通過経路があるから、二人はそこから出ていくのです。」

「大王様、それと同じように、通過経路があるから、眼識が生ずると、後で意識が生ずるのです。眼識が意識に、わが生ずれば君も生ぜよ、と指示することもなく、意識が眼識に、君が生じたならばわれも生ぜん、と告げることもありません。両者が互いに連絡を取ることはありません。通過経路があるから、眼識が生ずると、後で意識が生ずるのです。」

「ナーガセーナ長老殿、慣性があるから、眼識が生ずると、後で意識が生ずるとは、どのようなことなのでしょうか？　譬えを述べてください。」

「大王様はどのように考えられるでありましょうか？　先に車が通った後、次の車はどこを通るでありましょうか？」

「先生、先の車が通ったところを通るでしょう。」

「大王様、先の車が後の車に、わが通ったところを君も通れ、と指示するでしょうか？　また、後の車が先の車に、われは君が通ったところを通ろう、と告げるでしょうか？」

「先生、そうではありません。慣性があるから、両者が互いに連絡を取ることはありません。慣性があるから、両者は同じところを通るのです。」

「大王様、それと同じように、慣性があるから、眼識が生ずると、後に意識が生ずるのです。眼識が意識に、わが生ずれば君も生ぜよ、と指示することはありませんし、また、意識が眼識に、君が生ずればわれも生ぜん、と告げることもありません。両者が互いに連絡を取ることはありません。慣性があるから、眼識が生ずると、後に意識も生ずるのです。」

「ナーガセーナ長老殿、繰り返し経験することによる習熟があるから、眼識が生ずると、後で意識が生ずるとは、どのようなことなのでしょうか？」

「大王様、たとえば、手を符号とする競りの技術、算術、暗算術、書き方の技術について、初学者ははじめは拙いけれども、のちに集中力と習熟とによって巧みになります。それと同じように、繰り返し経験することによる習熟があるから、眼識が生ずると、後に意識が生ずるのです。眼識が意識に、わが生ずれば君も生ぜよ、と指示することはありません。また、意識が眼識に、君が生ずればわれも生ぜん、と告げることもありません。両者は互いに連絡を取ることはありません。眼識が生ずると、繰り返し経験することによる習熟があるから、眼識が生ずると、後に意識が生ずるのです。」

「ナーガセーナ長老殿、耳識が生ずれば、——鼻識が生ずれば、——舌識が生ずれば、身（皮膚）識が生ずれば、後に意識が生ずるのでしょうか？」

「大王様、その通りであります。身識が生ずると、後に意識が生ずるのです。」

「ナーガセーナ長老殿、先に身識が生じ、後に意識が生ずるのでしょうか？　あるいは、先に意識が生じ、後に身識が生ずるのでしょうか？」

「大王様、先に身識が生じ、後に意識が生ずるのです。」

「ナーガセーナ長老殿、——（略）」

「——（略）。両者が互いに連絡を取ることはありません。繰り返し経験することによる習熟があるから、身識が生ずると、後に意識が生ずるのです。」

第八　意識なる統覚にともなって生ずるもの――触（感官と対象の接触）

王は問う。

「ナーガセーナ長老殿、意識が生ずると、受（感受）もまた生ずるのでしょうか？」

「大王様、その通りであります。意識が生ずると、触（感官と対象の接触）も生じ、受（感受）も生じ、想（感受された情報の輪郭付け）も生じ、思（思念）も生じ、尋（仮言命題を用いた考察）も生じ、伺（仮言命題を用いた考察から得られた知識）も生じ、このようにして、触を始めとするすべての法（事象）が生ずるのです。」（後の説一切有《せついっさいう》部《ぶ》の五位七十五法の体系表では、触、受、想、思は十大地《だいじ》法に属し、尋《じん》、伺《し》は八不定地《ふじょうじ》法に属する。）

「ナーガセーナ長老殿、触は何を特質とするのでしょうか？」

「大王様、触は、ものとものとが接触することを特質とするものであります。」

「譬えを述べてください。」

「大王様、眼と色の接触を、二頭の牡羊が闘うことに譬えて言いますと、眼は一方の牡羊であり、色はもう一方の牡羊であり、接触は両者のぶつかり合いに相当します。」

「さらに譬えを延べてください。」

「大王様、眼と色の接触を、両手を合わせ叩くことに譬えて言いますと、眼は一方の手であり、色は他方の手であり、接触は両手を合わせ叩くことに相当します。」

「さらに譬えを述べてください。」

「大王様、眼と色の接触を、一対の鐃鈸《にょうはち》（打楽器のシンバル）を奏することに譬えて言いますと、眼は片方の鐃鈸であり、色はもう片方の鐃鈸であり、接触は両者を擦り合わせることに相当します。」

「分かりました、先生。」

第九　意識なる統覚にともなって生ずるもの――受（感受）

「ナーガセーナ長老殿、受は何を特質とするのでしょうか？」

「大王様、受は感受することを特質とし、また、苦楽を享受することを特質とするものであります。」

「譬えを述べてください。」

「大王様、たとえば、ある人が王の政務を司るとしましょう。王はその人の仕事ぶりに満足し、政務を大いに委ねたとしましょう。その人が、そうした仕事を通して五欲（眼が捉える色、耳が捉える音声、鼻が捉える香、舌が捉える味、身（皮膚）が捉える触、以上五つのものにたいして起こす欲望）を起こし、大いに満足するならば、その人は思うでありましょう。『かつて、王様の政務をわたくしは司っていたが、王様はそれに満足し、政務を大いにわたくしに委ねられた。わたくしはそれによって、このような人間界の楽を感受しているのだ』と。しかし、大王様、またたとえば、ある人が、善業を積み、死んで今生の身体が滅したのち、善い境涯である天界に生まれ変わり、そこで天人の五欲を味わい、満足するならば、その人は思うでありましょう。『自分は前世に善業を積んだ。それで自分はそれよって、このような天界の楽を享受しているのだ』と。大王様、それと同じように、受は、感受することを特質とし、また苦楽を享受することを特質とするものであります。」

「分かりました、先生。」

第十　意識なる統覚にともなって生ずるもの――想（感受された情報を輪郭付けすること）

「ナーガセーナ長老殿、想は何を特質とするのでしょうか？」

「大王様、想は、感受された情報を輪郭付けすることを特質とするものであります。」

「何を輪郭付けするのでしょうか？」

「感受された情報から、青色を輪郭付け、黄色を輪郭付け、赤色を輪郭付け、白色を輪郭付け、紫紅色を輪郭付けるように、想は、感受されたあらゆる情報を輪郭付けることを特質とするものであります。」

「譬えを述べてください。」

「大王様、王の管財管が倉庫に入って、色々の王の財宝をそれぞれにチェックするようなことであります。大王様、それと同じように、想は、感受された情報を輪郭付けることを特質とするものであります。」

「分かりました、ナーガセーナ長老殿。」

第十一　意識なる統覚にともなって生ずるもの――思（思念）

「ナーガセーナ長老殿、思（思念）は何を特質とするものなのでしょうか？」

「大王様、思は、思念されたことを特質とし、また、それが結果をもたらすものであることを特質とします。」

「譬えを述べてください。」

「大王様、たとえば、ある人が毒を造って自分も服し他人にも服せしめると、自分も相手も苦しむでありましょう。大王様、それと同じように、ある人は、現世にみずからの思によって善からぬことを企み、その後死んで身体が滅んでから、地獄などの悪趣に生まれ変わるでありましょう。また、その人のように振る舞う人々もまた、死んで身体が滅んでから、地獄などの悪趣に生まれ変わるでありましょう。他方、大王様、たとえば、ある人が、乳製品や蜜や砂糖を混ぜ合わせて、自分も服用し、他人にも服用させるならば、自他ともに気持ちよくなるでしょう。大王様、それと同じように、ある人は、現世で善い事をしようと思い、そして、死んで身体が滅んでから、天界などの善趣に生まれ変わります。また、その人の様に振る舞う人々も、死んで身体が滅んでから、天界などの善趣に生まれ変わります。大王様、それと同じように、思は、思念されたことを特質とし、また、それが結果をもたらすものであることを特質とするのであります。」

「分かりました、ナーガセーナ長老殿。」

第十二　意識なる統覚にともなって生ずるもの——識（判断）

「ナーガセーナ長老殿、識（判断）は、何を特質とするのでしょうか?」

「大王様、識は、判断することを特質とするものであります。」

「譬えを述べてください。」

「大王様、たとえば、都市の警護役が要衝となる四つ辻に構え、東から南から西から北からやって来る人々を監視するように、人は、眼で見る色を識によって判断し、耳で聞く声を識によって判断し、鼻で嗅ぐ香を識によって判断し、舌で味わう味を識によって判断し、身（皮膚）で感ずる触を識によって判断し、意（情報処理器官＝脳）で扱う諸情報（法）を識によって判断します。大王様、それと同じように、識は、判断することを特質とするものであります。」

「分かりました、先生。」

第十三　意識なる統覚にともなって生ずるもの——尋（仮言命題を用いた考察）

「ナーガセーナ長老殿、尋（仮言命題を用いた考察）は何を特質とするのでしょうか?」

「大王様、尋は、ことを簡潔に安定させることを特質とするものであります。」

「譬えを述べてください。」

「大王様、たとえば、大工が、巧みに細工した木材を継ぎ目に入れて、工夫したところを簡潔に安定させるようなものであります。大王様、それと同じように、尋は、ことを簡潔に安定させることを特質とするものであります。」

「分かりました、先生。」

第十四　意識なる統覚にともなって生ずるもの
——伺（尋より得られた知識）

「ナーガセーナ長老殿、伺（仮言命題による考察、つまり前項の尋より得られた知識）は、何を特質とするのでしょうか？」

「大王様、伺は、後続する知識であることを特質とするものであります。」

「譬えを述べてください。」

「大王様、たとえば、銅鑼が叩かれると、あとに残響がありります。大王様、尋は銅鑼を叩くことのようなもので、伺は、その残響のようなものなのであります。」

「分かりました、先生。」

第四章

第一　分けがたい心の作用

王は問う。

「ナーガセーナ長老殿、これまで述べられてきた心の諸々の事象が絡まり合って生じているのを、一つ一つ分けて、これは触である、これは受である、これは想である、これは思である、これは識である、これは尋である、これは伺であると言って、それらが別々のものであることを示すことができるでしょうか？」

「大王様、こうした諸々の事象が絡まり合って生じているのを、一つ一つ分けて、これは触である、これは受である、これは想である、これは思である、これは識である、これは尋である、これは伺であると言って、それらが別々のものであることを示すことはできません。」

「譬えを述べてください。」

「大王様、たとえば、王の料理人が、とろみのある汁、さらさらしたスープを作り、その中にバターを入れ、塩を加え、生姜を入れ、ジーラカ（ジーラー＝クミンシード）を入れ、胡椒を入れ、また他の香辛料を入れたとしましょう。そのとき、王が、その料理人に、バターのスープを持って来い、塩のスープを持って来い、生姜のスープを持って来い、ジーラカのスープを持って来い、胡椒のスープを持って来い、すべてが入ったスープを持って来いとして、大王様、そうした混然一体となっているスープを一つ一つ分けて、これは酸っぱい、これは塩辛い、これは苦い、これは辛い、これは渋い、これは甘いと言って、それぞれに合ったスープを持って来ることができるでありましょうか？」

「先生、そういうことはありません。そうした混然一体となっているスープを一つ一つ分けて、これは酸っぱい、これは塩辛い、これは苦い、これは辛い、これは渋い、これは甘いと言って、それぞれに合ったスープを持って来ることはできません。混然一体ながら、それぞれの特徴的な味わいを持ち合わせているのです。」

「大王様、それと同じように、そうした心の諸々の事象が混然一体となっているのを、一つ一つ分けて、これは触である、これは受である、これは想である、これは思である、これは識である、これは尋である、これは伺であると言って、それらが別々のものであることを示すことはできません。ただ、それぞれの事象がそれぞれの特性を持ち合わせているということなのであります。」

「分かりました、先生。」

長老は問う。

「ところで大王様、塩は眼で知られるのでしょうか？」

「先生、その通りです。眼で知られるのです。」

「大王様、善くお知り分けください。」

「先生、それでは、塩の特性は、舌によって知られるということでしょうか？」

「大王様、その通りです。塩は舌によってそれと知られるのであります。」

「先生、それでは、どのような塩も、舌によってそれと知られるということでしょうか？」

「大王様、その通りです。いかなる塩も、舌によってそれと知られるのであります。」

「先生、いかなる塩も、舌によって知られるのでしたならば、荷車に繋がれた牛が塩を運ぶとは、いかなることなのでありましょうか？　これは塩であることが分かる塩辛さだけを運ばせるべきではありませんか？」

「大王様、それは、塩の、塩辛さだけを運ぶことができないからであります。塩には、塩辛さと重さとがあります。この二つは混然一体としていますが、もともとは別の領域に属するものなのです。大王様、塩を秤で量ることができますでしょうか。」

「先生、その通りです。秤で量ることができます。」

「いえいえ、大王様、塩は、塩辛いという特性について、秤で量ることはできません。秤で量れるのはその重さだけであります。」

「先生、分かりました。」

ナーガセーナとミリンダ王の対論はここで終了した。

第二　因果応報、自業自得

王は問う。

「ナーガセーナ長老殿、眼識の拠り所である眼と色、耳識の拠り所である耳と声、鼻識の拠り所である鼻と香、舌識の拠り所である舌と味、身識の拠り所である身（皮膚）と触、以上、五つの識の拠り所（処）は、それぞれ別々の業から生じたのですか？　それとも、同じ業から生じたのですか？」

「大王様、それぞれ別々の業から生じたのです。同じ業から生じたのではありません。」

「譬えを述べてください。」

「大王様はどうお考えになりますか？　たとえば、同じ畑に五種類の異なった種を蒔いたとして、種ごとに異なった実が生ずるでしょうか？」

「先生、その通りです。異なった実が生ずるでしょう。」

「大王様、それと同じように、五つの識の拠り所は、それぞれ別々の業から生じたのです。同じ業から生じたのではありません。」

「分かりました、先生。」

第三　生類の不平等

王は問う。

「ナーガセナ長老殿、人々が皆平等ではないのはなぜでしょうか？　ある人々は短命で、ある人々は長命で、ある人々は病むこと多く、ある人々は病むこと少なく、ある人々は見た目醜く、ある人々は見た目美しく、ある人々は力弱く、ある人々は力強く、ある人々は裕福であり、ある人々は貧しく、ある人々は身分の低い家の生まれで、ある人々は身分の高い家の生まれであり、ある人々は愚かで、ある人々は賢明です。」

そこでナーガセーナは反問する。

「大王様、なぜ果樹は皆平等ではないのでありましょうか？　その実は、あるものは酸っぱく、あるものは塩辛く、あるものは苦く、あるものは辛く、あるものは甘いのです。」

「先生、それは、それぞれに種が異なっているからだと余は思うのだが。」

「大王様、それと同じように、前世の業が異なるから、人々が皆平等ということにはならないのであります。ある人々は短命で、ある人々は長命で、ある人々は病むこと多く、ある人々は病むこと少なく、ある人々は見た目醜く、ある人々は見た目美しく、ある人々は力弱く、ある人々は力強く、ある人々は裕福で、ある人々は貧しく、ある人々は身分の低い家の生まれで、ある人々は身分の高い家の生まれであり、ある人々は愚かで、ある人々は賢明です。大王様、幸有るお方（ブッダ）はこう説かれました。『バラモンの学生殿、生類は皆各自の業を担い、その業を拠り所としている。その業は、生類の貴賤を作り分けるのである』と。」

「分かりました、先生。」

第四　修行と時機

王は問う。

「ナーガセーナ長老殿、御貴殿たちは、『願わくは、今の苦が滅し、これからの苦が生じませんように』と仰いますね。」

「大王様、わたくしどもが出家となった目的はそれなのであります。」

「その目的は、あらかじめそうなるように努力したから得られるのでしょうか、あるいは、その目的が達せられる時期が到来したときに努力すべきものなのでしょうか？」

長老は答える。

「大王様、時機が到来してから努力しても、何の役にも立たないのです。あらかじめそうなるように努力しなければならないのであります。」

「譬えを述べてください。」

「大王様は、いかがお考えになりますでしょうか？　陛下は、喉が渇いたときになってはじめて、水を飲みたいといって、井戸を掘らせ、貯水池を造らせますでしょうか？」

「先生、そうではありません。」

「大王様、それと同じように、時機が到来してはじめて努力しても、何の役にも立たないのです。あらかじめ努力をなすことこそが役に立つのであります。」

「さらに譬えを述べてください。」

「大王様は、どうお考えになりますでしょうか？　陛下は、空腹になったときはじめて、食べ物を食べたいといって、田畑を耕させ、穀物を収穫させますでしょうか？」

「先生、そうではありません。」

「大王様、それと同じように、時機が到来してはじめて努力しても、何の役にも立たないのです。あらかじめ努力をなすことこそが役に立つのであります。」

「さらに譬えを述べてください。」

「大王様は、どうお考えになりますでしょうか？　陛下は、今まさに戦となろうというときに、はじめて防御を固め、兵糧を確保するのでしょうか？　そのときになってはじめて、全軍に軍事教練をさせるのでしょうか？」

「先生、そうではありません。」

「大王様、それと同じように、時機が到来してらはじめて努力しても、何の役にも立たないのです。あらかじめ努力することこそが役に立つのであります。大王様、幸有るお方は、次のように説かれました。

『おのれの役に立つと分かることは、あらかじめ行うべきである。

車を操る人の浅慮によらずに、賢者は思いを凝らして邁進すべきである。

たとえば、車を操る人が、平らな街道をはずれ、凹凸激しい道を行き、車軸を破損して意気消沈するように、正しい道理（法）を踏み外した者は、道を踏み外したまま、愚かにも、死魔の牙にかかり、あたかも、破損して車軸さながらに悲嘆に暮れるのである』と。」

「分かりました、ナーガセーナ長老殿。」

第五　地獄の火と業

王は問う。

「ナーガセーナ長老殿、御貴殿たちは語る、『地獄の火は、普通の火よりもはるかに高温である。普通の火の中に投げ入れられた小石は、一日焼かれても溶けることはないが、地獄の火に投ぜられれば、高楼ほど巨大な石でも、刹那《せつな》のうちに溶けてしまう』と。このことばを余は信じない。また、御貴殿たちは語る、『地獄に生まれた衆生は、幾千年にもわたって地獄の火に焼かれるが、溶けることはない』と。このことばもまた信じない。」

長老は答える。

「大王様は、どうお考えになりますでしょうか？　雌のマカラ（伝説上の巨大な魚で、木魚はこの頭部を模したもの）、すべての雌の鰐、雌の亀、雌の孔雀、雌の鳩は、固い石や砂利（胃袋での消化を助けるためのもの）を食べますでしょうか？」

「先生、その通りです。それらの生き物は食べます。」

「では、食べられて腹中に入った石や砂利は、溶けてしまうでありましょうか？」

「先生、その通りです。溶けてしまいます。」

「では、そうした生き物たちの腹中の胎児も、溶けてしまうでありましょうか？」

「先生、そういうことはありません。」

「それはなぜなのでしょうか？」

「先生、きっと、前世の業のせいで、溶けないのだと思います。」

「大王様、それと同じように、地獄の衆生は、幾千年にわたって地獄の火で焼かれても、前世の業のせいで、溶けないのです。地獄の衆生は、そこに生まれ、育ち、死ぬのであります。大王様、幸有るお方はお説きになりました。『その者は、前世に為した悪業の果報を享受し尽くさないうちは、死ぬことがないのである』と。」

「さらに譬えを述べてください。」

「大王様は、どのようにお考えになりますでしょうか？　すべての牝の獅子、牝の虎、牝の豹、牝の犬は、堅い骨や肉を食べるでありましょうか？」

「先生、その通りです。その生き物たちは食べます。」

「では、骨や肉は、腹中に入ると溶けてしまうでありましょうか？」

「先生、その通りです。溶けてしまいます。」

「では、その生き物たちの腹中の胎児も溶けるでしょうか？」

「先生、そうではありません。」

「それはなぜなのでしょうか？」

「先生、きっと、前世の業のせいで、溶けないのだと思います。」

「大王様、それと同じように、地獄の衆生は、幾千年にわたって地獄の火で焼かれても、前世の業のせいで、溶けないのであります。」

「さらに譬えを述べてください。」

「大王様は、どうお考えになりますでしょうか？　すべての妙齢のギリシアの女性、妙齢のクシャットリヤの女性、妙齢のバラモンの女性、妙齢の長者の家の女性は、固い肉を食べますでしょうか？」

「先生、その通りです。その者たちは食べます。」

「では、その肉は、腹中に入ると、溶けてしまうでしょうか？」

「先生、その通りです。溶けてしまいます。」

「では、その者たちの腹中の胎児も溶けるでしょうか？」

「先生、そうではありません。」

「それはなぜなのでしょうか？」

「先生、きっと、前世の業のせいで、溶けないのであろうと思います。」

「大王様、それと同じように、地獄の衆生は、幾千年にわたって地獄の火で焼かれても、前世の業のせいで、溶けないのであります。地獄の衆生は、そこで生まれ、育ち、死ぬのであります。大王様、幸有るお方はお説きになりました、『その者は、前世に為した悪業の果報を享受し尽くさないうちは、死ぬことがないのである』と。」

「分かりました、ナーガセーナ長老殿。」

第六　地輪（金輪）、水輪、風輪

王は問う。

「ナーガセーナ長老殿、御貴殿たちは言います、『この大地（地輪、金《こん》輪）は水（水輪）の上に安立し、水は風（風輪）の上に安立している』と。余はこのことばを信じません。」

そこでナーガセーナ長老は、漉水嚢（気圧を利用した鶏の水飲み器具のようなもの）で水をくんで、ミリンダ王にこう語った。

「大王様、こうして水が風（空気）によって支えられているように、水輪もまた、風輪によって支えられているのです。」

「分かりました、ナーガセーナ長老殿。」

第七　涅槃とは何か

王は問う。

「ナーガセーナ長老殿、涅槃とは滅することなのでしょうか？」

「大王様、その通りであります。涅槃とは滅することであります。」

「ナーガセーナ長老殿、どうして涅槃が滅することなのですか？」

「大王様、愚かな凡夫はみな、五つの外的器官と一つの内的器官、以上六つの器官が捉えた対象を喜んで執着しています。凡夫たちは、その流れに引きずられ、生まれること、老いること、死ぬこと、愁い、悲しみ、苦、悩み、悶えから解放されていない、つまり苦しみから解脱していないのだとわたくしは言っているのです。大王様、幸有るお方の教えを聞いた聖なる弟子たちは、そうした六つの感官が捉えてきた対象に執着することがありません。その弟子たちが執着していないならば、その者たちには愛が滅し、愛が滅しているので取が滅し、取が滅しているので有が滅し、有が滅しているので生が滅し、生が滅しているので老死、愁い、悲しみ、苦、悩み、悶えが滅します。このようにして、その者にはすべての苦の集まりが滅するのでありますす。大王様、こういうわけで、涅槃とは滅することなのであります。」

「分かりました、ナーガセーナ長老殿。」

第八　すべての人が涅槃に達するのか

王は問う。

「ナーガセーナ長老殿、すべての人が涅槃に達するのでしょうか？」

「大王様、すべての人が涅槃に達するのではありません。しかし、大王様、正しく道を行い、知るべきことがらを知り、完全に知るべきことがらを完全に知り、断じ捨てるべきことがらを断じ捨て、修めるべきことがらを収め、明らかに体得すべきことがらを体得するならば、その人は、涅槃に達するのであります。」

第九　涅槃が安楽であるとどのようにして知るのか

王は問う。

「ナーガセーナ長老殿、まだ涅槃に達していない人が、涅槃は安楽であることを知っているのでしょうか？」

「大王様、その通りであります。まだ涅槃に達していない人が、涅槃は安楽であることを知っているのです。」

「ナーガセーナ長老殿、まだ涅槃に達していない人が、どうして、涅槃は安楽であると知るのでありましょうか？」

「大王様は、どうお考えになりますでしょうか？　自分の手足を切断されたことのない人々が、手足を切断されることは苦であることを知っているでありましょうか？」

「先生、その通りです。人々はそういうことだと知っているでしょう。」

「どうして知っているのでしょうか？」

「先生、自分ではない誰かが手足を切断されたときの悲痛な悲鳴を聞いて、自分の手足を切断されることは苦であると知るのであります。」

「大王様、それと同じように、まだ涅槃に達していない人でも、涅槃に達した人の言うことを聞いて、涅槃は安楽であると知るのであります。」

「分かりました、ナーガセーナ長老殿。」

第五章

第一　ブッダは実在の人だったか

王は問う。

「ナーガセーナ長老殿、御貴殿はブッダを目の当たりにしたことがありますか?」

「いいえ、大王様。」

「それでは、長老殿のお師匠はブッダを目の当たりにしたことがありますか?」

「いいえ、大王様。」

「それでは、ナーガセーナ長老殿、ブッダは実在の人ではなかったのです。」

「では、大王様は、雪山《せっせん》（ヒマーラヤ）を流れるウーハー川を目の当たりにしたことがおありでしょうか?」

「いいえ、先生。」

「では、陛下の父君はウーハー川を目の当たりにしたことがおありでしょうか?」

「いいえ、先生。」

「大王様、では、ウーハー川は実在しないのですね。」

「先生、実在します。余はウーハー川を目の当たりにしたことはないし、余の父もウーハー川を目の当たりにしたことはないですが、ウーハー川は実在するのです。」

「大王様、それと同じように、わたくしは幸有るお方を目の当たりにしたことがなく、また、わたくしの師匠も幸有るお方を目の当たりにしたことはありません。それでも、幸有るお方は実在の人だったのであります。」

「分かりました、先生。」

第二　ブッダはこの上ないお方だったのか

王は問う。

「ナーガセーナ長老殿、ブッダはこの上ないお方だったのでしょうか?」

「大王様、その通りであります。ブッダはこの上ないお方なのです。」

「ナーガセーナ長老殿、御貴殿はかつて目の当たりにしたことがないのに、ブッダはこの上ないお方であると、どうして分かるのですか?」

「大王様は、どうお考えになりますでしょうか? いまだかつて大海を目の当たりにしたことのない人が、大海はまことに広くて深く、あまりのことに底知れないものであり、そこに五つの大河、すなわち、ガンジス川、ヤムナー川、アチラヴァティー川、サラブー川、マヒー川が絶えず流れ込み、しかも、その大海の海面が大きく上がったり下がったりすることも知られていない、ということを知っているでありましょうか?」

「先生、そうです。知っているでしょう。」

「大王様、それと同じように、わたくしは、偉大な仏弟子たちが完全な涅槃に達するのを見て、幸有るお方はこの上ないお方であると知るのであります。」

「分かりました、先生。」

第三　ブッダはこの上ないお方だったのか、続き

王は問う。

「ナーガセーナ長老殿、およそ人は、ブッダはこの上ないお方であると知ることができるでしょうか?」

「大王様、その通りであります。人は、ブッダはこの上ないお方であると知ることができるのであります。」

「ナーガセーナ長老殿、人は、ブッダはこの上ないお方であると、どうして知ることができるのですか?」

「大王様、昔、ティッサ長老という書写師がおりました。その長老が没してから長年になりますが、その長老がいたことは、どうすれば知られるのでありましょうか?」

「先生、その長老が遺した写本によってです。」

「大王様、それと同じように、法(正しい教え、ないし、その教えに示される真理)を見る者は幸有るお方(ブッダ)を見るのであります。なぜなら、大王様、法は、幸有るお方(ブッダ)が説かれたものに他ならないからであります。」

「分かりました、先生。」

第四　法を見る者はブッダを見る

王は問う。

「ナーガセーナ長老殿、御貴殿は、法を見たことがありますか?」

「大王様、仏弟子たちは、命の続く限り、ブッダの導きにより、ブッダが制定された戒律に従って生活することになっているではありませんか?」

「分かりました、先生。」

第五　輪廻する主体は新たなものに転換することがない

王は問う。

「ナーガセーナ長老殿、生類は、死んで次の世に生まれ

変わるといいますが、輪廻する主体が新たなものに転換することがないのに、しかも生まれ変わるのでしょうか？」

「大王様、その通りであります。生類は、死んで、かつての古い身体から新たな身体に転換することがないけれども、しかも生まれ変わるのであります。」

「ナーガセーナ長老殿、生類が、死んで、かつての古い身体から新たな身体に転換することなく、しかも生まれ変わるとは、どういうことでしょうか？　譬えを述べてください。」

「大王様、たとえば、ある人が、ある燈火から別の燈火に火を点じ移すとき、燈火が、一つのものから別のものへと、別のものとして転換するのでありましょうか？」

「先生、そうではありません。」

「大王様、それと同じように、生類は、死んで、かつての古い身体から新たな身体に転換することがなく、しかも生まれ変わるのであります。」

「さらに譬えを述べてください。」

「大王様は、ご自身が幼かったとき、詩のお師匠様から何らかの詩を学ばれたことを憶えておられますでしょうか？」

「先生、その通りです。」

「大王様、その詩は、陛下の詩のお師匠様から陛下に転換して伝わったのでありましょうか？」

「先生、そうではありません。」

「大王様、それと同じように、衆生は、死んで、かつての古い身体から新たな身体に転換することなく、しかも生まれ変わるのであります。」

「分かりました、先生。」

第六　輪廻の主体である自己（我）は認められない

王は問う。

「ナーガセーナ長老殿、輪廻の主体である自己なるものは認められるでしょうか？」

長老は答える。

「大王様、勝義（第一義）よりすれば、輪廻の主体である自己なるものは認められません。」

「分かりました、先生。」

第七　転換する何らかの生命体はあるか

王は問う。

「ナーガセーナ長老殿、古い身体から新たな身体に転換する何らかの生命体があるのでしょうか？」

「大王様、そうではありません。」

「ナーガセーナ長老殿、もしも、古い身体から新たな身体に転換するものがないならば、古い身体のときに為した悪業の果報を新たな身体が報いとして受けることがないことになりますから、死んだ人が、前世の悪業から免れることになるのではありませんか？」

「大王様の仰る通りであります。もしも、衆生が次生に生まれ変わるのでないのでしたら、その者は、悪業から免れることになるでありましょう。しかし、その衆生は、次生に生まれ変わるのですから、前世の悪業から免れることにはならないのであります。」

「譬えを述べてください。」

「大王様、ある男が、他人が所有するマンゴーの樹の実を盗んだとしましょう。その男は罰せられるべきでありましょうか？」

「先生、そうです。その男は罰せられるべきです。」

「大王様、その男は、他人が植えたマンゴーの樹の実と同じ実を盗んだのではありません。では、どうして、その男は罰せられるべきなのでありましょうか？」

「先生、その男が盗んだマンゴーの樹の実は、他人が植えたマンゴーの樹を縁として生じたものです。だからこそ、その男は罰せられるべきです。」

「大王様、それと同じように、人は、現世の名称と形態（心と身体）とによって、善業なり悪業なりの行いを為し、その業によって、次生に、新たな名称と形態が生まれ変わるのであります。ですから、その者は、前世の悪業から免れないのであります。」

「分かりました、先生。」

第八　業は実在するのか

王は問う。

「ナーガセーナ長老殿、名称と形態（つまり身心）によって、衆生は善業あるいは悪業を為しますが、それらの業は、どこに留まって、後に果報を結ぶのでしょうか？」

「大王様、あたかも影が本体を離れないように、業は、業が為されたあたりにつきまとっているのであります。」

「先生、では、その業はここに有る、かの業はかしこに有るといって、そうした業の所在を明らかに知ることができるでしょうか？」

「大王様、その業はここに有る、かの業はかしこに有るといって、そうした業の所在を示すことはできません。」

「譬えを述べてください。」

「大王様は、どうお考えになりますでしょうか？　いろいろの樹がまだ実を結ぶ前に、その樹の実はここにあるとか、あそこにあるとかといって、その実を示すことができるでありましょうか？」

「先生、そうではありません。」

「大王様、それと同じように、刹那に消滅しながらも連続する個体（相続）が滅しない限り、その業はここに有る、かの業はかしこに有るといって、それらの業の所在を示すことはできません。」

「分かりました、先生。」

第九　自分が生まれ変わるか否かを知ること

王は問う。

「ナーガセーナ長老殿、次生に生まれ変わる者は、自分は次生に生まれ変わるであろうことが分かっているのでしょうか？」

「大王様、その通りであります。次生に生まれ変わる者は、自分が次生に生まれ変わるであることを分かっています。」

「譬えを述べてください。」

「大王様、農家の主が、種を播いてから、思ったように雨が降ったならば、その人は、穀物がよくみのるであろうことが分かるでありましょうか？」

「先生、その通りです。分かるでありましょう。」

「大王様、それと同じように、次生に生まれ変わる者は、自分は次の生に生まれ変わるだろうということを、あらかじめ知っているのです。」

「分かりました、先生。」

第十　涅槃に入ったブッダの実在性

王は問う。

「ナーガセーナ長老殿、ブッダは実在するのでしょうか？」

「大王様、そうであります。ブッダは実在するのであります。」

「ナーガセーナ長老殿、では、ここにいらっしゃるとか、かしこにいらっしゃるとかといって、ブッダを指し示すことができるでしょうか？」

「大王様、幸有るお方は、菩提樹下《ぼだいじゅげ》で身体を残して涅槃に入られた（有余依涅槃《うよえねはん》）のち、命終により、身体による束縛を完全に離れた涅槃（般涅槃《はつねはん》、無余依涅槃《むよえねはん》）に入られました。ですから、身体すらも無くなったブッダについて、ここにまします、かしこにましますといって、幸有るお方を指し示すことはできないのであります。」

「譬えを述べてください。」

「大王様は、どうお考えになりますでしょうか？　目の当たりに大いに燃え盛っている火が消えたならば、ここにあるとか、あそこにあるとかといって、火を指し示すことができるでありましょうか」

「先生、そうではありません。その火が消えたなら、その火を示すことはできません。」

「大王様、それと同じように、幸有るお方は、菩提樹下で身体を残して涅槃に入られたのち、命終により、身体による束縛を離れて涅槃に入られたのであります。すでに身体が消え去ってしまった幸有るお方について、そこにまします、かしこにましますといって、指し示すことはできません。大王様、とは言え、幸有るお方を、法（正しい教え、それによって示される真理）を体現しておられるお方（法身《ほっしん》）というかたちで、示すことはできるのであります。なぜなら、大王様、法は、幸有るお方によって説き示されたものだからなのです。」

「分かりました、先生。」

第六章

第一　出家にとっての身体

王は問う。

「ナーガセーナ長老殿、出家にとって身体は愛おしいものなのでしょうか？」

「大王様、出家にとって身体は愛おしいものではありません。」

「先生、それでは、どうして御貴殿たちは、身体を大切に思い、わがものとしてこだわるのですか？」（仏教の出家は、身体の健康に大変に気を遣うのである。）

「大王様は、今までどこかで戦に臨んだとき、矢に当たったことがおありでしょうか？」

「先生、そうです。そうした体験はあります。」

「大王様、その矢傷に膏薬を塗り、油を塗り、柔らかい包帯を巻きましたでしょうか？」

「先生、その通りです。膏薬を塗り、油を塗り、柔らかい包帯を巻きました。」

「大王様。膏薬を塗り、油を塗り、柔らかい包帯を巻いたということから察しますに、陛下は傷を受けた身体が愛おしいものなのでありましょうか？」

「先生、余は傷を受けた身体が愛おしいのではありません。傷跡が癒えてもとのように傷が塞がれるようにするために、膏薬を塗り、油を塗り、柔らかい包帯を巻くのです。」

「大王様、それと同じように、出家にとって、身体は愛おしいものではありません。出家は、身体に固執するわけではありませんが、清浄なる行を助けるために、身体の健康を護るのです。大王様、まこと、幸有るお方は、『身体は、傷だらけの瘡蓋のようなものである』とお説きになりました。それゆえ、出家は、身体に固執するのではないですが、身体をあたかも傷だらけの瘡蓋のように護るのです。大王様、幸有るお方は次のようにお説きになりました。

『身体は湿った肌に覆われて、〔両眼、両耳、二つの鼻孔、口、生殖器官、大小の排泄器官の〕九つの門がある大きな瘡蓋である。

不浄で悪臭のあるものが、いたるところから流れ出るものである』と。」

「分かりました、ナーガセーナ長老殿。」

第二　ブッダの教え方

王は問う。

「ナーガセーナ長老殿、ブッダは、一切を知り、一切を見るお方なのですか？」

「大王様、その通りです。幸有るお方は、一切を知り、一切を見るお方なのです。」

「ナーガセーナ長老殿、では、ブッダは、なぜ、弟子たちに教えるに当たって、人ごとに異なった順序で学ばせたのですか？」

「大王様、この世で、あらゆる医薬を知っている人がいるでしょうか？」

「先生、そういう人はいます。」

「大王様、そのような医師は、服用させるべきときに病人に薬を服用させるでしょうか、また、そうでないときに服用させるでしょうか？」

「先生、服用させるべきときに病人に服用させるのであって、そういでないときに服用させることはありません。」

「大王様、それと同じように、幸有るお方は、一切を知り、一切を見るお方ではありますが、弟子たちにたいして、時機を無視して教えを施したことはありません。しかるべき時期が来たとき、弟子たちに、生涯かけて修すべきことがらを学ばせるのであります。」

「分かりました、先生。」

第三　偉人が具える三十二大相

王は問う。

「ナーガセーナ長老殿、ブッダは、三十二の偉人の身体的な特徴（三十二大相）と、八十を数える付随的な身体的な特徴（八十種好《しゅごう》）に飾られ、その皮膚は黄金色で、身体から一尋の光を発しているのでしょうか？」

「大王様、その通りであります。幸有るお方は、三十二大相《だいそう》と八十種好を具え、その皮膚は金色で、身体から一尋の光を発しておられるのです。」

「先生、それでは、かのブッダの両親も、三十二大相と、八十種好に飾られ、その皮膚は黄金色で、身体から一尋の光を発していたのでしょうか？」

「大王様、そうではありません。」

「ナーガセーナ長老殿、そのように、三十二大相と八十種好で飾られ、その皮膚は黄金色で、身体から一尋の光を発しているブッダが、どうして、そういう特徴のない両親から生まれたのですか？　子供は、母に似ており、父に似ているものではありませんか？」

長老は答える。

「大王様、百葉の蓮がありますか？」

「先生、その通りです。」

「では、蓮はどのようにして育ちますでしょうか?」

「蓮は、泥の中に生じ、水のなかで育ちます。」

「大王様、その蓮は、色、香り、味の点で、泥と同じでしょうか?」

「先生、そうではありません。」

「では、蓮は、色、香り、味の点で、水と同じでしょうか?」

「先生、そうではありません。」

「大王様、それと同じように、ブッダの両親は、三十二大相もなく、八十種好もなく、皮膚が黄金色でもなく、身体から一尋の光を発することはなかったですが、幸有るお方は、三十二大相と八十種好を具え、皮膚が黄金色で、身体から一尋の光を発して幸有るお方は、いたのであります。」

「分かりました、先生。」

第四　ブッダが梵行者であったこと

王は問う。

「ナーガセーナ長老殿、ブッダは梵行者《ぼんぎょうしゃ》(誓ったことばを万難を排して守り抜く人)なのでしょうか?」

「大王様、その通りであります。幸有るお方は、梵行者であります。」

「ナーガセーナ長老殿、では、ブッダは梵天の弟子なのですか?」

「大王様は、勝れた象をお持ちでしょうか?」

「先生、持っています。」

「大王様、その象は、かつて鶴の鳴き声(「ケーン」)を発したことがありますでしょうか?」

「先生、そうです。鶴の鳴き声を発したことがあります。」

「大王様、では、その象は鶴の弟子なのでありましょうか?」

「先生、そうではありません。」

「大王様、梵天は智慧を持っているでしょうか、そうではないのでしょうか?」

「先生、梵天は智慧を持っています。」

「大王様、それでは、梵天は、幸有るお方の弟子なのであります。」

「分かりました、先生。」

第五　戒を具えた人

王は問う。

「ナーガセーナ長老殿、具足戒(正式に定められたすべての戒律)は美しいものなのでありますか?」

「大王様、その通りであります。具足戒は美しいものであります。」

「先生、では、ブッダは、誰かから具足戒を授かったことがあるのでしょうか、ないのでしょうか？」

「大王様、幸有るお方は、菩提樹の下で、知るべきすべてのものを知る智慧を得られるとともに、誰かからではなく、ご自身で具足戒律をお授けになりました。ふつう、仏弟子に、幸有るお方が生涯守るべき生活規律をお授けになられたのとは違い、幸有るお方は、誰か他の師匠から具足戒律を授かったのではありません。」

「分かりました、先生。」

第六　心の薬

王は問う。

「ナーガセーナ長老殿、母を亡くして泣く人もあり、法（真理）を喜んで泣く人もいます。泣くことを鎮める薬なるものが、それぞれにあるのでしょうか、ないのでしょうか？」

「大王様、前者には、貪瞋《とんじん》癡《ち》による穢れた煩悩がありますが、後者には、悦びによる無垢の清涼があります。大王様、およそ、清涼は薬であり、煩悩は薬ではありません。」

「分かりました、先生。」

第七　貪欲ある者とない者との違い

王は問う。

「ナーガセーナ長老殿、まだ貪欲のある者と、もはや貪欲のない者とには、どのような違いがあるのでしょうか？」

「大王様、前者はこだわりに沈み、後者はこだわりに沈んではおりません。」

「先生、こだわりに沈んでいるとか沈んでいないとかとは、どういうことでありましょうか？」

「大王様、前者は貪り、後者は貪らないということであります。」

「先生、余が見るところ、貪る者でも貪らない者でも、美味を好み、まずいものを好まないのではありませんか？」

「大王様、貪る者は、味わいながらさらなる味わいを求めて食べますが、貪らない者は、味わいながらも、さらなる味わいを求めることはないのであります。」

「分かりました、先生。」

第八　智慧の担い手

王は問う。

「ナーガセーナ長老殿、智慧を担うものは何ですか？」

「大王様、それはありません。」

「ナーガセーナ長老殿、それでは智慧はないということでしょうか？」

「大王様、風はどこにあるとの手掛かりはあるでしょうか？」

「先生、どこにもありません。」

「大王様、では、風はないのでありましょうか？」

「分かりました、先生。」

第九　輪廻とは

王は問う。

「ナーガセーナ長老殿、御貴殿は『輪廻』と語られますが、その輪廻とはいかなるものなのでしょうか？」

「大王様、今生で生まれた者は今生で死に、今生で死んだ者は次生でまた生まれ、次生で生まれた者は次生で死に、次生で死んだ者はまた次次生で生まれると、輪廻とはこういうことであります。」

「譬えを述べてください。」

「大王様、たとえば、ある人が、熟したマンゴーの実を食べた後、その種を土に植えるとしましょう。その種からマンゴー樹が成長し、実をつけるとして、その人がまたその実を食べた後、その種を土に植えるとしましょう。その種からマンゴー樹が成長し、実をつけるでありましょう。このようにして、これらのマンゴー樹の終わりは知られないのであります。大王様、それと同じように、今生で生まれた者は今生で死に、今生で死んだ者は次生で生まれ、次生で生まれた者は次生で死に、次生で死んだ者は次次生で生まれると、輪廻とはこういうことであります。」

「分かりました、先生。」

第十　想起の根拠

王は問う。

「ナーガセーナ長老殿、ずっと前にしたことを想起するのは、何によるのでありましょうか？」

「大王様、記憶によるのであります。」

「ナーガセーナ長老殿、心によって想起するのであって、記憶によって想起するのではないのではありませんか？」

「大王様は、何か為すべきことを為したあとで、そのことをすっかり忘れてしまったことはありませんでしょうか？」

「先生、その通りです。」

「大王様、そのとき、陛下の心がなかったのでしょうか？」

「先生、そうではありません。そのときには、記憶がなかったのです。」

「では、大王様は、なぜ、『心によって想起するのであって、記憶によって想起するのではない』と仰るのでしょうか？」

「分かりました、先生。」

第十一　記憶が成立する根拠

王は問う。

「ナーガセーナ長老殿、すべての記憶は、自身の体験から生ずるのでしょうか、それとも、それ以外の事由から生ずるのでしょうか？」

「大王様、記憶は、自身の体験からも生じ、また、それ以外の事由からも生ずるのであります。」

「ナーガセーナ長老殿、そうであるならば、そもそも、自身の体験から生ずることなくして記憶は生じ得ないのですから、わざわざ、それ以外の事由を必要とするのでしょうか？」

「大王様、記憶に残る重要な体験は、自身だけで為すことがないのが常であります。自身の体験以外のものからもたらされる体験の記憶がないのでしたら、人が何かを修得したいと願う仕事、技術、学術について、何の手がかりもないのですから、その手がかりなしでことが成立するというならば、そうしたことを手ほどきする師匠は必要ないことになりましょう。しかしながら、大王様、自身の体験以外のものからもたらされる、師匠の手ほどきについての記憶があるからこそ、仕事、技術、学術について、自身が体験するべきことと、その手ほどきをする師匠が必要となるのであります。」

「分かりました、先生。」

第七章

第一 記憶の在り方

王は問う。

「ナーガセーナ長老殿、記憶は、どのようなかたちで生ずるのでありましょうか?」

「大王様、記憶は、十六種のかたちで生じます。では、その十六種のかたちとはどのようなものなのでありましょうか? 大王様、記憶には、自身の体験から生ずるものもあり、それ以外の事由によって生ずるものもあり、何らかの強烈な体験から生ずるものもあり、得をした体験から生ずるものもあり、損をした体験から生ずるものもあり、似ていることを切っ掛けとして生ずるものもあり、違っていることを切っ掛けとして生ずるものもあり、話を聞いた体験から生ずるものもあり、目立った特徴より生ずるものもあり、思い出すことで生ずるものもあり、文字より生ずるものもあり、計算より生ずるものもあり、暗誦より生ずるものもあり、修行より生ずるものもあり、書物より生ずるものもあり、借金のかたより生ずるものもあり、かつて体験したことより生ずるものもあります。」

「記憶が自身の体験から生ずるとは、どのようなことなのでしょうか?」

「大王様、アーナンダ長老であれ、優婆夷のクッジュッタラーであれ、他の誰であれ、前生を思い出せる人が前生を思い出すように、記憶は自身の体験から生ずるのであります。」

「記憶がそれ以外の事由によって生ずるとは、どのようなことなのでしょうか?」

「大王様、たとえば、生まれつき忘れっぽい人がいたとして、周りの人々が思い出させるために何回も繰り返して語りかけるように、記憶はそれ以外の事由によって生ずるのであります。」

「記憶が何らかの強烈な体験から生ずるとは、どのようなことなのでしょうか?」

「大王様、たとえば、王が自分の即位式を思い出したり、聖者が自分が預流果を得たときのことを思い出したりするように、記憶は何らかの強烈な体験から生ずるのであります。」

「記憶が得をした体験から生ずるとは、どのようなことなのでしょうか?」

「たとえば、何かで得をした人が、自分はこういうことで良い思いをしたと思い出すように、記憶は何かで得をした体験から生ずるのであります。」

「記憶が損をした体験から生ずるとは、どのようなことなのでしょうか？」

「たとえば、何かで損をした人が、自分はこういうことで嫌な目にあったと思い出すように、記憶は、損をした体験から生ずるのであります。」

「記憶が似ていることを切っ掛けとして生ずるとは、どのようなことなのでしょうか？」

「たとえば、似ている人を見て父や母や兄弟や姉妹を思い出すように、また、駱駝や牡牛や驢馬を見て、それと似た別の駱駝や牡牛や驢馬を思い出すように、記憶は、似ていることを切っ掛けとして生ずるのであります。」

「記憶が違っていることを切っ掛けとして生ずるとは、どのようなことなのでしょうか？」

「色（色かたち）とはこうしたものであり、声とはこうしたものであり、香とはこうしたものであり、味とはこうしたものであり、触とはこのようなものであると、それぞれ違っていることを思い出すように、記憶は、違っていることを切っ掛けとして生ずるのであります。」

「記憶が話を聞いた体験から生ずるとは、どのようなことなのでしょうか？」

「たとえば、生まれつき忘れっぽい人がいたとして、周りの人々がその人に話しかけて思い出させようとし、それでその人が思い出すことがあるように、記憶は、話を聞いた体験から生ずるのであります。」

「記憶が目立った特徴によって生ずるとは、どのようなことなのでしょうか？」

「たとえば、牡牛を烙印によって判別したり、目立った特徴によって判別することがあるように、記憶は、目立った特徴によって生ずるのであります。」

「記憶が思い出すことで生ずるとは、どのようなことなのでしょうか？」

「たとえば、生まれつき忘れっぽい人がいたとして、周りの人々がその人に、『思い出せ、思い出せ』と繰り返し言うことでその人が思い出すことがあるように、記憶は、思い出すことで生ずるのであります。」

「記憶が文字より生ずるとは、どのようなことなのでしょうか？」

「たとえば、文字の書き方を学んだ人が、ある文字の次にはこの文字が書かれるはずであると知るように、記憶は、文字より生ずるのであります。」

「記憶が計算から生ずるとは、どのようなことなのでしょうか？」

「たとえば、計算のしかたを学んだ人が、大きな数を計算することがあるように、記憶は、計算から生ずるのであります。」

「記憶が暗誦より生ずるとは、どのようなことなのでしょうか？」

「たとえば、暗誦の仕方を学んだ人は、多くのことを暗誦出来るようになることがありますが、そのように、記憶は、暗誦より生ずるのであります。」

「記憶が修行より生ずるとは、どのようなことなのでしょうか？」

「たとえば、修行者が、今生にありながら、幾つもの自分の前生をありありと、一つ一つ思い起こすように、記憶は、修行より生ずるのであります。」

「記憶が書物より生ずるとは、どのようなことなのでしょうか？」

「たとえば、王が、過去の政令を思い起こそうとするとき、『あの本を持って参れ』と命じ、その本によってその政令を思い起こすように、記憶は、書物より生ずるのであります。」

「記憶が借金のかたより生ずるとは、どのようなことなのでしょうか？」

「たとえば、借金のかたとなった品物を見て、借金をしたことを思い出すように、記憶は、借金のかたより生ずるのであります。」

「記憶がかつて体験したことより生ずるとは、どのようなことなのでしょうか？」

「たとえば、かつて見たことがあるので色を思い出し、かつて聞いたことがあるので声を思い出し、かつて嗅いだことがあるので香を思い出し、かつて味わったことがあるので香を思い出し、かつて触れたことがあるので触を思い出し、かつて考えたことがあるので法（事象）を思い出すように、記憶は、かつて体験したことより生ずるのであります。大王様、このように、記憶は十六種のかたちで生ずるのであります。」

「分かりました、先生。」

第二　念仏の力

王は問う。

「ナーガセーナ長老殿、御貴殿たちはこう仰います。『たとい百年にわたり悪業を積み重ねようとも、臨終時にただ一回、仏を念ずる（仏の姿を子細にありありと思い起こす）ことが出来たならば、その人は天界に生まれ変わることが出来る』と。余は、そのようなことを信じません。また、御貴殿たちはこうも仰います。『一度でも殺生の罪を犯したなら、かならず地獄に堕ちることになる』と。これも、余は信じません。」

「大王様はどうお考えになりますでしょうか？　小さな石でも、船に乗せずに水に浮かぶでありましょうか？」

「先生、そういうことはありません。」

「大王様、百輌の車を要する石屑でも、船に乗せれば水に浮かぶでありましょうか？」

「先生、そうです。水に浮かびます。」

「大王様、善業は、あたかも船のようなものだと考えるべきであります。」

「分かりました、先生。」

（訳者註――仏教が興起した頃、ヴェーダの宗教でも、臨終時に強くイメージすれば、死後、そのイメージ通りのものに生まれ変われると考えられていた。我が国の浄土教でも、臨終時の念仏は、平時の念仏とはけた外れの力を持つと考えられていた。）

第三　修行の目的

王は問う。

「ナーガセーナ長老殿、御貴殿たちは、過去の苦を払うために努め励むのでしょうか？」

「大王様、そうではありません。」

「それでは、未来の苦を払うために努め励むのでしょうか？」

「大王様、そうではありません。」

「それでは、現在の苦を払うために努め励むのでしょうか？」

「大王様、そうではありません。」

「もしも、御貴殿たちが、過去の苦を払うために努め励むのでもなく、未来の苦を払うために努め励むのでもなく、現在の苦を払うために努め励むのでもないのでしたら、御貴殿たちは、何のために努め励むのでしょうか？」

長老は答える。

「大王様、今の苦が滅せられ、新たな苦が生じないように、ということのために努め励むのであります。」

「ナーガセーナ長老殿、それでは、未来の苦は現存するのでしょうか？」

「大王様、ありません。」

「ナーガセーナ長老殿、現存しない苦を払うために努め励むとは、御貴殿たちは何と賢いことでありますね。」

「大王様は、敵の王たちや反逆者たちから襲撃を受けたことがおありでしょうか？」

「先生、あります。」

「大王様は、そのような事態となってから、濠を巡らせ、土塁を築き、城門を造らせ、物見櫓を建て、兵糧を城内に搬入させるのでしょうか？」

「先生、そうではありません。それらは前もって用意されているのです。」

「あるいは、大王様は、そのような事態となってから、象軍・騎馬軍・戦車軍・弓軍（歩兵軍）の四軍に軍事訓練を施されるのでありましょうか？」

「先生、そうではありません。予め軍事訓練を施しているのです。」

「何のためになのでしょうか？」

「未来の脅威を防ぐためにです。」

「大王様、未来の脅威は現存するのでしょうか？」

「先生、現存しません。」

「大王様、現存しない未来の脅威を防ぐために準備なさるとは、大王様たちは何と賢いことでありますね。」

「さらに譬えを述べてください。」

「大王様は、どうお考えになりますでしょうか？　陛下は、喉が渇いた時になってはじめて、水を飲もうとして、井戸を掘らせ、蓮池を巡らし、貯水池を造りますでしょうか？」

「先生、そうではありません。予め準備されているのです。」

「何のためになのでしょうか？」

「先生、未来の喉の渇きを防ぐために、予め準備されているのです。」

「大王様、それでは、未来の喉の渇きは現存するでしょうか？」

「先生、現存しません。」

「大王様、現存しない未来の喉の渇きを防ぐためにそれらを準備しておくとは、何と賢いことでありますね。」

「さらに譬えを述べてください。」

「大王様は、どうお考えになりますでしょうか？　陛下は、空腹となった時になってはじめて、ものを食べたいといって、田を耕し、稲を植えさせますでしょうか？」

「先生、そうではありません。それらはみな、予め用意されているのです。」

「何のためにでしょうか？」

「先生、空腹となるのを防ぐためにです。」

「大王様、それでは、未来の空腹は現存するでしょうか？」

「先生、そうではありません。」

「大王様、現存しない空腹を防ぐために用意なさるとは、何と賢いことでありますね。」

「分かりました、先生。」

第四　神通《じんずう》

王は問う。

「ナーガセーナ長老殿、梵天界はここからどのぐらい隔たったところにあるのでしょうか？」

「梵天界は、ここからとても遠いところにあります。高楼ほどの大きさの石がそこから落下するとして、一昼夜に四万八千ヨージャナ（由旬《ゆじゅん》、諸説あるが、一ヨージャナは十キロメートル前後の長さ）の速度で落下し、この大地に達するまで四カ月かかるのです。」

「ナーガセーナ長老殿、御貴殿たちはこう仰います。『たとえば、力士が、瞬時に曲げた腕を伸ばしたり、瞬時に伸ばした腕を曲げたりするように、神通を具え、心が自在に達した修行者は、閻浮提から姿を消すや、瞬時に梵天界に現れるであろう』と。余はこのことを信じません。このように、いとも速やかに幾千万ヨージャナを移動できるでしょうか？」

長老は答える。

「大王様がお生まれになった所はどちらでしょうか？」

「先生、アラサンダ（アレクサンドリア――現アフガニスタンの首都カーブルの北にあった軍事・交通・文化交流の要衝）という名の中洲があります。そこで余は生まれたのであります。」

「大王様、アラサンダは、ここからどれぐらい遠くにありますでしょうか？」

「先生、二百ヨージャナあります。」

「大王様は、そこで何かを為さいましたが、それを今思い出せると思われますでしょうか？」

「先生、そう思います。余は思い出すことが出来ます。」

「大王様は、今、二百ヨージャナを易々と移動されたのです。」

「分かりました、先生。」

第五　死んでから生まれ変わるまでの時間

王は問う。

「ナーガセーナ長老殿、今生で死んだ人が梵天界に生まれ変わるのと、今生で死んだ人がカシュミール（インドの北西の地）に生まれ変わるのとで、どちらが遅く、どちらが早いでしょうか？」

「大王様、同時であります。」

「譬えを述べてください。」

「大王様がお生まれになった町はいずこでありましょうか？」

「先生、カラシという名の村があります。余はそこで生まれました。」

「大王様、カシュミールはここからどのくらい隔たっているでしょうか？」

「先生、十二ヨージャナあります。」

「大王様、カラシ村を思い浮かべてください。」

「先生、思い浮かべました。」

「大王様、では、カシュミールを思い浮かべてください。」

「先生、思い浮かべました。」

「大王様、思念に要する時間に違いがありましたか？」

「先生、同時です。」

「大王様、それと同じように、今生で死んだ人が梵天界に生まれ変わるのと、今生で死んだ人がカシュミールに生まれ変わるのとでは、両人とも、同時に生まれ変わるのであります。」

「さらに譬えを述べてください。」

「大王様は、どうお考えになりますでしょうか？　二羽の鳥が空を飛んでいて、一羽は高い樹の上に止まり、一羽は低い樹の上に止まったとしましょう。二羽が同時に止まったとき、どちらの鳥の方が先に地面に影を落とし、どちらの鳥の方が遅く影を落とすでしょうか？」

「先生、同時です。」

「大王様、それと同じように、今生で死んで梵天界に生まれ変わるのと、今生で死んでカシュミールに生まれ変わるのとでは、両人とも、同時に生まれ変わるのであります。」

「分かりました、先生。」

第六　七覚支（七菩提分）

王は問う。

「ナーガセーナ長老殿、目覚めを得るための要件（覚支、菩提分）は幾つあるのでしょうか？」

「大王様、（擇法《ちゃくほう》・精進・喜・軽安《きょうあん》・捨・定《じょう》・念、以上の）七つあります。」

「先生、その内の幾つあれば目覚めが得られるのでしょうか？」

「大王様、一つだけで目覚めが得られるのであります。すなわち、諸事象を弁別・選択すること（擇法）という、ただ一つの覚支だけに依るのであります。」

「先生、では、なぜ、七覚支と言われるのでしょうか？」

「大王様は、どうお考えになりますでしょうか？　刀が鞘に収められていて手に執っていないとき、斬るべきものを斬ることが出来ますでしょうか？」

「先生、出来ません。」

「大王様、それと同じように、諸事象を弁別・選択することという覚支がないならば、他の六つの覚支によって目覚めを得ることは出来ないのであります。」

「分かりました、先生。」

第七　功徳は増大し、罪障は増大しない

王は問う。

「ナーガセーナ長老殿、功徳の果報としての幸せと、罪障の果報としての不幸とでは、どちらが大きいでしょうか？」

「大王様、幸せがより大きく、不幸は小さいのです。」

「なぜでしょうか？」

「大王様、不幸を招く者は、自分は悪業を積んで来たといって後悔します。ですから、罪障は増大することがありません。大王様、一方、幸せを手に入れた者は、後悔することがありません。後悔がないので愉悦が生じ、愉悦が生ずるから喜悦が生じ、心に喜悦が生ずるから身体が軽やかになり、身体が軽やかになるから安楽を感受し、安楽を感

受するから心が統一されます。心が統一された人はものごとを如実に知ることになります。このようにして、幸せはどんどん増大して行くのであります。大王様、悪業を為して手足を切断する刑罰を受けた者でも、一束の蓮の花を幸有るお方（仏）に捧げたならば、九十一劫の間、地獄などの悪趣に堕することがありません。大王様、こういうわけで、わたくしは、幸せはより大きく、不幸は小さいのです、と申し上げたのであります。」

「分かりました、先生。」

第八　知って悪を為す、知らないで悪を為す

王は問う。

「ナーガセーナ長老殿、知っていて悪を為す者と、知らないで悪を為す者とでは、どちらが不幸が大きいでしょうか？」

長老は答える。

「大王様、知らないで悪を為す者の方が、不幸が大きいのであります。」

「では、ナーガセーナ長老殿、余の王子や大官が、知らないで悪を為したならば、余は二倍の罰を加えることにしよう。（それでも構わないというのであろうか？）」

「大王様は、どうお考えになりますでしょうか？　真っ赤に焼けた鉄球を、一人はそれと知らないで掴み、一人はそれと知って掴むならば、どちらが大火傷するでしょうか？」

「先生、それと知らないで掴む人の方が、大火傷するでしょう。」

「大王様、それと同じように、知らないで悪を為す人の方が、不幸がより大きいのであります。」

「分かりました、先生。」

第九　神通と心の自在

王は問う。

「ナーガセーナ長老殿、今のこの身体のままで北倶盧《ほっくる》（ウッタラクル、遥か北方にある理想郷）に赴いたり、梵天界に赴いたり、また、他の州に赴くことの出来る人はいるでしょうか？」

ナーガセーナは答える。

「大王様、今の、地水火風の四元素より成る身体のまま、北倶盧、梵天界、あるいは他の州に赴くことの出来る者がおります。」

「ナーガセーナ長老殿、そのようなことの出来る者が、どうしているのでしょうか？」

「大王様は、地面から一尺や二尺ほど、跳び上がった記

憶がおありでしょうか?」

「その通りです。余は、八尺も跳び上がろうとした記憶があります。」

「大王様は、なぜ八尺も跳び上がろうとなさったのでありましょうか?」

「先生、余は、ここで跳び上がろうという思いを起こしましたが、そういう思いを起こした途端、身が軽くなったのです。」

「大王様、それと同じように、神通や心の自在を得た修行者は、心の中で身を上昇させ、心の力で大空を速やかに移動するのであります。」

「分かりました、先生。」

第十　長大な骨

王は問う。

「ナーガセーナ長老殿、百ヨージャナ(由旬)にも及ぶ長い骨があると、御貴殿は仰いました。まずもって、どのような大樹でも、百ヨージャナもあるものはありません。どうして、百ヨージャナにも及ぶ長い骨があるのでしょうか?」

「大王様は、どうお考えになりますでしょうか? 大海には、五百ヨージャナにも及ぶ長さの魚がいると、陛下は耳にしたことがおありでしょうか?」

「先生、その通りです。耳にしたことがあります。」

「大王様、五百ヨージャナにも及ぶ魚ならば、その骨が百ヨージャナにも及ぶことはあるのではないでしょうか?」

「分かりました、先生。」

第十一　呼気・吸気を止める

王は問う。

「ナーガセーナ長老殿、御貴殿たちは、呼気と吸気を止めることが出来る、と仰いますね?」

「大王様、その通りであります。」

「ナーガセーナ長老殿、どうして、呼気と吸気を止めることが出来るのでしょうか?」

「大王様は、どうお考えになりますでしょうか? 陛下は、誰かが鼾をかくのを聞いたことがおありでしょうか?」

「先生、そうです。聞いたことがあります。」

「大王様、その鼾は、鼾をかいている人が身をかがめたときに止むのではありませんか?」

「先生、その通りです。止むでありましょう。」

「大王様、身を修めもせず、戒律も守らず、心を修養せず、智慧を目指すことのない者でも、身をかがめれば鼾を止めることが出来るでありましょう。ましてや、身を修め、戒律を守り、心を修養し、智慧を目指し、色界の四禅の最上の境地である第四禅に達した者にとって、呼気と吸気を止めることがどうして出来ないでありましょうか？」

「分かりました、先生。」

第十二 「海」の語源解釈

王は問う。

「ナーガセーナ長老殿、「海」「海」と言われますが、なぜ、水 udaka が海 samudra と言われるのでしょうか？」

長老は答える。

「大王様、水 uda(-ka) と等しい量の sama 塩があり、塩と等しい量の水があるところから、海 samaudaka → samudra と言われるのであります。」

「分かりました、先生。」

王は問う。

「ナーガセーナ長老殿、なぜ、海水の味はどこでも同じで、かつ、どこでも塩辛いのでしょうか？」

「大王様、水が長く安定して存続している santhita → samudaka ので、海水の味はどこでも同じで、どこでも塩辛いのであります。」

「分かりました、先生。」

第十三 智慧の切断力

王は問う。

「ナーガセーナ長老殿、智慧は極めて微細なものを切断出来ますか？」

「大王様、その通りであります。智慧は、極めて微細なものを切断出来るのであります。」

「先生、では、その、極めて微細なものとはどのようなものなのでしょうか？」

「大王様、極めて微細なものとは、事象（法）のことであります。ただ、すべての事象が微細だというのではありません。事象には、微細なものと粗大なものとがあります。そうした諸々の事象の中で、切断する必要のあるものを、智慧は悉く切断するのであります。智慧によって切断されないものは何もありません。」

「分かりました、先生。」

第十四 知識・智慧・生命原理としての自己

王は問う。

「ナーガセーナ長老殿、「知識」とか「智慧」とか「生命原理としての自己」とか言われるものは、意味も発音も異なるのでしょうか、それとも、意味は同じでも発音が異なるということなのでしょうか？」

「大王様、知識は、ものごとを分けて知ることを特徴とし、智慧は、明らかに知ることを特徴としますが、個々の生き物にある生命原理としての自己なるものがあるとは認められません。」

「もしも自己があるとは認められないのだとしますと、では、何者が眼によって色を見、耳によって声を聞き、鼻によって香を嗅ぎ、舌によって味を味わい、身（皮膚）によって触れられるものに触れ、意によって諸々の事象を思考するのでしょうか？」

長老は答える。

「もしも自己が眼によって色を見る――中略――意によって諸々の事象を思考するというのでありましたら、眼という門が取り払われれば、自己が顔を直に虚空に出すことになり、眼という門があったときよりも、遥かによく色を見ることができるでありましょう。また、耳が取り払われ、鼻が取り払われ、舌が取り払われ、身が取り払われれば、自己が虚空に直に接することで、遥かによく声を聴き、香を嗅ぎ、味を味わい、触れられるものに触れることができるでありましょう。これをどうお考えになりますでしょうか？」

「先生、そのようなことはあり得ません。」

「大王様、それならば、個々の生き物の生命原理としての自己なるものがあるとは認められません。」

「分かりました、先生。」

第十五　心作用の分析

長老は語った。

「幸有るお方は、為し難いことを為されました。」

「ナーガセーナ長老殿、幸有るお方が為し難いことを為されましたとは、どのようなことなのでしょうか？」

「大王様、幸有るお方は、為し難いことを為されました。つまり、何らかの感官によって何らかの対象が捉えられたときに起こる、感官を含む身体とは異なるものとしての心、あるいは心作用という諸々の事象を分けて確定されたのであります。『これは感官と対象の接触（触）である、これは対象情報の感受（受）である、これはそこから得られた情報の輪郭付けの作用（想）である、これは記憶から名称を取り出す作用（行）である、これは心である』と。」

「譬えを述べてください。」

「大王様、ある人が船で大海に乗り出し、掌で海水をすくい、舌で味わったとき、その人は、『これはガンジス川の水である、これはヤムナー川の水である、これはアチラヴァティー川の水である、これはサラブー川の水である、これはマヒー川の水である』と識別出来るでありましょうか？」

「大王様、それを識別することは困難であります。」

「大王様、それよりもっと為し難いことを、幸有るお方は為されたのであります。つまり、何らかの感官によって何らかの対象が捉えられたときに起こる、感官を含む身体とは異なるものとしての心、あるいは心作用という諸々の事象を分けて確定されたのであります。『これは感官と対象の接触である、これは対象情報の感受である、これはそこから得られた情報の輪郭付けの作用である、これは記憶から名称を取り出す作用である、これは心である』と。」

「分かりました、先生」と言って、王はこれを大いに喜びました。

第十六　終えた対論についての反省

長老は問う。

「今は何時か分かりますでしょうか？」

「先生、分かります。今は、初夜（夜を三等分した時間、およそ日没から三、四時間ほど）が過ぎて、中夜となったばかりです。松明が焚かれ、四本の旗が立てられ、余から御貴殿への進物が蔵から運ばれております。」

ギリシア人たちは大王に奏上した。

「大王様、まことにもっともなことであります。この修行僧は賢者であります。」

「皆の者、その通りだ。この長老は賢者である。このような御仁が師匠で余のごとき者が弟子であるならば、仮にも賢者である者が、真理を体験するのにたいして時間がかからないであろう。」

王が問うたことにナーガセーナが答えた内容に満足した王は、ナーガセーナ長老に、百千金にも値する毛織の衣を贈り、そして述べた。

「ナーガセーナ長老殿、今日から八百日の間、余は御貴殿に食事を用意することに致しましょう。宮殿の中にあるもので御貴殿に相応しいものは、何でも捧げることに致しましょう。」

「大王様、御止めください。自分は今のままで十分に生活できるのでありますので。」

「ナーガセーナ長老殿、それはよく承知しております。しかし、ご自身を護っていただきたい。また、余を護っていただきたい。なぜご自身を護っていただきたいかと言いますと、さもなければ、『ナーガセーナはミリンダ王に信施をほどこしたが、何も見返りがなかった』という悪い世評が起きるでありましょう。ですから、こう、余からの進物を受け取ることで、ご自身を護っていただきたいのです。また、余を護っていただきたいかと言いますと、『ミリンダ王は浄信を得たというのに、浄信を得たという証拠を示さなかった』という悪い世評が起きるでありましょう。ですから、こうして余からの進物と受けるということで、余を護っていただきたいのであります。」

「大王様、ではそのように計らってください。」

「先生、獅子の王者は、たとい豪奢な黄金の檻に入れられても、抜け出そうとして頭を外に出そうとします。それと同じように、余は、在家の身ではありながらも、出家を希求して顔を外に向けるのです。しかしながら、先生、余が家を捨てて出家となるならば、出家の生活を長らく続けることは出来ないでありましょう。なぜなら、余の敵は多いのですから。」

ここで、ナーガセーナ長老は、ミリンダ王の問いに答え、座を起って僧院に帰った。ナーガセーナ長老が帰ってからすぐ、ミリンダ王は考えた。「余は何を問い、先生は何と答えられたのであろうか」と。そして、ミリンダ王は、「余は、あらゆることについてまともに問うた、そして、先生は、そのすべてに的確に答えられた」と理解した。

僧院に帰ったナーガセーナ長老もまた、「ミリンダ王が問うたことは何であったのか、わたくしが答えたことは何であったのか」と考えた。そして、「ミリンダ王はすべてまっとうに問い、わたくしはそれに対してまっとうに答えた」と確信した。

かくして、その夜が過ぎて朝となって、ナーガセーナ長老は、内衣をまとい、鉢と上衣を携えて、ミリンダ王のいる王宮に参内した。参内して、設えられた座に坐った。ミリンダ王は、ナーガセーナ長老に挨拶をし、その傍らに坐った。傍らに坐ったミリンダ王は、ナーガセーナ長老にこう語りかけた。

「ナーガセーナ長老殿、どうか、こう思わないでください。『余は、ナーガセーナに問いを発したという喜びのため、その夜は眠れなかった』と。先生、余は終夜、このような思いに浸っていたのです。『余は何を問うて、先生は何と答えられたのか、そして、余は何を問い、先生はどう答えられらのか、余はすべてまっとうに問い、先生はまっとうに答えられた』と。」

長老もこう語られた。

「大王様は、どうか、『わたくしがミリンダ王様の問いに答えたという喜びで終夜過ごした』などと思わないでください。大王様、わたくしが終夜思っていたのは、ミリンダ王が問い、わたくしが答えたものは何であったのか、ミリンダ王はまっとうに問い、わたくしはまっとうに答えたのだと。」

このようにして、両人は、互いにまともに語り合ったことをともに喜んだ。

ミリンダ王の問いと答え、以上で終わり。

第一篇……第三回の対論開始

序話　問いの根拠

「議論を好み、揚げ足取り論法に長け、頭脳明晰で、慧眼の持ち主であるミリンダ王は、諸々の物事を知的に解明しようと、ナーガセーナのもとを訪れた。

ミリンダ王は、ナーガセーナの御蔭をもって、繰り返し問いを投げかけ続けているうちに、物事を知的に解明出来るようになり、三蔵（すべての仏典）に通じた人となり、夜、一人静かに、九分教を繰り返し繙き、解明し難く、論難の的になりそうな、諸々の論点を見出した。そこで王は考えた。

「真理の王（法王、つまりブッダ）の教えには、順序立てて説かれたものがあったり、付随的なことが説かれたものがあったり、直に真理が説かれたものが混在している。

勝者ブッダの説かれたものの中には、理解困難なものもあるが、その中身をしかと弁別することがなければ、将来、徒に論争の種となり兼ねない。

さてこそ、論に巧みなナーガセーナを頼りにし、難問を解いてもらうことにしよう。

ナーガセーナが示した道に沿って、将来、人々は正しく教えを説くことになろう。」

さて、夜が明け、日が昇ったとき、ミリンダ王は、髪を洗い、額の上で合掌し、過去仏・未来仏・現在仏の姿かたちを具に思い浮かべながら、自ら八か条の誓いを立ててこう語った。「今から七日の間、余は八つの徳目のもと、苦行を為さなければならない。苦行を修し終えたならば、余は、先生の篤い信頼のもと、諸々の難問を投げかけることにしよう。」

そこで、ミリンダ王は、普段着を脱ぎ、数々の装飾を外し、法衣をまとい、頭巾をかぶり、修行僧の格好をして、八つの徳目を守ろうと誓った。

「これから七日の間、余は王としての政務を執り行わないことにする。余は貪りを伴った心を起こしてはならない。瞋りを伴った心を起こしてはならない。迷妄（癡）を伴った心を起こしてはならない。すべての臣下のものたちに対して謙虚に振る舞わなければならない。身口意の三業を慎まなければならない。六つの感官の対象への欲望を慎まなければならない。意業を慈しみの行いに向けなければならない」と、以上の八つの徳目を心に誓って守り、意業をこの八つの徳目に集中させ、外出することがなかった。

このようにして七日が過ぎて八日目となり、夜が明けたとき、王は早々と朝食を摂った。それから、目を伏せ、言葉を慎み、威儀を正し、心を集中し、勇躍歓喜し、満ち足りた心を持って、ナーガセーナ長老のもとを訪れ、長老に頂礼し、長老の傍らに立ってこう言った。

「ナーガセーナ長老殿、余には、是非、御貴殿と対論したい問題点があるのです。余は、この対論の場に第三者が居合わせて欲しくはありません。対論の場としましては、八つの要件を満たし、出家にとっても好ましい、人気のない郊外の広い所が望ましいと、余は考えます。そこでは、秘匿しなければならない論はありません。御貴殿と余との対論が深まれば、余は、外では知り得ない奥義を聞くことが出来るのです。その奥義は、直接にではなく、譬喩をもってすれば、余にも理解出来るに違いありません。ナーガセーナ長老殿、たとえば、何か大切なものを隠そうとするとき、あまりにも広大な大地こそがそれに相応しいように、ナーガセーナ長老殿、それと同じように、御貴殿と余との対論が深まれば、余は、他では知り得ない奥義を聞くことが出来るのに違いありません。」

王は、長老とともに人気のない郊外の広い所に赴き、こう語った。

「ナーガセーナ長老殿、真摯に対論を交わそうとするとき、避けるべき場所が八つあります。そうした場所で、智慧ある者たちは対論を交わしませんし、たとい、対論が交わされても、論点が混乱してまとまることは期待出来ません。そうした八つの場所とは次の通りです。平坦でない場所は避けるべきです。不安を憶えるような場所は避けるべきです。風が強過ぎる場所は避けるべきです。周りから遮断された場所は避けるべきです。神域は避けるべきです。道路上は避けるべきです。橋の上は避けるべきです。沐浴場は避けるべきです。以上、八つの場所は避けるべきです。」

長老は問う。

「そうした八つの場所のそれぞれには、どのような問題点があるのでしょうか？」

「ナーガセーナ長老殿、平坦でない場所で対論を交わそうとしても、気が散って結論に至ることがありません。不安を憶えるような場所では、びくびく脅えることが多く、問題を冷静に見つめることが出来ません。風が強すぎる場所では、声が聞き取りにくくなります。なまじ周りから遮断された場所では、人々が盗み聞きしようとします。神域では、問題が重すぎることになり兼ねません。道路上で対論すれば、中身が空っぽになります。橋の上では、気分が落ち着きません。沐浴場では、ただの世間話に終わってしまいます。それで、『平坦でない場所、不安を憶える場所、風の強すぎる場所、周りから遮断された場所、神域、道路上、橋の上、沐浴場、以上の八つの場所を避けるべし』と言ったのです。

ナーガセーナ長老殿、以下の八人は、対論を交わしても、中身を台無しにしてしまう人です。その八人とは、貪りだらけの人、瞋りだらけの人、迷妄（癡）だらけの人、高慢な人、快楽に溺れる人、怠惰な人、広い視野を持たない人、害心を抱く人です。以上の八人は、対論を交わしても、中身を台無しにしてしまう人です。」

長老は問う。

「その八人のそれぞれには、どのような問題点があるのでしょうか？」

「ナーガセーナ長老殿、貪りだらけの人は、貪りのために論点をずらしてしまいます。瞋りだらけの人は、瞋りのために論点をずらしてしまいます。迷妄だらけの人は、迷妄のために論点をずらしてしまいます。高慢な人は、高慢のために論点をずらしてしまいます。快楽に溺れる人は、快楽のために論点をずらしてしまいます。怠惰な人は、怠惰のために論点をずらしてしまいます。広い視野を持たない人は、狭い視野のために論点をずらしてしまいます。害心を抱く人は、害心のために論点をずらしてしまいます。そこで、『貪る人、瞋る人、迷妄の人、高慢の人、快楽に溺れる人、怠惰な人、広い視野を持たない人、害心を抱く人、こうした人々は、対論を交わしても、論点をはずしてしまう人々である』と言ったのです。

ナーガセーナ長老殿、以下の九人は、対論して得られた結論を、対論相手の承認なしに口外し、その結論の特別の価値を破壊します。その九人とは、貪りだらけの人、瞋りだらけの人、迷妄だらけの人、臆病な人、蓄財だけに関心のある人、女性、酔っ払い、去勢された人、子供であります。」

長老は問う。

「そうした人々には、どのような問題点があるのでしょうか？」

「ナーガセーナ長老殿、貪りだらけの人は、貪りのために対論の価値を無闇に口外することで破壊します。瞋りだらけの人は、瞋りのために対論の価値を無闇に口外することで破壊します。迷妄だらけの人は、迷妄のために対論の価値を無闇に口外することで破壊します。臆病な人は、臆病であるために対論の価値を無闇に口外することで破壊します。蓄財だけに関心のある人は、その関心のために対論の価値を無闇に口外することで破壊します。女性は、智慧が足りないために対論の価値を無闇に口外することで破壊します。酔っぱらった人は、泥酔のために対論の価値を無闇に口外することで破壊します。去勢された人は、過度な欲情のために対論の価値を無闇に口外することで破壊します。子供は、心が定まっていないために対論の価値を無闇に口外することで破壊します。そこで、『貪りだらけの人、瞋りだらけの人、迷妄だらけの人、臆病な人、蓄財だけに関心のある人、酔っぱらった人、女性、去勢された人、子供、以上の九人は、世の中で、軽佻浮薄の者たちです。対論された内容は、こうした人々によって忽ち、ただの世間話に堕してしまう』と言ったのです。

ナーガセーナ長老殿、智慧は、八つの状況のもと、転変し、完熟するのです。その八つとは以下の通りです。智慧は、歳を重ねるにしたがって転変し、完熟します。智慧は、名声が増すにしたがって転変し、完熟します。智慧は、問いを発することで転変し、完熟します。智慧は、師の内弟子となることによって転変し、完熟します。智慧は、正しい心がけによって転変し、完熟します。智慧は、対論を交わすことによって転変し、完熟します。智慧は、信頼に値する人と交わることによって転変し、完熟します。智慧は、智慧を醸成するのに適した所に居住することによって転変し、完熟します。そこで、『歳、名声、問いを発すること、師の内弟子となること、正しい心がけ、対論を交わすこと、信頼に値する人と交わること、適した所に居住すること、こうした八つのことを元として、智慧は澄み渡るのである。こうした状況に恵まれた人々には、智慧への道が開かれるのである』と。

ナーガセーナ長老殿、ここは、対論を妨げる八つの要因がないところです。また、この世で、余は、貴殿との対論に相応しいこの上ない友であり、また、対論の中身を無闇に口外することのないものであります。余は、この対論の中身を、死守するでありましょう。また、八つの状況に恵まれ、余に智慧が増大します。今、御貴殿にとって、余ほどの弟子は得難いでありましょう。

弟子がまっとうに育つために、師たる人は、師なら守るべき二十五の心得があるはずです。その二十五とは、次の通りです。師は、弟子をいつもいつも見守らなければなりません。弟子が身につけるべきことがらと、そうではないことがらとをよく知っていなければなりません。弟子が真面目であるか不真面目であるかを見極めなければなりません。弟子が眠る時機をよく知らなければなりません。弟子の健康状態に留意しなければなりません。弟子が摂るべき食べ物、摂るべきではない食物の区別を知らなければなりません。弟子の個々の特性を知らなければなりません。自分が得た一鉢《いっぱつ》の食《じき》を、必要とあれば、分かち与えなければなりません。心配無用、君の成績は向上するに違いないと言って、弟子を励まさなければなりません。弟子がどのような人たちと交際しているのかを知っておかなければなりません。弟子とただのお喋りに耽ってはなりません。弟子の失敗を見ても寛容でなければなりません。徹底的に教えなければなりません。いい加減に省略することなく教えなければなりません。秘することなく教えなければなりません。自分はこの分野で弟子を育てたのだという、いわば親のような自覚を持たなければなりません。どうしたらこの者はこの道から遠ざかることなく、向上心を起こしてくれるであろうかと気配りしなければなりません。自分の力でこの者を一端の人物に育てようと心掛けなければなりません。慈しみの心を持たなければなりません。弟子が困っていることを見逃してはなりません。弟子にたいして為すべきことを為さなければなりません。弟子が失態を犯したときでも、弟子を正しく励まさなければなりません。先生、以上が、師ならば守るべき二十五の心得です。御貴殿は、余にたいして、そういう風に接していただきたいのです。

先生、余は、色々な疑問を抱いております。それは、勝者ブッダが説かれた難解な教えについてのものであります。そうした難解な教えを巡って、将来、芳しくない議論が生ずる恐れがあります。とはいえ、その芳しくない議論が生ずるかも知れない将来に、御貴殿のような智慧者は得難いことでありましょう。余が抱く疑問に見通しを付け、ブッダの教えに敵対する論者の論を、予め、捻じ伏せておいてください。」

長老は、分かりましたと承諾し、在家信者が護るべき十の心得を示した。

「大王様、在家信者が守るべき十の心得があります。その十とは次の通りであります。大王様、ブッダの教えに従おうとする在家信者は、出家の集団（サンガ、漢訳で「僧伽」「僧」）と共にすること、ブッダの教えを導きの基本とすること、出来る範囲で布施することを喜びとすること、勝者（ブッダ）の教えが衰微しかかっているのを見れば、元に戻そうと努めること、正しい見解を保つこと、ただの物好きに走らず、生活の糧を得る手段として師を選ばないこと、身口意の三業を慎むこと、仲間との和合を大切にすること、妬みなく、これがブッダの教えであると詐称して行いを起こさないこと、ブッダとブッダの教えと出家の集団（仏法僧）の三宝に帰依すること。大王様、以上が、ブッダの教えに従う在家信者が保つべき十の心得であります。陛下が、勝者ブッダの教えが衰微していると見て、その教えが逆に益々栄えるようにと願われることは、陛下にまことに相応しいことでございます。わたくしは、陛下のご希望に沿うことにいたします。陛下がお望みになられるまま、わたくしに問いを投げかけてください。」

第一章

第一　ブッダへの供養の効能

ときに、ミリンダ王は、問いを発することを許されたので、師に頂礼し、合掌して、こう語った。

「ナーガセーナ長老殿、外道の者たちは、こう言います。『もしもブッダが供養を受ける者であれば、ブッダは完全な涅槃（つまり、身体も消滅する死）に達したのではない。供養の対象だということは、ブッダは、世間との繋がりがある者だということになる。ゆえに、ブッダへの供養は効能のないものでしかない。また、もしもブッダが完全な涅槃に達した者であるならば、ブッダは世間との繋がりのない者だということになり、供養の対象とはなり得ない。香華水《こうげすい》などの供物を受ける身体を持たない者に供養を施しても意味が無いからである』と。これは両刀論法（ディレンマ）による問いであります。これは、心がふつうに練られた人が立ち入る領域ではありません。これは、秀でた人でなければ立ち入れない領域であります。どうかこの外道の者たちの邪見の網を破り、結論を下してください。この問いは、御貴殿こそ解くべきものであります。未来の勝者の子（仏教徒）たちに智慧の眼を与え、その眼で反対論者たちの論を捻じ伏せることができるようにしてください。」

長老は言う。

「大王様、幸有るお方は完全な涅槃に達せられたのであります。もはや身体がありませんから、身体あってのものである供養の品をお受けにあることはありません。菩提樹下で目覚めた人になられた時でさえ、まだ身体があるにもかかわらず、幸有るお方は供養をお受けになりませんでした。まして、苦の受け皿である残りのものとしての身体を離れた涅槃（無余依涅槃）を得て完全な涅槃（般涅槃）に入られたブッダが、供養をお受けになることなどあり得ません。大王様、仏教の出家集団を統括していた真理の将軍（法将）たるサーリプッタ（舎利弗）長老は、次の偈を説かれております。

『天下無比のブッダたちは、諸天や人々によって供養されても、
いかなるものもお受けにはならなかった。これが諸々のブッダの本性である。』と。」

王は問う。

「ナーガセーナ長老殿、子が父を称え、父が子を称えても、それは内輪の話であって、外部からする反対論者の論を捻じ伏せる力はありません。称え合うというのは、内輪での

信頼を示しているだけのことでしかありません。ですから今こそ、御貴殿はみずから確固とした論拠を立て、外道の者たちの邪見の網を破るため、余に、この問題の解決の仕方を余すところなくお示しください。」

長老は答える。

「大王様、幸有るお方は、完全な涅槃に達せられたのでありますす。もはや身体を持たないお方ですので、身体あってこその供養をお受けになることはありません。しかし、諸天や人々が、もはや供養をお受けにならない如来（ブッダ）の舎利（遺骨）を宝と見做し、ブッダの智慧を宝としてそれをもとに正しい行いを為すならば、三宝（仏・法・僧）というこの上ないものを手に入れるのであります。大王様、たとえば、大きな炎が燃料がなくなって燃え尽き、完全に消えてしまったとき、消えるべくして消えたその炎が、またわざわざ草や薪のような燃料を新たに必要とするでありましょうか？」

「燃えている最中のその炎ですら、そのときにある燃料以上のさらなる燃料を新たに必要とすることはありません。煩悩が消えてなくなったとき、心はさらなる煩悩という炎の燃料を必要とすることはありません。」

「大王様、世の中の常識からして、炎が消えれば、炎はなくなるのであります。」

「先生、そうとも言えません。薪は、炎が必要とするものであり、炎を立てる要因です。誰であれ、炎が欲しい人は、自身のさまざま努力や材料を用いて小さな火を熾し、その小さな火によって大きな炎を熾す作業をしますので。」

「大王様、それならば、『供養をお受けにならないブッダを供養することは意味がない』という外道の人々の見解は誤りであります。たとえば、大王様、大きな炎が燃えるように、幸有るお方は、十千世界をブッダの光で照らします。大王様、大きな炎が燃え尽きて消えるように、幸有るお方は、十千世界をブッダの光で照らした後、無余依涅槃の状態で完全な涅槃に達し、身体のない人となるのであります。大王様、すでに消えた炎がさらに新たな燃料を必要としないように、世間に利益をもたらすお方（ブッダ）は、完全な涅槃に達して、身体をなくしたので、供養をお受けになることが有り得ない状況となっているのであります。大王様、たとえば、炎が燃え尽き、燃料がなくなったとき、人々は、自身のさまざまな努力や材料を用いて小さな火を熾し、その小さな火によって大きな炎を熾す作業をするように、諸天や人々は、完全な涅槃に達して身体をなくして、供養をお受けにならない如来の遺骨を宝と見做し、ブッダの智慧という宝にもとづいて正しい行いを為すとき、仏法僧の三宝を手に入れるのであります。大王様、それゆえ、如来は完全な涅槃に達し、供養をお受けにはならないのですが、それでもなお、ブッダへの供養が何の意味もないということではないのであります。

大王様、また別の理由があるのです。ブッダが完全な涅槃に達し、身体を完全になくしたので、何らの供養もお受けになりませんが、そのブッダに施された供養が何の意味もないということではない訳をお聞きください。大王様、たとえば、大風が吹いて、その後、止んだとしましょう。大王様、止んでしまった風が、再び吹くことを望むでありましょうか？」

「先生、すでに吹き止んだ風が、再び吹くことを望むことはありません。なぜなら、風という要素には、知性がないからであります。」

「大王様、また、吹き止んでしまった風を、『風』と名づけるのは相応しいことでありましょうか？」

「先生、そういうことはありません。ターラ樹の葉や扇は、風を起こす道具です。誰でも、暑さに悩み苦しむ人は、そうした道具を用い、自身のさまざまな努力で風を起こし、その風で暑さによる苦しみを鎮めるのです。」

「大王様、それならば、『供養をお受けにならないブッダを供養することは意味が無い』という外道の人々の見解は誤りであります。大王様、大風が吹くように、幸有るお方は、十千世界で慈悲の風を送りたもうたのであります。大王様、大風が吹いたのち止むように、幸有るお方は、慈悲の風を送りたもうた後、生まれ変わることのない完全な涅槃に達したもうたのであります。大王様、たとえば、すでに吹き止んだ風が、再び吹くことを望まないように、世間に利益をもたらすお方は、もはや供養を受けられることを止めておられるのであります。たとえば、人々が暑さに苦しんでいるように、諸天や人々は、惑業苦の三種の熱苦に悩まされているのです。たとえば、ターラ樹の葉や扇が風を起こす道具であるように、如来の遺骨と智慧という宝は、仏法僧の三宝に帰依するための道具です。たとえば、暑さに苦しんでいる人が、ターラ樹の葉や扇で風を起こして暑さを凌ぎ、熱苦を鎮めるように、諸天や人々は、如来は完全な涅槃に達しておられるので、何らの供養もお受けにならないにもかかわらず、遺骨と智慧という宝を供養して功徳を積み、その功徳によって、三種の火の熱苦を鎮めるのであります。大王様、こういうわけで、如来は完全な涅槃に達せられたがゆえに、もはや何らの供養もお受けにはなりませんが、そのブッダになされた供養は、無意味なものではありません。

大王様、反対論者の論を捻じ伏せるさらなる論拠をお聞きください。大王様、たとえば、ある人が太鼓を叩いて音を立てたとしましょう。その人が叩いて立てたその太鼓の音は、やがて消え去るでありましょう。大王様、消え去ったその音は、再び生じようと望むでありましょうか？」

「先生、そういうことはありません。すでに消えてしまった太鼓の音が、再び生じようと望むことはありません。一度生じて消え失せたならば、その太鼓の音はすでに完全に断ち切られているのです。先生、しかしながら、太鼓は、音を生ずるための道具であります。ですから、そうしたい人は、自身の努力によって、太鼓を叩いて音を立てるのです。」

「大王様、それと同じように、戒定慧の三学・繋縛から解き放たれることで得られた観察《かんざつ》力で満たされたみずからの遺骨という宝と、みずからの教えと、みずからが定めた戒律を師と見做すべしとした後、もやは生まれ変わることのない完全な涅槃に達せられたのであります。しかし、幸有るお方は完全な涅槃に達せられたとき、仏法僧の三宝が断ち切られたわけではありません。輪廻のなかに生きているることから来る苦に悩む人々は、ブッダの遺骨という宝とその教えとその定められた戒律とを縁として、仏法僧の三宝に帰依しようと思えば、帰依出来るのであります。大王様、こういうわけでもまた、如来は完全な涅槃に達せられ、何らの供養もお受けにならないとはいえ、ブッダに向けられた供養は意味のないものではないのであります。大王様、幸有るお方は、みずからが滅した後のことを、見、説き、話、示されておいでなのであります。『アーナンダ君、わが亡き後、こう思うに違いない。すなわち、師の言葉は終わった、もはや自分には師はおられないと。しかし、アーナンダ君、そう考えてはならない。アーナンダ君、わたくしが諸君に示した教えと戒律とは、そもまま、わが亡き後も諸君たちの師なのである』と。それゆえ、『完全な涅槃に達した如来は、何らの供養もお受けになられないから、如来に向けた供養は何の意味もない』という外道の人々の見解は、邪見でしかないのであります。

大王様、また別のわけがあって、完全な涅槃に達した如来は、何らの供養もお受けにならないけれども、如来に向けられた供養が意味のないものだということにはならないのです。そのわけをお聞きください。大王様、この大地が、『いかなる種も、我が内で成長せよ』と望むでありましょうか？」

「先生、そういうことはありません。」

「大王様、では、種は、自分の内で成長してほしいと望むことがない大地で成長し、花と実を結ぶでありましょうか？」

「先生、大地がそう望まなくとも、種が成長するための拠り所となり、成長する機縁を与えるものです。種は、その拠り所を機縁として、強く根を張り、幹と枝を伸ばし、花と実を結ぶのです。」

「大王様、そうであるならば、『供養をお受けにならないお方に向けられた供養な意味のないものである』と外道の人々が説くとして、その人々は、自分が説いたことによって自滅するのであります。大王様、如来は、あたかも大地のようなものであります。大王様、大地が何も望まないように、如来は何もお受けにはなりません。大王様、たとえば、種が大地を拠り所として成長し、花と実を結ぶように、如来は完全な涅槃に達したため、何らの供養もお受けにならないとはいえ、諸天や人々は、ブッダの遺骨や智慧という宝を拠り所として、強く功徳の根を張り、心統一や教えや戒律といった幹や枝を伸ばし、繋縛からの解放という花を咲かせ、出家の目標である目覚めという実を結ぶのであります。大王様、こうしたわけによってもまた、如来は完全な涅槃に達せられたために、何らの供養もお受けにならないけれども、如来に向けられて供養が意味のないものだというわけではないのであります

大王様、さらに別のわけがあります。如来は完全な涅槃に達っしておられるので、何らの供養もお受けにならないにもかかわらず、如来に向けられた供養が意味のないものだというのではないのでありますが、その別のわけなるものをお聞きください。大王様、駱駝や牡牛や驢馬や羊やさまざまな家畜や人間は、みずからの腹中に蛆虫が湧くのを望むでありましょうか？」

「先生、そういうことはありません。」

「大王様、では、なぜ、駱駝たちが望んでもいないのに、その腹中に蛆虫が、子々孫々にわたって湧くのでありましょうか？」

「先生、悪業が強いため、駱駝たちが望んでもいないのに、その腹中に蛆虫が、子々孫々にわたって湧くのです。」（訳者註：ブッダが世にあろうがなかろうが、人々の未来は、人々の善悪の業の結果、自業自得である、ということである。）

「大王様、それと同じように、如来は完全な涅槃に達して何らの供養もお受けにならないけれども、如来の遺骨と智慧の力が強いため、如来に向けた供養が意味のないものだというわけではないのであります。

大王様、また別のわけがあります。如来が完全な涅槃に達せられ、何らの供養もお受けにならないけれども、如来に向けられた供養が意味のないものだというわけではない、その別のわけをお聞きください。大王様、人々は、九十八種類の病がわが身に生じて欲しい、と望むでありましょうか？」

「先生、そのようなことはありません。」

「大王様、では、なぜ、人々が望まないのに、さまざまな病が身に生ずるのでありしょうか？」

「先生、それは、前生で積んだ各自の悪業の所産であります。」

「大王様、前生で積まれた悪業が今生で享受されるのだとするならば、大王様、善悪の業が前生で積まれようとも、今生で積まれようとも、それが果報を結ばないことはありません。大王様、それと同じわけで、如来は完全な涅槃に達して、何らの供養もお受けにならないけれども、如来に向けられた供養が意味のないものだというわけではありません。

大王様は、これまでに、夜叉ナンダカがサーリプッタ長老を害せんとして、みずから大地の裂け目に呑み込まれたという話をお聞きになったことがおありでしょうか？」

「先生、聞いたことがあります。世間でよく知られた話であります。」

「大王様、サーリプッタ長老は、夜叉ナンダカが大地の裂け目に呑み込まれることを望んだのでありましょうか?」

「先生、天界や人間界が壊滅しようとも、日月が地上に落下しようとも、山の王である須弥山《しゅみせん》が粉々に砕けようとも、サーリプッタ長老が、他人が苦しみを受けることを望むことはありません。サーリプッタ長老は、とっくに、怒りの元を断じておいでだからであります。怒りの元を断じておられましたから、みずからの命を奪おうとする者にたいしても、怒ることがないのであります。」

「大王様、サーリプッタ長老が、夜叉ナンダカが大地の裂け目に呑み込まれるのを望まなかったのでしたら、なぜ、夜叉ナンダカは大地の裂け目に呑み込まれたのでありましょうか?」

「先生、それは、夜叉ナンダカの悪業が強かったためです。」

「大王様、悪業が強かったために夜叉ナンダカが大地の裂け目に呑み込まれたのでしたら、結果としての処罰を望むことのない人に為された悪業は、そのようなことを望まない人と無関係に、しかるべき結果をもたらすのでありま す。大王様、ですから、善業が強い人々が、何らの供養もお受けにならないお方に向けて供養を為しても、その供養が意味のないものではないということになります。大王様、こういうわけでも、また、如来は完全な涅槃に達して、何らの供養もお受けにならないけれども、如来に向けられた供養が意味のないものではないのであります。

大王様、この世で、大地の裂け目に呑み込まれた人は、どのくらいいるでしょうか? 何か伝え聞かれたものがおありでしょうか?」

「先生、たしかに、伝え聞いたものがあります。バラモンの娘チンチャー、釈迦族のスッパブッダ、デーヴァダッタ長老、夜叉ナンダカ、バラモンの若者ナンダと、以上の五人は、大地の裂け目に呑み込まれました。」

「大王様、この者たちは、誰にたいして罪を犯したのでしょうか?」

「先生、幸有るお方(仏)やその弟子たちにたいしてです。」

「大王様、幸有るお方やその弟子たちは、その者たちが大地の裂け目に呑み込まれることを望んだのでありましょうか?」

「先生、そのようなことはありません。」

「大王様、では、如来は完全な涅槃に達して、何らの供養もお受けにならないけれども、如来に向けられた供養が意味のないものだというわけではありません。」

「ナーガセーナ長老殿、奥深い難問を、御貴殿は見事に解明されました。密林のようにもつれて見えにくい秘義は明るく切り拓かれ、反対論者の論は打ち破られ、邪見は斥けられ、あらゆる学派のなかで飛びぬけて優秀な師である御貴殿によって、外道の論者たちは、みな、その輝きを失いました。」

第二　全智者ブッダ

「ナーガセーナ長老殿、ブッダは全智者でありますか？」

「大王様、その通りであります。幸有るお方は全智者であります。ただし、幸有るお方に、如実知見が絶えず生ずるというのではありません。幸有るお方の全てを知る智慧は、注意力を傾けることによって生ずるのであります。注意力を傾けることによって、知りたいと思われることをお知りになるのであります。」

「ナーガセーナ長老殿、しかし、ブッダの全てを知る智慧が、知ろうとして初めて得られるのでしたならば、ブッダは全智者であるわけがないではありませんか？」

「大王様、ここに七アンマナ半の大量の米を積んだ百輌の車があるとしましょう。およそ人は、それを一見しただけで、心が作動して、一体何粒の米があるかを数え挙げ、計算しおおせることが出来るでありましょうか？

さて、これから、七種類の心の在り方を示そうと思います。

まず、大王様、貪り、瞋り、迷妄だらけで、身体の修養が為されず、戒行の修養が為されず、心の修養が為されず、智慧の修養が為されていない人々の場合、心が作動することは鈍く遅いのであります。なぜかと言いますと、心の修養が為されていないからであります。大王様、たとえば、竹が茂って互いに絡み合っているのを抜こうとしても、その作業は鈍く遅いですが、それは、枝がもつれにもつれているからであります。大王様、それと同じように、心の修養が為されず、智慧の修養が為されていない人々の場合、心が作動することは鈍く遅いのであります。それは、そうした人々は、あらゆる煩悩がもつれにもつれているからであります。これが第一の心であります。

次に第二の心は以下の通りであります。大王様、地獄・餓鬼・畜生の三悪道に堕ちることがなくなり、正見を得、師の教えをよく知り分けて預流（聖者の不可逆の流れに入った人）となった人々の場合、貪り・瞋り・迷妄の三毒を断じているという点で、心が作動することが速いのですが、それより高い境地に関しては、鈍く遅いのであります。なぜかと言いますと、その三毒を断じているという点では心は清浄なのですが、それより高い境地に関しては、諸々の煩悩に縛られているからであります。大王様、たとえば、竹の下から三つの節まではすっきりとしていても、それから上の方は枝が絡み合っているのであります。大王様、それと同じように、地獄・餓鬼・畜生の三悪道に堕ちることがなくなり、正見を得、師の教えを知り分けて預流となった人々の場合、貪り・瞋り・迷妄の三毒については、心の働きは速いのですが、それより高い境地に関しては、心の働きは鈍く遅いのであります。なぜなら、三毒を断じているという点では心は清浄なのですが、それより高い境地に関しては、諸々の煩悩に縛られているからであります。以上が第二の心であります。

　次に第三の心とは、以下の通りであります。大王様、貪り・瞋り・迷妄の三毒に縛られず一来（今一度死んで生まれ変わってから解脱出来る人）となった人々の場合、五欲（眼耳鼻舌身という五つの感官が捉える色声香味触という五つの対象に起こす欲望）を断じているという点で、その心の働きは速いのですが、それより高い境地に関しては、心の働きは鈍く遅いのであります。なぜなら、五欲を断じているという点では心は清浄なのですが、それより高い境地に関しては、諸々の煩悩の束縛を断じていないからであります。大王様、たとえば、竹の下から五つの節まではすっきりしていても、そこから上の方は、枝が絡み合っているので、引き抜こうとしても、下から五つの節まではたやすく動かせるのですが、そこから上の方はびくとも動きません。なぜかと言いますと、下の方はすっきりしているのに、上の方は枝が絡み合っているからであります。大王様、それと同じように、三毒を断じて一来となった人々の場合、五欲を断じているという点では心の働きは速いのですが、それより高い境地に関しては、心の働きは鈍く遅いのであります。なぜかと言いますと、五欲を断じているという点では、心は清浄なのですが、それより高い境地に関しては、諸々の煩悩の束縛を断じていないからであります。これが第三の心であります。

　次に、第四の心は以下の通りであります。大王様、感官によって輪廻の生存に人を縛り付ける低俗な五欲（五下分《ごげぶん》結《けつ》）を断じて不還（今生で死んだ途端に解脱を果たし、また再び生まれ変わることのない人）となった人々の場合、五下分結と五上分結《ごじょうぶんけつ》を合わせた十の束縛を断じているという点での心の働きは速いのですが、それよりも高い境地に関しては、心の働きは鈍く遅いのであります。なぜかと言いますと、十の束縛を断じているという点では、心は清浄でありますが、それより高い境地に関しては、諸々の煩悩を断じていないからであります。たとえば、竹の、下の十の節はすっきりしていても、その上の方は枝が絡み合っていて、それを引き抜こうとしても、下の十の節はたやすく動くのですが、そこから上の方はびくとも動きません。大王様、それと同じように、五下分結（五欲）を断じている不還の人々の場合、十の束縛を断じているという点では、心の働きは速いのですが、それより高い境地に関しては、その心の働きは鈍く遅いのであります。なぜなら、十の束縛を断じているという点では、心は清浄ですが、それより高い境地に関しては、諸々の煩悩を断じていないからであります。これが第四の心であります。

　次に、第五の心が別に説かれることになります。大王様、漏（汚れの漏れ出たもの、煩悩）が尽き、心の垢を洗い流し、煩悩を吐き出し、清浄の行を為し終え、為すべきことを為し已わり、束縛の重荷から放たれ、真実を窮め、輪廻の生存に自己を縛り付けるものを断じ尽くし、何らの妨げもない智慧を得、仏弟子（声聞）の道で清浄となった阿羅漢（修行を完成して解脱した人）となった人々の場合、声聞の境地に関しては、その心の働きは速いですが、それより上の独りで目覚めた人（独覚、「縁覚」とも漢訳されるが、全くの誤訳）の境地に関しては、心の働きは鈍く遅いのであります。それはなぜかと言いますと、声聞の境地にあっては、心は清浄でありますが、独覚の境地に関しては、心が清浄ではないからであります。大王様、たとえば、竹のすべての節が切断されていれば、それを引き抜く作業は速いのですが、それはなぜかと言えば、すべての竹の節がすっきりとした状態に刈られ、絡まるものがないからでありま す。大王様、それと同じように、漏が尽き、心の垢が洗い流され、煩悩を吐き出し、清浄の行を為し終え、為すべきことを為し已わり、何ものにも妨げられない智慧を得、声聞の道で清浄となった阿羅漢たちにとって、声聞の境地としては、その心の働きは速いのですが、それより上の独覚の境地に関しては、その心の働きは鈍く遅いのであります。なぜかと言いますと、声聞の境地にあって、心は清浄でありますが、独覚の境地に関しては、清浄ではないからであります。これが第五の心であります。

次に、第六の心が説かれることになります。その独覚たちは、独りで行動し、師を持たず、犀の角のように独り歩み、自身の内に清浄無垢の心を持つのでありますが、その人々の場合、その心の働きは速いのですが、それよりも高い全てを知見する人の境地に関しては、心の働きは鈍く遅いのであります。それはなぜかと言いますと、独覚は自身の内では心が清浄なのですが、全てを知見する人の境地は、遥かに広大だからであります。大王様、たとえば、自分が住んでいる土地の小さな川を、夜であろうが昼であろうが、怖がることなく渡るでしょうが、もしもその人が、底知れず深く、対岸も見えない大海を見れば、驚愕し、躊躇し、敢えて渡ろうとは考えもしないでありましょう。なぜかと言いますと、その人は、自分の住んでいる土地には慣れていますが、見慣れない大海があまりにも広大だからであります。大王様、それと同じように、独覚たちは、独りで行動し、師を持たず、犀の角のように独り歩み、自身の内に清浄無垢の心を持つのでありますが、自身の境地に関しては、その心の働きは速いのですが、それより高い全てを知見する人の境地に関しては、その心の働きは鈍く遅いのであります。なぜかと言いますと、自身の境地に関して心は清浄でありますが、全てを知見する人の境地は、遥かに広大だからであります。これが第六の心であります。

次に、第七の心が別して説かれます。大王様、全智者であり、十力《りき》を具え、四つの不安を憶えることがなく（四無畏《むい》）、十八の固有の特性（十八不共《ふぐう》法）を具え、限りのない勝者、碍げられることのない（無碍《むげ》の）智慧を持ち、完全に正しく目覚めた方たちの場合、あらゆる点で心の働きは速いのですが、それはなぜかと言いますと、そうした方たちの場合、あらゆる点で心が清浄だからであります。大王様、よく手入れされ、錆がなく、節がなく、鋭い鏃がついた真っ直ぐで強力な矢があったとしましょう。その矢が、剛腕の射手によって、柔らかな麻や綿や美しい毛織物に向けて射られたとき、その矢の働きは鈍く、遅いでありましょうか？」

「先生、そのようなことはありません。なぜなら、布は柔らかであり、矢はよく手入れされており、射手は剛腕の持ち主だからです。」

「大王様、それと同じように、全智者であり、十力を具え、四無畏であり、十八不共法を具え、限りない勝者、無碍の智慧の持ち主であり、完全に正しく目覚めた方たちの場合、あらゆる点で心の働きは速いのですが、それは、あらゆる点で、心が清浄だからであります。これが第七の心であります。

大王様、以上七つの心のうち、第七の、全智者の心は、他の六つの心の場合のように数えられるほどの程度を超えており、その清浄さと軽快さとは、わたくしどもには計り知れない特性なのであります。大王様、幸有るお方の心が清浄であり、軽快であるため、幸有るお方は二種の神変《じんぺん》（奇蹟）を示されました。大王様、わたくしどもは、すべてのブッダ、幸有るお方たちの心は、かくも速やかに働くと、二種の神変によって知るべきであり、そのことについて、それ以上の理由は述べようもありません。また、大王様、そうした神変は、全智者である幸有るお方たちの心より起きるものでありますから、数えたり、小分けにしたり、分割したりすることは、決して出来ないのであります。大王様、幸有るお方たちの全てを捉える智慧は、注意力を傾けることによって生ずるものでありあります。注意力を傾けて、知りたいことをすべて知るのであります。大王様、たとえば、人が、片手にあるものをもう片手に移したり、口を開けてから声を発したり、口に入れてから食べ物を呑み込んだり、眼を閉じてから開けたり、眼を開けてから閉じたり、曲げた腕を伸ばしたり、伸ばした腕を曲げたりすることは、とても遅いのです。大王様、幸有るお方たちの全てを捉える智慧は、はるかに速く、注意力を傾けることは、はるかに速いのであります。そして幸有るお方たちは、注意力を傾けて、知りたいことを知るのであります。注意力を傾けなければ知ることが出来ないではないかと、ただそれだけの理由で、幸有るお方たちは全智者ではないと言ってはなりません。」

「ナーガセーナ長老殿、注意力を傾けることが何を知ろうとしてのことであるのか、余の納得がいくように譬えを述べてください。」

「大王様、ここに資産家がいて、たくさんの金・銀・財宝・調度品があり、多量の穀類を所有しているとしましょう。

そして、その人が、穀類、豆類、さまざまな乳製品、蜜、砂糖が、壺などや貯蔵庫に保管しているとしましょう。さて、その人のもとに、もてなすに値する人がもてなしを求めて客が訪れたとしましょう。もし、料理された食べ物がすべて食べ尽くされていたならば、客のために、壺などから食材を取り出して、料理を作るでありましょう。大王様、食事時でないときに料理されたものがないからと、ただそれだけの理由で、この人は金持ちではなく貧乏人なのだと言えるでありましょうか？」

「先生、そうは言えません。先生、天下の覇者、転輪王の家であっても、食事時でないなら、料理された食べ物はありません。まして、ふつうの人の家では尚更のことです。」

「大王様、それと同じように、幸有るお方たちは、注意力を傾けていないときでも、全てを捉える智慧を持っており、注意力を傾けてから、知りたいことを知るのでありまます。大王様、また、たとえば、ある樹がたくさん実をつけているけれども、地面に落ちている実が一つもなかったとしましょう。大王様、地面に落ちた実が一つもないと、ただそれだけの理由で、その樹には実がないと言えるでありましょうか？」

「先生、そうは言えません。樹の実は、それが落ちて来るのを待って手に入れることになるのです。落ちたとき、人は実を手に入れるのであります。」

「大王様、それと同じように、如来の全てを捉える智慧は、注意力を傾けて生ずるのであります。注意力を傾けてから、知りたいことを知るのであります。」

「ナーガセーナ長老殿、ブッダは、いつも、注意力を傾けてから、知りたいことを知られるのですか？」

「大王様、その通りであります。幸有るお方たちは、注意力を傾けてから、知りたいことを知られるのであります。大王様、たとえば、転輪王が、わが輪宝出でよ、と輪宝を念ずるとき、念ずるや否や輪宝が出てくるように、大王様、如来が注意力を傾けるや否や、知りたいことを知られるのであります。」

「ナーガセーナ長老殿、今仰ったことこそ、ブッダが全智者であるという確たる証拠です。余は、ブッダは全智者であると確信します。」

第三　デーヴァダッタが出家を許された理由

「ナーガセーナ長老殿、デーヴァダッタ（訳者註：ブッダに反逆し、仏教の出家集団を乗っ取ろうとして失敗し、時を経るにしたがって極悪人のイメージが強められていった人物）は、誰の認可によって出家となったのでしょうか？」

「大王様、デーヴァダッタだけでなく、バッディヤ、アヌルッダ、アーナンダ、キンビラ、理髪師のウパーリは、釈迦族のクシャットリヤ（武人階級）の若者であったが、釈迦族の王子だったブッダが目覚めた人になられたとき、大いに喜び、師に倣って出家したのであります。」

「先生、デーヴァダッタは出家してから、仏教の出家の集団（サンガ、僧伽、僧）を破ろうとした（破僧伽）ではありませんか？」

「大王様、その通りであります。出家してから、出家の集団を破ろうとしました。在家は、出家の集団を破ることは出来ません。比丘尼（女性の出家）も、式叉摩那《しきしゃまな》（女性の出家身習い）も、優婆塞も、優婆夷も、出家の集団を破ることは出来ません。正式の比丘が、出家集団の中で比丘たちと集団生活を送り、地域ごとに定められた結界に住まう者たちが、出家の集団を破るのであります。」

「先生、出家の集団を破る物は、その業でどのような報いを受けるのでしょうか？」

「大王様、一劫にもわたる業の報いを受けるのでありま す。」

「ナーガセーナ長老殿、デーヴァダッタが出家してから、出家の集団を破り、そのために一劫にわたる地獄の苦しみを受けるであろうと、知っておられたのでありませんか？」

「大王様、如来は、デーヴァダッタが出家してから、出家の集団を破り、そのために、一劫にわたる地獄の苦しみを受けるであろうと、知っておいでだったのであります。」

「ナーガセーナ長老殿、もしそうであるのでしたら、ナーガセーナ長老殿、ブッダが衆生に慈悲の心をもって接し、衆生の利益をはかり、不利益を取り除き、ためになることを施すという言い分は、間違いでしかありません。ブッダが、もしもそれを知らずにデーヴァダッタの出家を認めたのであれば、ブッダは全智者ではないのではありませんか？ これもまた、貴殿に向けられた両刀論法の問いであります。この大きな難問を解き、反対論者の論を破ってください。貴殿のような智慧ある出家は、まことに得難いのです。どうか貴殿の力量をお示しください。」

「大王様、如来は、慈悲の人であり、また全智者であります。大王様、幸有るお方は、慈悲の心と全てを捉える智慧とによって、デーヴァダッタの行く末を眺め、デーヴァダッタが悪業の上に悪業を重ね、一兆劫にわたって、地獄から地獄へ、破滅から破滅へと堕ちて行くのを見られたのであります。幸有るお方は、全てを捉える智慧によって、デーヴァダッタの限りないほどの悪業は、わが教えの元で出家したならば、終わりを告げるであろう、前生の悪業による苦しみは、終わりを告げるであろう、しかし、出家したとしても、この愚か者は一劫にわたる苦しみを受けることになる悪業を為すであろうと知った上で、慈悲の心をもって、デーヴァダッタの出家を認めたのであります。」

「ナーガセーナ長老殿、では、ブッダは、殴られた人に傷に効く油を塗り、崖から転落した人に救いの手を伸べ、殺したあとでその人の蘇生を願うということと同じではありませんか？ つまり、ブッダは、初めに人に苦しみを与え、その後で楽を与えるのですね。」

「大王様、如来は、人々を打ち、人々を益するために、人を地獄に堕《お》とし、人々を益するために殺したりもするのであります。堕としてからも人々を益し、殺してからも人々を益するのであります。大王様、たとえば、両親が子を打ち、苦しみに堕としても、子のためになることをはかるように、大王様、如来は、人々を益するために人々を打ち、人々を益するために人々を地獄に堕とし、人々を益するために人々を殺したりもするのであります。大王様、如来は、人々を打ってからも人々を益し、人々を地獄に堕としてからも人々を益し、人々を殺してからも人々を益するのであります。ブッダは、人々が功徳を増やす機会を与えるために、あらゆる手段を駆使して人々を益するのであります。

大王様、もしもデーヴァダッタが出家せず、在家にままでいたならば、確実に、デーヴァダッタは、地獄の堕ちること必定の悪業を積み、幾百兆劫ものあいだ、地獄から地獄へ、破滅から破滅へと堕ちて行き、多大の苦しみを受けることになりましょう。幸有るお方は、それを知って慈悲を垂れ、デーヴァダッタの出家を認めたのであります。わが教えのもとにデーヴァダッタが受けるであろう重い苦しみを軽くされたのであります。

大王様、たとえば、地位、名誉、財産などによって政治力のある人が、自分の親縁の者や友人が、王から重い罰を受けたとき、自分が王から大いに信任を得ていることによって罰を軽くさせることができるように、大王さま、幸有るお方は、デーヴァダッタが、幾百兆劫もの間、苦しみを受け続けるであろうことを知って、デーヴァダッタを出家させ、戒定慧の三学と、繋縛から離れる力を促して、デーヴァダッタの重い苦しみを軽くしたのであります。

大王様、たとえば、また、毒矢による傷を治癒する勝れた外科医が、重篤の患者を有効な薬によって平癒されるように、大王様、幾百兆劫もの間、デーヴァダッタが苦しみを受けるであろうことを知ったため、幸有るお方は、その苦しみを癒す方途を知っているため、デーヴァダッタを出家させ、慈悲の力による真実の教えという特効薬で、重い苦しみを軽くさせたのであります。大王様、幸有るお方が、デーヴァダッタの多大な苦しみを少なくさせたことにことで、ブッダは何か不善を為しましたでしょうか？」

「先生、一瞬といえでも、ブッダは何の不善も為さなかったでありましょう」

「大王様、幸有るお方が、デーヴァダッタの出家を認められたわけを、正しかったとお認めください。大王様、また別の理由がありますので、幸有るお方がデーヴァダッタの出家を認められたわけをお聞きください。大王様、たとえば、人々が窃盗犯などの犯罪者を捕えて、王様、この者は窃盗犯などの犯罪者でありますから。王の望むがままに罰を下してくださいと言って王に訴えたとしましょう。王は、その者たちに、ならば皆の者、この者を街の外に連行し、刑場で斬首に処せよ、と命ずるでありましょう。かしこまりましたと言って、その者たちは、この窃盗犯を街の外に連行し、刑場に連れて行くでありましょう。そのとき、王の信任篤い人がこれを見て、刑を受けるこの者を不憫に思い、その者たちにこう言ったとしましょう。『諸君、お止めなさい。諸君はこの男を斬首して何になるというのだろう。諸君、その代わりに、この男の手か足を切断し、命だけは助けてはどうか。わたくしは、この男のために王に弁明するであろう』と。窃盗犯を連行してきた者たちは、その、王の信任篤い人のことばに従って、窃盗犯の手あるいは足を切断するだけで、命は助けるでありましょう。大王様、このようなことをしたかの王の信任篤い人は、窃盗犯のために為すべきことを為したでありましょうか？」

「先生、その人は、その窃盗犯の命を助けました。その者の命が助けられたことについて、窃盗犯のために為すべきことを何か為さなかったでしょうか？」

「また、その、王の信任篤い人は、その窃盗犯が手や足を切断されたときの苦痛について、何か悪業を為したでありましょうか？」

「先生、その窃盗犯は、自分の行いの報いとして苦痛を受けたのです。その窃盗犯の命を助けた人は、何の悪業を為してはおりません。」

「大王様、それと同じように、幸有るお方は、『わが教えの元で出家したならば、かの者の苦しみは終わりを告げることになろう』と考え、慈悲を垂れてデーヴァダッタを出家させたのであります。大王様、デーヴァダッタの苦しみは、それで終わりを告げたのであります。大王様、デーヴァダッタは、死に臨んで、

『わが身のすべてをかけて、かの最上のお方、
諸天をも超える天のようなお方、人々を教えで導くお方、
十方を見守る眼を持つお方、百の福徳の相を持つお方で
あるブッダに、命をかけて帰依いたします』

と言って、命をかけてブッダに帰依したのであります。大王様、一劫を六等分するとして、デーヴァダッタが出家の集団を破ろうとしたのは、その六分の一を過ぎた時なのです。残りの六分の五を地獄で過ごしてから、そこを脱して、アッティサラという名の独覚となるでありましょう。大王様、このようなことを為された幸有るお方は、デーヴァダッタのために、為すべきことを為されたでありましょうか？」

「ナーガセーナ長老殿、如来は、デーヴァダッタのために、施すべきすべてのものを施されたのです。如来は、デーヴァダッタを独覚とならしめられたのです。如来が、デーヴァダッタのために為されなかったことは何もありません。」

「大王様、デーヴァダッタは、出家の集団を破ろうとして、地獄で苦痛を味わいました。デーヴァダッタが苦痛を味わったことについて、幸有るお方は、何か悪業を為したでありましょうか？」

「先生、そういうことはありません。先生、自分が為した業の報いとして、デーヴァダッタは一劫の間、地獄で苦しみを受けることになったのです。その苦しみに終わりを告げさせた師は、何の悪業も為してはおられません。」

「大王様、幸有るお方がデーヴァダッタを出家させたこうしたわけも、正しかったのだとお認めください。

大王様、それ以外にもわけがあって、幸有るお方はデーヴァダッタを出家させたのであります。そのわけをお聞きください。大王様、たとえば、毒矢の傷を治療する外科医がいるとしましょう。矢が刺さったところの傷は、風質・胆汁質・痰質が混ざり合い、気候の移り変わりや不適切な応急処置や傷が深いことによって腐肉のような悪臭を放っているとして、その傷を治療するとき、その外科医は、傷口を鋭利な刃物で切開し、針で焼きます。針で焼いてから、外科医は、灰汁（アルカリ性の強い液体）を傷口に注いでから、そこに薬を塗り、そうして患者を全快へと向かわせるのであります。大王様、毒矢の傷を治療するその外科医は、人のためになる気持ちがないままに、薬を塗ったり、傷口を鋭利な刃物で切開したり、針で焼いたり、灰汁を注ぐであありましょうか？」

「先生、そうではありません。その外科医は、患者のためを思い、全快させようとしてそうした処置を為したのです。」

「ではまた、その外科医が処置を施したことで患者が苦痛を憶えたとき、外科医はそれで何か悪業を為したのでありましょうか？」

「先生、毒矢の治療に当たった外科医は、患者のためを思い、全快させようとして、そのような処置を施したのです。どうして悪業を為したことになりましょうか？　先生、その毒矢の治療に当たった外科医は、その行いの報いとして、天界に生まれ変わるべき人であります。」

「大王様、それと同じように、幸有るお方は、慈悲を垂れて、デーヴァダッタが苦しみから逃れるように、出家を認めたのであります。大王様、またそれ以外にもわけがあります。幸有るお方がデーヴァダッタの出家を認められたその別のわけをお聞きください。

大王様、たとえば、ある人が棘に刺されたとしましょう。そこで、別の人が、その人のためを思い、治療を施そうとして、鋭利な針や刃物で傷口を切開し、出血させることでその棘を抜くのです。大王様、その、治療に当たった人は、棘が刺さった人のためを思うことなく、棘を抜いたのでありましょうか？」

「先生、そうではありません。先生、治療に当たった人は、棘が刺さった人のためを思って、その棘を抜いたのです。先生、その人が棘を抜かなかったならば、棘が刺さった人は、死んでしまうか、死ぬほどの苦しみを受けることになるでしょう。」

「大王様、それと同じように、如来は、慈悲を垂れて、デーヴァダッタが苦しみから逃れるように、出家を認めたのであります。大王様、もしも幸有るお方がそうしなかったならば、デーヴァダッタは、一兆劫の間、幾世にもわたり、地獄で苦しみを味わうことになったでありましょう。」

「ナーガセーナ長老殿、如来は、煩悩の流れに身を委ねていたデーヴァダッタをその流れから脱せしめ、邪道を歩んでいたデーヴァダッタを正道を歩かせるようにし、崖から落ちたデーヴァダッタに足場を与え、凸凹の道を行くデーヴァダッタを平らな道を歩くようになさしめたのであります。ナーガセーナ長老殿、御貴殿のような智慧者より他の比丘によって、こうした事の成り行きを説明することは出来ないのであります。」

第四　ヴェッサンタラ王と大地の震動

（ヴェッサンタラ王は、『ジャータカ』（前生物語）で、ブッダ、釈尊の前生の一人で、いかなる困難があろうとも布施の誓いを守り抜くことによって彼岸に到ることを目指す布施波羅蜜の行に身を挺したとされている。）

「ナーガセーナ長老殿、幸有るお方は、『比丘たちよ、大地が震動することについては、八つの直接の原因と八つの間接的な原因がある』と説かれました。このことばは、補足説明する要がなく、紛れもないものであります。大地が震動することについて、これより他の第九の原因はありません。ナーガセーナ長老殿、もしも第九の原因があれば、幸有るお方が説かれなかったはずはありません。ナーガセーナ長老殿、第九の原因などないから、大地が震動することについて、幸有るお方は説かれなかったのです。

しかし、かのヴェッサンタラ王が大いなる布施を為したとき、七度にわたって大地が震動したというのですから、これこそ、第九の原因があることを示すものです。ナーガセーナ長老殿、大地が震動することについて、八つの直接的な原因と八つの間接的な原因だけがあるならば、ヴェッサンタラ王が大いなる布施を為したとき、七度にわたって大地が震動したということばは偽りです。そして、ヴェッサンタラ王が大いなる布施を為したとき、七度にわたって大地が震動したのが本当であれば、大地の震動について、八つの直接的な原因と八つの間接的な原因があるということばは偽りだということになります。この両刀論法による問いは、よく出来ていて説き難く、当惑させて已まない甚だ厄介なものであります。この問いが御貴殿に差し向けられているのです。御貴殿のような智慧者を除いて、智慧浅き者たちでは答えられないのであります。」

「大王様、幸有るお方は、『比丘たちよ、大地が震動することについて、八つの直接的な原因と八つの間接的な原因がある』とお説きになりました。一方、ヴェッサンタラ王が大いなる布施を為したとき、七度にわたって大地が震動したのでありますが、それは、必然的にではなく、偶発的なことだったのであります。それは、八つの直接的な原因と八つの間接的な原因の内には含まれないのであります。

大王様、世に、三種類の雨が数えられます。雨期の雨、冬季の雨、夏季の雨とであります。もしも、それ以外のときに雨が降ったとしたならば、その雨は普通の雨ではなく、時ならぬ雨として扱われます。大王様、それと同じように、ヴェッサンタラ王が大いなる布施を為したとき、七度にわたって大地が震動したのは、必然的なものではなく、偶発的なものだったのでして、八つの直接的原因や八つの間接的な原因とは別物なのであります。ですから、それは、必然的な原因の内に数えられないのであります。

大王様、また、たとえば、ヒマーラヤ（雪山）を源流域とする五百の川があります。大王様、その五百の川のなかで、十の川だけが名を知られております。その十とは、ガンガー（ガンジス）、ヤムナー、アチラヴァティー、サラブー、マヒー、シンドゥ、サラッサティー、ヴェートラヴァティー、ヴィータンサー、チャンダバーガーです。それ以外の川は特に名が知られておりませんが、それは、そうした凡百の川は、常に満々と水を湛えていないからであります。大王様、それと同じように、ヴェッサンタラ王が大いなる布施を為したとき、七度にわたって大地が震動したのは、必然的なものではなく、偶発的なものであり、八つの原因の内には数えられないのであります。

大王様、また、たとえば、王の家臣は百人とか二百人とかいますが、その内、六人だけが重臣として特筆されるのです。司令長官、首相を兼ねた司祭長、司法大臣、財務大臣、日傘持ち、剣持ちの、以上六人だけが重臣として数えられるのですが、それは、この者たちは、王の大権を支える政務に従事しているからであります。その他の家臣たちは、重臣としては扱われず、単なる家臣、家来として扱われるのであります。大王様、それと同じように、ヴェッサンタラ王が大いなる布施を為したとき、七度にわたって大地が震動したというのは、必然的なものではなく、偶発的なものであり、八つの直接的な原因とは別物であるため、八つの直接的な原因の内には数えられないのであります。

大王様、ところで、勝者ブッダの教えを堅く守っていると認められる者が、現世で楽を享受する報いのもととなる業を為し、さらにその名声が諸天や人々にも通ずるという、そういう者がいると、御貴殿はお聞きでしょうか？」

「先生、その通りです。勝者ブッダの教えを堅く守っていると認められる者が、現世で楽を享受する報いのもととなる業を為し、さらにその名声が諸天や人々にも通ずるという、そういう者がいると、余は聞いております。そういう者は七人おります。」

「大王様、それは誰でしょうか？」

「先生、花環造りのスマナ、バラモンのエーカサータカ、召使のプンナ、王妃マッリカー、王妃ゴーパーラマールタ、優婆夷のスッピヤー、召使のプンナー、以上の七人が、現世で楽を享受し、かつ、その名声が諸天や人々に通じたのです。」

「では、過去世で、人間の身体を持ちながら三十三天界に昇った人々がいることをお聞きになったことはありますでしょうか?」

「先生、その通りです。聞いたことがあります。」

「大王様、それは誰でしょうか?」

「次の四人だと聞いております。すなわち、楽人のダッティラ、王のサーディーナ、王のニミ、王のマンダールタです。その者たちが、人間の身体を持ちながら三十三天に昇ったということ、また、長い間、為し難い善業を為したということを聞いております。」

「大王様、では、過去世あるいは現在世で、あれこれの布施が為されているとき、一度、いや二度、いや三度、大地が震動したということをお聞きになったことがおありでしょうか?」

「先生、聞いたことがありません。」

「大王様、わたくしは、阿含(ブッダから直に伝えれてきた教え)によく通じており、それなりの学識を育み、教えを聞くことを好み、問いを発しながら師に仕えてまいりましたが、あれこれの布施が為されているとき、一度、いや二度、いや三度、大地が震動したということを聞いたことがありません。ただ、王の中の牛王たるヴェッサンタラが為した最勝の布施だけが例外であります。幸有るお方釈迦牟尼(過去七仏の第六番目、迦葉仏)と幸有るお方釈迦牟尼(過去七仏の第七番目、釈迦仏)とは、一千万年という大変な歳月で隔たっておりますが、その間でさえ、わたくしは、あれこれの布施が為されているとき、一度、いや二度、いや三度、大地が震動したということを聞いたことがありません。大王様、わずかばかりの精進やわずかばかりの勇猛心では、大地は震動しないのであります。大王様、大地が、多大の功徳という重荷を担い、あらゆる清浄な働きによる多大の功徳という重荷を担い、支え切れなくなったとき、揺るぎ、震動するのであります。

大王様、たとえば、重すぎる荷を載せられると車のこしきや車輪や車軸がひしぎ折れるように、大王様、それと同じように、大地が、あらゆる清浄な働きによる功徳という重荷を担い、それを支え切れなくなったとき、揺るぎ、震動するのです。大王様、また、たとえば、天空が暴風雨に塞がれ、大量の雨という重荷を担い、強風に煽られて唸りを挙げ、轟々と大きな音を立てるように、大王様、それと同じように、大地は、ヴェッサンタラ王の布施の力という大きな重荷を担って、支え切れないとき、揺るぎ、震動するのであります。

大王様、なぜかと言いますと、ヴェッサンタラ王は、貪りのために動くことなく、瞋りのために動くことなく、迷妄のために動くことなく、高慢のために動くことなく、邪見のために動くことなく、煩悩のために動くことなく、詭弁を弄するために動くことなく、好ましくないことのために動くことなく、ただひたすら、布施のためだけに動くからであります。王は、『どうすれば、余は、布施を乞いながらも余のもとにまだ来ない者を、余のもとに来させることが出来るであろうか？　また、どうすれば、布施を乞うて余のもとに来た者に、欲しいだけ布施して喜ばせることが出来るであろうか？』と考え、いつも、分け隔てのない布施を心掛けていたのです。

大王様、ヴェッサンタラ王は、いつも、分け隔てなく、自制、平静、忍耐、自律、抑制、制御、無瞋、無酷、誓いのことばを守り抜いてそれを嘘偽りのないものに仕上げること、清浄であることという、十の徳目を心掛けていました。大王様、ヴェッサンタラ王には、愛欲がなく、生存欲がなく、自身の立てた誓いのことばを守り抜く清浄な行だけに熱意を込めていたのです。大王様、ヴェッサンタラ王は、自己を守ることがまったくなく、他者を守ることだけに熱意を込めたのであります。『余は、どうすれば、この人々が相い和し、息災で、豊かで長寿に恵まれるように出来るのであろうか』と、そのことだけに意を注いでいたのであります。

大王様、ヴェッサンタラ王は、布施を為すとき、自身の福を得るためを思わず、財を得るためを思わず、見返りを得るためを思わず、社交のためを思わず、長寿のためを思わず、見栄えをよくするためを思わず、楽のためを思わず、権勢を得るためを思わず、名声を得るためを思わず、息子のためを思わず、娘のためを思わず、みずからが全智の智慧者となるため、すべてを知る智慧という宝を得るために、比類なく、広大で無上の布施を為したのであります。全智者となったとき、王は次のような偈頌を唱えました。

『余の息子ジャーリも、娘カンハージナーも、貞節な妻マッディーも、
余は、その者たちを他人に布施することに、何の躊躇もなかった。
それはみな、ひとえに、目覚めを得るためなのであった』と。

大王様、ヴェッサンタラ王は、無瞋によって瞋恚の者に打ち勝ち、正しい道によって正しくない者に打ち勝ち、布施によって吝嗇の者に打ち勝ち、嘘偽りのないみずからのことばによって虚言を吐く者に打ち勝ち、善によって不善の者に打ち勝ったのであります。

ヴェッサンタラ王がこのように、真理を目指して布施を為していたとき、その行いによって、広大な地域に影響を及ぼす力が生じ、その力によって地下で大きな風が起こり、徐々に吹く力を増し、下に、上に、横に向かって吹き荒れるようになり、葉を落とした樹は次々と倒れました。雲は次々と大きな塊となって天空を走り、塵を満たした風は猛

烈に天空を圧し、風は猛烈に吹き荒れ、恐るべき大音響を発しました。風が猛烈に吹き荒れるにつれ、水が徐々に動き始めたとき、魚や亀が揺すぶられ、左右に波を立てたため、水の中に生息する生き物は怖れを抱きました。やがて、大きな波が立ち、その波が唸りを挙げ、恐ろしいほど泡立ち、その泡が輪を描くようにして大海を盛り上げ、水はあたり一面に襲い掛かり、潮は荒れ狂って至る所でぶつかり合い、そのため、悪鬼、迦楼羅、龍、夜叉たちは恐れ戦き、『何たることか、何が起こっているのか、これでは大地がひっくり返ってしまう』と思い、逃げ道を求めました。潮が激しさを増し、奔流したとき、大地は、大山脈や大海とともに震動し、須弥山は回転し、その山頂はすっかりと形を変えました。蛇、マングース、猫、ジャッカル、野猪、鹿、鳥は大いに戸惑い、大地が震動している間、非力の夜叉は泣きに泣き、大力の夜叉は笑い興じました。

大王様、大きな釜を水で満たし、米を入れ、火で炊くとして、まずは釜が熱せられ、次に釜の中の水が熱せられ、次にその中の米が熱せられます。熱せられた米は、対流のため上下し、とろみ成分が泡立ち、あたかも泡の輪が出来るような状態になります。大王様、それと同じように、ヴェッサンタラ王は、この世では捨てがたいとされるものを捨てましたが、まさにそれこそを本質とする布施行の報いで、大地（金輪）を支える水輪のさらに下にある風（風輪）が、大地を支えきれずに激しく動き、そのために水が震動し、さらにそれによって大地が震動したのであります。それによって、風輪と水輪と金輪（地輪）との三者が、大いなる布施の大規模な力により、混然一体となるのであります。大王様、ヴェッサンタラ王の大いなる布施の力に匹敵する力を持つ布施は、他にはないのであります。

大王様、たとえば、地中にはさまざまな宝石があります。サファイア、大サファイア、スターサファイア、瑠璃、亜麻花、アカシア花、魅惑の石、太陽光石、月光石、ダイヤモンド、カッジョーパッカマカ、黄サファイア、赤銅光石（ルビー）、キャッツアイなどがありますが、こうしたさまざまな宝石よりも、転輪王が持つマニ宝珠（摩尼宝珠）ははるかに優れ、最上の石であると知られております。大王様、転輪王のマニ宝珠は、一ヨージャナ四方をあまねく照らすのです。大王様、それと同じように、かつて地上で為された布施で、最勝の布施だと言われてきたすべての布施よりも、ヴェッサンタラ王の大いなる布施ははるかに勝れ、最上のものであると知られております。大王様、ヴェッサンタラ王が大いなる布施を為したとき、七度にわたって、大地は震動したのであります。」

「ナーガセーナ長老殿、ブッダがいまだ菩薩としての前生にあったときでさえ、菩薩としてはこの世で破格の真摯で不屈の努力を重ねられたということは、まことに素晴らしいことであり、未曽有のことです。ナーガセーナ長老殿、御貴殿が菩薩の不屈の努力を示されたことで、勝者が勝者となられた根拠である波羅蜜行《はらみつぎょう》が際立って輝くことになりました。これによって、如来が、諸天や人々のなかの最上のお方であることが、明瞭きわまりないものとなりました。

まこと、御貴殿が仰る通りです。ナーガセーナ長老殿、勝者ブッダの教えは讃えられ、勝者が勝者となられた根拠である波羅蜜行の真相が解明され、外道の人々の論の節は破られ、反対論者たちの壺は打ち壊され、計り知れないほどの疑問はすっぱりと解かれ、密林が明るく切り拓かれたように、勝者ブッダの弟子たちは、まさしく混迷から解き放たれました。仏教徒の指導者中の最上のお方様、まさに御貴殿が仰った通りであります。余は、御貴殿の説明を是といたします。」

第五　自分の眼を布施したシヴィ王

（みずからが立てた誓いのことばを守り抜いて、違うことのない驚異的な実現力を持つように仕上げられた真実のことばの力によって、人はいかなる大願をも成就させることが出来るという発想――ことばには世界を創る力があるとするヴェーダの宗教→菩薩の行→初期大乗仏教の波羅蜜行→中期大乗仏教の菩提行→ガーンディーのサッティヤーグラハ運動〔運動に当たっては非暴力・不服従に徹するという誓いのことばを守り抜くことで、そのことばが違うことのない驚異的な力を持つことになり、その力によって運動の目的を達成できるとする考え〕）

「ナーガセーナ長老殿、御貴殿たちは、『シヴィ王（ブッダの前生の一人）が、眼を乞う人に、自分の両眼を布施した。そのため、王は盲目になったが、そのとき、天眼が生じた』と仰いますが、このことばには欠陥があり、難ずべき点があり、過失があります。なぜなら、『原因（ものを見る眼）が排除され、無因無根拠であるとき、天眼が生ずることはない』と、経典に説かれているからです。

ナーガセーナ長老殿、もしも、シヴィ王が眼を乞う人に、自分の両眼を布施したというのであれば、『そのとき、王に天眼が生じた』ということばは誤りです。また、もしも、王に天眼が生じたというのであれば、シヴィ王が眼を乞う人に、自分の両眼を布施した、ということばは誤りです。

これもまた、両刀論法による問いであり、紐の結び目よりも固く結ばれ、矢よりも深く刺さり、密林よりももっと密であります。この問いが御貴殿に提示されました。さあ、御貴殿は、反対論者の論を破り捨ててください。」

「大王様、シヴィ王は、眼を乞う人に、両眼を布施しました。このことを疑ってはなりません。また、そのとき、シヴィ王に天眼が生じました。このことも、疑ってはなりません。」

「ナーガセーナ長老殿、ものを見る眼という原因が排除され、無因無根拠であるとき、天眼が生ずることは、ありうるもないのではありませんか？」

「大王様、そうではありません。」

「先生、ではこの場合、どうして、ものを見る眼という原因が排除されて、原因も根拠もないとき、天眼が生ずるというのでしょうか？　余に分かる譬えをお示しくださいい。」

「大王様、この世には、違うことのない驚異的な実現力を持つ真実のことばというものがあり、それゆえ、みずから立てた誓いのことばを守り抜く人が、その誓いのことばを守り抜いて違うことのない驚異的な実現力を持つ真実のことばに仕上げようと決意するということがあると思いますが、いかがでありましょうか？」

「先生、仰る通り、確かにあります。ナーガセーナ長老殿、この世には、違うことのない驚異的な実現力を持つ真実のことばというものがあり、それを頼りに、みずから立てた誓いのことばを守り抜く人が、その誓いのことばを守り抜いて違うことのない驚異的な実現力を持つ真実のことばに仕上げようとすることによって、諸天をして雨を降らせ、火を消させ、毒を無毒にしたり、その他、望む大願をことごとく実現するのです。」

「大王様、それならば、シヴィ王に天眼が生じたのは、守り抜かれて違うことのない驚異的な実現力を持つようになった真実のみずからの誓いのことばの力によってである、というのは、このことに完全に符合します。大王様、ものを見る眼という根拠がなくとも、その驚異的な実現力を持つ真実のことばの力によって、天眼が生ずるのであります。なぜなら、その違うことのない驚異的な実現力を持つ真実のことばそのものが、天眼が生ずることの根拠になるからであります。

大王様、たとえば、呪文（「真実語」「真言《しんごん》」、そのことばに込められた大願を違うことなく実現する驚異的な力を持つ真実のことば）を操ることの出来る修行者たちが、『大いに雨よ降れかし』との呪文を唱えたとして、その者たちが呪文を唱えたとたんに大雨が降るでありましょう。大王様、この場合、天空に大雨を降らせる原因があらかじめあって、それによって大雨が降るのでありましょうか？」

「先生、そうではありません。その場合、呪文そのものが大雨が降る原因です。」

「大王様、それと同じように、天眼がおのずから生ずるいわれはありません。誓いのことばを守り抜いて違うことのない驚異的な実現力を持つ真実のことばこそが、天眼が生ずるいわれなのであります。

大王様、たとえばまた、そのような驚異的な実現力を持つ真実語としての呪文を操る者たちが、『大きく燃え上がった炎よ、消え失せかし』と呪文を唱えるとして、その者たちが呪文を唱えたとたん、大きく燃え上がった炎は、あっという間に消え失せるでありましょう。大王様、その、大きく燃え上がった炎にそれが消え失せる原因があらかじめあって、それによって、大きく燃え上がった炎がたちまちのうちに消え失せるのでありましょうか？」

「先生、そうではありません。この場合、そうした驚異的な実現力を持つ真実語としての呪文こそが、その、大きく燃え上がった炎がたちまちのうちに消え失せさせるのです。」

「大王様、それと同じように、天眼がおのずから生ずるいわれはありません。誓いのことばを守り抜いて違うことのない驚異的な実現力を持つ真実のことばこそが、天眼が生ずるいわれなのであります。

大王様、またたとえば、呪文を操る者たちが、『ハラーハラなる猛毒よ、解毒剤になれかし』と呪文を唱えたとして、その者たちが呪文を唱えたとたん、ハラーハラなる猛毒は、たちまちのうちに解毒剤になるでありましょう。大王様、そのハラーハラなる猛毒のうちに猛毒を解毒剤にする原因があらかじめあって、それによって、猛毒が解毒剤に変るのでありましょうか？」

「先生、そうではありません。その場合、呪文こそが、猛毒を解毒剤にする原因なのであります。」

「大王様、それと同じように、天眼がおのずから生ずるいわれはありません。誓いのことばを守り抜いて違うことのない驚異的な実現力を持つ真実のことばこそが、天眼が生ずるいわれなのであります。

大王様、四聖諦（「諦」とは「違うことのない真実のことば」の意）を証得するにあたって、何か外的な根拠は必要ではありません。それが真実のことばであることだけを根拠として、四聖諦は証得されるのであります。

大王様、支那にある王がいました。王は、大海に捧げものをしようと、四カ月かけて、みずからが立てた誓いのことばを守り抜いて違うことのない驚異的な真実のことばに仕上げ、獅子が牽く車に乗り、大海に一ヨージャナ入り込みました。そのとき、その車の前方では、大波が引き退き、王が去るとまた打ち寄せて来ました。大王様、大海は、この世の諸天や人々のいつものありきたりの力によって引き退くものでありましょうか？」

「先生、この世の諸天や人々のいつものありきたりの力では、ちっぽけな池の水さえも引き退くことはありません。大海ならば、ましてのことです。」

「大王様、この譬えによって、みずから立てた誓いのことばを守り抜いて違うことのない驚異的な実現力を持つ真実のことばの力がいかほどのものであるかお分かりになるはずであります。そうした真実のことばによって実現出来ないことは何もありません。

大王様、アソーカ法王が、首都パータリプッタで、市内在住の人々、外から訪れた人々、家臣、軍隊、大臣たちに取り囲まれているなかで、新たに流れ込んでくる水で堤防にまで水かさを増した、長さ五百ヨージャナ、幅一ヨージャナのガンジス川を眺め、家臣たちにこう語りかけました。

『見るがよい。誰か、この大ガンジス川の流れを逆流させることの出来る者はいないであろうか？』

家臣たちは答えました。

『大王様、それは難しいでありましょう。』

ちょうどそのとき、そのガンジス川の岸辺にいた遊女ビンドゥマティーが、その王のことばを伝え聞きました。遊女はこう言いました。

『わたくしは、パータリプッタの都城に住む遊女で、春を売ることを生活の糧とするという、賤しい生活を送っております。王様には、まずはわたくしの誓いのことばの力をご覧いただくことにいたします。』

そこで、その遊女は、みずからが立てた誓いのことばを、違うことのない驚異的な実現力を持つ真実のことばに仕上げました。遊女がそれを為すや否や、大ガンジス川は、大群衆の目の前で、轟々と音を立てて逆流しました。王は、大ガンジス川が渦を巻き、その勢いで生じた轟音を耳にして大いに驚き、家臣たちに問われました。

『見るがよい。この大ガンジス川が逆流するのはなぜなのか？』

『大王様、ビンドゥマティーという名の遊女が、陛下のお言葉を伝え聞き、みずからが立てた誓いのことばを、違うことのない驚異的な実現力を持つ真実のことばに仕上げました。すると、たちまち、大ガンジス川は逆流したのであります。』

王は大いに心動かされ、みずから急いでその遊女のところに赴き、こう問われました。

『そなたが、みずからが立てた誓いのことばを、違うことのない真実のことばに仕上げたというのは本当のことか？』

『大王様、その通りでございます。』

王は問われました。

『なぜ、そなたにそのような力があるというのか？　そもそも、そなたごときの者のことばを、誰が真に受けるというのか？　数ならぬ身に過ぎないそなたごときの者が、いかなる力によってこの大ガンジス川を逆流させたというのか？』

『大王様、わたくしは、違うことのない驚異的な実現力を持つ真実のことばの力によって、この大ガンジス川を逆流させたのでございます。』

王は問われました。

『そなたごときの者に、そうした真実のことばの力がどうしてあろうか？　そなたは、自堕落で、誠のかけらもなく、放埒・放縦で、罪深く、法を破り、まともな判断も出来ない愚か者たちから財を奪うだけの者ではないか。』

『大王様、わたくしがそのような者であることは、その通りでございます。けれども、そのような者でありましても、わたくしは、みずからが立てた誓いのことばを、違うことのない驚異的な実現力を持つ真実のことばに仕上げることが出来、わたくしが望みさえすれば、諸天や人々を思いのままに動かすことが出来るのでございます。』

王は問われました。

『では、そなたには、どのような誓いのことばがあると言うのか？』

『大王様、わたくしは、財を下さるお方であれば、クシャットリヤのお方でも、バラモンのお方でも、ヴァイシヤのお方でも、シュードラのお方でも、誰かれの区別をすることなく、そのお方に分け隔てなくお仕えいたします。シュードラのお方だからといって軽蔑いたしません。わたくしは、自分の好き嫌いを離れて、財を持つお方にお仕えいたすのでございます。大王様、これが、わたくしの誓いのことばであり、その力によってこの大ガンジス川を逆流させたのでございます。』

大王様、このように、真実からはずれることなく暮らす人々は、享受出来ない利益はないのであります。大王様、それゆえ、シヴィ王は、眼を乞う者に自分の両眼を布施し、そして天眼を得たのであります。それもまた、みずからが立てた誓いのことばを守り抜き、違うことのない驚異的な実現力を持つ真実のことばに仕上げることよって為されたことであります。経典に、『眼という原因・根拠がないのに天眼が生じた』とあるのは、修行によって生じた眼（智慧の眼）のことを言っているのです。大王様は、そのようにご理解ください。」

「見事です。ナーガセーナ長老殿、余が発した問いは見事に解かれ、難点だとされたことがそうではないと正しく解明され、反対論者の論は完全に打ち破られました。まさに先生の仰る通りであると、余は認めることにいたします。」

第六　胎児

「ナーガセーナ長老殿、幸有るお方は、次のようにも説かれました。『比丘たちよ、三つのことが寄り集まったとき、胎児が生ずるのである。両親が交わることと、母に月のものがあることと、ガンダルヴァ（生まれ変わることになる中有《ちゅうう》）がいること、比丘たちよ、この三つのことが寄り集まったとき、胎児が生ずるのである』と。

これは、説明を要しないことばであり、何の問題もないことばであり、決定的なことばであり、秘密のないことばであり、諸天や人々の真ん中に坐して語られたものです。

しかし、次の場合には、二つのことが寄り集まっただけで胎児が生ずるとされます。まず、苦行者ドゥクーラが、苦行尼パーリカーに月のものがあるとき、右の親指でパーリカーの臍をなでましたが、そこから童子サーマが生まれました。また、仙人マータンガも、バラモン娘に月のものがあるとき、娘の臍をなでましたが、そこから童子マンダビヤが生まれました。

ナーガセーナ長老殿、もしも、幸有るお方が、三つのことが寄り集まったときに胎児が生ずると説かれるならば、童子サーマと童子マーダビヤの二人は、父が母の臍をなでることによって生じたという話は間違っています。また、もしも、如来が、童子サーマと童子マーダビヤとが、父が母の臍をなでたことから生じたと説かれたならば、『比丘たちよ、三つのことが寄り集まったとき、胎児が生ずる』という言葉は間違っています。

これも両刀論法による問いであり、深くて精妙な智慧者でなければ解けないものであります。この問いが先生に提示されたのです。先生は、疑惑の道を断ち切り、勝れた智慧の燈火を掲げてくださいますように。」

「大王様、幸有るお方は説かれました。『三つのことが寄り集まったとき、胎児が生ずる。両親が交わること、母に月のものがあること、中有がいること、そのような三つのことが寄り集まったとき、胎児が生ずる』と。また、こうも説かれました。『童子サーマと童子マンダビヤとは、父が母の臍をなでることで生じたのである』と。」

「ならば、ナーガセーナ長老殿、この問いを見事に解決することで、余を納得させていただきますように。」

「大王様は、童子サンキッチャと苦行者イシシンガとクマーラカッサパ長老とは、こうした経緯で生まれたということをお聞きになったことがおありでしょうか？」

「先生、確かに、その人たちが生まれた事情を聞いております。二頭の牝鹿にたまたま月のものがあったとき、二人の苦行者が放尿したところで、苦行者たちの精子が混ざった水を飲みました。それで、童子サンキッチャと苦行者イシシンガとが生まれました。ウダーイン長老は、比丘尼の住いを訪れ、興奮しながら比丘尼の局所をまじまじと見つめたとき、自分の衣に精液を漏らしました。ウダーイン長老は、比丘尼に、『どうか、水を持って来ていただきたい。わたくしは内衣を洗いたいのです』と言いました。すると比丘尼は、『いいえ、わたくしが洗いましょう』と答えました。それから、比丘尼は、月のものがあるとき、その精液の一部を口に含み、また、一部を自身の局所に挿し込みました。それによって、クマーラカッサパが生まれたのです。」

「大王様は、そのことばをお信じになりますでしょうか？」

「もちろん、信じます。先生、こういう経緯でその人たちが生まれたと、余が信ずるに足る十分な理由を理解出来たからであります。」

「大王様、その理由とはどのようなものでありましょうか？」

「先生、受け入れ準備が整ったカララ（受精卵となるべき状態の胎児）に精子が入り、そこから胎児が急速に成長したから、ということです。」

「大王様、その通りであります。」

「先生、それと同じように、月のものがある比丘尼のなかでカララが出来、急に経血が止まり、まだ勢いのあるうちに、精子をみずからのうちのカララに入り込ませ、それによって胎児が生じたのです。こうして誕生に至ったと余が考えることをお認めくださいますでしょうか？」

「大王様、その通りで良いでありましょう。わたくしは、精液が母の局所に入り込むことで胎児が生じたという説明はそれで良いと思いますが、大王様は、クマーラカッサパが生まれた経緯についても、その説明で良いと思われますでしょうか？」

「先生、それで良いと思います。」

「大王様、結構なことであります。それならば、大王様は、わたくしの説明をよくお分かりになっておいでだということになります。その限りのおきましては、どのような胎児が生ずるかについて仰っても、わたくしの説明にそぐわないことはありません。では、精液が母の局所に入り込んで、というのとは事情が違う、二頭の牝鹿が精液が混ざった水を飲んで、そのために胎児が生じたと、そういう事態を大王様はお信じになられますでしょうか？」

「先生、余はそう信じます。食べたものであれ、飲んだものであれ、噛んだものであれ、舐めたものであれ、すべてそうしたものは、カララに達したことで成長する場を得ることになります。ナーガセーナ長老殿、およそ流れる水が、すべて大海に達することで増大する場を得るように、ナーガセーナ長老殿、食べたものであれ、飲んだものであれ、噛んだものであれ、舐めたものであれ、すべてそうしたものは、カララに達したことで成長する場を得ることになります。余は、それゆえに、口を介した場合でも胎児は生ずるものだと信じます。」

「大王様、その通りであります。大王様は、これで、わたくしの説明を、より一層よくお分かりになっておいでだということになります。口を介する場合でも、母に月のものがあることと、中有がいることという、他のふたつのことが寄り集まっているのであります。では、大王様は、童子サンキッチャ、苦行者イシシンガ、クマーラカッサパが胎児となった経緯をお認めになりますでしょうか？」

「先生、そうだと信じます。そうした場合でも、三つのことが寄り集まってそうなると認めざるを得ません。」

「大王様、父が母の臍をなでて生じた童子サーマも童子マンダビヤも、三つのことが寄り集まったときに生ずるのでありまして、口を介して胎児となった童子サンキッチャと変わりがないのであります。なぜそうであるのか、わたくしは説明することにいたします。

大王様、苦行者ドゥクーラと苦行尼パーリカーとの二人は、人里離れたところで修行に打ち込む人たちでありました。二人は孤独行に専念し、最上の真理を探究し、苦行による熱の験力によって、梵天界までもその熱の験力を及ぼしました。天界の有り様をも大きく左右しかねないその驚異的な力は看過できないと、重く受け止めた天帝、帝釈天は、朝な夕なにその二人を丁重にもてなすためにやって来ました。帝釈天は、二人の様子を敬愛の念をもって洞察したところ、二人とも、やがて両眼を失うことになると知りました。そこで、帝釈天は二人に見え、こう言いました。

『先生方、余の申すことに耳を御貸しください。先生方が、一人のお子様を儲けられれば、幸いなことに存じます。そのお子様は、先生方の侍者となるばかりでなく、保護者となるでありましょう。』

『帝釈天殿、お止めください。苦行者であるわたくしたちに子を儲けよとは、言ってもらいたいことではありません。』

と、二人は帝釈天の勧めを受け入れませんでした。慈悲深く、他人に利益をもたらしたいと願う帝釈天は、二度、三度、二人にこう進言しました。

『先生方、余の申すことに耳を御貸しください。先生方が、一人のお子様を儲けられれば、幸いなことに存じます。そのお子様は、先生方の侍者となるばかりでなく、保護者となるでありましょう。』

二人は、三度にわたってこう答えました。

『帝釈天殿、お止めください。わたくしたちに、してはならないことを御勧めなさらないでください。わが身が、いつか滅びないことがありましょうか？　滅びる定めにあるわが身は、滅びるに任せるしかありません。大地も滅び、山頂の岩も砕け、虚空も裂け、日月も消え失せたとき、わたくしどもが楽しめる世事があるでしょうか？　帝釈天殿、御貴殿は、もうわたくしどもの前に姿を見せないでください。もしやって来られたならば、御貴殿は、他人に不利益をもたらす者であるとの世間の評価を受けるでありましょうから。』

天帝である帝釈天は、二人の同意が得られなかったので、畏敬の念をもって合掌し、再び進言しました。

『先生方、余のことばに耳を傾けることが出来なければ、苦行尼殿に月のものがあって受胎可能な状態になったとき、先生は、右の親指で、苦行尼どのの臍をなでてください。それによって、苦行尼殿は懐妊されるでありましょう。こうした間接的な交わりで、胎児が生ずるのであります。』

『帝釈天様、これならば、容認できます。それだけのことならば、わたくし共の苦行が破綻することはないでしょう。何とかなるでありましょう。』

と、苦行者は帝釈天のことばを受け入れました。

そのとき、天界にある天子がいました。その天子は、善根を積み重ねており、寿命が尽きたときには、転輪王の家であれどこであれ、望むところに生まれ変わることが出来ました。そこで、天帝である帝釈天はその天子のもとを訪れて、こう言いました。

『さあ、今や、貴君に日の光が差しました。今こそ、所願成就の日がやってまいりました。余が貴君がそこに生まれ変わるように、貴君の御両親となるべき人たちにお仕えしてきた場所に、貴君は生まれて暮らすことになるでありましょう。貴君は、貴君に相応しい家に生まれ変わることになるでありましょう。美しいご御両親によって育てられるでありましょう。余のことばに是非、御同意ください。』

『帝釈天様が繰り返し称讃されるその家とは、どのような家なのでしょうか?』

『苦行者ドゥクーラと苦行尼パーリカーとが住まっておいでの家であります。』

天子は、それを聞いて満足し、帝釈天のことばに同意しました。

『帝釈天様、分かりました。帝釈天様が良しとされるのであれば、わたくしに異存はございません。卵生《らんしょう》でも、湿生《しっしょう》でも、化生《けしょう》でも、そしてどこの家に生まれ変わろうとも、帝釈天様が良しとされる家に生まれたいと考えます。ただ、出来るならば、わたくしは、胎生《たいしょう》というかたちで生まれ変わりたいと思います。』

そこで、天帝なる帝釈天は、誕生の日を計算してから、苦行者ドゥクーラに告げました。

『何某の日に、苦行尼殿には月のものがあり、懐妊可能となりましょう。先生、そのとき、右の親指で苦行尼殿の臍をなでてください』と。

大王様、そして、その日がやって来て、苦行尼には月のものがあり、懐妊可能な状態になりました。そして、かの天子も中有のかたちでそこにやって来ていました。そして、苦行者は右の親指で苦行尼の臍をなでました。このように、この場合でも、三つのことが寄り集まっていたのです。臍がなでられることで、苦行尼には情欲が生じました。しかし、その情欲は、臍をなでられることで生じたのです。ですから、肉体的な交わりという破戒の行いだけが胎児が生ずる原因なのではありません。戯れも原因となりますし、お喋りも原因となりますし、深い思いも原因となります。以前から潜在していた情欲が顕在化し、なでるということで例の三つのことが寄り集まり、それによって胎児が生ずるのです。大王様、肉体的な交わりがなくとも、なでることで胎児が生ずるのです。

大王様、たとえば、燃えている炎の近くにあっても、それに直に触れていないものの冷たさが奪われるように、それと同じように、肉体的な交わりがなくとも、なでることで胎児が生ずるのです。

大王様、生類が胎児となるに当たっては、四つの力が働きます。業の力と、母胎の力と、家系の力と、願いの力とであります。しかしながら、生類は、そもそも、みな業の力でそれぞれの有り様が決まるもの、つまり、業所成のものなのです。

大王様、生類は、業の力により、どのように胎児に生まれ変わるのでしょうか? 大王様、善根を積み重ねた生類は、大いなるクシャットリヤの家であれ、大いなるバラモンの家であれ、大いなる富豪の家であれ、諸天であれ、卵生のものが宿るところであれ、胎生のものが宿るところであれ、湿生のものが宿るところであれ、化生のものが宿るところであれ、望むところで生まれ変わることが出来るのです。

大王様、たとえば、大変な大金持ちで、たくさんの財宝・調度品、大量の穀物、多くの親族を持つ人がいるとしましょう。その人が、下男であれ、下女であれ、田であれ、畑であれ、村であれ、町であれ、国であれ、欲しいと思うものなら何でも、本当の価格の二倍であれ三倍であれ、財を払って手に入れるように、大王様、それと同じように、善根を積み重ねた生類は、大いなるクシャットリヤの家であれ、大いなるバラモンの家であれ、大いなる富豪の家であれ、諸天であれ、卵生のものが宿るところであれ、胎生のものが宿るところであれ、湿生のものが宿るところであれ、化生のものが宿るところであれ、望むところで生まれ変わることが出来るのです。このようにして、生類は、業の力によって、胎児として生まれ変わることが出来るのです。

生類が何かに宿って子となるのは、どのようにしてかと言いますと、まず、鶏は風によって子として宿り、鶴は雷鳴によって子として宿りますが、諸天は化生のものですから、何かに子として宿ることがありません。子として何かに宿る生類の生まれ変わり方は、さまざまです。

大王様、たとえば、人間たちは、さまざまな姿をしてこの世に生きています。ある人は体の前を覆っており、ある人は体の後ろを覆っており、ある人は全裸であり、ある人は剃髪しており、ある人は白衣《びゃくえ》をまとっており、結髪の髷を蓄えており、ある人は剃髪して黄褐色の衣をまとい、ある人は結髪の髷を蓄えながら黄褐色の衣をまとい、ある人は樹の皮を衣としてまとい、ある人は毛皮をまとい、ある人は手綱を手にしているというように、人間は、さまざまな姿をしてこの世に生きています。大王様、それと同じように、生類は、さまざまな経緯で子として生まれ変わるのです。このように、子として生まれ変わるにさいして、さまざまなものに宿るのです。

生類が家系によって子として宿るとはいかなることかと言いますと、まず、大王様、卵生のもの、胎生のもの、湿生のもの、化生のもの、以上の四つの家系が数えられるのであります。もしも、中有が、どこからであろうと卵生の家に来て生まれ変わるならば、その者は卵生のものとなるのであります。――中略――化生の家に来て生まれ変わるならば、その者は化生のものとなるのであります。それぞれの家系に相応しい生類がそこに生まれ変わるのであります。

大王様、どのような獣や鳥でも、ヒマーラヤや須弥山に近づけば、みな本来の色を失って黄金色になるように、大王様、中有がどこから来ようとも、卵生の子として宿れば、それまでの本性とは関わりなく、卵生のものに生まれ変わるのであります――中略――化生のものに生まれ変わるのであります。そのように、生類は、それが子として宿る家系によって、その家系のものとして生まれ変わるのであります。

生類が願ったところに子として宿って生まれ変わるとは、いかなることでありましょうか？　大王様、たとえば、それなりの財産があり、信心篤く、戒行を保ち、徳があり、節約の暮らしを送りながらも、子がいない家があるとしましょう。そして、一方では、善根を積み重ねながらも、やがて寿命が尽きることになる天子がいるとしましょう。ときに、天帝なる帝釈天が、その家を憐れに思い、その天子に、

『貴君は、この家の第一夫人の腹中に子として宿りたいと願ってください』

と勧めたとしましょう。その天子が、帝釈天の勧めを受け入れて、その家に子として生まれ変わりたいと願ったとしましょう。大王様、たとえば、福徳を積み、心を修めた修行者に、人々が進言し、その家の人に、このお方がお見えになったら、お家全体に福徳をもたらすでありましょうと伝えた上で、修行者をその家に向かわせるように、大王様、天帝なる帝釈天は、かの天子に進言して、その家に向かわせたのであります。こういうように、願いによって、生類は願うところに子として宿り、生まれ変わるのであります。

大王様、童子サーマは、天帝なる帝釈天の勧めを受け入れて、苦行尼パーリカーの腹中に入りました。童子サーマは福徳を積んだ者であり、両親は戒行を保つ徳の人たちであり、勧めた帝釈天はしかるべき力のある者でした。これらの三者の心の願いによって、童子サーマは子として生まれ変わったのであります。

大王様、種蒔きが上手な人が、よく耕されて水を張った田地に種を撒くとしましょう。その人が、種が芽生え育つのに妨げとなるものを取り除いたとして、それは種が芽生え育つ妨げとなるでありましょうか？」

「先生、そのようなことはありません。先生、妨げのない種は、速やかに芽生え育つでありましょう。」

「大王様、それと同じように、童子サーマは、生まれ変わるための妨げから免れ、三者の願いによって生まれ変わったのであります。大王様は、仙人たちの怒りを買い、豊かに反映し住む人も多かった地域が壊滅に帰したという話をお聞きになったことはおありでしょうか？」

「先生、確かに、余は聞いたことがあります。ダンダカの曠野、メッジャの曠野、カーリンガの曠野、マータンガの曠野は、かつて栄えた町が曠野と化してしまったところです。これらすべての地域は、仙人たちの怒りを買って潰滅したところなのです。」

「大王様、もしも、仙人たちの怒りを買って、栄えてい

た町が潰滅に帰したのであれば、仙人たちの心がどれほど清浄であろうと、何も生まれないということではないでしょうか？」

「先生、その通りです。」

「大王様、それだからこそ、童子サーマは、三者の強い心の願いによって、しかるべきところに生まれ変わったのです。このことを、『仙人が造り、天が創り、福徳が創った』と、こういうことであると心に刻んくださ い。

大王様、紹介しました三人の天子は、天帝なる帝釈天の進言を受け入れて、良い家に生まれ変わりました。その三人とは、童子サーマ、マハーパダーナ、クサ王のことで、この三人とも菩薩でありました。」

「ナーガセーナ長老殿、宿るべきところに子として宿ることが、解明され、闇は光明となり、もつれた糸は解かれ、反対論者の論は投げ棄てられました。先生の仰ることは、まさにその通りであると、余は認める者であります。」

第七　ブッダの教えの存亡

（正法から像法へ、そして末法に向かうという、後の教で定着していった仏教衰退史観の原型）

「ナーガセーナ長老殿、幸有るお方は、次のようにも説かれました。『アーナンダ君、正しい教え（正法《しょうぼう》）は、五百年だけ保たれるであろう』と。一方、ブッダは、完全な涅槃に入られるとき、比丘スバッダの問いに答えて、次のように説かれました。『スバッダよ、この比丘たちが戒律を保つならば、この世に阿羅漢（修行を完成して生前に解脱に達した人）が絶えていなくなることはないであろう』と。これらは、説明を加える必要のないことばであり、間違いのないことばであり、決定的なことばであります。

ナーガセーナ長老殿、もしも如来が、『正法は、五百年だけ保たれるであろう』と言われたのであれば、『この世に阿羅漢が絶えていなくなることはないであろう』という如来のことばは誤りです。もしも、如来が、『この世に阿羅漢が絶えていなくなることはないであろう』と言われたのであれば、『正法は、五百年だけ保たれるであろう』ということばは誤りです。

これもまた、両刀論法による問いです。これは密林よりもはるかに密で、最も強力で、紐の結び目よりもさらに堅く結ばれています。この問いが、御貴殿に提示されたのです。ここで、先生は、大海を泳ぐ怪魚マカラ（木魚はこの頭を模したもの）のように、知力の広大さを見せてください。」

「大王様、幸有るお方は、次のように説かれました。『アーナンダ君、正法は、五百年だけ保たれるであろう』と。また、幸有るお方は、スバッダ比丘にこう仰いました。『スバッダよ、比丘たちが正しく修行生活を送るならば、この世に阿羅漢が絶えていなくなることはないであろう』と。

大王様、幸有るお方のこの二つのことばは、趣旨が異なるのであります。初めのことばは、教えが保たれる期間のことを語るものであり、後のことばは、修行の中身を示しているものでありますから、この二つのことばは、趣旨が遠く隔たっているのであります。

大王様、たとえば、天と地は遠く隔たっており、地獄と天界は遠く隔たっており、善と悪とは遠く隔たっているように、その二つのことばは、趣旨が遠く隔たっているのであります。

とは言え、大王様、陛下の問いが空しいものとならないように、わたくしは、ことの核心に関連させながら、陛下にお答えしようと考えます。

幸有るお方が、『アーナンダ君、正法は、五百年だけ保たれるであろう』と仰ったのは、正法がやがて滅びることを説きながら、それまでの期間を示されたのであります。つまり、『アーナンダ君、もし女性が出家（比丘尼）とならなかったなら、正法は、一千年保たれるであろう。しかし、女性が比丘尼となったのであるから、正法は、五百年だけ保たれるであろう』と仰ったのであります。大王様、幸有るお方がこのように仰ったのは、正法が没することを示すためだったのでありましょうか、それとも、正法を体得することはあり得ないと否定するためだったのでありましょう？」

「先生、そのどちらでもありません。」

「大王様、幸有るお方は、女性が比丘尼となったことで失われたものと、失われなかったものとを示し、その上で、正法が保たれる期間を示されたのであります。

大王様、たとえば、幾つかの財を失った人が、残った財をすべて見せて、『わたくしの財はこれだけ失われました。残りはこれだけあります』と人に見せるように、大王様、幸有るお方は、失われたものを指摘した上で、『アーナンダ君、正法は、五百年だけ保たれるであろう』と、諸天や人々に示されたのであります。

大王様、とは言え、幸有るお方が、『アーナンダ君、正法は、五百年だけ保たれるであろう』と仰ったのは、正法がいつまで保たれるかの話であります。一方、幸有るお方が、完全な涅槃に今や入られようとするときに、スバッダ比丘に問われて、『スバッダよ、比丘たちが正しく修行生活を送るならば、この世に阿羅漢が絶えていなくなることはないであろう』と比丘たちに説かれたのは、修行の中身について仰ったことなのであります。

ところが、大王様は、修行の中身についての話と、正法が保たれる期間についての話を、同じ文脈の同じ趣旨のものだとなされたのであります。とは言え、大王様が御望みになられるならば、わたくしは、敢えて、二つのことばが同じ文脈の同じ趣旨のものだと見なした上で、ご説明申し上げましょう。どうか、真摯に、注意力を傾けてお聞きください。

大王様、たとえば、池があり、そこに次々と新たに水が注ぎこむことで池が溢れないように周りに堤が築かれているとしましょう。その池にまだ水が残っているときに、大雨が降り注ぎ続けるならば、池の水が尽きてなくなることがありますでしょうか？」

「先生、そういうことはありません。」

「大王様、なぜでしょうか？」

「先生、雨が降りそそぎ続けるからです。」

「大王様、それと同じように、最勝の勝者ブッダの正法という池は、ブッダみずからの正しい行い、勝れた戒行、誓いのことばを堅く守り抜く行いという、清浄な新たに注がれる水で満たされ、水は増すばかりで、その徳は、有頂天にまで及ぶものでありました。そこに加えて、仏弟子たちが、正しい行い、勝れた戒行、誓いのことばを堅く守り抜く行いという雨雲が、雨を引き続いて降らせたならば、最勝の勝者ブッダの正法という池は、永遠に保たれるでありましょうし、この世に阿羅漢が絶えていなくなることは無いでありましょう。幸有るお方は、こういう趣旨で、『スバッダよ、比丘たちが正しく修行生活をおくるならば、この世に阿羅漢が絶えていなくなることはないであろう』と仰ったのであります。

大王様、たとえばまた、大きな炎が燃え盛っているとき、人々が次から次へと干し草や薪や乾いた牛糞をそこに投げ入れたならば、その炎はきえるでありましょうか？」

「先生、そのようなことはありません。その炎は益々盛んとなり、まばゆいばかりとなるでありましょう。」

「大王様、それと同じように、最勝の勝者ブッダの正法は、ブッダみずからの正しい行い、勝れた戒行、誓いのことばを堅く守り抜く行いによって、万を数える諸世界に燃え盛り輝くのであります。

大王様、もしも、それに加えて、仏弟子たちが、五つの努め励む徳目（五勤支）をいつも心掛け、怠ることなく精進し、戒・定・慧の三学を進んで学修し、善を促す戒行と悪を阻止する戒行とをしっかりと守り抜いたならば、最勝の勝者ブッダの正法は、ますます、長く久しく保たれるでありましょうし、この世に阿羅漢が絶えていなくなることはないでありましょう。つまり、幸有るお方は、こうした趣旨で、『スバッダよ、比丘たちが正しく修行生活を送るならば、この世に阿羅漢が絶えていなくなることはないであろう』と仰ったのであります。

また、大王様、たとえば、平らによく磨かれ、よく光り、汚れを除かれた鏡を、柔らかく肌理の細かい赤い磨き粉で磨いたならば、大王様、その鏡に汚れや埃が付着することがありますでしょうか？」

「先生、そのようなことはありません。その鏡は、さらに汚れのないものとなるでありましょう。」

「大王様、それと同じように、最勝の勝者ブッダの正法は、元来、汚れがないもので、煩悩の汚れや塵を離れております。もしも、それに加えて、仏弟子たちが、正しい行い、勝れた戒行、誓いのことばを堅く守り抜く行い、煩悩を根絶し振り落とす修行徳目によって、最勝の勝者ブッダの正法を学修するならば、最勝の勝者ブッダの正法は、長く久しく保たれるでありましょうし、また、この世に阿羅漢が絶えていなくなることはないでありましょう。つまり、幸有るお方は、こういった趣旨で、『スバッダよ、比丘たちが正しく修行生活を送るならば、この世に阿羅漢が絶えていなくなることはないであろう』と仰ったのであります。大王様、師ブッダの教えは、修行の根本、核心を示したものだったのであります。正しい修行生活が消えてなくならないかぎり、ブッダの正法は長く久しく保たれるのであります。」

「ナーガセーナ長老殿、御貴殿が仰る正法が消えてなくなることとは、どのようなことなのでしょうか？」

「正法が消えてなくなることについては、三つの様相があります。その三つとは、正法を体得することが消えてなくなること、正法を修することが消えてなくなること、正法の印、つまり伝承が消えてなくなることであります。

大王様、正法を体得することが消えてなくなるときには、正法を修してもそれを芯の髄まで納得することが出来なくなります。正法を修することが消えてなくなるときには、修行徳目が散逸し、それを示す伝承のみが残ります。正法の伝承が消えてなくなるときには、もはやブッダの正法はまったく伝わらなくなるのです。大王様、これが、正法が消えてなくなることについての、三つの様相であります。」

「ナーガセーナ長老殿、御貴殿は、この奥深い問いをよく理解され、もつれた紐の結び目を解きほぐされました。また、諸派の指導者中の指導者、最勝の牛王である御貴殿によって、反対論者たちの論は破られ、光を失いました。」

第八　全智者の苦

「ナーガセーナ長老殿、如来は、全ての不善を焼き尽くして全智者となったのでしょうか？　あるいは、不善を残したまま全智者となられたのでしょうか？」

「大王様、幸有るお方は、すべての不善を焼き尽くして全智者となられたのです。幸有るお方に、不善の残りはありません。」

「先生、如来が、身体の苦しみを受けたことはなかったのでしょうか？」

「大王様、その通り、如来は身体の苦しみをお受けになりました。マガダ国の首都ラージャガハ（王舎城）で、幸有るお方は石のかけらで足に傷を負ったり、赤痢に罹ったり、体に吹き出物が出来たとき、かつての釈迦族の御典医ジーヴァカが下剤を処方し、また、風病に冒されたとき、身近にいた長老が、熱湯を用いました。」

「ナーガセーナ長老殿、もしも、如来がすべての不善を焼き尽くして全智者となったのでありましたら、幸有るお方が石のかけらで足に傷を負ったり、赤痢に罹ったのであれば、如来はすべての不善を焼き尽くして全智者となられたということばは誤りです。先生、不善の業がなければ、苦を受けることはありません。因果応報なのでありますから。


これもまた、両刀論法による問いで、今、御貴殿に提示されたのです。これを御貴殿は解かねばなりません。」

「大王様、苦のすべてが業によるとは限らないのであります。大王様、苦が生ずる原因には八つあります。多くの人々は、その八つの原因のために苦を受けるのであります。では、その八つは何かと言いますと、以下の通りであります。


大王様、風によって苦が生ずることがあります。胆汁によって苦が生ずることがあります。痰によって苦が生ずることがあります。風・胆汁・痰の三者の寄り集まりから苦が生ずることがあります。季節の変化から苦が生ずることがあります。不養生から苦が生ずることがあります。甚だしい傷害から苦が生ずることがあります。業の報いとして苦が生ずることがあります。


大王様、こうした八つ原因によって、多くの人々が苦を受けます。こういうことでありますから、その中から業だけを取り上げて、人々が苦を受ける原因は業だけであると言う人々の見解は誤りであります。」

「ナーガセーナ長老殿、風、胆汁、痰、それら三者の寄り集まり、季節の変化、不養生、甚だしい傷害、業から生ずるのです。」

「大王様、もしも、それらがみな業によるものだとしたならば、一々の病の原因を特定するものがないことになるでありましょう。


大王様、風が突出するとき、それは、冷・暖・飢・渇・食べ過ぎ・長時間の立ち仕事・過労・過度の疾走、傷害・業の報い、以上の十のことを切っ掛けとします。このうち、初めの九つは、過去も未来も関係なく、当人の現世に限ってのみ機能するのであります。ですから、すべての苦しみは業によると言うべきではありません。

大王様、胆汁が突出するとき、それは、冷・暖・良からぬものの摂食、以上の三つのことを切っ掛けとします。

大王様、痰が突出するとき、それは、冷・暖・良からぬものの摂食、以上の三つのことを切っ掛けとします。

大王様、こうした、風・胆汁・痰のいずれかが猛って突出したり、また、それらが混じり合ったりすることで、それぞれに苦しみが生じます。大王様、季節の変化から生ずる苦しみは、季節が移ろうことによって生じます。大王様、不養生から生ずる苦しみは、不養生から生じます。大王様、甚だしい傷害から生ずる苦しみは、偶然のこともあれば、業の報いによるものとがあります。業の報いから生ずる苦しみは、前世で為した業によって生ずるのであります。

　大王様、こういうわけで、業の報いによって生ずる苦しみは少なく、他の原因によって生ずる苦しみの方が多いのであります。この点について、思念の浅い者は、『すべての苦しみは業の報いによって生じたものばかりである』と言いたがりますが、それは浅はかな誇張でしかありません。ブッダのようなお方の智慧によらずに、因果応報を決定することは出来ないのであります。

　大王様、幸有るお方が、石の破片でおみ足が傷ついたときの苦しみは、風によるものでもなく、胆汁によるものでもなく、痰によるものでもなく、それら三者が混じり合うことよるものでもなく、季節の変化によるものでもなく、不養生によるものでもなく、業の報いにより生じたものでもありません。それは、甚だしい傷害によるものなのであります。

　大王様、なぜかと言いますと、デーヴァダッタは、幾百千年もの間、如来に憎しみを抱き続けて来ました。その者は、憎しみの余り、大きな重い石を手に執り、ブッダの頭上を目掛けて落としました。ところが、そのとき、別の石が二つ転がって来て、その者が落とした石が如来にぶつかる前にその石と衝突しました。この衝突によって、石が破片となって砕け、幸有るお方のおみ足に落下し、血を流させたのであります。大王様、幸有るお方のこの苦しみは、業の報いにより生じたものか、あるいは、それとは別の原因より生じたものでしかありません。それ以外にはあり得ないからであります。

　大王様、たとえば、畑の土が悪かったり、種が悪かったりすれば、種は発芽しません。大王様、それと同じように、幸有るお方のその苦しみは、業の報いにより生じたものか、あるいは、それとは別の原因より生じたものでしかありません。それ以外にはあり得ないからであります。

　大王様、またたとえば、胃が悪かったり、食べ物が悪かったりすれば、食べ物は消化されません。大王様、それと同じように、幸有るお方のその苦しみは、業の報いにより生じたものか、あるいは、それとは別の原因より生じたものでしかありません。それ以外にはあり得ないからであります。

　大王様、しかしながら、幸有るお方には、業の報いによる苦しみはなく、不養生による苦しみはなく、他の六つの原因による苦しみもないのであります。なお、その苦しみで幸有るお方の命が奪われることはありません。

　大王様、地水火風の四元素より成る身体には、快不快、浄不浄という楽・苦がついてまわります。しかし、大王様、空中に投げ上げられた土の塊が大地に落ちてくるとき、その土の塊は、大地の前世の業によって落ちてくるのでありましょうか？」

「先生、そのようなことはありません。大地には、善悪の業の報いを受けるような原因はありません。先生、土の塊が大地に落ちてくるのは、前世の業によるのではなく、今現在の事情によるのです。」

「大王様、如来は、その大地のようなものだと考えられます。土の塊が大地に落ちてくるのが、大地の前世の業によるのではないように、大王様、如来のおみ足に問題の石の破片が落ちてきたのは、幸有るお方の前世の業によるものではありません。

大王様、また、人が、大地を耕したり、掘ったりする場合、その人は、前世の業によってそうするのでありましょうか？」

「先生、そのようなことはありません。」

「大王様、それと同じように、幸有るお方のおみ足に落ちてきた石の破片は、その石の前世の業によって幸有るお方のおみ足に落ちてきたのではありません。

大王様、また、幸有るお方は赤痢に罹られましたが、その病も、前世の業により生じたものではなく、風・胆汁・痰の混じり合ったものから生じたのであります。大王様、幸有るお方にいかなる病が生じようとも、それは幸有るお方の業より生じたものではなく、かの六つの原因のいずれかより生じたものなのであります。

大王様、諸天の上に立つ幸有るお方は、『サンユッタニカーヤ』（パーリ教典「相応部」）という素晴らしい経典の中で、モーリヤ・シーヴァカの問いに答えて、次のように説かれました。

『シーヴァカよ、胆汁より生ずるものとして、この苦しみがある、胆汁より生ずるものとして、この苦しみがあると、君は自覚しなければならない。なぜなら、シーヴァカよ、胆汁より生ずるものとして、この苦しみがあることは、世間でも正しいことと認められているのであるから。

ところが、シーヴァカよ、世の中には、邪見を抱く者たちがいて、『沙門バラモンという修行者たちの一人一人が憶える楽であれ、苦であれ、どちらでもないもの（無記）であれ、すべてはその人の前世の業によるものである』との論を展開している。この論は、論者自身からもはみ出し、世間で正しいことと認められているところからもはみ出している。こうしたことがあるからこそ、我は、沙門バラモンには、前世の業の報いではない厄介ごとがあると言うのである。

シーヴァカよ、痰より生ずるものとして、この苦しみがある、風より生ずるものとして、この苦しみがある、――（中略）――三者が混じり合ったことより生ずるものとして、――（中略）――季節の変化より生ずるものとして、この苦し――（中略）――不養生より生ずるものとして、この苦しみがあるということを、君はよく知っておきなさい。シーヴァカよ、業の報いによっても、この苦しみが生ずるということは、世間でも、正しいことと認められているのであるから。

シーヴァカよ、世の中には、邪見を抱く者たちがいて、『沙門バラモンという修行者たちの一人一人が憶える楽であれ、苦であれ、どちらでもないものであれ、すべてはその人の前世の業によるものである』との論を展開している。この論は、論者自身からもはみ出し、世間で正しいことと認められているところからもはみ出している。こうしたことがあるからこそ、我は、沙門バラモンには、前世の業の報いではない厄介ごとがあると言うのである。』

大王様、そういうわけですから、すべての苦しみが業の報いにより生じたというのではないのであります。大王様、あらゆる悪を焼き尽くしたからこそ、幸有るお方は全智者となられたということを、嘘偽りのない本当のことであると承知していただかなければなりません。」

「分かりました、ナーガセーナ長老殿。まさにその通りであると、余は認める者であります。」

第九　目覚めた人ブッダとなられてからの修行

「ナーガセーナ長老殿、御貴殿たちは、このように仰います。『如来は、菩提樹下で為すべきことを為し終えられたので、更なる為すべきことは何もなかった』と。ところが、目覚めた人ブッダは、目覚めてから三カ月にわたって独り禅定に集中されたと伝えられています。

ナーガセーナ長老殿、もしも、如来は、菩提樹下で為すべきことを為し終えられたので、更なる為すべきことは何もなかったとするならば、その後、三カ月にわたって独り禅定に集中されたということばは誤りです。

また、もしも、目覚めてから三カ月にわたって独り禅定に集中されたとするならば、如来は、菩提樹下で為すべきことは為し終えたということばは誤りです。為すべきことをすべて為し終えた人が、その後、独り禅定に集中することはなく、為すべきことがまだ残っている人だけが、独り禅定に集中するというのではありませんか？

たとえば、病人にこそ薬は必要ですが、無病の人に薬は必要ではなく、空腹の人にこそ食事は必要ですが、空腹でない人に食事は必要でないように、ナーガセーナ長老殿、為すべきことを為し終えた人に、独り禅定に集中する必要はなく、為すべきことがまだ残っている人だけに、独り禅定に集中する必要があるのです。

これもまた、両刀論法による問いであり、御貴殿に提示されました。これは、御貴殿こそが解かれるべきものであります。」

「大王様、如来は、菩提樹下で為すべきことを為し終えられたので、それ以上に為すべきことも、すでに為されたことに付け加えるものは何もありません。しかし、幸有るお方は、その後、三カ月にわたって、独り禅定に集中して全智者となられた後、その素晴らしい体験を回顧しながら、独り禅定に集中されました。すべての如来たちも、独りで禅定に集中されれました。

大王様、たとえば、ある人が、王から最高の地位と財を受けた後、その素晴らしい体験を回顧しながら、引き続き王に仕えるように、大王様、すべての如来たちも、独りで禅定に集中して全智者となられた後、その素晴らしい体験を回顧しながら、独り禅定に集中されたのであります。

大王様、たとえば、重い病に罹って苦しんだ人が、薬を服用して回復した後、その素晴らしい体験を回顧しながら、引き続き薬を服用するように、大王様、すべての如来たちも、禅定に集中されたのであります。

大王様、独り禅定に集中することで得られる利益には二十八ありますが、すべての如来たちは、それを具に見極めながら、禅定に集中されました。

二十八の利益とは何かと言いますと、大王様、独り禅定に集中することは、禅定するものを護り、寿命を増し、体力を養い、過失を防ぎ、不名誉を取り除き、名声をもたらし、苦を除き、楽を与え、不安（畏）を払い、確信をもたらし、怠惰に陥らせず、精進を引き起こし、貪りを取り除き、瞋りを取り除き、迷妄を取り除き、高慢を滅ぼし、詭弁を弄することを止めさせ、心統一を促し、意を柔らかにし、欣喜のこころを生み、威厳を持たせ、得るべきものを得させ、帰依されるべき者になさしめ、悦楽を得させ、歓喜を得させ、すべての造られたもの（諸行）の本性を見極めさせ、次生に生まれ変わることを終わらせ、すべての出家の位を与えます。

大王様、これらの二十八が、独りで禅定に集中することで得られる利益であり、すべての如来たちは、そうした利益を見極めながら、独りで禅定に集中したのであります。

つまり、大王様、すべての如来たちは、寂静で安楽な禅定を味わおうとし、そうすることを心に決めて、独り禅定に集中されたのであります。大王様、すべての如来たちは、四つの目的のために、独り禅定に集中されたのであります。

その四つとは何かと言いますと、大王様、安楽に住するために、すべての如来たちは、独り禅定に集中されました。過失のないことで得られる利益を増すために、すべての如来たちは、独り禅定に集中されました。すべてのブッダたちが褒め称えるところであるために、すべての如来たちは、独り禅定に集中されました。

大王様、以上の四つの目的のために、すべての如来たちは、独り禅定に集中されたのであります。大王様、それは、まだ為すべきことがあるからではなく、また、すでに為されたことに付け加えるべきことがあるからでもありません。ただ、すべての如来たちは、勝れた利益を見極めたもうがゆえに、独り禅定に集中されたのであります。」

「分かりました、ナーガセーナ長老殿。御貴殿の仰る通りだと、余は認める者であります。」

第十　神通

「ナーガセーナ長老殿、また、幸有るお方は次のように説かれました。

『アーナンダ君、如来は、四神通を窮め、それに精通した。如来は、望むならば、一劫、あるいはそれ以上、この世に留まるであろう』と。

ところが、一方、

『これより三カ月の後、如来は完全な涅槃に入る（死ぬ）であろう』と説かれました。

ナーガセーナ長老殿、もしも、幸有るお方が、『如来は四神通を窮め、それに精通した。如来は、望むならば、一劫、あるいはそれ以上、この世に留まるであろう』と言われたのであれば、この後、この世に留まるのは三か月だけだとされたのは間違いです。もしも、如来が、『これより三カ月の後、如来は完全な涅槃に入るであろう』と言われたのであれば、『アーナンダ君、如来は、四神通を窮め、それに精通した。如来は、望むならば、一劫、あるいはそれ以上、この世に留まるであろう』ということばは間違いです。なぜなら、如来は、理由なしに放言なさることはないからであります。すべてのブッダは虚言を弄せず、違うことのない真実のことばを語り、疑いの余地のないことばを語られるからであります。

これもまた、奥が深く、解きがたい両刀論法による問いであり、それが御貴殿に提示されたのであります。御貴殿は、このもつれた網の糸をほぐし、それを根拠に、反対論者の論を破ってください。」

「大王様、幸有るお方は、次のようにも説かれました。

『アーナンダ君、如来は四神通を窮め、それに精通し、望むならば、一劫、あるいはそれ以上、この世に留まるであろう』と。しかしながら、別に三か月という期限も語られます。ここで『劫』とは、命の永らえる期間のことを意味します。大王様、幸有るお方は、自身の力を誇示するために言われたのではなく、神通を称えるために言われたのであります。すなわち、

『アーナンダ君、如来は四神通を窮め、それに精通し、一劫、あるいはそれ以上、この世に留まるであろう』と。

大王様、風のように疾走する駿馬を王が所有しているとしましょう。王は、その俊足さを称賛して、広く、人々にこう言うでありましょう。

『皆の者、余の駿馬は、もしも望むならば、海を巡る大地を駆けて、たちまちのうちにここに戻って来るであろう』と。

この場合、王は、その馬が俊足であることを人々に示しませんでしたが、その馬は俊足で、海を巡る大地を駆けて、

ます。」

「分かりました、ナーガセーナ長老殿。御貴殿の仰る通りであると、余は認める者であります。」

「大王様、だからこそ、幸有るお方が、このように獅子吼されたのは、神通を大いに称讃するためだったのであります。大王様、それと同じように、幸有るお方は、自身の神通を大いに称讃してそのように語られ、また、三明や六神通を具えた阿羅漢たちや、汚れを残りなく滅した諸天や人々の中に坐して、こう語られました。

『アーナンダ君、如来は四神通を窮め、それに精通し、望むならば、一劫、あるいはそれ以上、この世に留まるであろう』と。

大王様、幸有るお方は、神通により、一劫、あるいはそれ以上、この世に留まることが出来るのであります。しかし、幸有るお方は、その神通を人々に示されなかったのであります。大王様、幸有るお方は、すべての生存欲を離れたお方であり、この世に生きてあることを厭われました。大王様、幸有るお方は、次のようにも説かれました。

『比丘たちよ、糞は、少量であっても悪臭を放つ。比丘たちよ、そのように、この世に生きてあることは、取るに足らないことであり、称賛するに値しない。たとい、一弾指（指鳴らし）ほどの短い生存であってもそうである』と。

大王様、幸有るお方は、ありとあらゆる輪廻の生存を糞のようなものだと見做されました。その幸有るお方が、生存への欲望、貪りの心を抱かれたでありましょうか？」

「先生、そういうことはありません。」

第二章

第一　戒律の取捨

「ナーガセーナ長老殿、幸有るお方は、次のようにも説かれました。

『比丘たちよ、我は透徹した知見によって教えを説くのであって、透徹していない知見によって教えを説くことはない』と。

しかし、一方で、戒律の条項を定めるにあたって、次のように言われました。

『アーナンダ君、我が亡き後、出家の集団が望むならば、小さな修行徳目を廃棄しても構わない』と。

ナーガセーナ長老殿、幸有るお方が、自身の死後、小さな修行徳目を廃棄してもよいとされたということは、幸有るお方が、そうした修行徳目を間違って定められたということでしょうか？　それとも、大した理由もなく、いい加減に定められたということでしょうか？　ナーガセーナ長老殿、もしも、幸有るお方が、『比丘たちよ、我は透徹した知見によって教えを説くのであって、透徹していない知見によって教えを説くことはない』と言われたのであるならば、『アーナンダ君、我が亡き後、出家の集団が望むならば、小さな修行徳目を廃棄しても構わない』ということばは間違いです。もしも、如来が、出家の集団の戒律の条項を定めることについて、『アーナンダ君、我が亡き後、出家の集団が望むならば、小さな修行徳目を廃棄しても構わない』と言われたのであるならば、『比丘たちよ、我は透徹した知見によって教えを説くのであって、透徹していない知見によって教えを説くことはない』ということばも、また、間違っています。

これもまた、両刀論法による問いであり、極めて奥深く、周到で、解明し難いものです。これが御貴殿に提示されました。ここで、御貴殿の比類ない知識力をお示しください。」

「大王様、幸有るお方は、次のようにも説かれました。

『比丘たちよ、我は透徹した知見によって教えを説くのであって、透徹していない知見で教えを説くのではない』と。

しかもまた、戒律の条項を定めるに当たって、次のようにも説かれました。

『アーナンダ君、我が亡き後、出家の集団が望むならば、小さな修行徳目を廃棄しても構わない』と。

大王様、実は、如来は、我が亡き後、我が弟子たち戒律による小さな修行徳目を廃棄して構わないと言われたとき、我が弟子たちは、それを廃棄するであろうか、それとも保つであろうかと、比丘たちを試してそのように仰ったのであります。

大王様、たとえば、転輪王が、自分の子供たちに、『愛児たち、我が領土は全土に広がり、海に取り巻かれている。愛児たち、今ある軍事力でこの国土を保つことは難しい。愛児たち、我が亡き後、辺境の地を放棄するのが賢明であろう』と言ったとしましょう。大王様、しかしながら、王子たちは、父王が亡くなった後、みずからの手中にある領土を手放すでありましょうか？」

「先生、そういうことはありません。先生、領土を支配する者は、普通の人を超えて、大いに貪欲であります。王子たちは、権力欲のため、父を超えて更に二倍、三倍の領土を確保しようとするものです。どうして、王子たちが、みずからの手中にある領土を手放すでありましょうか？」

「大王様。それと同じように、如来は、『我が亡き後、出家の集団が望むならば、小さな修行徳目を廃棄しても構わない』と、このようにして、比丘の心がけを試したのであります。大王様、仏弟子たちは、苦からの解脱のため、ブッダの教えを守り抜こうと願うため、さらに加えて百五十の修行徳目を守ってしかるべきなのであります。どうして、仏弟子たちが、如来によって元々定められた修行徳目を廃棄するなど出来ますでしょうか？」

「ナーガセーナ長老殿、幸有るお方が小さな修行徳目といわれたものとは何であろうかと、今、人々は、疑問に思い、当惑しているのです。」

「大王様、小さな修行徳目とは、身体による行い（身業）に関わる軽微な罪についての定めであり、もっと小さな修行徳目とは、発声器官による行い（口《く》業、語業）に関わる軽微な罪についての定めであります。大王様、往昔の長老たちも、このことに戸惑い、疑惑を抱き、そのために、結《けつ》集《じゅう》（ブッダの教えがこうであったと、出家の集団で唱え合わせて確定すること）に際して、一つにまとまり切れなかった（部派仏教の起点）のであります。幸有るお方は、このことを予め知っておられたのであります。」

「ナーガセーナ長老殿、長らく覆い隠されてきた勝者ブッダの秘密が、今、世に明かされました。」

第二　公開されない師の拳の中

「ナーガセーナ長老殿、幸有るお方は、次のようにも説かれました。

『アーナンダ君、如来が教えを説くにあたって、公開されない師の拳の中というものはない』と。しかし一方、マールンキヤープッタ長老の問いに、ブッダは答えませんでした。ナーガセーナ長老殿、このことは、ブッダがご存じなかったことによるのか、それとも公開したくなかったことによるのかと、二様に考えられます。そのどちらかによるとしか思えません。

ナーガセーナ長老殿、もしも、幸有るお方が、『アーナンダ君、如来が教えを説くにあたって、公開されない師の拳の中というものはない』と言われたのであれば、ブッダがマールンキヤープッタの問いに答えなかったのは、どう答えてよいか知らなかったのです。もしも、ブッダが、どう答えてよいのか知っていながら答えなかったのであれば、如来が教えを説くにあたって、公開されない師の拳の中というものがあることになるのです。

これもまた、両刀論法による問いであり、御貴殿に提示されました。これは、御貴殿でなければ解明されないものであります。」

「大王様、幸有るお方は、次のように説かれました。『アーナンダ君、如来が教えを説くにあたって、公開されない師の拳の中というものはない』と。

しかもまた、マールンキヤープッタの問いに、ブッダは答えませんでした。しかし、これは、ブッダが、知らなかったからでもなく、公開したくなかったからでもありません。

大王様。幸有るお方の答え方には四通り（四記答）あります。一つは一向記または決定《けつじょう》答、二つには分別記、三つには反問記、四つには捨置記であります。

大王様、一向記とは何かと言いますと、『色（色かたち）は無常のものであるか？』という問いは、真っ向から断定的に答えられるものです。『受は無常のものであるか？』『想は無常のものであるか？』『行《ぎょう》は無常のものであるか？』『識は無常のものであるか？』というのは、真っ向から断定的に答えられるものです。

分別記とは何かと言いますと、『では、無常なものは色であるのか？』『では、無常な者は受であるのか？』『では、無常のものは想であるのか？』『では、無常のものは行であるのか？』『では、無常のものは識であるのか？』というのは、分別してから答えられるものです。

反問記とは何かと言いますと、『眼によってすべてを知覚できるのはなぜか？』というのは、反問を投げかけることによって答えられるものです。

捨置記とは何かと言いますと、『世界はみな常住のものであるのか？』というのは、答えないで放置されるものです。『世界はみな無常のものであるのか？』『世界は有限のものであるのか？』『世界は無限のものであるのか？』『世界は有限かつ無限のものであるのか？』『世界は有限でもなく無限でもないのか？』『自己と身体は同じものであろうか？』『自己と身体は別物であろうか？』『如来は死後にもあるのか？』『如来は死後にはないのか？』『如来は死後にあり、かつ、ないのか？』『如来は死後にあるのでもなく、ないのでもないのか？』というのは、答えないで放置されるものです。

大王様、幸有るお方は、マールンキヤープッタ長老は、答えないで放置されてしかるべきものとして答えられなかったのであります。なぜかと言えば、答えなければならない理由がないからであります。そのため、その問いは答えられることなく放置されるべきと見做されたのでありもす。そもそも、すべてのブッダ・幸有るお方たちは、理由もなくことばを発することはないのであります。」

「分かりました、ナーガセーナ長老殿。御貴殿の仰る通りであると、余は認める者であります。」

第三　死への畏怖

「ナーガセーナ長老殿、幸有るお方は、次のようにも説かれました。

『すべての人は、権力者による刀杖の刑罰を怖れ、すべての人は、死を怖れる』と。

しかし、ブッダはまた、

『阿羅漢（為すべきことを為し終えて、生前に解脱に達した人）は、すべての怖れを超越している』

と説かれました。ナーガセーナ長老殿、阿羅漢は、『すべての人』に属するのですから、刀杖の刑罰を怖れるはずです。あるいはまた、地獄に堕ちた生類が、地獄で焼かれ、煮られ、熱に苛まれてから、いよいよ罪を償い終わって、地獄の炎熱を脱して死ぬとき、その者たちは、果たして死を怖れるでありましょうか？　ナーガセーナ長老殿、もしも、幸有るお方が、『すべての人は、権力者による刀杖の刑罰を怖れ、すべての人は、死を怖れる』と言われたのであれば、阿羅漢がすべての怖れを超越しているということばは間違いです。またもしも、阿羅漢がすべての怖れを超越しているのであれば、すべての人が刀杖の刑罰を怖れ、すべての人が死を怖れているということばも、間違っています。

これもまた、両刀論法による問いであり、御貴殿に提示されました。これは、御貴殿でなければ解明されない問いであります。」

「大王様、『すべての人は、刀杖の刑罰をおそれ、すべての人は、死を怖れる』とのことばは、阿羅漢に及ぶことばではありません。このことばでは、阿羅漢は何も言及されていないのであります。なぜかと言えば、阿羅漢には、あらゆる怖れのもととなるものが取り除かれているからであります。大王様、煩悩まみれで、極度に自己への思いにとらわれていて、苦楽に翻弄されている衆生を指して、『すべての人は、刀杖の刑罰を怖れ、すべての人は、死を怖れている』と言われたのです。

大王様、阿羅漢は、輪廻の生存を断じ、生まれ変わるべき母胎があるはずもなく、もはや今生を去ったのち生まれ変わることがなく、煩悩のもととなる素材、執着、行は根絶され、善悪の業は滅せられ、迷妄はなくなり、分別の種はなくなり、煩悩は悉く焼き尽くされ、世間で良しとされることがらを超越しています。それゆえ、阿羅漢は、何事にも怖れを抱くことがないのであります。

大王様、たとえば、王に四人の大臣がいて、みな仕事に忠実で王の信頼を得て大任に就いているとしましょう。さて、あるとき、財政が逼迫したとき、王が、『国民は世に租税を納めなければならない。汝ら四人の大臣たちは、それに対処せよ』と命じた場合、その四人の大臣に、厳しい租税を納めなければという怖れがあるでしょうか？」

「先生、そういうことはありません。」

「大王様、なぜでありましょうか？」

「先生、その四人の大臣は、王から特権を与えられた者たちで、租税の義務を免除された者たちなのです。租税が課せられたのはその者たち以外の人々なのですから。」

「大王様、それと同じように、幸有るお方のこのことばは、阿羅漢についてのものではなく、阿羅漢は埒外なのでありますす。なぜなら、阿羅漢には、怖れなければならないものがないからであります。大王様、煩悩まみれで、極度に自己への思いにとらわれていて、苦楽に翻弄されている衆生を指して、『すべての人は、刀杖の刑罰を怖れ、すべての人は、死を怖れる』と説かれたのであります。ですから、阿羅漢は、あらゆることに怖れを抱くことがないのであります。」

「ナーガセーナ長老殿、『すべて』というのは、例外がないということです。そうではないことがあるという根拠を示してください。」

「大王様、ある村長がいて、伝令に、村民をみなわがもとに集めよと命じ、伝令が、村の真ん中で、村民はみな、村長のもとに集まるようにと、三度にわたって呼びかけたとしましょう。すると、村民たちは、伝令のことばにしたがって、大急ぎで集まり、村長に、みな集まりましたが、何をなさりたいのでしょうかと言うとしましょう。大王様、この場合、村長は、戸主を介して、すべての村民を集めようとしたのです。しかしながら、集まったのは、すべての村民ではなく、戸主たちだけでした。それをもって、村長は、これで村民のすべてであると納得します。それはそれとして、そこにやって来ないのはそればかりではありません。それは大変に多いのです。つまり、妻・子・下女・下男・雇人・召使・下働きの村民・病人・牡牛・水牛・羊・山羊・犬であります。やって来なかったものは勘定に入れらることなく、戸主だけに、みなわがもとに集まれと村長は命じたのであります。

大王様、それと同じように、幸有るお方のこのことばは、阿羅漢について言われたものではありません。阿羅漢は、このことばの埒外なのでありあます。なぜなら、阿羅漢には、怖れる元がないからであります。大王様、煩悩まみれで、極度に自己にとらわれていて、苦楽に翻弄されているすべての生類に指して、『すべての人は、刀杖の刑罰を怖れ、すべての人は、死を怖れる』と言われたのであります。ですから、阿羅漢は、どのよなことにも怖れを抱かないのであります。

大王様、言語表現に幅があってその意味にも幅があるという場合、言語表現に幅があるけれどもその意味には幅がないという場合、言語表現に幅はないけれどもその意味には幅があるという場合、言語表現に幅がなくその意味にも幅がないという場合というように、さまざまな場合がありますので、それぞれの場合を考慮に入れて、ことばの趣旨を理解する必要があります。

大王様、ことばの趣旨は、五つの点から理解されなければなりません。一つには、引用された文言という点から、二つには本質という点から、三つには師資相承《ししそうじょう》という点から、四つには理屈という点から、五つにはより深い根拠があるという点から、理解されなければなりません。そのうち、引用された文言というのは、経典の文言のことであります。本質というのは、経典の文脈に合致しているということであります。師資相承とは、法系のなかで正当に伝えられてきた教えのことであります。理屈というのは、自分の考えということであります。より深い根拠とは、以上の四つの点が結びついたものということであります。こうした五つの点から、ことばの趣旨は理解されなければなりません。そうすることで、発せられた問いは正しく解かれるのであります。」

「ナーガセーナ長老殿、なるほど仰る通りだと余も認める者であります。たしかに、かの文言に、阿羅漢は含まれておらず、怖れを抱くのは、その他の人々なのでしょう。しかし、過酷で悲惨な苦しみに襲われ続けている地獄の生類たちは、その悲惨な地獄から逃れ出ようとするはずで(地獄で死ぬことを願うはずで)、それならば、地獄の生類が死を怖れることがあるでしょうか？」

「大王様、怖れるのであります。」

「ナーガセーナ長老殿、地獄は、甚だしい苦しみばかりのところではありませんか？ ならば、地獄の生類が、甚だしい苦しみばかりの地獄から逃れ出ようとするのに、どうして死を怖れるのでしょうか？ 地獄の生類は、地獄を楽しんでいるとでも仰るのですか？」

「大王様、地獄に堕ちた生類は、地獄を楽しむはずもなく、地獄から逃れ出ようと願っているのであります。大王様、地獄の生類が死を怖れるのは、死が強大な力を持っているからであります。」

「ナーガセーナ長老殿、地獄の苦しみから逃れ出ようと願う生類が死を怖れると、このようなことを余には信じられません。ナーガセーナ長老殿、地獄の生類が、死んでより好ましい境涯に生まれ変わるということは、その生類にしてみれば、喜ばしいことです。余が理解できるように、譬えを示してください。」

「大王様、苦・集・滅・道の四聖諦を直視しない人々にとって、死は、あらゆる怖れの源なのであります。人々は、怖れの源が死であるからこそ、種々に怖れおののくのです。大王様、人が黒蛇を怖れるのは、死を怖れるからでありま す。また、象を怖れるのは、――（略）――獅子を怖れるのは、虎を怖れるのは、豹を怖れるのは、熊を怖れるのは、ハイエナを怖れるのは、水牛を怖れるのは、牛を怖れるのは、火を怖れるのは、水を怖れるのは、切株を怖れるのは、棘を怖れるのは、みな、死を怖れるからであります。また、ナイフを怖れる人は、死を怖れるからこそ、それを怖れるのであります。

大王様、これこそが、死の本来の強大な力なのでありま す。その死の本来の強大な力ゆえに、煩悩ある人々は死を怖れるのであります。大王様、地獄に堕ちた生類も、地獄から逃れ出ようと願いながらも、死を怖れるのです。

大王様、たとえば、ある人に厄介な腫物ができたとしましょう。その疾患が苦しいものであるから、その苦しみから逃れ出ようと願い、医者のもとを訪れるでありましょう。医者は、その人の願いを承けて、患部を取り除くため、医療器具を用意させます。ナイフを研ぎ、腐蝕針を火で熱し、薬を磨り潰してアルカリ洗浄液に混ぜます。大王様、医者がこのような医療器具・薬を用いることに、患者は怖れを抱くでありましょうか？」

「先生、怖れを抱くに違いありません。」

「大王様、このように、疾患の苦しみから逃れ出ようと願う患者でさえも、さらなる苦しみを予感して、怖れを抱くのであります。大王様、それと同じように、地獄に堕ちた生類が、地獄から逃れ出ようと願っても、死を怖れるのであります。大王様、たとえば、ある人が、国を脅かす犯罪を為した咎で鎖で縛られ、牢に放り込まれたとして、その者が釈放を願ったとしましょう。その者を釈放しようと、王がその者を召し寄せたとしましょう。大王様、その者が、自分が国を脅かす犯罪を為したと自覚しているならば、王に接見することに、怖れを抱くでありましょうか？」

「先生、そうに違いありません。」

「大王様、このように、国を脅かす犯罪を為しても、釈放を願う者でも、王への怖れから怖れを抱きます。大王様、それと同じように、地獄に堕ちた生類が、地獄から逃れ出ようと願いながらも、死を怖れるのであります。」

「先生、余がさらによく理解できるように、譬えを示してください。」

「大王様、たとえば、ある人が毒蛇に噛まれ、そのために立ったり倒れたり、七転八倒したとしましょう。そのとき、ある男がいて、効能ある呪文でその毒蛇を引き寄せ、自身が噛みついた人の毒を吸い出させるとしましょう。大王様、その毒蛇が治療のために近づいたとき、毒で苦しんでいる人は、怖れを抱くでありましょうか？」

「先生、そうに違いありません。」

「大王様、このように、治療のために毒蛇が近づいて来たとき、毒に苦しむ人は怖れを抱きます。大王様、それと同じように、地獄に堕ちた生類が、地獄から逃れ出ようと願いながらも、死を怖れるのであります。大王様、死は、いかなる生類にとっても、好ましくないものであります。それゆえ、地獄に堕ちた生類が、地獄から逃れ出ようと願いながらも、死を怖れるのであります。」

「もっともです。ナーガセーナ長老殿、御貴殿の仰る通りであると余は認める者であります。」

第四　護呪《ごじゅ》（パリッタ）

「ナーガセーナ長老殿、幸有るお方は、次のようにも説かれました。

『空に昇ろうと、海に潜ろうと、山の谷間に分け入ろうと、死魔の罠から逃れられる場所は、この世にはない』と。

しかし、幸有るお方は、護呪を説かれました。すなわち、宝経、蘊護呪、孔雀護呪、幢幡頂《どうばんちょう》護呪、稲竿《とうかん》護呪、鴦掘《おうくつ》魔《ま》（アングリマーラ〔人名〕）護呪がそれです。

ナーガセーナ長老殿、もしも、人が、空に昇ろうと、海に潜ろうと、高楼・茅屋・洞窟・洞穴・谷・山に分け入っても、死魔の罠から逃れられないのであれば、護呪を唱えて逃れるというのは間違いです。もしも、護呪を唱えることで死魔の罠から逃れられるならば、死魔の罠から逃れられる場所は、この世にはない、ということばは間違いです。

これも、両刀論法による問いであり、紐の結び目よりも堅く結ばれているため、ほどき難いものです。これは、御貴殿こそが解き明かすべき問いであります。」

「大王様、幸有るお方は、まさに次のように説かれました。

『空に昇ろうと、海に潜ろうと、山の谷間に分け入ろうと、死魔の罠から逃れられる場所は、この世にはない』と。

しかしながら、幸有るお方は、護呪をも説かれました。それは、まだ若く、寿命の残りがたっぷりとあり、悪業から生じた障りを離れている人のためのものであります。大王様、寿命の尽きた人を生き永らえさせる術はありません。

大王様、たとえば、枯れて乾燥し生命力を失った樹木に、桶で千杯水を遣っても、生命力が甦り、芽を吹き若葉を繁らせることはないでありましょう。大王様、それと同じように、寿命の尽きた人を生き永らえさせる薬や護呪といった術はありません。大王様、地上にあるいかなる薬も、寿命の尽きた人の役には立ちません。大王様、護呪は、まだ若く、寿命の残りがたっぷりとあり、悪業から生じた障りを離れている人を護ります。幸有るお方は、そのような人のために護呪を説かれたのであります。

大王様、農夫は、穀物が成熟し、穀粒と茎が枯れたならば、田に水を入れるのを止めるでありましょう。しかし、穀粒が未熟で、黒い雲のような色をし、みずみずしい場合には、水をさらに遣れば、穀物はまだ成長を続けます。大王様、それと同じように、寿命が尽きた人は、薬や護呪を用いること止められ、退けられるのであります。まだ若く、寿命の残りがたっぷりとある人のためにだけ、護呪や薬を用いるべきことが力説され、それによって、そういう人は利益を受けるのであります。」

「ナーガセーナ長老殿、もしも、寿命が尽きた者は死に、寿命にまだ残りのある者が生命を永らえるというのであれば、護呪や薬や無用だということになるでしょう。」

「それでは、大王様は、これまでに、いかなる病であれ、患者が薬で回復したのを見たことがおありでしょうか？」

「先生、そうです。そういう例を幾百と見て来ました。」

「大王様、それならば、護呪や薬が無用だということばは間違いだということになるでありましょう。」

「ナーガセーナ長老殿、医者の処方通りに患者が薬を服用し、薬を塗ることで、病気から回復したのを余は見たことがあります。」

「大王様、護呪を唱えている人々の声を聞いている間、苦しんでいる人は、舌は乾き、心拍数が上がり、喉は嗄れています。ところが、その護呪を唱えられたことで、その人のあらゆる病は癒え、すべての災厄は消えてなくなります。また、大王様は、誰であれ、毒蛇に噛まれた人が、呪文によって毒を消し、あるいは毒を滲み出させたり、あちらこちらから毒を吸い出したりしているのを、今まで、見たことがおありでしょうか？」

「先生、仰る通りです。それは、今でも、世に広く行われていることです。」

「大王様、それならば、護呪や薬が無用だということばが間違いです。なぜなら、毒蛇が噛みつこうとした人に、近くで護呪が唱えられますと、毒蛇はそれが叶わず、開いた口を閉じます。盗賊どもが振り回す棒も役に立たなくなり、盗賊どもは、棒を投げ捨てて、痛めつけられようとした人を丁重に扱います。暴れ狂う象も、大人しくなります。燃え上がる炎も、消えてしまいます。摂取した猛毒ハラーハラも、解毒剤アガダとなったり、食べ物になったりします。刺客も、召使のようになります。落ちこんでしまった罠も、その人を捕らえることができません。

大王様は、このような話をお聞きになったことはおありでしょうか？　すなわち、護呪を聞いた孔雀を、猟師が、七百年にわたって罠にかけることができなかったが、護呪を聞かなかった孔雀は、即日、罠にかけることができた、という話ですが。」

「先生、仰る通りです。その話は、諸天や人々の間では有名であります。」

「大王様、それならば、護呪や薬は無用だということばは間違いであります。大王様は、また、次の話をお聞きになったことはおありでしょうか？　すなわち、ある鬼神が、自分の妻を護ろうとして箱の中に入れ、それを呑み込んで、腹中で大切にしました。ときに、ある呪術師が、その鬼神の口から入り込んで、その妻と戯れました。鬼神はそれを知ると、箱を吐き出してそれを開けました。箱が開くや、呪術師はまんまと逃げ去りました、という話でありますが。」

「先生、仰る通りです。余は聞いたことがあります。その話も、諸天や人々の間では有名であります。」

「大王様、では、その呪術師は、護呪の力によって捕まることを免れたのではありませんでしょうか?」

「先生、その通りです。」

「大王様、それならば、護呪の力はあるということになりましょう。大王様は、また、別の呪術師が、バナーラスの宮殿で、王妃と不義を働き、捕まったのですが、呪文の力によって瞬時に姿が見えなくなった、という話を聞いたことがおありでしょうか?」

「先生、仰る通りです。聞いたことがあります。」

「大王様、その呪術師は、護呪の力によって捕まらずに逃げおおせたのではありませんでしょうか?」

「先生、その通りです。」

「大王様、それならば、護呪の力はあるということになりましょう。」

「ナーガセーナ長老殿、護呪は、どのような人をも護るのでしょうか?」

「大王様、ある人は護りますが、ある人は護りません。」

「ナーガセーナ長老殿、それならば、護呪は、必ず役に立つというものではないのでしょうか?」

「大王様、食物は、すべての人の生命を護るでありましょうか?」

「先生、ある人は護りますが、ある人は護りません。」

「なぜでありましょうか?」

「先生、ある人が、他の人と同じものを食べ過ぎて、コレラに罹って死ぬことがあるからです。」

「大王様、それならば、食物は、すべての人の生命を護るとは限らないことになりましょう。」

「ナーガセーナ長老殿、食物は、二つの理由によって、人の生命を奪います。それは、過食と胃弱とであります。ナーガセーナ長老殿、生命力の源である食物も、適切な食べ方をしなければ、他人の生命を奪うからです。」

「大王様、それと同じように、護呪は、ある人は護りますが、ある人は護らないのであります。大王様、護呪は、三つの理由によって、人を護らないことがあります。その三つとは、悪業から生じた障り、煩悩から生じた障り、護呪の力を信じないことであります。大王様、生ける者をよく護る護呪も、自身の積んだ悪業のために、護呪の本来の力がなくなるのであります。

大王様、たとえば、母親は、自分の胎内に宿った子供を、愛情深く育み、細心の注意を払って出産し、子供が生まれた後は、体の汚れを拭い、最高級の高価な香料を塗り、他の子どもたちがその子供を罵ったり、叩いたりしたならば、怒ってその子供たちを捕まえ、許しを請わせるために夫のところに連れて行きます。また、もしも、その子供がいたずらが過ぎ、言うことをきかないならば、その子供に、さまざまなやり方で体罰を加えます。しかしながら、母親は、体罰を加えたその子供を引っ立てて、許しを請わせるために夫のところに連れて行くでありましょうか？」

「先生、そうはしないでありましょう。」

「大王様、なぜでありましょうか？」

「先生、その子供が為した悪業だからであります。」

「大王様、それと同じように、生類を護る護呪も、自身が為した悪業のゆえに、結果を出さないのであります。」

「分かりました、ナーガセーナ長老殿。問いは見事に解かれました。密林は明るく切り拓かれ、闇は光となり、邪見の網は破られました。流派の指導者中の最勝の指導者である御貴殿のおかげで。」

第五　布施を妨げるもの

「ナーガセーナ長老殿、御貴殿たちは、『如来は、衣、乞食のための鉢、坐具、薬という必需品を受ける者である』と言います。しかしながら、また、『如来が、パンチャサーラという名のバラモン居住区に、乞食のために入ったとき、何も受けることなく、洗ったばかりのような空っぽな鉢を持って立ち去りました』と言います。

　ナーガセーナ長老殿、もしも、如来が、衣、鉢、坐具、薬という必需品を受ける者であるならば、如来が、パンチャサーラという名のバラモン居住区に乞食に入ったとき、何も受けることなく、洗ったばかりのような空っぽの鉢を持って立ち去った、ということばは間違いです。もしも、如来が、パンチャサーラという名のバラモン居住区に乞食に入ったとき、何も受けることなく、洗ったばかりのような空っぽの鉢を持って立ち去った、というのであれば、如来は、衣、鉢、坐具、薬という必需品を受ける者である、ということばは間違いです。

　これもまた、大変に解きがたい両刀論法による問いであり、それが御貴殿に示されたのです。これは、御貴殿でなければ解けない問いであります。」

「大王様、如来は、衣、鉢、坐具、薬という必需品を受ける者であります。しかるに、如来は、パンチャサーラという名のバラモン居住区に乞食に入ったとき、何も受けず、洗ったばかりのような空っぽの鉢を持って立ち去られました。しかしながら、これは、天魔波旬《はじゅん》（マーラ・パーピマント「悪の権化という名の悪魔」）の仕業なのであります。」

「ナーガセーナ長老殿、それならば、幸有るお方が、計り知れないほどの長い年月をかけて積んで来た善業功徳は、そのときに終わってしまったのですか？　そのとき現れた天魔波旬のために、功徳の力が封じられたのですか？　ナーガセーナ長老殿、もしそうであるならば、善業よりも悪業の方が強く、ブッダの力よりも天魔波旬の力の方が強いという、この二つの点が非難されることになるに違いありません。御貴殿の仰る通りであれば、樹の根よりも樹の先端の方が重く、功徳に満ちた人よりも悪人の方が力が強いということになるはずです。」

「大王様、そのことだけで、善業よりも悪業の方が強く、ブッダの力よりも天魔波旬の力の方が強いと言うことはできないのであります。大王様、お望みなら、譬えをお示しいたしましょう。

大王様、たとえば、ある人が、転輪王への献上品として、蜜や、蜜の入った食べ物や、その他のものを持参して来たとしましょう。すると、門番が、『おい、そこの者、今は王様の謁見時間ではない。ご機嫌を害した王様がお主を罰せらないうちに、この献上品をつかんでとっとと帰るがよい!』と言ったとしよう。その人は、鞭打ちの刑に恐れおののき、献上品を抱えて速やかに帰るでありましょう。

大王様、では、謁見時間ではないということで転輪王は献上品を受けませんでしたが、これだけで、転輪王は門番よりも弱いと言えるでありましょうか? また、転輪王は、それだけでなく、いかなる献上品も受けられないのでありましょうか?」

「先生、そうではありません。先生、その門番は、嫉妬深い者だったため、王への献上品を斥けたのです。他の門からは、その百千倍もの献上品が、王のもとに届くに違いありません。」

「大王様、それと同じように、天魔波旬は嫉妬深い者だったため、パンチャサーラという名のバラモン居住区の家長たちを籠絡したのであります。しかし、他の、幾百千の諸天は、不死をもたらす天の霊薬である甘露を手にして幸有るお方を訪れ、幸有るお方の身体の健康のために甘露を捧げようと、幸有るお方に合掌し、礼拝しながら立っていました。」

「ナーガセーナ長老殿、確かにそうでありましょう。世間で最上の人でおわす幸有るお方は、四つの必需品が易々と受けられることを知っておいででした。実際、幸有るお方は、諸天や人々からの布施として、四つの生活必需品を受けられました。確かにそうなのですが、幸有るお方に食を捧げる妨げを為したという点からしますと、天魔波旬の企みは功を奏したと言えるでありましょう。

先生、この点について、余の疑念は晴れません。余は、そのことについて疑念を抱き、判断を躊躇しております。人々から供養(丁重なもてなし)を受けるに値し、正しく目覚め、世に比類のないお方である如来が供養を受けるときに、天魔波旬が下劣で邪悪きわまりない妨げを為したことについて、余は得心が行かないのであります。」

「大王様、供物の受領を妨げるということには、四通りあります。一つには、供物を受領する人が誰か特定されていないときに受領を妨げること、二つには、供物を受領する人が特定されているときに受領を妨げること、三つには、すでに準備が出来ているものを妨げること、四つには、受領するまさにそのときにそれを妨げること、以上であります。

受領する人が誰か、特定されず見てもいないとき、準備が出来ているものを指して、『赤の他人に施して何になろう?』と言って、妨げること、これが、第一の、供物を受領する人が誰か特定されていないときに受領を妨げることであります。供物を受領する人が特定されて、食が準備されているときに、受領を妨げること、これが、第二の、供物を受領する人が特定されているときに受領を妨げることであります。すでに準備が出来ているが、まだその人が受領していないときに受領を妨げること、これが、第三の、すでに準備が出来ているものを妨げることであります。今や、受領すべき人が受領しようとするときにそれを妨げること、これが、第四の、受領するまさにそのときにそれを妨げることであります。

大王様、以上が四つの妨げであります。では、天魔波旬がパンチャサーラという名のバラモン居住区の家長たちを籠絡したことは、そのいずれかに該当するのでありましょうか? その行為は、天魔波旬が、幸有るお方が今まさに受領されようとしていることを妨げたものでもなく、すでに準備が出来ているものを妨げたものでもなく、幸有るお方向けだと特定されたものを妨げたのでもなく、幸有るお方に限らず、そこに乞食に入った人が誰もいないときに、見てもいないものを妨げただけなのであります。それは、幸有るお方だけでなく、そのときそこに乞食に入ったすべての出家が、食を受けることが出来なかったのであります。

大王様、天界、魔界、梵天界を含むこの世界において、沙門、バラモン、諸天、人々の中で、幸有るお方のためと特定されたものを妨げ、すでに準備が出来ているものを妨げ、まさに受けようとされるときに妨げを為す者を、わたくしは見たことがありません。もしも、誰かが、嫉妬の執念から、幸有るお方のためにと特定され、すでに準備出来たものを妨げ、幸有るお方が受けようとされているそのときに妨げるようなことをすれば、その者の頭は千に裂けて砕けるでありましょう。

大王様、如来には、いかなる者によっても妨げられない、四つの徳があります。大王様、幸有るお方のためにと特定されたものは、いかなる者も妨げることは出来ません。大王様、幸有るお方の全身から放たれる一尋の光は、いかなる者も妨げることは出来ません。大王様、すべてを知りたもう幸有るお方の智慧という宝は、いかなる者も妨げることとは出来ません。大王様、これらが、いかなる者によっても妨げられない、如来の徳であります。大王様、これらの徳は、みな純一無雑のものであり、損なわれたり、動じたり、乱されたり、変化を受けることがありません。

大王様、天魔波旬は、姿を隠して潜み、パンチャサーラという名のバラモン居住区の家長たちを籠絡しました。大王様、王の支配する険しい辺境に、盗賊が、姿を隠して潜み、道の安全を脅かすとしましょう。しかし、もしも、王が盗賊を見つけたとき、盗賊は無事でいられるでありましょうか？」

「先生、そのようなことはありません。盗賊は、斧で百、あるいは千に裂けて砕けるでありましょう。」

「大王様、それと同じように、天魔波旬は、姿を隠して潜み、パンチャサーラという名のバラモン居住区の家長たちを籠絡しました。大王様、たとえばまた、夫のある女性が、姿を隠して潜み、他の男に身を任せたとしましょう。大王様、それと同じように、天魔波旬は、姿を隠して潜み、パンチャサーラという名のバラモン居住区の家長たちを籠絡しました。大王様、もしも、その女性が、夫が見ているところで別の男について行くならば、その女性は無事でいられるでありましょうか？」

「先生、そのようなことはありません。先生、夫はその女性を殺すでしょう。あるいは、打ち据え、縛り、召使にするでしょう。」

「大王様、それと同じように、天魔波旬は、姿を隠して潜み、パンチャサーラという名のバラモン居住区の家長たちを籠絡しました。大王様、もしも、天魔波旬が、幸有るお方のためにと特定されたものを妨げたり、幸有るお方のためにすでに準備出来ているものを妨げたり、幸有るお方が受けることを妨げたりするならば、その頭は百、あるいは千に裂けて砕けるでありましょう。」

「ナーガセーナ長老殿、それと同じように、天魔波旬がしたことは、盗賊のしたことと同じなのです。天魔波旬は、パンチャサーラという名のバラモン居住区の家長たちを籠絡しました。先生、もしも、天魔波旬が、幸有るお方のために特定されたものを妨げたり、幸有るお方のためにすでに準備が出来ているものを妨げたり、幸有るお方は受けることを妨げたりするならば、その頭は百、あるいは千に裂けて砕けるでありましょうし、あるいは、その身体は、一握りの籾殻のように試算するでありましょう。

よく分かりました、ナーガセーナ長老殿。余は、御貴殿の仰る通りだと認める者であります。」

第六　知っていて為す、知らないで為す

「ナーガセーナ長老殿、御貴殿たちは、『それと知らずに殺生を為す者は、知った上で殺生を為す者よりも重大な罪を犯すのである』と仰います。しかるに、幸有るお方が律（出家集団の生活規律）を制定するさい、『それと知らずに悪事を為すとしても、その者には罪がない』と説かれました。

ナーガセーナ長老殿、もしも、それと知らずに殺生を為す者は、知った上で殺生を為す者よりも重大な罪を犯すの

であるというならば、それと知らずに悪事を為すとしても、その者には罪がない、ということばは間違いです。もしも、それと知らずに悪事を為すとしても、その者には罪がない、ということばも間違いです。

これもまた、解きがたく、抜け出しがたい、両刀論法による問いで、御貴殿に提示されました。これは、御貴殿でなければ解けないものです。」

「大王様、幸有るお方は、まさに次のように説かれました。『それと知らないで殺生を為す者は、知った上で殺生を為す者よりも重大な罪を犯す』と。しかるに、律を制定するさいに、幸有るお方は、『それと知らないで悪事を為すとしても、その者には罪がない』とも説かれました。この後の方の文言についてですが、ここでは、次のような区別が為されているのであります。

大王様、在家ではない他らなぬ出家は、それと知らないで悪事を為すことがあり、また、それと知って悪事を為すことがあります。大王様、こうした、出家が、それと知らないで悪事を為すという場合について、幸有るお方は、それと知らないで悪事を為す者には罪がないと仰ったのであります。(出家は、在家のレヴェルとは別の厳しい修行生活を送っており、うっかり律に反することがあっても、それに後から気づき、同僚たちにそのことを告白すれば、軽い場合には、罰せられることがなくなる。)」

「その通りであります。ナーガセーナ長老殿、余は、御貴殿の仰る通りだと認める者であります。」

第七　幸有るお方の「わたくし」

「ナーガセーナ長老殿、幸有るお方は、次のように説かれました。『アーナンダ君、如来は、わたくしは比丘の集団を指導しようとか、比丘の集団はわたくしを指導者と仰いでいる、というようには考えない』と。しかるに、幸有るお方(未来仏)であるマイトレーヤ(パーリ語では「メッテッヤ」、漢訳で「弥勒《みろく》」)の本来の徳を明かそうとするときに、『マイトレーヤは、将来、比丘の集団を指導することになるであろう。たとえば、わたくしが、今、幾千人の比丘の集団を指導しているように』とも説かれました。

ナーガセーナ長老殿、もしも、幸有るお方が、『アーナンダ君、如来は、わたくしは比丘の集団を指導しようとか、比丘の集団はわたくしを指導者と仰いでいる、というようには考えない』と言われたのであれば、『マイトレーヤは、将来、比丘の集団を指導することになるであろう。たとえば、わたくしが、今、幾千人の比丘の集団を指導しているように』ということばは間違いです。また、もしも、幸有るお方が、『たとえば、わたくしが、今、幾千人の比丘の集団を指導しているように』と言われたのであるならば、『アーナンダ君、如来は、わたくしは比丘の集団を指導しようとか、比丘の集団はわたくしを指導者と仰いでいる、というようには考えない』ということばも、また、間違いです。

これもまた、両刀論法の問いで、御貴殿に示されました。これは、御貴殿ならでは解けない問いであります。」

「大王様、幸有るお方は、こう説かれました。『アーナンダ君、如来は、わたくしは比丘の集団を指導しようとか、比丘の集団はわたくしを指導者と仰いでいる、というようには考えない』と。しかるに、幸有るお方は、マイトレーヤの本来の徳を明かそうとするときに、『マイトレーヤは、将来、幾千人の比丘の集団を指導することになるであろう。たとえば、わたくしが、今、幾千人の比丘の集団を指導しているように』と説かれました。

大王様、この問いに関して言いますと、右の文言の中に出てくる最初の『わたくし』という語句は、その意味するところについて説明する余地がありますが、後の『わたくし』という語句は、その意味するところは明々白々で、説明の余地はないのであります。

大王様、如来は比丘の集団に追随する者ではなく、比丘の集団が如来に追随するのであります。大王様、『わたくし』とか『わたくしの』というのは、世俗的な在り方を示すものであり、勝義の立場よりする在り方を示すものではありません。大王様、如来は、愛着、執著を離れておられます。如来には、『わたくしの』といってそれに固執することはまったくなく、ただ、人々の思いを汲んだ上での、その人々の拠り所となっているのであります。

大王様、たとえば、大地は、その上に棲息する生類たちの拠って立ち、拠って住するところであります。ところで、こうした生類たちは大地を拠り所としていますが、大地には、『これらの生類たちは、わたくしのものである』との愛着はありません。大王様、それと同じように、如来は、すべての生類のたちが拠って安住するところであります。生類たちは如来を拠り所としていますが、如来には、『これら生類たちはわたくしのものである』との愛着はありません。

大王様、あるいはまた、たとえば、大きな雲が雨を降らすとき、草や樹や獣や人を時間をかけて大きく育て、そして、こうした生類たちはと言えば、みな、雨によって生き永らえますが、大きな雲には、『これらの生類たちは、わたくしのものである』との愛着はありません。大王様、それと同じように、如来は、すべての生類たちに善とはどのようなものかを気付かせ、それによって安らかに暮らさせ、そして、生類たちはと言えば、みな、大師ブッダによって生かされますが、如来には、『これらの生類たちはわたくしのものである』との愛着はありません。なぜなら、自己に固執する邪な思い（我執）がないからであります。」

「仰る通りです。ナーガセーナ長老殿、問いは、多くのたとえによってよく解かれました。深い奥は照らされ、紐の結び目のような結節はほぐされ、密林は切り拓かれ、闇は光となり、反対論者の論は打ち砕かれ、勝者ブッダの子（仏教徒であるわたくし）に、智慧の眼が生じました。」

第八　出家の集団を分裂させる（破《は》僧伽《そうぎゃ》）

「ナーガセーナ長老殿、御貴殿たちは、如来は、比丘の集団が分裂しないようにまとめる者であると仰います。しかしまた、御貴殿たちは、デーヴァダッタ（提婆達多《だいばだった》、提婆）の一撃で、五百人の比丘たちが分裂してしまったとも仰います。

ナーガセーナ長老殿、もしも、如来が、比丘の集団が分裂しないようにまとめる者であるならば、デーヴァダッタの一撃で、五百人の比丘たちが分裂してしまったということばは間違っています。また、もしも、デーヴァダッタの一撃で、五百人の比丘たちが分裂してしまったのならば、如来は、比丘の集団が分裂しないようにまとめる者であるということばも間違いです。

これもまた、両刀論法による問いで、御貴殿に示されました。これは、奥深く解きがたく、紐の結び目よりもさらに堅く結ばれています。世の人々は、智慧の眼が無明のベールに覆われています。御貴殿には、反対論者の諸々の論に対して、智慧の力を発揮していただきたいのです。」

「大王様、如来は、比丘の集団が分裂しないようにまとめる者です。しかもまた、デーヴァダッタの一撃で、五百人の比丘たちが分裂してしまいました。しかし、比丘たちが分裂してしまったのは、分裂を図る者の力によってのことなのであります。

大王様、思うに、分裂を図る者がいるとき、分裂しないものはないからであります。分裂を図る者がいるとき、母も子と別れ、父も子と別れ、兄弟も姉妹と別れ、姉妹も兄弟と別れ、友も友と別れ、色々な材木で組み立てられた船も、波の力でばらばらになり、甘い実をたわわに付けた樹も、激しい風の力で折れ、純金も銅と分離されます。

大王様、しかしながら、如来は、比丘の集団が分裂しないようにまとめる者であるということは、智者たちが好むところでもなく、諸々のブッダたちの願うところのものでもなく、賢者たちが欲するところのものでもありません。なぜ如来がそのように言われるのかには、理由があり、その理由によって、如来は、比丘の集団が分裂しないようにまとめる者であると言われるのであります。その理由とは、次の通りであります。

大王様、如来が、たとい、人に施しをしなくとも、人に優しいことばで接しなくとも、人の利益になることを為さなくとも、人と共同して事を為すことをしなくとも、いかなるときであれ、比丘の集団が分裂したという話を、わたくしはかつて聞いたことがありません。こうした理由で、如来は、比丘の集団が分裂しないようにまとめる者であると言われるのであります。

大王様には、是非、次のことに思いを及ぼしていただきたいのであります。九部の経典の中に、ブッダの前生である菩薩が、四摂《ししょう》（布施・愛語・利行《りぎょう》・同事）に反することをなしたことで、如来がまとめている比丘の集団を分裂させたとする文言が何かありますでしょうか？」

「先生、ありません。そのことは、この世で見たことも聞いたこともありません。よく分かりました。ナーガセーナ長老殿、余は、御貴殿の仰る通りであると認める者であります。」

第三章

第一　比丘が具える二十二の特徴

「ナーガセーナ長老殿、また、幸有るお方は、次のように説かれました。『ヴァーセッタよ、真理の教え（法）は、現在世においても未来世においても、人々のあいだで最勝のものである』と。

しかし、それは如何なものでありましょうか。まず、優婆塞（在家の男の信者）の中には、預流果（聖者の流れに預かったという位）を得、悪趣（畜生、餓鬼、地獄）に堕ちることがなくなり、正しい見解に達し、ブッダの教えに習熟した者もいます。それほどの境地に至っている優婆塞が、まだ凡夫でしかない比丘や沙弥（出家見習い）に挨拶し、敬意を表して、坐から起ち上がります。ナーガセーナ長老殿、もしも幸有るお方が、『ヴァーセッタよ、真理の教えは、現在世においても未来世においても、人々のあいだで最勝のものである』と言われたのであれば、優婆塞でありながらも、預流果を得、悪趣に堕ちることがなくなり、正しい見解に達し、ブッダの教えに習熟したほどの者が、まだ凡夫でしかない比丘や沙弥に挨拶し、敬意を表して、坐から起ち上がる、ということばは間違いです。もしも、優婆塞でありながらも、預流果を得、悪趣に堕ちることがなくなり、正しい見解に達し、ブッダの教えに習熟したほどの者が、まだ凡夫でしかない比丘や沙弥に挨拶し、敬意を表して、坐から起ち上がるのであるならば、『ヴァーセッタよ、真理の教えは、現在世においても未来世においても、人々のあいだで最勝のものである』ということばは間違いです。

これもまた、両刀論法による問いであり、御貴殿に示されました。これは、御貴殿でなければ解けないものであります。」

「大王様、幸有るお方は、『ヴァーセッタよ、真理の教えは、現在世においても未来世においても、人々のあいだで最勝のものである』と説かれました。しかるにまた、優婆塞でありながらも、預流果を得、正しい見解に達し、ブッダの教えに習熟したほどの者が、まだ凡夫でしかない比丘や沙弥に挨拶し、敬意を表して、坐から起ち上がります。それしかし、優婆塞がそうするには、理由があるのです。それは、次のようであります。

大王様、沙門を沙門たらしめるものとして、次のように、二十の徳と二つの目に見える特徴とがあり、それによって、比丘は挨拶を受け、起ち上がって敬意を表され、供養されるに値するとされるのであります。その、二十の徳と二つの目に見える特徴とは、最勝の禁戒（すべからず）を守ること、最上の勧戒（すべし）を推進すること、正しく振る舞うこと、正しく威儀を保つこと、すべてを制御すること（総制）、感官が対象を捉える作用を抑制すること（制感）、堪え忍ぶこと（忍辱《にんにく》）、柔和であること、孤独行に邁進することと、孤独を厭わないこと、独坐黙想すること、恥（慚《ざん》と愧《ぎ》）を知ること、不退転に励むこと（精進）、散漫でないこと（不放逸）、修行徳目（学、学処）を受持すること、経典を読誦すること、正しく問いを発すること、戒行などを悦ぶこと、執著がないこと、修行徳目を成就すること、袈裟をまとうこと、剃髪していること、以上であります。

大王様、これらが、沙門を沙門たらしめる、二十の徳と二つの目に見える特徴であります。大王様、比丘は、これらを守って生活します。比丘は、それらが完全、円満、無欠に揃っていることによって、最終的には、もはや修行すべき徳目がなくなった者（無学）の位、つまり阿羅漢（修行完成者）の位に、この世での最高の位に達します。

『この比丘は、阿羅漢の位に近づいているが、自分はそうではない』と思い、預流果を得たほどの優婆塞が、まだ凡夫でしかない比丘に挨拶し、敬意を表し、坐から起ち上がるのは、まことに適切な振る舞いなのであります。

『この比丘は、煩悩（漏）を滅びつくした人と交わっているが、自分はそうではない』と思い、預流果を得たほどの優婆塞が、まだ凡夫でしかない比丘に挨拶し、敬意を表し、坐から起ち上がるのは、まことに適切な振る舞いなのであります。

『この比丘は、この上ない比丘の集団と交わっているが、自分はそれとはほど遠い』と思い、預流果を得たほどの優婆塞が、まだ凡夫でしかない比丘に挨拶し、敬意を表し、坐から起ち上がるのは、まことに適切な振る舞いなのであります。

『この比丘は、戒本（「波羅提木叉」、律の条文を網羅した文献）の読誦を聞くことができるが、自分はそれを聞くことができない』と思い、預流果を得たほどの優婆塞が、まだ凡夫でしかない比丘に挨拶し、敬意を表し、坐から起ち上がるのは、まことに適切な振る舞いなのであります。

『この比丘は、人を出家せしめ、すべての律の条項（具足戒）をその人に授け、勝者ブッダの教えをさらに広げることができるが、自分には何一つできない』と思い、預流果を得たほどの優婆塞が、まだ凡夫でしかない比丘に挨拶し、敬意を表し、坐から起ち上がるのは、まことに適切な振る舞いなのであります。

『この比丘は、計り知れないほど多くの修行徳目を余すところなく修するが、自分は修していない』と思い、預流果を得たほどの優婆塞が、まだ凡夫でしかない比丘に挨拶し、敬意を表し、坐から起ち上がるのは、まことに適切な振る舞いなのであります。

『この比丘は、目に見える沙門の特徴を具え、ブッダが目指しておられるところに則っているが、自分はそれからほど遠い』と思い、預流果を得たほどの優婆塞が、まだ凡夫でしかない比丘に挨拶し、敬意を表し、坐から起ち上がるのは、まことに適切な振る舞いなのであります。

『この比丘は、爪や体毛を伸ばしっぱなしにし、皮膚を保護するための油を塗ることをせず、装飾を身に着けず、あたりに一面に漂い広がるような戒行という香を体に塗っているが、自分は、装飾を身に着けたり見栄えをよくすることが好きである』と思い、預流果を得たほどの優婆塞が、まだ凡夫でしかない比丘に挨拶し、敬意を表し、坐から起ち上がるのは、まことに適切な振る舞いなのであります。

大王様、さらにまた、『この比丘は、沙門を沙門たらしめる二十の徳と二つの目に見える特徴を具えて、それを守り、人にもそれを伝え学ばせるが、自分には、伝承されてきた教えも修行もない』と思い、預流果を得たほどの優婆塞が、まだ凡夫でしかない比丘に挨拶し、敬意を表し、坐から起ち上がるのは、まことに適切な振る舞いなのであります。

大王様、さらにまた、たとえば、王子が司祭のもとで学問を修め、王族の義務を習うとしましょう。後日、その王子が灌頂《かんじょう》（即位の儀式）を受けて王となったとき、王は、『このお方は、余の教師であられる』と思い、その司祭に挨拶し、敬意を表し、坐から起ち上がります。大王様、それと同じように、『この比丘は、教師であり、教えを伝承する人である』と思い、預流果を得たほどの優婆塞が、まだ凡夫でしかない比丘に挨拶し、敬意を表し、坐から起ち上がるのは、まことに適切な振る舞いなのであります。

大王様、さらにまた、次のような二者択一という事情をも考慮して、比丘の位が、偉大で、比類がなく、広大無辺であることを御納得ください。大王様、もしも、預流果を得たほどの優婆塞が、阿羅漢の位を体得したならば、その優婆夷は、その日のうちに完全な涅槃に達する（死ぬ）か、あるいは、比丘となるか、二つに一つしかないのであります。大王様、こうした比丘の位というのは、不動にして崇高なものだからであります。」

「ナーガセーナ長老殿、この奥深い問いは、力量豊かで秀でた智慧の持ち主である御貴殿によって、見事に解かれました。御貴殿のような智慧者を措いて、この問いをこのようにとくことの出来る人はおりません。」

第二　ブッダの教えには功罪がない

「ナーガセーナ長老殿、御貴殿たちは、『如来は、すべての生類から不利益を遠ざけ、利益を与える』と言います。しかるにまた、御貴殿たちは、『火の塊の譬えを説かれたとき、六十人の比丘が、口から熱い血を吐いた』とも言います。

先生、如来は、火の塊の譬えを説くことで、六十人の比丘から不利益を遠ざけ、利益を与えたと仰るのですね。ナーガセーナ長老殿、もしも、如来は、すべての生類から不利益を遠ざけ、利益を与えるのであるならば、火の塊の譬えを説かれたとき、六十人の比丘が、口から熱い血を吐いた、ということばは間違いです。もしも、火の塊の譬えを説かれたとき、六十人の比丘が、口から熱い血を吐いたのであるならば、如来は、すべての生類から不利益を遠ざけ、利益を与える、ということばもまた間違いです。

これも、両刀論法による問いであり、御貴殿に示されました。御貴殿を措いて、これを解ける人はおりません。」

「大王様、如来は、すべての生類から不利益を遠ざけ、利益を与えます。しかるに、火の塊の譬えを説かれたとき、六十人の比丘が、口から熱い血を吐きました。しかし、それは、如来が害を加えたことによるのではなく、六十人の比丘自身が為したことによるのであります。」

「ナーガセーナ長老殿、もしも、如来が、火の塊の譬えを説かれなかったならば、六十人の比丘が、口から熱い血を吐くことがあったでありましょうか?」

「大王様、そういう訳ではありません。六十人の邪な比丘が、如来の教えを聞いて、身中に熱悩を生じ、その熱悩によって口から熱い血を吐いたのであります。」

「ナーガセーナ長老殿、ではそれならば、やはり、如来が為されたことによって、六十人の比丘が、口から熱い血を吐いたのです。この場合、如来こそ、六十人の比丘を破滅に至らしめた張本人であります。

ナーガセーナ長老殿、蛇が、蟻塚の中に入ったとしましょう。そのとき、ある男が、土を採取しようとやって来て、蟻塚を壊して土を運び出すとしましょう。その男が、土を運び出してから蟻塚に開けた穴を埋めて塞いだならば、たちまち、蛇は息が出来なくなって死ぬでありましょう。先生、その蛇は、この男がしたことによって、死に至ったのではないでしょうか?」

「大王様、その通りであります。」

「ナーガセーナ長老殿、それと同じように、如来こそ、六十人の比丘を破滅に至らしめた張本人であります。」

「大王様、如来は、教えを説くに当たって、聞く者が好きだとか嫌いだとかの思いをまったく離れて説くのであります。如来がこのようにして教えを説かれるとき、正しく理解する人々は目覚めますが、邪に曲解する人々は悪趣に堕ちるのです。

大王様、たとえば、ある男が、マンゴーの樹やジャンブの樹やマドゥカの樹を揺さぶるとき、樹の枝にしっかりと付いている実は落ちないで樹に止まるでしょうが、軸の元が腐っていて樹の枝にしっかりと付いていない実は落ちるでありましょう。大王様、それと同じように、如来は、教えを説くに当たって、聞く者が好きだとか嫌いだとかの思いをまったく離れて説くのであります。如来がこのようにして教えを説かれるとき、正しく理解する人々は目覚めますが、邪に曲解する人々は悪趣に堕ちるのであります。

大王様、さらにまた、たとえば、農夫が、穀物を育てようと、田畑を耕すとしましょう。農夫が耕すとき、幾百千の草が死滅します。大王様、それと同じように、如来は、心がよく成熟した人々を目覚めさせるために教えを説き、聞く者が好きだとか嫌いだとかの思いをまったく離れて説くのであります。如来がこのようにして教えを説かれるとき、正しく理解する人々は目覚めますが、邪に曲解する人々は悪趣に堕ちるのであります。

大王様、さらにまた、たとえば、人々が、甘味を得るために、砂糖黍を機械で圧搾するとします。大王様、それと同じように、如来は、心が成熟した人々を目覚めさせるために教えの機械で聞く者たちを圧搾します。そのとき、邪に曲解する人々は、虫のごとくに死滅します。」

「ナーガセーナ長老殿、六十人の比丘は、その説法によって悪趣に堕ちたことになるのではありませんか？」

「大王様、それでは、大工が、材木をただ見守っているだけで、その材木を真っ直ぐにし、使いやすいようにすることが出来るでありましょうか？」

「先生、出来ません。先生、取り除くべきところを取り除くことで、その大工は材木を真っ直ぐにし、使いやすいようにするのです。」

「大王様、それと同じように、如来が、比丘の集団をただ見守っているだけならば、目覚めるべき人々を目覚めさせることは出来ません。むしろ、邪に曲解する人々を遠ざけて、目覚めるべき人々を目覚めさせるのであります。大王様、そのとき、如来の教えを邪に曲解する人々は、己が為した行いによって悪趣に堕ちるのであります。

大王様、たとえば、花をつければ枯れる芭蕉や竹、仔を産むと死ぬ牝の騾馬が、己から生じたものによって滅びるように、如来の教えを邪に曲解する人々は、己が為した行いによって滅び、悪趣に堕ちるのであります。

大王様、たとえば、盗賊が、己が為した行いによって幾つもの残酷な刑を受け、挙句、打ち首に処せられるように、大王様、如来の教えを邪に曲解する人々は、己が為した行いによって滅び、勝者ブッダの教えから脱落します。大王様、かの六十人の比丘が口から熱い血を吐いたのは、幸有るお方が為された行いによるのではなく、また、誰か別の人が為した行いによるのでもありません。ただ、己が為した行いそのものによるのであります。

大王様、たとえば、ある人が、すべての人々に不老不死の霊薬である甘露を与えるとしましょう。その甘露を服用した人々は、みな、無病、長寿となり、いかなる病からも逃れることになるでありましょう。しかし、ある人々は、それを服用したがために消化不良を起こし、死に至るでありましょう。大王様、不老不死の霊薬である甘露を与えた人は、その、与えるという行いによって、何か悪事を為したでありましょうか?」

「先生、そのようなことはありません。」

「大王様、それと同じように、如来は、一万の諸天や人々の世界に、不死の教えを布施されました。そして、有能な者は、その不死の教えによって目覚めますが、無能な者は、不死の教えによって破滅し、悪趣に堕ちるのであります。大王様、食物は、すべての生類たちの生命を護ります。ある者はそれを食べて、コレラに罹って死にます。大王様、食物を布施するものは、布施したことで、何か悪事を犯したことになるでありましょうか?」

「先生、そのようなことはありません。」

「大王様、それと同じように、如来は、一万の諸天や人々の世界に、不死の教えを布施されました。そして、有能な者は、その不死の教えによって目覚めますが、無能な者は、不死の教えによって破滅し、悪趣に堕ちるのであります。」

「分かりました。ナーガセーナ長老殿、余は、御貴殿の仰る通りであると認めるものであります。」

第三　ブッダの隠された陰部（陰馬蔵《おんめぞう》相、三十二大相の一つ）

「ナーガセーナ長老殿、如来は、また、次の偈を説かれました。
『身を制御することは素晴らしく、
口（発声器官）を制御することは素晴らしく、
意を制御することは素晴らしく、
いかなる所でも制御は素晴らしい。』
しかるに、如来は、比丘、比丘尼、優婆塞、優婆夷より成る四衆の真ん中に坐し、諸天や人々が見ているところで、バラモンのセーラに、自身の男根が隠し収められている陰部を示しました。
ナーガセーナ長老殿、もしも、幸有るお方が、身を制御することは素晴らしいと言われたのであるならば、バラモンのセーラに、自身の男根が隠し収められている陰部を示した、ということばは間違いです。もしも、バラモンのセーラに、自身の男根が隠し収められている陰部を示したのであるならば、身を制御することは素晴らしい、ということばは間違いです。
これもまた、両刀論法による問いであり、御貴殿に示されました。これは、御貴殿ならでは解けるものではありません。」
「大王様、幸有るお方は、身を制御することは素晴らしいと説かれました。一方、御自身の男根を隠し修めた陰部を示されました。大王様、誰であれ、如来について疑いを抱いた者には、幸有るお方は、その者を目覚めさせるために、神通の力により、御自身のとそっくりの身体の影像を見せ、その者だけが奇蹟（神変）を目の当たりにするのであります。」

「ナーガセーナ長老殿、四衆などの集まりの中の一人だけが陰部を目の当たりにし、他の者たちはその場に居合わせながら、それを目の当たりにしなかったということを、誰が信ずるでしょうか？　譬えをお示しください。譬えによって、余を納得させていただきたいのです。」

「大王様は、病人が、親族や友人たちに取り囲まれているのを見たことがおありでしょうか？」

「先生、見たことがあります。」

「大王様、その病人の苦しみを、人々は目の当たりにするでありましょうか？」

「先生、そういうことはありません。先生、病人の苦しみは、その病人自身しか感ずることができません。」

「大王様、それと同じように、誰であれ、如来について疑いを抱いた者には、幸有るお方は、その者を目覚めさせるために、神通の力により、御自身のとそっくりな身体の映像を見せ、その者だけが奇蹟を目の当たりにするのであります。大王様、さらにまた、たとえば、ある人に鬼神が憑いたとき、大王様、人々は、その鬼神がやって来たことを目の当たりにするでありましょうか？」

「先生、そうではありません。」

「大王様、それと同じように、誰であれ、如来について疑いを抱いた者に、幸有るお方は、その者を目覚めさせるために、神通の力により、御自身のとそっくりの身体の影像を見せ、その者だけが奇蹟を目の当たりにするのであります。」

「ナーガセーナ長老殿、たしかに、幸有るお方は、他の者には見えない者を一人だけにお見せになるという、至難の業を為されました。」

「大王様、幸有るお方は、本物の陰部をお見せになられたのではなく、神通の力により、御自身のとそっくりの影像をお見せになられたのであります。」

「先生、幸有るお方がお見せになられたのが、本物ではなく、そっくりの影像だとしましても、それを目の当たりにした者は、本当に陰部を目の当たりにしたと確信するはずです。」

「大王様、如来は、目覚めるべき人々を目覚めさせるために、至難の業を為されました。大王様、もしも、如来が、さまざまな働きかけをされなかったならば、目覚めるべき人々を目覚めさせることが出来なかったでありましょう。大王様、しかし、如来は、目覚めるべき人々を目覚めさせる方法を知っておられたので、目覚めるべき人々を目覚めさせる、時機に叶った方法により、目覚めるべき人々を目覚めさせたのであります。

大王様、たとえば、外科医が、症状に応じた医薬を持って患者に近づくとしましょう。すなわち、吐瀉すべき人には吐瀉させ、排便すべき人には排便させ、塗油すべき人には塗油し、膏薬を塗るべき人には膏薬を塗ります。大王様、それと同じように、如来は、目覚めるべき人々を目覚めさせる時機に叶った方法により、目覚めさせるのであります。

大王様、さらにまた、たとえば、難産の女性が他人には見せられない陰部を医者に見せるように、大王様、如来は、目覚めるべき人々を目覚めさせるために、他人には見せられない陰部の、本物そっくりの影像を、神通の力により、目の当たりにさせるのであります。大王様、如来には、他人には見せられないという体の部位はありません。大王様、もしも、誰であれ、幸有るお方の心臓を見て目覚めるならば、幸有るお方は、時機に叶った方法で、その者に御自身の心臓を目の当たりにさせるでありましょう。大王様、如来は、時機に叶った方法を知る人であり、巧みに人を導く人なのであります。

大王様、如来は、ナンダ長老の執著心を知り、『こうすればこの善男子は目覚めるであろう』と、長老を天界に連れて行き、麗しい天女をお見せになられたではありませんか？　そして、この善男子は、これによって目覚めました。大王様、如来は、麗しい見栄え（中身は不浄）を忌み嫌いつつも、さまざまな時期に叶った方法によって、その者を目覚めさせるために、鳩足の天女（見栄えは麗しいが中身は不浄）をお見せになられたからであります。このように、如来は、時機に叶った方法を知り、巧みに人を導くお方なのであります。

大王様、さらにまた、たとえば、チュッラパンタカ（周《しゅ》梨槃特《りはんどく》）長老が、兄から見放され、悩み苦しんでいたとき、近づいて、『こうすれば、この善男子《ぜんなんし》は目覚めるであろう』と、美麗な布の切れ端を与えられました。そして、この善男子は、それによって、勝者ブッダの教えに習熟する者となりました。このように、如来は、時機に叶った方法を知り、巧みに人を導くお方なのであります。」

「分かりました、ナーガセーナ長老殿。問いは、さまざまな譬えによって見事に解かれました。密林は明るく切り拓かれ、闇は光と化し、固い結び目はほぐされ、反対論者の論は破られ、勝者ブッダの子たちに、智慧の眼が生じました。」

第四　師のことばづかい

「ナーガセーナ長老殿、また、法の将軍であるサーリプッタ長老は、次のように説かれました。『友よ、如来は、一点の欠陥もない正しいことばづかいをされるお方です。わたくしが語ったことを知られてはならないといって、如来が秘匿しなければならないような、悪しき口業は、如来にはないのであります。』と。

ところが別に、スディンナ・カランダプッタが犯した罪にたいして教団永久追放（波羅夷《はらい》）の罰を言い渡されたとき、荒々しいことばをつかい、『頭の中が空っぽの者』ということばを発せられました。そして、その『頭の空虚な者』ということばに怖れおののき、くよくよし、ついに聖者の道に入ることが出来ませんでした。

ナーガセーナ長老殿、もしも、如来が、一点の欠陥もない正しいことばづかいをされるお方で、悪しき口業は、如来にはないのであるならば、如来が、スディンナ・カランダプッタが犯した罪にたいして、『頭の空虚な者』ということばを発せられたということばは間違いです。また、もしも、如来が、スディンナ・カランダプッタが犯した罪にたいして、『頭の空虚な者』ということばを発せられたということばもまた、間違いです。

これもまた、両刀論法による問いであり、御貴殿に示されました。これは、御貴殿ならでは解けないものです。」

「大王様、まさに、法の将軍であるサーリプッタ長老は、次のように説かれました。『如来は、一点の欠陥もない正しいことばづかいをされるお方です。わたくしがかたったことを知られてはならないといって、如来が秘匿しなければならないような、悪しき口業は、如来にはないのであります』と。

ところがまた、スディンナ・カランダプッタが犯した罪にたいして、教団永久追放の罰を言い渡されたとき、荒々しいことばをつかい、『頭の空虚な者』ということばを発せられました。しかしながら、それは、瞋りの心によるものではなく、瞋りをまったく含まない、スディンナ・カランダプッタのありのままの特性によるものなのであります。その、『ありのままの特性』とは何でありましょうか？

大王様、誰であれ、己の有り様について、四聖諦を目の当たりに観察しない人にとって、人間であることは空虚であり、何を為しても、目的とは異なる結果が生ずることになります。それゆえ、そういう人は、『頭の空虚な者』と言われるのであります。大王様、そのようなわけで、幸有るお方は、スディンナ・カランダプッタの特性を表すことば（「頭の空虚な者」）を発せられたのであります。事実にもとづいたことばを発したのではありませんか。」

「ナーガセーナ長老殿、『この者が罪を犯した』と、事実にもとづきながら指摘しながらも、それとは別のことであるかのように振る舞い、怒ることがないという、そのような、犯罪者の本性を、怒ることなく淡々と語る者に、余は、一カハーパナの罰金を科すでありましょう。」

「大王様は、人が、犯罪者に挨拶し、敬意を表し、坐から起ち上がり、敬礼して贈り物を進呈したということをお聞きになったことがおありでしょうか？」

「先生、聞いたことがありません。いかなる理由があろうと、どのような場合であろうと、犯罪を起こした者は、叱責されるべきであり、譴責されるべきです。それだけでは済まず、人々は、その者に、死刑に至る厳しい刑を科したり、財産を没収して追放したりするでしょう。」

「大王様、それでは、幸有るお方は、為すべきことだけを為し、為すべきでないことを為さなかったというのでありましょうか？」

「ナーガセーナ長老殿、為すべきことを為すとしても、適切に、また優しく為すべきであります。ナーガセーナ長老殿、諸天や人々の世界の者たちは、如来のことを聞いただけで恥じ入り、見てはさらに恐れおののき、近くに仕えればまたなおさらなのであります。」

「大王様、体調不良で、疾患だらけの人に、医者は、患者が喜んで受けそうな薬を与えるでありましょうか？」

「先生、そうではありません。病気をどうしても治そうとして、医者は、強い下剤を与えます。」

「大王様、それと同じように、如来は、あらゆる煩悩という病を鎮めるために、訓戒を与えます。大王様、如来のことばは、たとい荒々しくとも、人々を和らげ、安らかにします。

大王様、たとえば、熱湯が、柔らかくできるものなら何でも柔らかくするように、大王様、如来のことばは、たとい荒々しくとも、利益をもたらし、慈しみを伴っております。

大王様、たとえば、父のことばは、子供たちに利益をもたらし、慈しみを伴っております。大王様、それと同じように、如来のことばは、たとい荒々しくとも、利益をもたらし、慈しみを伴っております。大王様、如来のことばは、たとい荒々しくとも、人々の煩悩を断ずるのであります。

大王様、たとえば、とても臭い牛の尿でも、美味なアガダ解毒剤は、これを服用させれば人の病を治すように、大王様、如来のことばは、たとい荒々しくとも、利益を与え、慈しみを伴っているのであります。

大王様、たとえば、綿の塊が、たとい大量でも、人の上に落ちて苦しめることがないように、大王様、それと同じように、如来のことばは、たとい荒々しくとも、いかなる人にも苦しみを生じさせません。」

「ナーガセーナ長老殿、多くの譬えによって、問いが見事に解かれました。分かりました、ナーガセーナ長老殿。余は、御貴殿の仰る通りであると認めるものであります。」

第五　ことばの慣用的用法

「ナーガセーナ長老殿、如来はまた、次の偈頌を説かれました。

『バラモン殿、意思なく、人の話にきちんと耳を傾けることなく、

知る人を知ることのないこのパラーサの樹に、

精進に励み、いつも不放逸な御貴殿が、

弥栄なりやと問うのはなぜですか？』と。

しかるに、また、このように説かれました。『というこ

とで、まずは、パンダナの樹も語りかけた。「バーラドヴァージャさん、わたくしも話をすることが出来ます。わたくしの言うことをお聞きください』」と。

ナーガセーナ長老殿、もしも、樹が意思なきものであるならば、パンダナの樹は、バーラドヴァージャさんと話を交わしたということばは間違いです。もしも、パンダナの樹が、バーラドヴァージャさんと話を交わしたのであるならば、樹は意思なきものであるということばも間違いです。

これもまた、両刀論法による問いで、御貴殿に示されました。これは、御貴殿ならでは解けないものであります。」

「大王様、幸有るお方は、このように説かれました。『樹は意思なきものである』と。しかるにまた、『パンダナの樹は、バーラドヴァージャさんと話を交わした』と。しかし、『話を交わした』というこの文言は、世間の通俗的な慣用によるものなのです。大王様、意思なき樹に、話を交わすということはありません。ただ、ここで『樹』というのは、その樹に棲む樹神のことを言っているのです。『樹が話を交わす』というのも、世間の通俗的な慣用によるものでしかありません。

大王様、たとえば、穀物を満載した車を『穀物車』と世間の人々は呼びます。しかし、それは、穀物で出来た車ではなく、材木で出来た車であります。それでも、その車が穀物を満載しているので、世間の人々は『穀物車』と呼ぶのであります。大王様、それと同じように、樹が話を交わすことはありません。樹は意思なきものです。ただ、ここで『樹』というのは、樹神のことを言っているのであります。『樹が話を交わす』というのも、世間の通俗的な慣用によるものでしかありません。

大王様、またたとえば、ある人が凝乳（ヨーグルト）を攪拌しているときに、世間の人々は、『その人は酪（バター）を攪拌している』と言います。その人が攪拌しているのは凝乳ではありません。その人は、凝乳を攪拌していながら、『その人は酪を攪拌している』と言うのです。大王様、それと同じように、樹が話を交わすことはありません。樹は意思なきものです。ただ、ここで『樹』というのは、樹神のことを言っているのです。『樹が話を交わす』というのも、世間の通俗的な慣用によるものなのであります。

大王様、またたとえば、まだ出来ていないものを完成させようとする人が、『わたくしは、まだ出来ていないものを完成させるのです』と、世間に倣って言います。まだ完成していないものを『すでに完成されたもの』と、世間に倣って言うのです。このように、こうしたことばは、世間の慣用的な言い方によるものなのであります。大王様、それと同じように、樹が話を交わすことはありません。樹は意思なきものです。ただ、ここで『樹』というのは、その樹に棲んでいる樹神のことを言っているのであります。『樹が話を交わす』というのも、世間の通俗的な慣用によるものでしかありません。大王様、如来もまた、人々が広く用いるその世間的な言い方によって、人々に真理を示されるのであります。」

「分かりました。ナーガセーナ長老殿、余は、御貴殿の仰る通りであると認める者であります。」

第六　最後の供養

「ナーガセーナ長老殿、結集（ブッダの教えを確かめるために一緒に暗誦すること）に加わった長老たちは、次の偈頌を説かれました。

『以下のようにわたくしは聞きました（如是我聞《にょぜがもん》）。鍛冶工チュンダが施した食を食べ終えると、
ブッダは、激しい苦痛を伴い死に至らしめる病に罹られました』と。

ところが、幸有るお方は、次のようにも説かれました。

『アーナンダ君、これら二つの鉢で施された食は、優劣なく、同じ果報をもたらすものであり、他のいかなる食よりもはるかに大きな果報があり、はるかに大きな功徳があるのだ』と。

ナーガセーナ長老殿、もしも、チュンダが施した食を食べ終えると、幸有るお方に重い病が生じ、死に至らしめる激しい苦痛が生じたのであるならば、『これら二つの鉢で施された食は、優劣なく、同じ果報をもたらすものであり、他のいかなる食よりもはるかに大きな果報があり、はるかに大きな功徳がある』ということばは間違いです。もしも、『これら二つの鉢で施された食は、優劣なく、同じ果報をもたらすものであり、他のいかなる食よりもはるかに大きな果報が有り、はるかに大きな功徳がある』というのであれば、『チュンダが施した食を食べ終えると、ブッダは、激しい苦痛を伴い死に至らしめる病に罹られました』ということばは間違いです。

ナーガセーナ長老殿、その施された食は、毒に転じたために大きな果報があるのでしょうか、病を生じたために大きな果報があるのでしょうか、生命力を消滅させたために大きな果報があるのでしょうか、幸有るお方の生命を奪ったために大きな果報があるのでしょうか？　反対論者の論を打ち破る根拠を余に教えていただきたい。何しろ、このことに関して、人々は、ブッダは、貪欲に駆られて食べ過ぎ、そのために赤痢に罹ったのではないかと、戸惑っておりますので。

これもまた、両刀論法による問いで、御貴殿に示されました。これは、御貴殿ならでは解けないものであります。」

「大王様、結集に加わった長老たちは、次の偈頌を説かれました。

『以下のようにわたくしは聞きました。鍛冶工が施した食を食べ終えてると、
ブッダは、激しい苦痛を伴い死に至らしめる病に罹られ

ました』と。

ところがまた、幸有るお方は、次のようにも説かれました。

『アーナンダ君、これら二つの鉢で施された食は、優劣なく、同じ果報をもたらすものであり、他のいかなる食よりも、はるかに大きな果報があり、はるかに大きな功徳がある。その、二つの鉢で施された食とは、一つには、如来が食べ終えて、無上の正しい目覚めを証得した、その施された食であり、二つには、如来が食べ終えて、無余依（死んでまた何かに生まれ変わる残りの拠り所である身体が無くなった状態での）涅槃に達し、完全な涅槃（般涅槃）に入られることになった、その施された食である。この二つの鉢で施された食は、優劣なく、同じ果報をもたらすものであり、他のいかなる食よりも、はるかに大きな果報が有り、はるかに大きな功徳が有る』と。なぜならば、その施された食には、多くの利益、さまざまな功徳があるからなのです。

大王様、諸天は、『これは、幸有るお方に施された最後の食である』と、大いに喜び、天の霊薬を、チュンダが施した茸（香り高い茸、「栴檀耳《せんだんに》」、トリュフ）に振り掛けました。しかも、それは、よく煮込まれ、舌にやさしく調えられ、美味で、消化によいものでありました。大王様、その食のために、それまで生じていなかった病が、幸有るお方に生じたのではありません。大王様、そうではなく、幸有るお方の体が自然に衰弱し、生命力が尽きたとき、すでに生じていた病がますます進行したためなのであります。

大王様、たとえば、ますます盛んに燃えている炎が、さらに燃料を与えられると、ますます燃え上がるように、大王様、幸有るお方の体が自然に衰弱し、生命力が尽きたとき、すでに生じていた病がますます進行したのであります。

大王様、またたとえば、自然に流れている川が、大雨が降ると、激流逆巻く大河になるように、大王様、幸有るお方の体が自然に衰弱し、生命力が尽きたとき、すでに生じていた病がますます進行したのであります。

大王様、またたとえば、自然に脹らんでいる腹が、さらにものが呑み込まれると、さらに膨らむように、大王様、幸有るお方の体が自然に衰弱し、生命力が尽きたとき、すでに生じていた病がますます進行したのであります。大王様、その施された食に罪があるわけではないのであります。その食に罪を帰することはできないのであります。」

「ナーガセーナ長老殿、どのようなわけで、その二つの鉢で施された食が、優劣なく、同じ果報をもたらし、他のいかなる食よりもはるかに大きな果報が有り、はるかに大きな功徳があるのでしょうか？」

「大王様、幸有るお方の、真理に没入する精神集中（定、等至）によって、この施された二つの食は、優劣なく、同じ果報をもたらすものであり、他のいかなる食よりもはるかに大きな果報が有り、はるかに大きな功徳があるのです。」

「ナーガセーナ長老殿、この施された二つの食が、優劣なく、同じ果報をもたらすものであり、他のいかなる食よりもはるかに大きな果報が有り、はるかに大きな功徳がある、というようにならしめた、真理に没入する精神集中とは、いかなるものなのでありましょうか？」

「大王様、九種の段階的禅定（四禅、四無色定、滅尽定）に、順逆に入ること（初禅から入り滅尽定へ、滅尽定から入り初禅へ）によって、この施された二つの食は、優劣なく、同じ果報をもたらし、他のいかなる食よりもはるかに大きな果報が有り、はるかに大きな功徳が有るのであります。」

「ナーガセーナ長老殿、如来は、わずか二日の間に、九種の段階的禅定に、順逆に深く入られたのでありましょうか？」

「大王様、その通りであります。」

「ナーガセーナ長老殿、素晴らしいことであります。ナーガセーナ長老殿、稀有なことであります。ナーガセーナ長老殿、このブッダという田畑に撒かれた（施された）無比にして無勝のいかなる布施も、この二つの施された食に比べることは出来ません。素晴らしいことであります。ナーガセーナ長老殿、稀有なことであります。九種の段階的な禅定は偉大であり、しかも、九種の段階的な禅定によって、布施がよりいっそう大きな果報有り、より一層大きな功徳が有るようになるとは。分かりました。ナーガセーナ長老殿、余は、御貴殿の仰る通りであると認める者であります。」

第七　舎利供養

「ナーガセーナ長老殿、幸有るお方は、次のように説かれました。

『アーナンダ君、君たちは、如来の舎利《しゃり》（遺骨）の供養に携わってはならない』と。

ところがまた、次の偈頌も説かれました。

『供養されることになる者（ブッダ）の舎利を供養せよ。このように為す者は、ここより天界に生まれ変わるであろう』と。

ナーガセーナ長老殿、如来が、『アーナンダ君、君たちは、如来の舎利の供養に携わってはならない』と言われたのであるならば、『供養されることになる者の舎利を供養せよ。このように為す者は、ここから天界に生まれ変わるであろう』ということばは間違いです。もしも、『供養されることになる者の舎利を供養せよ。このように為す者は、天界に生まれ変わるであろう』と幸有るお方がとかれたのであるならば、『アーナンダ君、君たちは、如来の舎利の供養に携わってはならない』ということばは間違いです。

これもまた、両刀論法による問いであり、御貴殿に示されました。これは、御貴殿ならでは解けないものであります。」

「大王様、幸有るお方は、次のように説かれました。『アーナンダ君、君たちは、如来の舎利の供養に携わってはならない』と。

しかるにまた、次の偈頌を説かれました。

『供養されることになる者の舎利を供養せよ。

このように為す者は、ここから天界に生まれ変わるであろう』と。

しかしながら、『アーナンダ君、君たちは、如来の舎利の供養に携わってはならない』というのは、すべての人を指して言われたのではなく、勝者（ブッダ）の子らを指してのみ言われたのであります。大王様、なぜかと言いますと、勝者の子らにとって、この供養なるものは、本務ではないからであります。諸々の作られたもの（諸行）を考察すること、理にかなった考察をすること、四念処《しねんじょ》（四つの精神集中の対象）を観察すること、精神集中の対象の神髄を捉えること、煩悩と戦うこと、真義に専心すること、これらが、勝者の子らが為すべき本務なのであります。供養は、諸天や人々が為すべきことなのであります。

大王様、象、馬、戦車、弓、刀、書、指を用いる計算についての学問と、クシャットリヤ（王族）階級の秘伝、言い伝え、思索、戦術、用兵術の実習は、国土を支配する王子たちの為すべきことです。耕作、商売、牧牛は、クシャットリヤ（武人）階級以外の、ヴァイシヤ（庶民）階級やシュードラ（奉仕者）階級の為すべきことであります。それと同じように、この供養なるものは勝者の子らの本務ではなく、諸行を考察すること、理にかなった考察をすること、四念処を観察すること、精神集中の対象の神髄を捉えること、煩悩と戦うこと、真義に専心すること、これらが勝者の子らが為すべき本務なのであります。供養は、他の諸天や人々が為すべきことなのであります。

大王様、またたとえば、『リグ・ヴェーダ』、『ヤジュル・ヴェーダ』、『サーマ・ヴェーダ』、『アタルヴァ・ヴェーダ』、観相学、史伝書、古事、字解、祭祀儀礼、音韻論、辞典、文法学、註釈法、前兆占い、夢占い、人相学、ヴェーダの六つの補助学、月蝕学、日蝕学、スッカとラーフの飛行説話、月と惑星の争い学、神鼓音学、惑星の重なり学、地震学、火災学、電光学、地光学、天文学、唯物論（順世外道）、犬占い、鹿占い、中空占星術、混合占星術、鳥の囀り学などの学問は、バラモンの青年が為すべきことであります。大王様、それと同じように、勝者ブッダの子らにとって、供養なるものは、本務ではありません。諸行を考察すること、理にかなった考察をすること、四念処を観察すること、精神集中の対象の神髄を捉えること、煩悩と戦うこと、真義に専心すること、これらが、勝者の子らが為すべきことであります。供養は、他の諸天や人々の為すべきことであります。

大王様、それゆえ、如来は、こうした本務でないことに携わってはならない、本務に専心せよという意味で、『アーナンダ君、君たちは、如来の舎利の供養に携わってはならない』と言われたのであります。大王様、もしも如来がこのように言われなかったならば、比丘たちは、自分の鉢も衣も放り出して、ブッダの供養を為したことでありましょう。」

「分かりました。ナーガセーナ長老殿、余は、御貴殿の仰る通りであると認める者であります。」

第八　デーヴァダッタが落とした石

「ナーガセーナ長老殿、御貴殿たちは、『如来が歩かれるとき、この大地は、意思を持たないにも関わらず、窪みを高くし、盛り上がったところを低くし』と言います。しかるに、また、『幸有るお方のおみ足は、石の破片によって傷ついた』と言います。

幸有るお方のおみ足に落下した石の破片は、なぜ、幸有るお方のおみ足を避けなかったのでしょうか？　ナーガセーナ長老殿、もしも、幸有るお方が歩かれるとき、この大地は、意思を持たないにも関わらず、窪みを高くし、盛り上がったところを低くするならば、『幸有るお方のおみ足は、意思の破片によって傷ついた』ということばは間違いです。もしも、幸有るお方のおみ足が、石の破片によって傷ついたというならば、『幸有るお方が歩かれるとき、この大地は、意思を持たないにも関わらず、窪みを高くし、盛り上がったところを低くし』ということばもまた間違いです。

これもまた、両刀論法による問いであり、御貴殿に示されました。これは、御貴殿ならでは解けないものであります。」

「大王様、幸有るお方が歩かれるとき、この大地が、意思を持たないにも関わらず、窪みを高くし、盛り上がったところを低くするというのは、真実のことばであります。しかるにまた、幸有るお方のおみ足は、石の破片によって傷つきました。とはいえ、その石の破片は、己の本性によって落下したのではありません。デーヴァダッタの策略によって落とされたのであります。

大王様、デーヴァダッタは、幾百千の前生の間、幸有るお方に憎しみを募らせて来ました。デーヴァダッタは、その憎しみから、高殿ほどもある大きな石を幸有るお方の頭上に落とそうと思い、それを投げました。ところがそのとき、二つの石が地中から飛び出し、その石を受け止めました。そこで、その二つの石とぶつかったことで、大きな石が砕け、その破片が四散したため、その一つが幸有るお方のおみ足に落下したのであります。」

「ナーガセーナ長老殿、しかしながら、二つの石が、落ちてくる大きな石を受け止めたのと同じように、石の破片も受け止めてしかるべきではありませんか？」

「大王様、この場合、二つの石は、大きな石の破片の幾つかは受け止められますが、その他の破片は、二つの石から逸れ、流れ、そしてどこかへ去ってしまいます。

大王様、たとえば、水は手で掬えますが、指の間から逸れ（洩れ）、流れ、そしてどこかへ去ってしまいますし、生乳や蜜や油や肉汁は手で掬えますが、指の間から漏れ、流れ、そしてどこかへ去ってしまいます。大王様、それと同じように、受け止めるためにやって来た二つの石とぶつかった大きな石が砕け、その破片が四散し、その破片の一つが、幸有るお方のおみ足に落下したのであります。

大王様、たとえばまた、米の飯を一つかみして口に放り込むとき、その一部は口から逸れ、流れ、どこかへ去ってしまうように、大王様、受け止めるためにやって来た二つの石とぶつかった大きな石が砕け、その破片が四散し、その破片の一つが、幸有るお方のおみ足に落下したのであります。」

「それは分かりますが、ナーガセーナ長老殿、二つの石が大きな石を受け止めたのは問題無しとして、石の破片も、幸有るお方を敬い奉ってしかるべきではありませんか？」

「大王様、次の十二人は、ブッダを敬い奉りません。その十二人とは、まず、貪る者は、貪りのために、ブッダを敬い奉りません。瞋る者は、瞋りのために、ブッダを敬い奉りません。迷妄（癡）の者は、迷妄のために、浮ついた者は、慢心のために、徳のない者は、秀でたところがないために、頑迷な者は、自制心がないために、卑しい者は、卑しさのために、饒舌な者は、見栄のために、邪悪な者は、物惜しみのために、苦しめられた者は、復讐して人をくるしめようとの思いのために、快楽に溺れる者は、貪婪のために、忙しい者は、儲けようとするために、ブッダを敬い奉りません。しかし、石の話の場合、二つの石が大きな石とぶつかって砕け、大きな石の破片が、ばらばらの方向に四散し、その一つの破片が、幸有るお方のおみ足に落下したのであります。

大王様、たとえば、さらさらとした細かい塵が、風に飛ばされ、ばらばらの方向に四散するように、大王様、二つの石とぶつかった大きな石が砕け、ばらばらの方向に四散し、その一つの破片が、幸有るお方のおみ足に落下したのであります。大王様、もしも、大きな石から破片が離れなかったなら、飛び出してきた二つの石が、その破片をも受け止めたでありましょう。大王様、しかしながら、これらの破片は、地上にも空中にも止まるはずもなく、衝突の勢いにより、ばらばらの方向に四散し、幸有るお方のおみ足に落下したのであります。

大王様、またたとえば、つむじ風に巻き上げられた枯葉が、ばらばらの方向に四散するように、大王様、これらの破片は、二つの石が大きな石とぶつかった勢いにより、ばらばらの方向に四散し、幸有るお方のおみ足に落下したのであります。大王様、しかしながら、石の破片が幸有るお方のおみ足に落下したことで、恩知らずで邪見に凝り固まったデーヴァダッタは、地獄の苦しみを受けることとなったのであります。」

「分かりました。ナーガセーナ長老殿、余は、御貴殿の仰る通りであると認める者であります。」

第九　沙門

「ナーガセーナ長老殿、幸有るお方は、次のように説かれました。」

『すべての漏（漏れ出て汚すもの、煩悩）を滅ぼすことで、人は沙門となる』と。

しかしながら、幸有るお方は、また、次のように説かれました。

『四つの徳（法）をすべて具えた人を、世間では沙門と呼ぶ』と。

ここで、四つの徳というのは、忍辱、節食、愛着の捨離、無所有《むしょう》のことです。ところが、この四つの徳は、みな、漏をまだ完全には滅ぼしていない、煩悩を抱える者のためにこそあるものです。ナーガセーナ長老殿、もしも、すべての漏を滅ぼすことで、人は沙門となるのであるならば、『四つの徳をすべて具えた人を、世間では沙門と呼ぶ』ということばは間違いです。もしも、四つの徳をすべて具えた人が沙門であるならば、すべての漏を滅ぼすことで、人は沙門となるということばも、また、間違いです。

これもまた、両刀論法による問いであり、御貴殿に示されました。これは、御貴殿ならでは解けないものでありす。」

「大王様、幸有るお方は、次のように説かれました。

『すべての漏を滅ぼすことで、人は沙門となる』と。

しかしながら、幸有るお方は、次のようにも説かれました。

『四つの徳をすべて具えた人を、世間では沙門と呼ぶ』と。

大王様、この第二の文言は、一人一人の徳を強調するために、『四つの徳をすべて具えた人を、世間では沙門と呼ぶ』と説かれたのであります。

これにたいして、第一の文言である『すべての漏を滅ぼすことで、人は沙門となる』は、例外のないことを説いたものなのであります。大王様、およそ、煩悩の寂滅のために修行している沙門をさまざまに較べた上で、すべての漏を滅ぼした者が最上の沙門であると言われているのであります。

大王様、たとえば、水中に生える花、陸地に生える花の中で、ヴァッシカ（ジャスミン）の花が最上であると言われます。他のさまざまな花も花であることに変りはありませんが、それらをさまざまに較べた上で、人々は、ヴァッシカの花をとりわけ好み、もてはやします。大王様、それと同じように、およそ、煩悩の寂滅のために修行している沙門をさまざまに較べた上で、すべての漏を滅ぼした者が最上の沙門であると言われるのであります。

大王様、またたとえば、すべての穀類の中で、米が最上であると言われます。米以外の穀類も、体を養う食べ物であるけれども、さまざまに較べた上で、米こそが最上であると言われます。大王様、それと同じように、およそ、煩悩の寂滅のために修行している沙門をさまざまに較べた上で、すべての漏を滅ぼした人が、最上の沙門であるといわれるのであります。」

「分かりました。ナーガセーナ長老殿、余は、御貴殿の仰る通りであると認める者であります。」

第十　真理を喜ぶこと

「ナーガセーナ長老殿、幸有るお方は、また、次のように説かれました。

『比丘たちよ、他の人々が、わたくし（ブッダ、仏）を讃えることばを述べようとも、真理の教え（ダンマ、法）を讃えることばを述べようとも、出家の集団（サンガ、僧）を讃えることばを述べようとも、君たちは、それを喜び、欣び、心に満足を憶えてはならない』と。

しかるに、また、如来は、バラモンのセーラが、讃えることばをありのままに述べたとき、悦び、欣び、心に満足を憶え、またいっそう、自身の徳を、次の偈頌で、称揚されました。

『セーラよ、わたくしは王であり、この上ない真理の王（法王）である。

わたくしは、真理の教えの輪（法輪、「輪」は、車輪型の飛び道具）を転ずるのである、決して反転しない法輪を』

と。

ナーガセーナ長老殿、もしも、幸有るお方が、『比丘たちよ、他の人々が、仏を讃えることばを述べようとも、法を讃えることばを述べようとも、僧を讃えることばを述べようとも、君たちは、喜び、欣び、心に満足を憶えてはならない』と言われたのであるならば、『如来は、バラモンのセーラが、讃えることばをありのままに述べたとき、悦び、欣び、心に満足を憶え、またいっそう、自身の徳を称揚された』ということばは間違いです。もしも、『如来は、バラモンのセーラが、讃えることばをありのままに述べたとき、喜び、欣び、心に満足を憶え、またいっそう、自身の徳を称揚された』のであるならば、『比丘たちよ、他の人々が、仏を讃えることばを述べようとも、法を讃えることばを述べようとも、僧を讃えることばを述べようとも、君たちは、喜び、欣び、心に満足を憶えてはならない』ということばは間違いです。

　これもまた、両刀論法による問いであり、御貴殿に示されました。これは、御貴殿ならでは解けないものでありまず。」

「大王様、幸有るお方は、確かに、次のように説かれました。

『比丘たちよ、他の人々が、仏を讃えることばを述べようとも、法を讃えることばを述べようとも、僧を讃えることばを述べようとも、君たちは、喜び、欣び、心に満足を憶えてはならない』と。

　しかるに、また、バラモンのセーラが、讃えることばをありのままに述べたとき、如来は、またいっそう、自身の徳を、次の偈頌の中で称揚されました。

『セーラよ、わたくしは王であり、この上ない真理の王(法王)である。

　わたくしは、法輪を転ずるのである、決して反転しない法輪を』と。

　大王様、第一の文言は、幸有るお方が、真理の本来・自然の特性、虚妄でなく、如実の、真実に即した、真実を自己目的とする本性を照らし出そうとして、『比丘たちよ、他の人々が、仏を讃えることばを述べようとも、法を讃えることばを述べようとも、僧を讃えることばを述べようとも、君たちは、喜び、欣び、心に満足を憶えてはならない』と説かれたのであります。また、バラモンのセーラが、讃えることばをありのままに述べたとき、幸有るお方は、またいっそう、自身の徳を称揚して、『セーラよ、わたくしは王であり、この上ない法王である。わたくしは、法輪を転ずるのである、決して反転しない法輪を』と言われたのは、ブッダ御自身の利益のためでもなく、名声のためでもなく、徒党を組むためでもなく、弟子を獲得するためでもなく、実のところ、『かくして、この者(バラモンのセーラ)と三百人のバラモンの青年たちは、真理を目の当たりに観察することになるであろう』と知り、慈しみと共感(悲)と利他の思いを込めてそう説かれたのであります。このようにして、幸有るお方は、またいっそう、自身の徳を称揚して、『セーラよ、わたくしは王であり、この上ない法王である』と説かれたのであります。」

「分かりました。ナーガセーナ長老殿、余は、御貴殿の仰る通りであると認める者であります。」

第十一　捩じ伏せる

「ナーガセーナ長老殿、幸有るお方は、また、次の偈頌を説かれました。

『この世において、他人を害してはならない。他人を喜ばし、親切でありなさい』と。

　しかるに、また、幸有るお方は、次のようにも説かれました。

『捩じ伏せるべき相手は、捩じ伏せるに値する者であり、寛恕すべき相手は、寛恕するに値する者である』と。

ナーガセーナ長老殿、『捩じ伏せる』とは、手足を切り、叩き、縛り、拷問にかけ、死刑に処して生命を断つことであります。残虐さを表すことばは、幸有るお方には相応しくありませんし、幸有るお方が、このようなことばを口にするのは相応しいことではありません。

ナーガセーナ長老殿、もしも、幸有るお方が、『この世において、他人を害してはならない。他人を喜ばし、親切でありなさい』と言われたのであるならば、『捩じ伏せるべきものは、捩じ伏せる値する者であり、寛恕すべき相手は、寛恕するに値するものである』ということばは間違いです。もしも、『捩じ伏せるべき相手は、捩じ伏せるに値する者であり、寛恕すべき相手は、寛恕するに値するものである』と言われたのであれば、『この世において、他人を害してはならない。他人を喜ばせ、親切でありなさい』ということばも間違いです。

これもまた、両刀論法による問いであり、御貴殿に示されました。これは、御貴殿ならでは解けないものであります。」

「大王様、幸有るお方は、確かに、次の偈頌を説かれました。

『この世において、他人を害してはならない。他人を喜ばせ、親切でありなさい』と。

しかるにまた、次のようにも説かれました。

『捩じ伏せるべき相手は、捩じ伏せるに値する者であり、寛恕すべき相手は、寛恕するに値する者である』と。

『この世において、他人を害してはならない。他人を喜ばせ、親切でありなさい』というのは、大王様、これは、すべての如来が認めたもうところであり、訓戒であり、真理の教えであります。

大王様、なぜならば、真理は害することなきことを特性とするからであります。第一の文言は、真理の本性を示すことばなのであります。大王様、しかしながら、如来が、『捩じ伏せるべき相手は、捩じ伏せるに値する者であり、寛恕すべき相手は、寛恕に値するものである』というのは、次のことが言いたいためなのであります。

大王様、高ぶる心は捩じ伏せられるべきであり、へりくだる心は寛恕されるべきであり、悪心は捩じ伏せられるべきであり、善心は寛恕されるべきであります。理に叶わない思索は捩じ伏せられるべきであり、理に叶う思索は寛恕されるべきであります。誤った修行を為す者は捩じ伏せられるべきであり、正しい修行を為す者は寛恕されるべきであります。聖ならざる者は捩じ伏せられるべきであり、聖なる者は寛恕されるべきであります。盗賊は捩じ伏せられるべきであり、盗賊でない者は寛恕されるべきであります。

「ナーガセーナ長老殿、確かにそうでありましょうが、だからであります。」

今や、御貴殿は、余が示した問題点に立ち戻って来ました。余が、その解答を求めている問題点に立ち戻って来られたのであります。ナーガセーナ長老殿、盗賊を捩じ伏せる者は、どのようにして捩じ伏せればよいのでありましょうか？」

「大王様、盗賊を捩じ伏せる者は、次のように捩じ伏せるべきであります。呵責すべき者を呵責し、罰すべき者を罰し、追放すべき者を追放し、死刑に処すべき者を死刑に処するのです。」

「ナーガセーナ長老殿、では、盗賊を死刑に処するということを、すべての如来はお認めになっておられるのでしょうか？」

「大王様、そうではありません。」

「では、なぜ、すべての如来は、盗賊には訓戒が施されるべきであるとお認めになられたのでありましょうか？」

「大王様、死刑に処せられる者は、すべての如来が認めるから死刑に処せられるのではなく、自身が為した行いによって死刑に処せられるのであります。大王様、では、ブッダより真理の訓戒を授かっている者が、それでも罪なく咎なき通行人を捕えて、殺すことができるでありましょうか？」

「先生、出来ません。」

「大王様、それはなぜなのでしょうか？」

「先生、その通行人には罪がないからであります。」

「大王様、それと同じように、盗賊は、すべての如来がお認めになることで殺されるのではなく、自身が為した行いによって殺されるのであります。これについて、訓戒を授けるものである如来が、何か過ちを犯すでありましょうか？」

「先生、そういうことはありません。」

「大王様、では、すべての如来の訓戒は、正しい訓戒なのであります。」

「分かりました。ナーガセーナ長老殿、余は、御貴殿の仰る通りであると認める者であります。」

第十二　ブッダの怒り

「ナーガセーナ長老殿、幸有るお方は、また、次のように説かれました。

『わたくしは怒ることなく、梃子でも動こうとしない頑迷さを離れている』と。

しかるに、また、如来は、サーリプッタ（舎利弗《しゃりほつ》）長老やモッガッラーナ（目健連《もっけんれん》、目連《もくれん》）長老ともども、比丘の集団を説法の場から退去させました。

ナーガセーナ長老殿、如来は、怒って比丘の集団を説法の場から退去させたのでしょうか、それとも、説くべきことは説き終えたと満足したので退去させたのでしょうか？

ナーガセーナ長老殿、もしも、怒って比丘の集団を退去させたのであるならば、如来は、怒りをいまだ断じ切れていない人だということになります。もしも、説くべきことは説き終えたと満足したので退去させたのであるならば、如来は、まだ説くべきことがあるのに、根拠もなしに説き終えたと錯覚していることを自覚できないので、比丘の集団を退去させたということになります。

これもまた、両刀論法による問いであり、御貴殿に示されました。これは、御貴殿ならでは解けないものでありま す。」

「大王様、幸有るお方は、確かに、次のように説かれました。

『わたくしは怒ることなく、梃子でも動こうとしない頑迷さを離れている』と。

しかし、如来が、サーリプッタ長老やモッガッラーナ長老ともども、比丘の集団を説法の場から退去させたのは、怒りによってのことではありません。

大王様、ここに、ある男がいたとして、その男が、大地にある樹の根や、切株や、石ころや、砂利や、平坦でない地面に躓いて転んだとき、大王様、大地が怒ってその男を転ばせたのでしょうか？」

「先生、そのようなことはありません。大地には、怒りもなく、喜びもありません。大地は、その上を歩く人が好きだとか嫌いだとかということから離れております。その男は、自分の不注意で、躓いて転んだのです。

大王様、それと同じように、すべての如来には、怒りも、喜びもありません。供養を受けるに値する人（応供）、正しく目覚めた人（正等覚者）であるすべての如来は、対する相手が好きだとか嫌いだとかということから離れています。つまり、比丘の集団は、自身の為した行いから生じた自身の罪によって、説法の場から退去させられたのであります。

大王様、またたとえば、大海は、生き物の死骸と共存することなく、その中にある死骸を速やかに放り出し、岸辺に打ち上げるますが、大王様、その場合、大海は、怒って生き物の死骸を放り出すのでしょうか？」

「先生、そうではありません。大海には、怒りもなく、喜びもありません。大海は、みずからの内にあるものが好きだとか嫌いだとかということから離れております。」

「大王様、それと同じように、すべての如来には、怒りもなく、喜びもありません。応供、正等覚者であるすべての如来は、対する相手が好きだとか嫌いだとかということから離れています。つまり、その場合、比丘の集団は、自身の為した行いから生じた罪によって、説法の場から退去されたのであります。

大王様、大地に躓いた人が転ぶように、最上の勝者ブッダの教えに躓いた人は、説法の場から退去させられるのであります。また、大海が、その中にある生き物の死骸を放り出すように、最上の勝者ブッダの教えに躓いた人は、説法の場から退去させられるのであります。

大王様、ただし、如来が比丘の集団を、説法の場から退去させたのは、比丘たちの目的達成を願い、利益を願い、幸有ることを願い、清浄になることを願ってのことなのであります。つまり、『このようにすれば、この者たちは、生・老・病・死の苦しみから逃れるであろう』と願って、比丘の集団を、説法の場から退去させたのであります。」

「分かりました。ナーガセーナ長老殿、余は、御貴殿の仰る通りであると認める者であります。」

第四章

第一　マハーモッガッラーナ（大目健連）の横死

「ナーガセーナ長老殿、また、幸有るお方は次のように説かれました。

『比丘たちよ、わたくしの弟子（声聞《しょうもん》）である比丘たちの中で、神通の第一人者こそ、マハーモッガッラーナである』と。

しかるに、また、伝え聞くところによれば、

『マハーモッガッラーナ長老は、盗賊に棍棒で殴られ、頭蓋が割れ、骨が砕け、筋肉、血管、骨髄が断ち切られて死んだ』と言われています。

ナーガセーナ長老殿、マハーモッガッラーナ長老が、神通の極みに達していたのであるならば、『マハーモッガッラーナ長老は、盗賊に棍棒で殴られて死んだ』ということばは間違いです。もしも、盗賊の棍棒で殴られて死んだのであるならば、『マハーモッガッラーナ長老は、神通の極みに達していた』ということばも間違いです。諸天や人々が帰依する拠り所として相応しいほどの者が、どうして、神通の力で、自分が暴行を受けることを回避出来なかったのでしょうか？

これもまた、両刀論法による問いであり、御貴殿に示されました。これは、御貴殿ならでは解けないものであります。」

「大王様、確かに、幸有るお方は、次のように説かれました。

『比丘たちよ、わたくしの弟子である比丘たちの中で、神通の第一人者こそが、マハーモッガッラーナである』と。

しかるにまた、マハーモッガッラーナ長老は、盗賊に棍棒で殴られて死にましたが、しかしながら、それは、長老が、自身の業に縛られていたためなのであります。」

「ナーガセーナ長老殿、神通を具えている者の神通の力も、業の報いも、どちらも不可思議の（考え知ることの出来ない）ものです。とすれば、不可思議のものは、不可思議のものによって回避されるはずではないでしょうか？」

「大王様。たとえば、果実を手に入れようとする者が、手にした林檎で樹にある林檎を打ち落とし、手にしたマンゴーの果実で樹にあるマンゴーの果実を打ち落とすように、ナーガセーナ長老殿、不可思議のものは、不可思議のものによって、打ち落として回避されるはずではないでしょうか？」

「大王様、そうした不可思議のものの中でも、一つのも

のだけが突出して優位性と力を具えているのであります。

大王様、たとえば、この大地に、生まれ（出自階級）を同じくする諸々の王がいるとしましょう。生まれを同じくする王たちの中でも、一人の王が他の王たちを圧倒して、主導権を行使するように、大王様、不可思議のものの中で、業の報いが突出した優位性と力を具えており、それだけが、他の不可思議のものを圧倒して、主導権を行使するのであります。業に縛られた者の場合、他の不可思議のものが力を発揮する余地はないからであります。

大王様、また、ここにある男がいて、法典の条項に背いて罪を犯すとしましょう。その男の両親も、兄弟姉妹も、友人も同僚も、その男を引き渡そうとしません。そのとき、王は、その者たちを圧倒して、その男を引き渡すようにと、主導権を行使します。その理由は、その男が罪を犯したということです。大王様、それと同じように、不可思議のものの中で、業の報いの身が突出した優位性と力を具えており、他の不可思議のものを圧倒して、主導権を行使するのであります。業に縛られた者の場合、他の不可思議なものが力を発揮する余地はないからであります。

大王様、たとえば、また、この地上の密林火災が発生したとき、一千瓶の水があっても、火を鎮めることは出来ません。そのとき、ほかならぬその火が一千瓶の水を圧倒して、主導権を行使します。その理由は、火の力が強いということであります。大王様、それと同じように、不可思議のものの中で、業の報いだけが突出した優位性と力を具えており、他の不可思議のものを圧倒して、主導権を行使するからであります。業に縛られた者の場合、他の不可思議なものが力を発揮する余地はないからであります。大王様、それゆえ、マハーモッガッラーナ長老は、業に縛られており、盗賊が棍棒で殴ったときに、神通に思念を凝らすことが出来なかったのであります。」

「分かりました。ナーガセーナ長老殿、余は、御貴殿の仰る通りであると認める者であります。」

第二　律の秘匿

「ナーガセーナ長老殿、また、幸有るお方は、次のように説かれました。

『比丘たちよ、如来の説かれた教え（経）と律とは、開示されたときに輝き、隠されたときには輝かない』と。

しかるに、また一方、戒本（波羅提木叉）の読誦とヴィナヤ・ピタカ（律蔵）のすべてとは、比丘以外の一般の人々には秘匿され、隠されて来ました。

ナーガセーナ長老殿、もしも、人々が、勝者ブッダの教えについて、それに叶い、それを把握し、その本義に達したのであるならば、律が制定されたことも、開示されれば輝くことでありましょう。なぜかと言いますと、修行徳目である律が制定されたこと、つまり、自制、制御、戒行、徳行が制定されたことは、実利の基であり、真理の基であり、解脱の基だからであります。ナーガセーナ長老殿、もしも、幸有るお方が、『比丘たちよ、如来の説かれた経と律とは、開示されたときに輝き、隠されたときには輝かない』と言われたのであるならば、『戒本の読誦と律蔵のすべてとは、比丘以外の一般の人々には秘匿され、隠されて来ました』ということばは間違いです。もしも、戒本の読誦と律蔵のすべてとは、比丘以外の一般の人々には秘匿され、隠されて来たのであるならば、『比丘たちよ、如来の説かれた経と律蔵のすべてとは、比丘以外の一般の人々には秘匿され、隠されて来ました』ということばも間違いです。

これもまた、両刀論法による問いであり、御貴殿に示されました。これは、御貴殿ならでは解けないものでありまず。」

「大王様、確かに、幸有るお方は、次のように説かれました。

『比丘たちよ、如来の説かれた経と律とは、開示されたときに輝き、隠されたときには輝かない』と。

しかるに、また一方では、戒本の読誦と律蔵のすべてとは、比丘以外の一般の人々には秘匿され、隠されて来ました。ここで『秘匿され』というのは、いかなる人にも秘匿されたというのではなく、結界を定めて秘匿されたのであります。

大王様、幸有るお方は、戒本の読誦は、三つの理由があって、結界を定めて秘匿されました。一つには、往昔の如来たちの伝統として秘匿され、二つには、真理を重大なものとすることから秘匿され、三つには、比丘の立場を重大なものとすることから秘匿されました。

往昔の如来たちの伝統として、戒本の読誦が、結界を定めて秘匿されたとは、どのようなことかと言いますと、大王様、戒本の読誦は比丘の間でのみ行われ、他の人々には秘匿されたのは、往昔の如来たちの伝統だということであります。

大王様、たとえば、クシャットリヤ（武人）階級の人々の奥義の術は、クシャットリヤ階級の人々の間でのみ伝わるもので、これが、クシャットリヤ階級の人々の伝統なのでありまして、他の階級の人々には秘匿されております。大王様、それと同じように、戒本の読誦が、比丘たちの間でのみ行われ、他の人々には秘匿されたのは、往昔の如来たちの伝統なのであります。

大王様、またたとえば、この地上には、次のような一群の人々がいることが知られております。すなわち、力士、軽業師、奇術師、とんぼ返りの芸人、踊り子、役者、無言劇の役者、マニバッダ軽業師、プナバッダ軽業師、そしてまた、月や太陽や幸運の女神や悪運の女神やシヴァ神やヴァースデーヴァ神や雷霆神やアシバーサーやバッディプッタなどに秘儀を行う人々であります。この人々のそれぞれの秘儀は、同一集団にのみ伝えられ、他の集団には秘匿されています。大王様、それと同じように、戒本の読誦が比丘の間でのみ行われ、他の人々には秘匿されているのは、往昔の如来たちの伝統なのであります。往昔の如来たちの伝統により、戒本の読誦が、結界を定めて秘匿された、ということであります。

真理を重大なものとすることから、戒本の読誦が、結界を定めて秘匿されたとはどういうことかと言いますと、大王様、真理はきわめて重大なものであります。その真理にもとづいて行ずる者は、他の人に次のように告げます。すなわち、『師資相承の中で正しく行ずるならば、真理に完全に至るけれども、師資相承の中で正しく行ずることをしなかったならば、真理に完全に至ることはありません。この違うことのない真実のものである真理が、最勝のものである真理が、正しく行じない人々の手中に入ることで、軽視されたり、蔑視されたり、侮られたり、蔑まれたり、誹謗されることがあってはなりません。また、この違うことのない真実のものである真理、最勝のものである真理が、悪人たちに伝わることで、軽視されたり、蔑視されたり、侮られたり、蔑まれたり、誹謗されることがあってはなりません』と。

大王様、たとえば、正真正銘の、高価で、極上の赤栴檀の木が、賤しい人々の町に持ち込まれると、軽視されたり、軽蔑されたり、侮られたり、蔑まれたり、誹謗されたりします。大王様、それと同じように、『この違うことのない真実の真理が、師資相承の中で正しく行じない人々の手中に入ることで、軽視されたり、軽蔑されたり、侮られたり、蔑まれたり、誹謗されることがあってはなりません。また、この違うことのない真実のものである真理、最勝のものである真理が、悪人たちに伝わることで、軽視されたり、軽蔑されたり、侮られたり、蔑まれたり、誹謗されることがあってはなりません』と、このように、真理を重大なものとすることから、戒本の読誦が、結界を定めて秘匿されたのであります。

比丘を重大なものとすることから、戒本の読誦が、結界を定めて秘匿されたのはどういうことかと言いますと、大王様、比丘の身分は、比べるものもなく、量り知れず、値の付けられないものであります。いかなる者も、比丘を評価したり、比べたり、量ったり、値踏みすることは出来ません。そして、『このような、比丘の身分に確固として立つ者は、世間の人々と同列に扱われてならない』というわけで、比丘たちの間でのみ、戒本の読誦が行われるのであります。

大王様、たとえば、この世の中で、高価で極上の品々、それはあるいは、衣服であったり、絨毯であったり、あるいは、象であったり、騎馬であったり、車であったり、金であったり、銀であったり、摩尼宝珠であったり、真珠であったり、女宝などであったり、あるいは、無敵の勇者であったり、こうしたもののすべては王のものであります。大王様、それとおなじように、この世の中で、修行徳目としての律、健勝なるお方（善逝、ブッダ）から伝わる経典（阿含）、訓戒、正しい行の基であるすべての制御（総制）、防非止悪の戒行という徳は、すべて比丘の集団のものであります。これが、比丘の身分を重大なものとすることから、戒本の読誦が、結界を定めて秘匿された理由であります。」

「分かりました。ナーガセーナ長老殿、余は、御貴殿の仰る通りであると認める者であります。」

第三　罪の軽重

「ナーガセーナ長老殿、また、幸有るお方は、次のように説かれました。

『故意に虚言を吐く者は、教団永久追放（波羅夷）の罪になる』と。

しかるにまた、次のようにも説かれました。

『故意に虚言を吐く者は、軽い罪を犯すことになる。その者は、誰か一人の比丘の前で、犯した罪を告白しなければならない』と。

ナーガセーナ長老殿、ある虚言を吐くと教団を永久に追放されるというのと、別の虚言を吐いても許されるというのと、この違いは何なのでしょうか？　どういう理由があるのでしょうか？

ナーガセーナ長老殿、もしも、幸有るお方が、『故意に虚言を吐く者は、教団永久追放の罪になる』と説かれたのであるならば、『故意に虚言を吐く者は、軽い罪を犯すことになる。その者は、誰か一人の比丘の前で、犯した罪を告白しなければならない』ということばは間違いです。もしも、『故意に虚言を吐く者は、軽い罪を犯したことになる。その者は、誰か一人の比丘の前で、犯した罪を告白しなければならない』と言われたのであるならば、『故意に虚言を吐く者は、教団永久追放の罪になる』ということばも間違いです。

これもまた、両刀論法による問いであり、御貴殿に示されました。これは、御貴殿ならでは解けないものであります。」

「大王様、確かに、幸有るお方は、次のように説かれました。

『故意に虚言を吐く者は、教団永久追放の罪になる』と。

しかるにまた、こうも言われました。

『故意に虚言を吐く者は、軽い罪を犯したことになる。その者は、誰か一人の比丘の前で、犯した罪を告白しなければならない』と。

しかし、故意に虚言を吐くことは、場合場合で、重い罪ともなり、軽い罪ともなるのであります。大王様は、どのように考えられるでありましょうか？　ここに一人の男がいて、手で誰かを引っ叩くとしましょう。王様は、この男に、どのような罰を科されるでしょうか？」

「先生、引っ叩かれた人が、『わたくしは許さない』と言ったならば、当方としては、許さないとする被害者に、加害者が一カハーパナの罰金を支払うことにします。」

「大王様、それならば、今、その男が、手で大王様を引っ叩いたならば、どのような罰を科すのでしょうか？」

「先生、手を切らせ、足を切らせ、筍の皮を剥ぐように、男の頭の皮まで剥ぐでありましょう。また、その男の家の財産を没収し、母系であろうと父系であろうと、七世代にわたって親族を根絶やしにするでありましょう。」

「大王様、では、その男が、ある人を引っ叩いたら一カハーパナの罰金で済むというのと、大王様を引っ叩いたら、手を切らせ、足を切らせ、筍の皮を剥ぐように、男の頭の皮まで剥ぎ、母系であろうと父系であろうと、七世代にわたって親族を根絶やしにするというのと、この違いは何なのでありましょうか？　どういう理由があるのでしょうか？」

「先生、引っ叩く相手によるのです。」

「大王様、それと同じように、故意に虚言を吐くと、場合場合によって、重い罪ともなり、軽い罪ともなるのであります。」

「分かりました。ナーガセーナ長老殿、余は、御貴殿の仰る通りであると認めるものであります。」

第四　生まれる前の菩薩（ブッダの前生）による観察

「ナーガセーナ長老殿、また、幸有るお方は、『真理であることについての教え』の中で、次のように説かれました。『菩薩の両親が誰であるかは、菩薩が生まれる前に決まっており、いつ目覚めた人になるかは、菩薩が生まれる前に決まっており、誰が上席の弟子となるかは、菩薩が生まれる前に決まっており、誰が菩薩の子になるかは、菩薩が生まれる前に決まっており、誰が侍者になるかは、菩薩が生まれる前に決まっている』と。

しかるに、御貴殿たちは、次にように仰います。

『トゥシタ天（兜率天）におられたとき、菩薩は八つの大いなる観察をなさいました。いつ生まれるかを観察し、どの州（大陸）に生まれるかを観察し、どの国に生まれるかを観察し、どのような家系に生まれるかを観察し、母がどのような人であるかを観察し、母が懐妊可能な時期はいつかを観察し、どの月に自分が生まれるかを観察し、いつ出家するかを観察されました』と。

ナーガセーナ長老殿、知識が円熟していないときに、目覚めることはありません。知識が円熟したときには、直ちに目覚めることを目指します。なぜなら、円熟した心の働きは、目覚めること以外のものに囚われることがないからであります。であるのに、なぜ菩薩は、『自分はいつ生まれるのであろうか?』と、時を観察したりするのでしょうか? 知識が円熟していなときに、目覚めることはありません。知識が円熟したときには、直ちに目覚めることを目指します。であるのに、なぜ菩薩は、『自分はどのような家系に生まれるのであろうか?』と、家系を観察するのでしょうか?

ナーガセーナ長老殿、もしも、菩薩の両親が誰であるかは、菩薩が生まれる前に決まっていたのであるならば、菩薩が、『自分はどのような家系に生まれるのかを』観察するということばは間違いです。もしも、菩薩が、『自分はどのような家系にうまれるのか』と観察するのであるならば、『菩薩の両親が誰であるかは、菩薩が生まれる前に決まっていた』ということばも間違いです。

これもまた、両刀論法による問いであり、御貴殿に示されました。これは、御貴殿ならでは解けないものであります。」

「大王様、菩薩の両親が誰であるかは、菩薩が生まれる前に決まっていました。しかるにまた、菩薩は、自分がどのような家系に生まれるのかを観察されました。それでは、それをどのように観察したのでありましょうか? 菩薩は、『自分の両親となる人は、クシャットリヤ階級の人であろうか、それともバラモン階級の人であろうか』と、このように、自分が生まれる家系について観察されました。大王様、未来のことを、それ以前に予め観察しておくべき場合としては、次の八通りがあります。商人は、予め、どのような商品を売ったらよいか観察しなければなりません。象は、予め、これからどの道を行くか、鼻で探って観察しなければなりません。駁者は、予め、どの渡し場から川を渡ったらよいのか、観察しなければなりません。船頭は、予め、どの岸に寄せればよいのか、観察してから船を漕がなければなりません。医者は、予め、患者の生命力を観察してから、患者に接しなければなりません。橋を渡る者は、予め、橋が堅固であるかどうかを知ってから渡らなければなりません。比丘は、予め、正午までにと考えた上で食事を摂らなければなりません。菩薩は、予め、『自分が生まれるのは、クシャットリヤの家系であろうか、それとも、バラモンの家系であろうか』と、家系について観察しなければなりません。大王様、こうした八つの場合、未来のことが、それ以前に予め観察されなければなりません。」

「分かりました。ナーガセーナ長老殿、余は、御貴殿の仰る通りであると認める者であります。」

第五　自殺してはならない

「ナーガセーナ長老殿、また、幸有るお方は、次のように説かれました。

『比丘たちよ、自殺してはならない。自殺を願う者は、それ相応に処罰されるであろう』と。

しかるに、また、御貴殿たちは、次のように仰います。

『幸有るお方は、いかなる場合でも、弟子たちに教えを説くときには、あれやこれやの方法で、生・老・病・死の苦しみを断ずるに至る教えを説かれました。そして、誰であれ、生・老・病・死の苦しみを乗り越える者を、最高の讃辞をもって褒められました』と。

ナーガセーナ長老殿、もしも、幸有るお方が、『比丘たちよ、自殺してはならない。自殺を願う者は、それ相応に処罰されるであろう』と言われたのであるならば、幸有るお方が、『生・老・病・死の苦しみを断ずるに至る教えを説かれました』ということばは間違いです。もしも、幸有るお方が、『生・老・病・死の苦しみを断ずるに至る教えを説かれました』というのであれば、『比丘たちよ、自殺してはならない。自殺を願う者は、それ相応に処罰されるであろう』ということばは間違いです。

これもまた、両刀論法による問いであり、御貴殿に示されました。これは、御貴殿ならでは解けないものであります。」

「大王様、確かに、幸有るお方は、次のように説かれました。

『比丘たちよ、自殺してはならない。自殺を願う者は、それ相応に処罰されるであろう』と。

しかるに、また、幸有るお方は、いかなる場合でも、弟子たちに教えを説くときには、あれやこれやの方法で、生・老・病・死の苦しみを断ずるに至る教えを説かれました。しかしながら、幸有るお方が、片や、自殺を斥け、片や、生・老・病・死の苦しみを断ずることを勧められたのは、理由があってのことなのであります。」

「ナーガセーナ長老殿、それならば、ここで、幸有るお方が、片や斥け、片や勧められた、その理由は何でありましょうか？」

「大王様、戒行を保つ者・戒行を具えた者は、解毒剤アガダのように、生類の煩悩という毒を消し、薬の様ように、生類の煩悩という病を癒し、水のように、生類の煩悩という塵・垢を払い、摩尼宝珠のように、生類のすべての願いを叶え、船のように、生類を欲・有《う》・見・無明の四暴流《しぼる》の彼岸に渡し、隊商の長のように、生類に、生死の荒野を越えさせ、風のように、生類の貪・瞋・癡の三種の炎を吹き消し、慈雨を降らす大雲のように、生類の心を満足させ、師のように、生類に善を教え、勝れた案内人のように、生類に安楽の道を指し示します。

大王様、このように戒行を保つ者は、多くの、さまざまな、量り知れないほどの徳を具え、功徳を積み重ねた者であり、生類の安寧を図る者であります。ですから、幸有るお方は、生類を憐み愛おしんで、戒行を保つ者が消え去ってはならないとして、『比丘たちよ、自殺してはならない。自殺を願う者には、それ相応に処罰されるであろう』という内容の修行規律を設けられたのであります。大王様、これが、幸有るお方が比丘の自殺を斥けられた理由に他なりません。

大王様、また、弁舌巧みなクマーラカッサパ長老は、パーヤーシ王に来世の有り様を具に明らかにされたときに、次のように説かれました。

『陛下、戒行を保ち、善巧に秀でた沙門・バラモンたちは、この世に長く留まれば留まるほど、ますます多くの人々の利益、安楽のため、人々を憐み愛おしむため、そして、広く諸天や人々の実利・利益・安楽のために行動し続けることが出来るのであります』と。

次に、幸有るお方が、生・老・病・死の苦しみを断ずることを勧められた理由ですが、それは以下の通りであります。

大王様、生まれることも苦しみであり、老いることも苦しみであり、病むことも苦しみであり、死ぬことも苦しみであり、愁いも苦しみであり、悲しみも苦しみであり、苦痛も苦しみであり、悩みも苦しみであり、悶えも苦しみであり、愛おしくない者と出会うのも苦しみであり、愛おしい者と別れるのも苦しみであり、母の死も苦しみであり、父の死も苦しみであり、兄弟の死も苦しみであり、姉妹の死も苦しみであり、子供の死も苦しみであり、伴侶の死も苦しみであり、親族を失うのも苦しみであり、健康を失うのも苦しみであり、財産を失うのも苦しみであり、戒行を失うのも苦しみであり、正しい見解を失うのも苦しみであり、王の脅威も苦しみであり、盗賊の脅威も苦しみであり、火敵の脅威も苦しみであり、飢饉の脅威も苦しみであり、水の脅威も苦しみであり、波の脅威も苦しみであり、渦の脅威も苦しみであり、クンビーラ鰐の脅威も苦しみであり、ススカー鰐の脅威も苦しみであり、自分への誹謗中傷は苦しみであり、他人への誹謗中傷は苦しみであり、刑罰の脅威も苦しみであり、悪趣に堕ちる脅威も苦しみであり、仲間たちのいじめの脅威も苦しみであり、家計の脅威も苦しみであり、さまざまな残虐な刑罰（訳者註：二十七項目が並べられるが、訳すのが憚られるものばかりである）は苦しみである。

大王様、輪廻転生の中に入っている者は、このような多種多様の苦しみを受けるのであります。

大王様、たとえば、ヒマーラヤに降った雨が、石・礫・砂利・逆流・渦・波・淵・急流・樹の根・樹の枝を巻き込みながら押し流れてガンジス川に合流するように、大王様、輪廻転生の中に入っている者は、このような多種多様の苦しみを受けるのであります。大王様、輪廻転生の中にいることは苦しみであり、輪廻転生の中にいないこと（解脱して、涅槃寂静の境地にいること）は安楽であります。大王様、幸有るお方は、輪廻転生の中にいないことの徳（素晴らしい状態）と、輪廻転生の中にいることの脅威とを具に明らかにされ、輪廻転生の中にいないことに目覚めるため、生・老・病・死の苦しみを乗り越えるため、そうした苦しみを断ずることを勧められたのであります。大王様、これこそが、幸有るお方が、苦しみを断ずることを勧められた理由に他なりません。」

「分かりました。ナーガセーナ長老殿、問いは見事に解かれ、その理由も見事に示されました。余は、御貴殿の仰る通りであると認める者であります。」

第六　慈しみ

「ナーガセーナ長老殿、また、幸有るお方は、次のように説かれました。

『比丘たちよ、生類への慈しみを起こすことで、心解脱に至る行に入り、徹底的に行じ、繰り返し繰り返し行じ、習熟し、窮め、不断に努めたとき、十一の功徳が得られることが期待出来る。その十一とは、快適に眠ること、快適に目が覚めること、悪夢を見ないこと、人々に好意を持たれること、半神（人間ならざるものであるが、諸天ほどの地位にはない生類）に好意を持たれること、諸天が守護してくれること、火や毒や刀の害が及ばないこと、心が速やかに統一されること、顔色が喜びで輝くこと、臨終時に昏迷しないこと、最上の阿羅漢の位に達するか、さもなくとも、梵天界に至ること、以上である』と。

しかるに、また、御貴殿たちは、次のように言います。『慈しみの行に努めていたサーマ童子は、鹿の群れに取り囲まれて山の中を歩き回っていたとき、ピリヤッカ王に毒矢を射られ、その場に気を失って倒れました』と。

ナーガセーナ長老殿、もしも、幸有るお方が、『比丘たちよ、生類への慈しみを起こすことで、――梵天界に至ること』と説かれたのであるならば、『慈しみの行に努めていたサーマ童子は、鹿の群れに取り囲まれて山の中を歩き回っていたとき、ピリヤッカ王に毒矢を射られ、その場に気を失って倒れました』ということばは間違いです。もしも、『慈しみの行に努めていたサーマ童子は、鹿の群れに取り囲まれて山の中を歩き回っていたとき、ピリヤッカ王に毒矢を射られ、その場に気を失って倒れました』というのであるならば、『比丘たちよ、生類への慈しみを起こすことで、――火や毒や刀の害が及ばないこと』ということばも間違いです。

これもまた、甚だ微妙で奥深い両刀論法による問いであり、対論に巧みな人々でも、全身に汗するに違いありません。これが御貴殿にしめされました。この大きな結び目をほどき、未来の勝者ブッダの子たちに、無明から脱するための智慧の眼を与えてください。」

「大王様、確かに、幸有るお方は、次のように説かれました。

『比丘たちよ、生類への慈しみを起こすことで、――火や毒や刀の害が及ばないこと』と。

しかるにまた、慈しみの行に努めていたサーマ童子は、鹿の群れに取り囲まれて山の中を歩き回っていたとき、ピリヤッカ王に毒矢を射られ、その場に気を失って倒れました。大王様、しかしながら、これには理由があるのです。

大王様、生類への慈しみを起こすことで得られる十一の功徳は、人のものではなく、慈しみの行のものなのであります。大王様、サーマ童子が〔鹿たちを脅かそうと〕水瓶を投げ上げたまさにそのとき、慈しみの行は消えて失くなりました。大王様、人が慈しみの行を揺るがせにしないときには、火や毒や刀も、その人には害を及ぼしません。その人に、誰かが不利益を与えようと近づいても、姿が見えませんので、その人に害を及ぼす隙がないのであります。大王様、十一の功徳は、人のものではなく、慈しみの行のものなのであります。

大王様、ここにある戦士がいて、矢を通さない鎖帷子をまとって戦場に赴くとしましょう。射られた矢は、その戦士に当たるや、落下し、飛び散り、戦士を貫く隙がないでありましょう。大王様、射られた矢が戦士に当たるや、落下し、飛び散るというこの利益は、戦士のものではなく、矢を通さない鎖帷子のものなのです。大王様、それと同じように、十一の功徳は、人のものではなく、慈しみの行のものなのであります。大王様、人が慈しみの行を揺るがせにしないときには、火や毒や刀も、その人に害を及ぼしません。その人に、誰かが不利益を与えようと近づいても、姿が見えませんので、その人に害を及ぼす隙がないのであります。大王様、十一の功徳は、人のものではなく、慈しみの行のものなのであります。

大王様、またここにある男がいて、超人的な隠れ身の術の極意を手中にしているとしましょう。その極意がその男の手中にあるかぎり、凡人は、誰もその男を見ることが出来ません。大王様、その男が凡人には見えないというこの利益は、人のものではなく、隠れ身の術の極意のものなのであります。大王様、それと同じように、十一の功徳は、人のものではなく、慈しみの行のものなのであります。大王様、人が慈しみの行を揺るがせにしないときには、火や毒や刀も、その人に害を及ぼしません。その人に、誰かが不利益を与えようと近づいても、姿が見えませんので、その人に害を及ぼす隙がないのであります。大王様、十一の功徳は、人のものではなく、慈しみの行のものなのであります。

大王様、またたとえば、ある人が、見事に造られた大きな洞穴に入るとしましょう。大雨が降っても、その人を濡らすことが出来ません。大王様、大雨が降ってもその人を濡らさないというこの利益は、人のものではなく、大きな洞穴のものなのであります。大王様、それと同じように、十一の利益は、人のものではなく、慈しみの行のものなのであります。大王様、人が慈しみの行を揺るがせにしないときには、火や毒や刀も、その人に害を及ぼしません。その人に、誰かが不利益を与えようと近づいても、姿が見えませんので、その人に害を及ぼす隙がないのであります。大王様、十一の功徳は、人のものではなく、慈しみの行のものなのであります。」

「素晴らしいことです。ナーガセーナ長老殿、未曽有のことです。ナーガセーナ長老殿、慈しみの行は、すべての悪を防ぐものであります。」

「大王様、慈しみの行に努めれば、善人にも悪人にも、あらゆる善業功徳をもたらします。大きな功徳は、すべてのことの良し悪しを判断できる生類たちによって分け持たれるべきものなのであります。」

第七　デーヴァダッタとブッダとの優劣

「ナーガセーナ長老殿、善を為す者の報いと悪を為す者の報いは、同じでしょうか、それとも違うでしょうか？」

「大王様、善と悪との間には、違いがあります。大王様、善には楽の報いがあり、天界に生まれ変わらせます。悪には苦の報いがあり、地獄に堕とします。」

「ナーガセーナ長老殿、御貴殿たちは、『デーヴァダッタは全く邪悪であり、邪悪の性質をすべて具えている。菩薩は全く清浄であり、清浄の性質をすべて具えている』と言います。しかるにまた、デーヴァダッタは、諸々の前生を通じて、名声においても、従う人のかずにおいても、菩薩と全く同じであるか、ときとしては、かえって菩薩よりも勝っていました。

デーヴァダッタが、ヴァーラーナシーの都城で、ブラフマグプタ王の司祭として生を享けていたとき、菩薩は最下層階級チャンダーラの呪術師でした。菩薩は、呪文を唱えて、時ならぬにマンゴー樹に実をつけさせました。この場合も、菩薩はデーヴァダッタに比べて、生まれも劣り、名声も劣っていました。

さらにまた、デーヴァダッタが王となり、大地を支配する君主としてすべて欲しいものを享受していたとき、菩薩は、王が乗る、あらゆる飾りをつけられた象でありました。王は、その象の優雅な振る舞いの魅惑に我慢ならなくなり、象を殺そうと、象使いにこう命じた。『象使いよ、お前の象はまだ調教が足りない。空中飛行の術をそれにやらせてみよ』と。この場合も、菩薩は、デーヴァダッタに比べて、生まれが劣り、卑しい象でした。

さらにまた、デーヴァダッタが人となって、山林に住む破産者であったとき、菩薩は、『大地』という名の猿でした。この場合も、人と畜生の違いがあり、菩薩は、デーヴァダッタに比べて、生まれが劣っていました。

　さらにまた、デーヴァダッタが人となって、ソーヌッタラという名の、猟師階級に属し、象にも匹敵する大力の男であったとき、菩薩は、『六牙』という名の象王でありました。そのとき、この猟師の男は、その象を殺しました。その場合も、デーヴァダッタは菩薩よりも勝っていました。

　さらにまた、デーヴァダッタが人となって、山林に住む破産者であったため秘匿されたとき、菩薩は、呪文を唱える鷓鴣《しゃこ》鳥でした。そのときも、かの山林を彷徨う者は、その鳥を殺しました。その場合も、デーヴァダッタの生まれは、菩薩の生まれよりも勝っていました。

　さらにまた、デーヴァダッタが、カラーブという名のカーシ国王であったとき、菩薩は、忍辱を説く苦行者でした。そのとき、王は、その苦行者に怒り、筍の皮を剥ぐように、手足を切らせました。その場合も、デーヴァダッタは、生まれも名声も、菩薩に勝っていました。

　さらにまた、デーヴァダッタが人となって、樵夫であったとき、菩薩は、ナンディヤという名の猿王でした。そのときも、樵夫が、母と弟ともどもその猿王を殺しました。この場合も、デーヴァダッタは、菩薩よりも生まれが勝っていました。

　さらにまた、デーヴァダッタが人となって、カーランビヤという名の全裸の苦行者であったとき、菩薩は、パンダラカという名の象王でした。この場合も、デーヴァダッタの生まれは、菩薩の生まれよりも勝っていました。

　さらにまた、デーヴァダッタが人となって、山中に住む結髪の苦行者であったとき、菩薩は、タッチャカという名の大豚でした。この場合も、デーヴァダッタの生まれが、菩薩の生まれよりも勝っていました。

　さらにまた、デーヴァダッタが、スラバリチャラという名のチェーディ国王となり、人の頭の高さの空中を行く者でした。そのとき、菩薩は、カピラという名のバラモンでした。この場合も、デーヴァダッタは、生まれも名声も、菩薩より勝っていました。

　さらにまた、デーヴァダッタが、サーマという名の人であったとき、菩薩は、ルルという名の鹿王でした。この場合も、デーヴァダッタの生まれが、菩薩より勝っていました。

　さらにまた、デーヴァダッタが人となり、山林を彷徨う猟師であったとき、菩薩は象でした。猟師は、その象の牙を七度切り取って持ち去りました。この場合も、デーヴァダッタの生まれが、菩薩より勝っていました。

　さらにまた、デーヴァダッタが、王の資質のあるジャッカルのような知略者となり、閻浮提の地方の諸王をことごとく征服したとき、菩薩は、ヴィドゥラという名の賢者でした。この場合も、デーヴァダッタの名声が、菩薩よりも勝っていました。

　さらにまた、デーヴァダッタが象となり、鶉の子を殺したとき、菩薩もまた象で、群れの王でした。この場合は、両者互角でありました。

さらにまた、デーヴァダッタが、アダンマという名の夜叉であったとき、菩薩もまた、ダンマという名の夜叉でした。この場合も、両者互角でした。

さらにまた、デーヴァダッタが船頭で、五百戸の長であったとき、菩薩も五百戸の長でした。この場合も、両者互角でした。

さらにまた、デーヴァダッタが隊商の指揮者となり、五百台の車の長であったとき、菩薩もまた、隊商の指揮者であり、五百台の車の長でした。この場合も、両者互角でした。

さらにまた、デーヴァダッタが、サーカという名の鹿王であったとき、菩薩もまた、ニグローダという名の鹿王でした。この場合も、両者互角でした。

さらにまた、デーヴァダッタが、サーカという名の将軍であったとき、菩薩は、ニグローダという名の王でした。この場合も、両者互角でした。

さらにまた、デーヴァダッタが、カンダハーラという名のバラモンであったとき、菩薩は、チャンダという名の王でした。そのときには、カンダハーラが勝っていました。

さらにまた、デーヴァダッタが、ブラフマグプタという名の王であったとき、菩薩は、その子、マハーパドゥマという名の王子でした。そのとき、王は、自分の子も、盗賊を投げ落とす断崖から投げ落としました。父が子より勝りすぐれているかぎり、この場合も、デーヴァダッタが勝っていました。

さらにまた、デーヴァダッタが、マハーパターパという名の王であったとき、菩薩は、その子、ダンマパーラという名の王子でした。そのとき、王は、自分の子の手足と首を切らせました。その場合も、デーヴァダッタはいっそう勝っていました。

今、両者とも、釈迦族に生まれました。菩薩は目覚めた人ブッダとなり、全智者であり、世間の指導者であります。デーヴァダッタは、ブッダの無比にして無上の教えに接して出家したのち、神通を発揮し、目覚めた人ブッダになろうとの大望を抱きました。ナーガセーナ長老殿、わたくしの語ったことは、すべて本当でしょうか、それとも、間違っているでしょうか？」

「大王様が示された多くの実例は、みな、本当であって、まったく間違っておりません。」

「ナーガセーナ長老殿、もしも、黒（悪人）も白（善人）も、生まれ変わり先が全く同じであるならば、善も悪も、果報は全く同じです。」

「大王様、善も悪も、果報が全く同じというのではありません。大王様、デーヴァダッタは、すべての人と敵対したのではありません。菩薩は、いかなる人とも敵対しませんでした。デーヴァダッタが菩薩に対して為した敵対行為は、前生ごとに、それぞれに熟し、果報を生じました。大王様、デーヴァダッタも、主権者であったときには、諸地方を保護し、橋・集会堂・休憩所を造らせ、沙門・バラモン・困窮者・物乞い・救護する者される者たちに、その者たちが望むだけの布施を行いました。デーヴァダッタは、その果報として、世々生々にわたって、栄誉を享受しました。大王様、布施・自制・総制・布薩を行わないで栄誉を手にすると、誰が言うことが出来るでありましょうか？

また、大王様は、『デーヴァダッタと菩薩とは、同時に転生した』と仰いますが、両者の出会いは、百生を過ぎたときでもなく、千生を過ぎたときでもなく、百千生を過ぎたときでもなく、数多の日夜を過ぎたあるとき、ある機会に出会ったのであります。大王様、この両者の出会いは、人身を受けることの稀なること、盲亀の浮木のごとしと、幸有るお方が示された譬えの通りであるとお認めください。

大王様、菩薩は、デーヴァダッタとだけ出会ったのではありません。大王様、サーリプッタ長老も、幾百千生にわたって、菩薩の父となり、祖父となり、伯父となり、兄弟となり、子となり、甥となり、友となりました。大王様、菩薩も、幾百千生にわたって、サーリプッタ長老の父となり、祖父となり、伯父となり、兄弟となり、子となり、甥となり、友となりました。大王様、一切衆生の群れの中にあり、輪廻転生の流れに順い、輪廻転生の流れに押し流されているすべての者は、愛おしくない人にも出会うし、愛おしい人にも出会います。大王様、たとえば、流れに押し流される水が、清浄なもの・不浄なもの・美しいもの・醜いものと出会うように、一切衆生の群れの中にあり、輪廻転生の流れに順い、輪廻転生の流れに押し流されているすべての者は、愛おしくない者とも出会い、愛おしい者とも出会うのであります。

大王様、デーヴァダッタが夜叉であったとき、そもそも不誠実そのものであって、他の者に不誠実な生活を勧め、かくして、五億七千六百万年のあいだ、大地獄の責め苦を享けました。大王様、菩薩が夜叉であったとき、そもそも誠実そのものであって、他の者に誠実な生活を勧め、かくして、五億七千六百万年のあいだ、天界であらゆる望んだことを享受して楽しみました。大王様、デーヴァダッタは、今生で、害するべきでないブッダを害しました。また、よくまとまっている出家の集団を破壊し（破僧伽）、大地に呑み込まれました。如来は、すべての真理を体得し、身体が滅した（亡くなった）ときに、完全な涅槃に入られたのであります。」

「分かりました。ナーガセーナ長老殿、余は、御貴殿の仰る通りであると認める者であります。」

第八　女性の悪行

「ナーガセーナ長老殿、また、幸有るお方は、次のように説かれました。

『逢瀬があれば、隠しおおせるなら、
それなりの男を誘えるなら、
すべての女性は悪行（不倫）を為すであろう、
それなりの男が他にいなければ、手近な誰とでも』と。

しかるにまた、世間ではこう言われています。
『マホーサダの妻で、アマラーという名の女性は、夫が旅立ってから村に留まり、ひっそりと他人を避けて暮らし、夫を主君のように思い、千金をもって誘われても悪行を為さなかった』と。

ナーガセーナ長老殿、もしも、幸有るお方が、
『逢瀬があれば、隠しおおせるなら、
それなりの男が誘えるなら、
すべての女性は悪行を為すであろう、
それなりの男がいなければ、手近な誰とでも』
と言われたのであるならば、『マホーサダの妻で、アマラーという名の女性は、夫が旅立ってから村に留まり、ひっそりと他人を避けて暮らし、夫を主君のように思い、千金をもって誘われても悪行を為さなかった』ということばは間違いです。もしも、『マホーサダの妻で、アマラーという名の女性は、夫が旅立ってから村に留まり、ひっそりと他人を避けて暮らし、夫を主君のように思い、千金をもって誘われても悪行を為さなかった』というのであるならば、
『逢瀬があれば、隠しおおせるなら、それなりの男が誘えるなら、すべての女性は悪行を為すであろう、それなりの男がいなければ、手近な誰とでも』
ということばも間違いです。

これもまた、両刀論法による問いであり、御貴殿に示されました。これは、御貴殿ならでは解けないものであります。」

「大王様、確かに、幸有るお方は、次のように説かれました。
『逢瀬があれば、隠しおおせるなら、それなりの男が誘えるなら、すべての女性は悪行を為すであろう、それなりの男がいなければ、手近な誰とでも』と。

しかるにまた、『マホーサダの妻で、アマラーという名の女性は、夫が旅立ってから村に留まり、ひっそりと他人を避けて暮らし、夫を主君のように思い、千金をもって誘われても悪行を為さなかった』と世間では言われています。大王様、そのアマラーという名の女性に、逢瀬があったり、隠しおおせたり、それなりの男を誘えたならば、その女性は、千金を得て、それなりの男と悪行を為したでありましょう。

大王様、ところが、熟慮した上で、アマラーは、逢瀬も、隠しおおすことも、誘う男を見出さなかったのであります。

現世での誹りを怖れたため逢瀬を見出さず、来世で地獄の苦しみを受けることを怖れたため逢瀬を見出さず、悪行は苦しみの果報をもたらすとして逢瀬を見出さず、大切な

人を失いたくないために逢瀬を見出さず、夫を尊敬しているために逢瀬を見出さず、真理に畏敬の念を抱いているために逢瀬を見出さず、聖ならざるものを忌むので逢瀬を見出さず、貞節を守り通す誓いのことばを破りたくないために逢瀬を見出さなかったと、このような多くの理由で、アマラーは、逢瀬を見出すことをしなかったのであります。

また、アマラーは、熟慮した上で、この世で悪行を隠しおおせることは出来ないと知り、悪行を為さなかったのであります。もしも、アマラーが、悪行を人からは隠しおおせたとしても、半神（夜叉、悪鬼など）たちから隠しおおすことは出来ないでありましょう。もしも、半神たちから隠しおおせたとしても、他心通を持つ出家たちから隠しおおすことは出来ないでありましょう。もしも、他心通を持つ出家たちから隠しおおせたとしても、他心通を持つ諸天から隠しおおすことは出来ないでありましょう。もしも、他心通を持つ諸天から隠しおおせても、悪人である自分自身から隠しおおすことはできないでありましょう。もしも、悪人である自分自身から隠しおおせても、悪行の因果応報の鉄則から隠しおおすことは出来ないでありましょうと、このような多くの理由によって、アマラーは、悪行を隠しおおすことが出来なかったのであります。

また、アマラーは、熟慮した上で、誘うべきそれなりの男を見出さなかったので、悪行を為さなかったのでありま す。夫のマホーサダは、学識者で、自身を際立たせる二十八の部位をすべて具えているのです。その二十八とは、次の通りであります。大王様、マホーサダは、勇気があり、自らに恥じること（慚）を知り、他人に恥じること（愧）を知り、多くの人から信頼を寄せられ、多くの友を持ち、よく堪え忍び（忍辱）、戒行を保ち、違うことのない真実のことばを語り、身口意の三業にわたって清浄であり、瞋らず、高ぶらず、人を妬まず、精進に努め、家業に精励し、自制心があり、何事も他人と分ち合うことを好み、柔和に語り、慎ましく、ずる賢くなく、偽ることなく、高い知性を具え、人々に賞讃され、多くの知識を身につけ、自分に仕える者たちの利益をはかり、すべての人々に慕われ、財産（利養）があり、名声（名聞《みょうもん》）があります。大王様、学識者マホーサダは、こうした二十八の部位をすべて具えていました。というわけで、アマラーが悪行を為さなかったのは、夫マホーサダに匹敵するような誘うに値する男を見出さなかったからであります。」

「分かりました。ナーガセーナ長老殿、余は、御貴殿の仰る通りであると認める者であります。」

第九　阿羅漢の畏怖

「ナーガセーナ長老殿、また、幸有るお方は、次のように説かれました。

『阿羅漢は、畏怖と戦慄を離れている』と。

しかるにまた、王舎城（マガダ国の首都）で、ダナパーラカという名の凶暴な象が、幸有るお方にのしかかろうとするのを見て、漏（煩悩）を滅尽している五百人の阿羅漢たちは、最勝者を棄て、アーナンダ長老一人を残して、散り散りに逃げ去りました。ナーガセーナ長老殿、阿羅漢たちは、畏怖のために逃げ去ったのでしょうか？　また、『ブッダの自業自得だと広く知らせよう』と考え、十力ある者ブッダを打ち倒そうとして逃げ去ったのでしょうか？　また、あるいはまた、如来の、比類なく広大で等しいもののない奇蹟（神変）を目の当たりにしようとして逃げ去ったのでしょうか？

ナーガセーナ長老殿、もしも、幸有るお方が、『阿羅漢は、畏怖と戦慄を離れている』と説かれたのであるならば、『王舎城で、ダナパーラカという名の凶暴な象が、幸有るお方にのしかかろうとするのを見て、漏を滅尽している五百人の阿羅漢たちは、最勝者を棄て、アーナンダ長老一人を残して、散り散りに逃げ去りました』ということばは間違いです。もしも、『王舎城で、ダナパーラカという名の凶暴な象が、幸有るお方にのしかかろうとするのを見て、漏を滅尽している阿羅漢たちは、最勝者を棄て、アーナンダ長老一人を残して、散り散りに逃げ去りました』といいのであるならば、『阿羅漢は、畏怖と戦慄を離れている』ということばも間違いです。

これもまた、両刀論法による問いであり、御貴殿に示されました。これは、御貴殿ならでは解けないものであります。」

「大王様、確かに、幸有るお方は、次のように説かれました。

『阿羅漢は、畏怖と戦慄を離れている』と。

しかるにまた、王舎城で、ダナパーラカという名の凶暴な象が、幸有るお方にのしかかろうとするのを見て、漏を滅尽している五百人の阿羅漢たちは、最勝者を棄て、アーナンダ長老一人を残して、散り散りに逃げ去りました。しかしながら、阿羅漢たちが逃げ去ったのは、畏怖のためでもなく、また、幸有るお方を打ち倒そうとしたためでもありません。大王様、阿羅漢が畏怖したり、戦慄したりする原因は、すでに阿羅漢たちは根絶しているからであります。ですから、阿羅漢は、畏怖と戦慄を離れているのであります。

大王様、大地は、人々が自分を掘り崩すのを見ても、あるいは、自身で海や山や山頂を支えているときでも、畏怖の念を抱くでありましょうか？」

「先生、そのようなことはありません。」

「大王様、それはなぜなのでしょうか？」

「先生、大地が畏怖したり戦慄したりするような理由は、大地にはないからです。」

「大王様、それと同じように、阿羅漢が畏怖したり戦慄したりするような理由は、阿羅漢たちにはないのであります。大王様、山頂は、人々がそれを切るとき、崩すとき、倒すとき、あるいは火で焼くとき、畏怖の念を抱くでありましょうか？」

「先生、そういうことはありません。」

「大王様、それはなぜなのでしょうか？」

「先生、山頂が畏怖したり、戦慄したりするような理由は、山頂にはないからです。」

「大王様、それと同じように、阿羅漢が畏怖したり、戦慄したりするような理由は、阿羅漢たちにはないのであります。大王様、たとい、百千世界の、およそ生類の枠の内にあろうかというすべての者たちが、手に手に槍を持って一人の阿羅漢に迫って畏怖させようとも、阿羅漢の心には、何の変化も生じないでありましょう。その因も縁もないからであります。

大王様、しかしながら、漏を滅尽しているその阿羅漢たちに、このような、「もし仮に」を内容とする省察が心に生じたのであります。『本日、最勝の勝者たる牛王ブッダが、この最勝の都城にお入りになったとき、ダナパーラカという名の凶暴な象が、街中を突進するであろう。そのとき、侍者アーナンダ長老が、諸天の最上の天であるブッダを棄てないであろうことは、疑う余地がない。もしも、自分たちがみな幸有るお方を棄てて逃げ去らなかったら、アーナンダの徳が顕れないであろう。それではいざ、自分たちは立ち去ることにしよう。こうすれば、多くの人々が丸々一まとまり、煩悩の堅い結び目を解きほぐすことが出来ることになるであろうし、アーナンダの徳も顕れるであろう』と。このようなわけで、かの阿羅漢たちは、自分たちが逃げ去ることで顕れはずの功徳を察知して、散り散りに逃げ去ったのであります。」

「ナーガセーナ長老殿、問いは見事に解かれました。阿羅漢たちには、畏怖も戦慄もありません。かの阿羅漢たちは、功徳が顕れることを察知して、散り散りに逃げ去ったのです。」

第十　全智者の瞋り

「ナーガセーナ長老殿、御貴殿たちは、『如来は全智者である』と仰います。

しかるに、また、御貴殿たちは次のように仰います。『サーリプッタとモッガッラーナとを上首とする比丘の集団が、如来によって説法の場から退去させられたとき、チャートゥマー町の釈迦族と娑婆世界の主である梵天は、種子の譬えと子牛の譬えを示して、幸有るお方を喜ばせ、お許しをいただき、御納得をいただきました』と。

ナーガセーナ長老殿、如来が、比丘の集団をお許しになり、御機嫌が直り、納得されるように仕向けたその譬えを、如来は御存知なかったのでしょうか？　ナーガセーナ長老殿、もしも、その譬喩を如来が御存知でなかったならば、ブッダは全智者ではありません。もしも、御存知だったのであるならば、ブッダは、比丘の集団を試そうとして、わざと荒々しく振る舞い、その者たちを説法の場から退去させたのでしょうか？　もしも、そうであるならば、ブッダは無慈悲なお方だということになり兼ねません。

これもまた、両刀論法による問いであり、御貴殿に示されました。これは、御貴殿ならでは解けないものであります。」

「大王様、如来は全智者であります。しかるにまた、幸有るお方は、その譬えによって、お喜びになり、比丘の集団をお許しになり、御機嫌が直り、納得されました。大王様、如来は真理の主であります。釈迦族と梵天は、すでに如来が説かれた譬えによって如来を喜ばせ、満足いただき、御納得をいただきました。その上で、如来は、釈迦族と梵天を嘉して、『素晴らしいことだ』と、そのことを大いに喜ばれました。

大王様、たとえば、妻は、夫が所有する財産を褒めることで、夫を喜ばせ、満足させ、そして、夫が妻に、『素晴らしいことだ』と、そのことを大いに喜びますが、大王様、それと同じように、チャートゥマー町の釈迦族と娑婆世界の主である梵天は、すでに如来が説かれた譬えによって如来を喜ばせ、満足いただき、御納得をいただきました。その上で、如来は、釈迦族と梵天を嘉して、『素晴らしいことだ』と、そのことを大いに喜ばれました。

大王様、またたとえば、宮廷理髪師が、王が所有する黄金の蛇形櫛で王の髪を飾り立てて王を喜ばせ、満足させ、そして、王がその理髪師を嘉して、『素晴らしいことだ』と、そのことを大いに喜び、理髪師の望みにのままに褒美の品を与えますが、大王様、それと同じように、チャートゥマー町の釈迦族と娑婆世界の主である梵天は、すでに如来が説かれた譬えによって如来を喜ばせ、満足いただき、御納得をいただきました。その上で、如来は、釈迦族と梵天を嘉して、『素晴らしいことだ』と、そのことを大いに喜ばれました。

大王様、またたとえば、仏弟子は、師が托鉢で得た飲食物を受け取って、師に給仕することで、師を喜ばせ、満足いただきます、そして、師がその弟子を嘉して、『素晴らしいことだ』と、そのことを大いに喜ぶように、大王様、それと同じように、釈迦族と娑婆世界の主である梵天は、すでに如来が説かれた譬えによって如来を喜ばせ、満足いただき、御納得をいただきました。その上で、如来はその者たちを嘉して、『素晴らしいことだ』と、そのことを大いに喜び、すべての苦しみからの離脱に至る教えを説かれたのであります。」

「分かりました。ナーガセーナ長老殿、余は、御貴殿の仰る通りであると認める者であります。」

第五章

第一　精舎の生活

「ナーガセーナ長老殿、また、幸有るお方は、次の偈頌を説かれました。

『親しく交わることから畏怖が生じ、
家にいることから塵が生ずる。
親しく交わらないこと、家にいないこと、
これが聖者の見識である』と。

しかるにまた、次のようにも説かれました。

『快適な精舎を建立させ、そこに多聞の者たち（如来の説法を数多く聴聞した比丘たち）を滞在せしめよ』と。

ナーガセーナ長老殿、もしも如来が、

『親しく交わることから畏怖が生じ、
家にいることから塵が生ずる。
親しく交わらないこと、家にいないこと、
これが聖者の見識である』

と説かれたのであるならば、『快適な精舎を建立させ、そこに多聞のものたちを滞在せしめよ』ということばは間違いです。もしも、如来が、『快適な精舎を建立させ、そこに多聞の者たちを滞在せしめよ』いうのであるならば、『親しく交わることから畏怖が生じ、――見識である』ということばも間違いです。

これは、両刀論法による問いであり、御貴殿に示されました。これは、御貴殿ならでは解けないものであります。」

「大王様、確かに、幸有るお方は、次の偈頌を説かれました。

『親しく交わることから畏怖が生じ、
家にいることから塵が生ずる。
親しく交わらなこと、家にいないこと、
これが聖者の見識である』と。

しかるにまた、次のようにも説かれました。

『快適な精舎を建立させ、そこに多聞の者たちを滞在せしめよ』と。

大王様、幸有るお方が、『親しく交わることから――見識である』と言われたのは、ことの本質を示すことばであり、補足説明する余地のないことばであり、余す所のないことばであり、それ以外にはあり得ないことばであり、沙門に相応しい沙門の規範であり、沙門の踏むべき道であり、出家の修行そのものであります。

大王様、たとえば、林に棲む鹿が林の中を歩き回り、家なく住処ないがゆえに、好きなところで臥すように、大王様、比丘は、『親しく交わることから畏怖が生じ、家にいることから塵が生ずる。親しく交わらないこと、家にいないこと、これが聖者の見識である』と考えるべきであります。大王様、しかるに、幸有るお方が、『快適な精舎を建立させ、そこに多聞の者たちを滞在せしめよ』と言われたのは、二つに理由を念頭に置いて説かれたからであります。

一つには、精舎の布施(寄進)ということであります。在家の人が精舎を布施することは、すべての仏たちが、賞賛され、讃嘆され、称揚され、褒め称えるところであります。精舎を布施する人々は、その後、生・老・病・死の苦しみから解脱するでありましょう。これが、精舎の布施の第一の功徳であります。

二つには、精舎があると、比丘尼(女性の出家)たちは、聡明な比丘と身近に接することが出来るでありましょうし、お目にかかりたいと願う人は、容易にお目にかかることが出来るでありましょう。もしも、比丘たちが滞在するところがないならば、お目にかかることは容易ではないでありましょう。これが、精舎の布施の第二の功徳であります。

これら二つの理由を、幸有るお方は念頭に置いて、『快適な精舎を建立させ、そこに多聞の者たちを滞在せしめよ』と言われたのであります。こういうわけですから、ブッダの子は、家にいることに執著してはならないのであります。」

「分かりました。ナーガセーナ長老殿、余は、御貴殿の仰る通りであると認める者であります。」

第二　胃袋の制御

「ナーガセーナ長老殿、また、幸有るお方は、次の偈頌を説かれました。

『乞食(托鉢)について放逸であってはならない。胃袋を制御する者でなければならない』と。

しかるに、また、幸有るお方は、

『ウダーイン君、わたくしは、一度ならず、この鉢の縁ぎりぎりまで満たされた食を食べ、また、それよりもっと多くの食を食べたことがある』と言われました。

ナーガセーナ長老殿、もしも、幸有るお方が、『乞食について放逸であってはならない。胃袋を制御する者でなければならない』と言われたのであるならば、『ウダーイン君、わたくしは、一度ならず、この鉢の縁ぎりぎりまで満たされた食を食べ、また、それよりもっと多くの食を食べたことがある』ということばは間違いです。もしも、幸有るお方が、『ウダーイン君、わたくしは、一度ならず、この鉢の縁ぎりぎりまで満たされた食を食べ、また、それよりもっと多くの食を食べたことがある』と言われたのであるならば、『乞食について放逸であってはならない。胃袋を制御する者でなければならない』ということばも間違いです。

これもまた、両刀論法による問いであり、御貴殿に示さ

れました。これは、御貴殿ならでは解けないものでありま
す。」
「大王様、確かに、幸有るお方は、次の偈頌を説かれま
した。
『乞食について放逸であってはならない。
胃袋を制御する者でなければならない』と。
しかるに、また、
『ウダーイン君、わたくしは、一度ならず、この鉢の縁
ぎりぎりまで満たされた食を食べ、また、それよりもっと
多くの食を食べたことがある』と言われました。
大王様、幸有るお方が、『乞食について放逸であっては
ならない。胃袋を制御する者でなければならない』と言わ
れたことは、事の本質を示すことばであり、補足説明の余
地のないことばであり、余すところのないことばであり、
それ以外にはないということばであり、違うことのない真
実のことばであり、正真のことばであり、如実のことばで
あり、間違いのないことばであり、仙人のことばであり、
聖者のことばであり、幸有るお方のことばであり、阿羅漢
のことばであり、独覚《どっかく》のことばであり、勝者のことばであ
り、全智者のことばであり、如来・阿羅漢・正しく目覚め
た人（正覚者）のことばであります。
大王様、胃袋を制御しない者は、生類を殺し（殺生）、
与えられないものを取り（偸盗）、他人の妻に通じ（邪婬）、
虚言を語り（不妄語）、酒を飲み（飲酒）、母を殺し、父を
殺し、阿羅漢を殺し、出家の教団を分裂させ（破僧伽）、
悪心を抱いて如来から血を流させるのであります。
大王様、デーヴァダッタは、胃袋を制御しないことで、
出家の教団を分裂させ、一劫の間地獄の苦しみを受けるだ
けの悪業を積んだではありませんか。このような色々な実
例を見て、幸有るお方は、『乞食について放逸であっては
ならない。胃袋を制御する者でなければならない』と言わ
れたのであります。
大王様、胃袋を制御する者は、四聖諦を正しく観察し、
四沙門果を体得し、四無礙解を理解し、八等至と六神通を
自在にこなすことが出来、沙門が至るべきすべてのことを
成就するのであります。
美しい鳩が、胃袋を制御したことで、三十三天までも震
撼させ、天帝の帝釈天を自分の侍臣となし、かしずかせた
ではありませんか？　大王様、このような色々な実例を見
て、幸有るお方は、『乞食について放逸であってはならない。
胃袋を制御する者でなければならない』と言われたのです。
大王様、しかるに、幸有るお方が、『ウダーイン君、わ
たくしは、一度ならず、この鉢の縁ぎりぎりまで満たされ
た食を食べ、また、それよりもっと多くの食を食べたこと
がある』と言われたことは、為すべきことを為し終え、務
めを完遂し、目的を成就し、沙門の最終目標に達し、障礙
を離れた全智者にして独存者たる如来にによって、みずから
について語られたことなのであります。

大王様、たとえば、嘔吐し、下痢し、浣腸した患者には、栄養剤を与えるのが望ましいように、大王様、煩悩があり、四聖諦を見ない者は、胃袋を制御しなければなりません。

大王様、たとえば、輝きがあり、光沢があり、良質で純粋な摩尼宝珠には、磨いたり、削ったり、表面を滑らかにする必要がありません。大王様、それと同じように、目覚めた人の境地の窮みに達した如来にとっては、自分が何を為しても障礙にはならないのであります。」

「分かりました。ナーガセーナ長老殿、余は、御貴殿の仰る通りであると認める者であります。」

第三　最上の医者ブッダ

「ナーガセーナ長老殿、また、幸有るお方は、次のように説かれました。

『比丘たちよ、わたくしはバラモン（真実のことばのみを語る者）であり、供養されること引き受け、手をいつも清らかに保ち、死ねば涅槃に入って身体を持たなくなる者にとっての最後の身体を持つ者であり、最上の内科医であり、外科医である』と。

しかるに、また、幸有るお方は、こう説かれました。

『比丘たちよ、わたくしの弟子の中で病なき者の第一人者はバックラである』と。


ところで、幸有るお方の身体には、度々病が生じたことは、よく知られているところです。ナーガセーナ長老殿、もしも、如来が最上の者であるならば、『比丘たちよ、わたくしの弟子の中で病なき者の第一人者はバックラである』ということばは間違いです。もしも、バックラ長老が病なき者の第一人者であるならば、『比丘たちよ、わたくしはバラモンであり、供養されることを引き受け、手をいつも清らかに保ち、最後の身体を持つものであり、最上の内科医であり、外科医である』ということばは間違いです。

これもまた、両刀論法による問いであり、御貴殿にしめされました。これは、御貴殿ならでは解けないものであります。」

「大王様、確かに、幸有るお方は、次のように説かれました。

『比丘たちよ、わたくしはバラモンであり、供養されることを引き受け、手をいつも清らかに保ち、最後の身体を持つものであり、最上の内科医、外科医である』と。

しかるに、また、『比丘たちよ、わたくしの弟子の中で病なき第一人者はバックラである』と説かれました。

しかし、バックラ長老のことについて言えば、仏教の外で伝承された教え（医学）を会得し、精通した者たちの中で、バックラ長老自身が内に持つ突出した由来に注目して言われたのであります。大王様、幸有るお方の弟子の中には、「立ったままでいるか、さもなければ、歩き回っているか、それのみに徹する者」がいます。その者は、立ったままでいるか、さもなければ歩き回っているか、それのみで昼夜を過ごすのであります。大王様、しかるに、幸有るお方は、立ったままでいたり、歩き回ったり、坐したり、臥したりしながら昼夜を過ごされました。大王様、立ったままでいるか、さもなければ、歩き回っているか、それのみに徹する比丘たちは、その点で突出しているのであります。大王様、幸有るお方の弟子たちの中には、「一度坐を起ったら食事は終わり」（一坐食）を厳守する者たちがいましたが、その者たちは、食が足りなさ過ぎて命に関わることだからといって、また坐して二度食を摂ることはしませんでした。大王様、しかるに、幸有るお方は、坐を起ってはまた坐に就いて二度、三度までも食を摂られました。大王様、「一度坐を起ったら食事は終わり」を厳守する比丘たちは、その点で突出しているのであります。一人一人につき、一々の突出したところに注目して表現した実例は、多種多様にあるのです。

　一方、大王様、幸有るお方は、戒行、心統一、智慧（以上、戒定慧の三学）、解脱、解脱で得た知見、十力、四無畏、十八不共法、六不共智を具えている最上のお方であります。そして、目覚めた人ブッダの境地の中で、特にそうした点に注目して、『比丘たちよ、わたくしはバラモンであり、供養を引き受ける者であり、手をいつも清らかに保ち、最後の身体を持つ者であり、最上の内科医、外科医である』と仰ったのであります。

　大王様、たとえば、世の人々の内、ある者は良い家系の生まれであり、ある者は財を有し、ある者は智慧があり、ある者は技術を身に着け、ある者は勇気があり、ある者は先を見通す眼を持っています。しかしながら、これらのすべての者たちを遥かに超えて、王は最上の者であります。大王様、それと同じように、幸有るお方は、一切衆生の中で、第一人者であり、最勝であり、最上なのであります。

　そもそも、バックラ長老が病なき者となられたのは、遥か昔の前生での一念発起によるものなのであります。どういうことか詳しく言いますと、幸有るお方アノーマダッシンが胃病を患ったとき、また、幸有るお方ヴィパッシン（過去七仏の内の第六仏、毘婆尸《びばし》仏）と六百八十万人の比丘とが草花病を患ったとき、バックラ長老自身は苦行者であったが、さまざまな薬でそうした病を退治し、その果報として、病なき者となったのであります。それゆえに、『比丘たちよ、わたくしの弟子たちの中で病なき者の第一人者はバックラである』と言われたのであります。病を患おうとそうでなかろうと、頭陀の支分を守ろうとも守るまいと、いかなるときも、幸有るお方に匹敵する者は誰もいません。大王様、諸天の中の天である幸有るお方は、『サンユッタ・ニカーヤ』（相応部）なる見事な仏典の中で、次のように説いておられます。

『比丘たちよ、無足の生類あり、二足の生類あり、四足の生類あり、多足の生類あり（以上、欲界の生類）、色界（欲はないが身体はある）の生類あり、無色界（身体もない）の生類あり、想処の生類あり、非想処の生類あり、非想非非想処の生類あり、このような一切生類の中で、如来は最上の者であり、阿羅漢であり、正しく目覚めた人であると呼ばれている』と。」

「分かりました。ナーガセーナ長老殿、余は、御貴殿の仰る通りであると認める者であります。」

第四　古仏の道と釈迦仏の道

「ナーガセーナ長老殿、また幸有るお方は、次のように説かれました。

『比丘たちよ、如来・応供（阿羅漢）・等正覚は、かつて知られたことのない道を見出したのである』と。

しかるに、また、幸有るお方は、次のように説かれました。

『比丘たちよ、わたくしは、過去仏たちが歩みたもうた古道、古径を見出したのである』と。

ナーガセーナ長老殿、もしも、如来が、かつて知られたことのない道を見出したというのであるならば、『比丘たちよ、わたくしは、過去仏たちが歩みたもうた古道、古径を見出したのである』ということばは間違いです。もしも、如来が、『比丘たちよ、わたくしは、過去仏たちが歩みたもうた古道、古径を見出したのである』と言われたのであるならば、『比丘たちよ、如来・応供（阿羅漢）・等正覚は、かつて知られたことのない道を見出したのである』ということばは間違いです。

これもまた、両刀論法による問いであり、これが御貴殿に示されました。これは、御貴殿ならでは解けないものであります。」

「大王様、確かに、幸有るお方は、次のように説かれました。

『比丘たちよ、如来・応供（阿羅漢）・等正覚は、かつて知られたことのない道を見出したのである』と。

しかるに、また、次のように説かれました。

『比丘たちよ、わたくしは、過去仏たちが歩みたもうた古道、古径を見出したのである』と。この二つの文言は、ともに真実を語っているのであります。

大王様、過去の諸々の如来が没し、人々を教え導く者がいなくなったとき、道は隠れて見えなくなりました。かの全智者たる如来（釈迦仏）は、過去仏たちが歩みたもうた道が破壊され、閉ざされ、通れなくなっているのを、智慧の眼によって見たもうたのであります。そこで、『比丘たちよ、わたくしは、過去仏たちが歩みたもうた古道、古径を見出したのである』と説かれたのであります。大王様、過去の諸々の如来が没したまい、人々を教え導く者がいなくなったとき、道が破壊され、閉ざされ、通れなくなっているのを、今や如来が通ずるようになしたもうたのであります。そこで、『比丘たちよ、如来・応供（阿羅漢）・等正覚は、かつて知られたことのない道を見出したのである』と説かれたのであります。

大王様、たとえば、転輪王が没したため、摩尼宝珠が山頂に埋蔵されますが、新たな転輪王が世に出て正しい統治を為すとき、それが表に現れるようなものです。大王様、その摩尼宝珠は、新たな転輪王によって作られたものなのでありましょうか？」

「先生、そうではありません。先生、その摩尼宝珠は、元からあったものです。しかしながら、新たな転輪王によって再び世に現れるのです。」

「大王様、それと同じように、過去の諸々の如来が歩みたもうた、元からある八正道（八聖道）が、人々を教え導く者がいなくなったとき、破壊され、閉ざされ、通じなくなったのを、全智者たる幸有るお方が、智慧の眼によって世に現し、人々が通う道とされたのであります。そこで、『比丘たちよ、如来・応供（阿羅漢）・等正覚は、かつて知られたことのない道を見出したのである』と説かれたのであります。

大王様、またたとえば、母親は、赤子を産んでから「産婦」と呼ばれますが、大王様、それと同じように、全智者たる如来は、元からあった道が、破壊され、閉じられ、通じなくなっているのを、智慧の眼によって世に現し、人々が通う道とされたのであります。そこで、『比丘たちよ、如来・応供（阿羅漢）・等正覚は、かつて知られたことのない道を見出したのである』と説かれたのであります。

大王様、またたとえば、誰かが紛失したものを発見した、『あのものが現れた』と世の人々が言うように、大王様、全智者たる如来は、元からあった道が、破壊され、閉じられ、通じなくなっているのを、智慧の眼によって世に現し、人々の通う道とされたのであります。そこで、『比丘たちよ、如来・応供（阿羅漢）・等正覚は、かつて知られたことのない道を見出したのである』と説かれたのであります。

大王様、たとえば、ある人が、林を伐採して土地を拓くと、『これはこの者の土地である』と世の人々は言います。しかし、その土地は、その人が作ったものではありません。その土地を使用することで、『土地の所有者』と呼ばれるのです。大王様、それと同じように、全智者たる如来は、元からあった道が、破壊され、閉ざされ、通じなっているのを、智慧の眼によって世に現し、人々が通う道とされました。そこで、『比丘たちよ、如来・応供（阿羅漢）・等正覚は、かつて知られたことのない道を見出したのである』と説かれたのであります。」

「分かりました。ナーガセーナ長老殿、余は、御貴殿の仰る通りであると認めるものであります。」

第五　精神に異常を来した人の罪

「ナーガセーナ長老殿、また、幸有るお方は、次のように説かれました。

『わたくしは、前生で人間であったとき、生類を害する者ではなかった』と。

しかるに、また、幸有るお方は、次のように説かれました。

『わたくしがローマサカッサパという名の仙人であったとき、幾百の生類を屠り、ヴァージャペーヤと称せられるソーマ大供儀祭を執行した』と。

ナーガセーナ長老殿、もしも、幸有るお方が、『わたくしは、前生で人間であったとき、生類を害する者ではなかった』と言われたのであるならば、ローマサカッサパ仙が、幾百の生類を屠り、ヴァージャペーヤと称せられるソーマ大供儀祭を執行したということばは間違いです。もしも、ローマサカッサパ仙が、ヴァージャペーヤと称せられるソーマ大供儀祭を執行したのであるならば、『わたくしは、前生で人間であったとき、生類を害する者ではなかった』ということばも間違いです。

これもまた、両弄論法による問いであり、御貴殿に示されました。これは、御貴殿ならでは解けないものであります。」

「大王様、確かに、幸有るお方は、次のように説かれました。

『わたくしは、前生で人間であったとき、生類を害する者ではなかった』と。

しかるに、また、ローマサカッサパ仙は、幾百の生類を屠り、ヴァージャペーヤと称されるソーマ大供儀祭を執行されました。しかしながら、そのことは、欲望に駆られて心が乱れ、自覚がなかったために起こったのであります。」

「ナーガセーナ長老殿、次の八種類の人は、生類を殺します。貪る者は貪りのために生類を殺し、瞋る者は瞋りのために生類を殺し、迷妄の者は迷妄のために生類を殺し、高慢な者は高慢のために生類を殺し、強欲の者は強欲のために生類を殺し、無一物の者は生活の糧のために生類を殺し、ふざけた者はおふざけで生類を殺し、王は懲らしめるために生類を殺します。ナーガセーナ長老殿、生類を殺すのは、こうした八種類の人であります。ナーガセーナ長老殿、菩薩は、本心から生類を殺したに違いありません。」

「大王様、菩薩は、本心から生類を殺したのではありません。大王様、菩薩が、本心から大供儀祭を執行しようと願ったのであるならば、

『大海に取り囲まれ、
小海を耳飾りとする土地を、
わたくしは、人から謗られてまで手に入れようとは思わ

ない。

サイハ君、このように知ってもらいたい』

という偈頌を、菩薩は説かなかったでありましょう。

大王様、しかしながら、このように説いた菩薩は、王女チャンダヴァティーを見た途端、正気を失い、惑乱し、情愛に取り憑かれてしまいました。正気を失い、心千々に乱れ、憔悴した菩薩は、惑乱し、迷走し、混沌とする心をもって、屠った畜生の喉から血を採集する大いなるヴァージャペーヤと称されるソーマ大供儀祭を執行しました。

大王様、たとえば、精神に異常を来した人が、正気を失い、燃え上がる炎の中に入り込んだり、怒った毒蛇を素手で摑んだり、暴れ狂う象に近づいたり、辿り着くべき岸の見えない大海に飛び込んだり、汚いどぶ水に足を踏み入れたり、棘だらけの垣根を攀じ登ったり、崖から落ちたり、不浄なものを食べたり、裸で街中を歩いたり、また他の色々な愚行を為すように、大王様、それと同じように、菩薩は、王女チャンダヴァティーを見た途端、正気を失い、惑乱しました。正気を失い、心千々に乱れ、憔悴した菩薩は、その惑乱し、正気を失い、混沌とする心をもって、屠った家畜の喉から血を採集する大いなるヴァージャペーヤと称されるソーマ大供儀祭を執行しました。大王様、惑乱した心によってなされた悪行は、現在においても大罪とならず、また、未来に生ずる果報という点からしても、大罪となることはありません。大王様、ここに精神に異常を来した者がいて、罪を犯したとしましょう。陛下は、どのような刑罰を科せられるでありましょうか？」

「先生、精神に異常を来した者に相当する刑罰が何かあるでしょうか？　余は、その者を殴打させた上で、放免させるでありましょう。」

「大王様、それと同じように、精神に異常を来した者に相当する刑罰はないのであります。ですから、精神に異常を来した者が何を為そうとも、咎めるいわれはなく、むしろ、許されてしかるべきものであります。大王様、それと同じように、ローマサカッサパ仙は、王女チャンダヴァティーを見た途端、正気を失い、惑乱し、情愛に取り憑かれてしまいました。正気を失い、迷走し、憔悴した菩薩は、その正気を失い、迷走し、混沌とした心をもって、屠った家畜の喉から血を採集する大いなるヴァージャペーヤと称されるソーマ大供儀祭を執行しました。

しかるに、正気に返り、正しい思考力を取り戻したとき、菩薩は、再び出家し、五神通を現じ、梵天界に生まれ変わりました。」

「分かりました。ナーガセーナ長老殿、余は、御貴殿の仰る通りであると認める者であります。」

第六　敬意と誹謗

「ナーガセーナ長老殿、また幸有るお方は、次の偈頌を説かれました。

『毒矢に射られた六牙の象王が、
矢を射たこやつを殺してやると息巻いているとき、
猟師がまとっていた、聖仙の徴である袈裟が目に入った。
苦しみに悶えている象王にこの思いが生じた。
善人は、阿羅漢の徴をまとう者を殺してはならない』と。

しかるに、また、次のように世間では言われております。

『前生において菩薩がバラモンの青年ジョーティパーラであったとき、応供（阿羅漢）・等正覚たる幸有るお方、カッサパ仏（過去七仏中の第六仏、迦葉仏）を、「禿げ頭」と呼び、「似非沙門」と呼んで、無礼、粗暴のことばで罵詈雑言を浴びせました』と。

ナーガセーナ長老殿、もしも、菩薩が畜生に生まれ変わっていたとき、袈裟に敬意を払ったのであるならば、『前生において菩薩がバラモンの青年ジョーティパーラであったとき、応供（阿羅漢）・等正覚たる幸有るお方、カッサパ仏を、「禿げ頭」と呼び、「似非沙門」と呼んで、無礼、粗暴のことばで罵詈雑言を浴びせました』ということばは間違いです。もしも、『前生において菩薩がバラモンの青年ジョーティパーラであったとき、応供（阿羅漢）・等正覚たる幸有るお方、カッサパ仏を、「禿げ頭」と呼び、「似非沙門」と呼んで、無礼、粗暴のことばで罵詈雑言を浴びせました』というのであるならば、六牙の象王が、袈裟に敬意を払ったということばも間違いです。

もしも、畜生に生まれ変わった菩薩が、激しい苦痛に悶えつつも、猟師のまとった袈裟を見て敬意を払ったのであるならば、人間に生まれ変わり、知識を蓄え、円熟した叡智に達していたにも関わらず、幸有るお方、カッサパ仏、このお方は、応供（阿羅漢）・等正覚・十力を具えた人・最勝にして最上の人・最も優美な光彩のあるヴァーラーナシー産の木綿の袈裟をまとった人でありますが、そのお方を見て、敬意を払わなかったのはなぜでありましょうか？

これもまた、両刀論法による問いであり、御貴殿に示されました。これは、御貴殿ならでは解けないものであります。」

「大王様、確かに、幸有るお方は、次の偈頌を説かれました。

『毒矢を射られた六牙の象王は、
矢を射たこやつを殺してやると息巻いているとき、
猟師がまとっていた、聖者の徴である袈裟が目に入った。
苦しみに悶えている象王にこの思いが生じた。
善人は、阿羅漢の徴をまとう者を殺してはならない』と、

無礼、粗暴のことばで罵詈雑言を浴びせました。しかしながら、それは、青年の生まれ、家系のためでありました。バラモンの青年ジョーティパーラは、仏の教えにたいして信の薄い家柄に生まれ変わりました。青年の両親、兄弟姉妹、下男下女、奉公人、眷属の人々は、梵天を崇拝してお

り、『梵天（ブラフマー）の縁者（バラモン）である我々こそ、この世で最上、最勝の者である』と言って、出家たちを誇り、毛嫌いしました。そうした人々のことばを聞いて、青年ジョーティパーラは、陶工ガティィーカーラの勧めで、師ブッダにお目にかかるように促されたので、こう言いました。『あの出家、似非沙門に会って、どうしようと言うのかね』と。

大王様、たとえば、甘露も、毒に接すれば苦くなるように、また、たとえば、冷たい水も、火に接すれば熱くなるように、大王様、それと同じように、バラモンの青年ジョーティパーラは、信の薄い家柄に生まれ変わり、そのために、如来に罵詈雑言を浴びせたのであります。

大王様、またたとえば、めらめらと燃え上がる大きな火の塊は、光を放ちますが、水に接すれば、光と熱を失い、冷え、熟したニッグンディの実のように、黒くなります。大王様、それと同じように、バラモンの青年ジョーティパーラは、智慧があり、信篤く、大光明に比すべき知識を持っていましたが、信の薄い家系に生まれ変わりました。青年は、家柄のため、周りが見えず、如来に罵詈雑言を浴びせたのであります。しかしながら、ブッダに親しく接し、ブッダの徳を知るに及んで、青年は、従順な下僕のようになり、勝者の教えのもと、出家し、神通と禅定の力を現じて、梵天界に生まれ変わったのであります。」

「分かりました。ナーガセーナ長老殿、余は、御貴殿の仰る通りであると認める者であります。」

第七　人々を導くための神変（奇蹟）

「ナーガセーナ長老殿、また幸有るお方は、次のように説かれました。

『陶工ガティィーカーラの家は、雨期の三カ月間、屋根がなかったが、雨は降らなかった』と。

しかるに、また、このように言われており

『如来であるカッサパ仏（過去七仏の第六仏、迦葉仏）の茅葺の家には、雨が降った』と。

ナーガセーナ長老殿、このような善根を積んだ如来の茅葺の家に、なぜ雨が降ったのでありましょうか？　人々は、如来の超人的な対応力を期待するでありましょうに。

ナーガセーナ長老殿、もしも、陶工ガティィーカーラの家が、屋根がなかったけれども、雨は降らなかったのであるならば、如来の茅葺の家には雨が降ったということばは間違いです。もしも、如来の茅葺の家に雨が降ったのであるならば、『陶工ガティィーカーラの家は、屋根がなかったけれども、雨は降らなかった』ということばも間違いです。

これもまた、両刀論法による問いであり、御貴殿に示されました。これは、御貴殿ならでは解けないものであります。」

「大王様、確かに、幸有るお方は、次のように説かれました。

『陶工ガティーカーラの家は、雨期の三か月間、屋根がなかったが、雨は降らなかった』と。

しかるに、また、このように言われております。

『如来であるカッサパ仏の茅葺の家には、雨が降った』と。

大王様、陶工ガティーカーラは、戒行を保ち、善人であり、善根を積み、目の見えない年老いた両親を扶養しておりました。ガティーカーラが家を留守にしていたとき、人々が、ガティーカーラの了解を求めもせずに、屋根の茅を持ち去り、それで如来の家の屋根を葺きました。屋根から茅が持ち去られたことで、ガティーカーラは、揺るぎなく、広大で、他に比べるものがないほどの喜びを憶えました。その喜びは増すばかりで、『何と、幸有るお方、世間で最上のお方が、かくも厚くわたくしを信頼してくださったとは！』というほどでありました。それによって、ガンティーカーラには、現世で果報を享受したのであります。

大王様、如来は、雨が降ったぐらいの異変で、心が揺らぐことはありません。大王様、たとえば、山々の王須弥山が、幾百千と集まった強風に打たれても、びくとも揺らぐことがなく、広大な海が、幾千万兆の大河が注ぎ込んでも溢れることがなく、びくともしないように、大王様、それと同じように、如来は、雨が降ったというぐらいの異変で、心が揺らぐことはありません。

大王様、また、如来の茅葺の家に雨が降ったのは、如来が、雨を望む多くの人々を慈しんでのことにほかなりません。大王様、如来たちは、本当に必要なものであれば、自分で何でも揃えることの出来る超人的な術（化作《けさ》）を心得ていますが、次の二つの理由があるときには、そのような術を用いることはありません。一つには、『師には、最高の布施を受けていただきたい』として、諸天や人々が幸有るお方に必要な布施を為すならば、その者たちは、悪趣に堕ちることを免れることになるであろう、という如来の思い。二つには、『神変（奇蹟）を生活の糧にしようとしている』と言って、一部の人々がわたくしを咎めるようなことがないように、という如来の思い。こうした二つの、理由のある如来の思いによって、如来は、自分で何でも揃えることの出来る超人的な術を用いないのであります。

大王様、天帝である帝釈天が、あるいは梵天が、如来の茅葺の家に雨を降らせないようにするならば、それは罪科に相当し、咎められるものであります。なぜなら、そのようなことになれば、人々は、『如来は、巧みな術を見せつけて、世間を惑わし、威圧している』と、かえって、如来を誹謗することになるでありましょうから。ですから、このような行いは避けなければなりません。大王様、如来たちは、何も欲しがりません。何も欲しがらないということで誹謗されることはないのであります。」

「分かりました。ナーガセーナ長老殿、余は、御貴殿の仰る通りであると認める者であります。」

第八 「バラモン」「王」という呼称

「ナーガセーナ長老殿、幸有るお方は、次にように説かれました。

『比丘たちよ、わたくしはバラモンであり、布施を受ける者である』と。

しかるに、また、幸有るお方は、『セーラ君、わたくしは王である』と言われました。

ナーガセーナ長老殿、もしも、幸有るお方が、『比丘たちよ、わたくしはバラモンであり、布施を受ける者である』と言われたのであるならば、『セーラ君、わたくしは王である』ということばは間違いです。もしも、如来が、『セーラ君、わたくしは王である』と言われたのであるならば、『比丘たちよ、わたくしはバラモンであり、布施を受ける者である』ということばも間違いです。幸有るお方は、クシャットリヤ（王族）であるか、バラモン（祭官）であるのか、どちらか一つであるべきであります。生まれが一つであるのに、出自階級が二つということはあり得ません。

これもまた、両刀論法による問いであり、御貴殿に示されました。これは、御貴殿ならでは解けないものであります。」

「大王様、確かに、幸有るお方は、次のように説かれました。

『比丘たちよ、わたくしはバラモンであり、布施を受ける者である』と。

しかるに、また、『セーラ君、わたくしは王である』と言われました。

ここでは、なぜ如来がバラモンであり、かつまた王であるのかの理由があるのです。」

「ナーガセーナ長老殿、どういうわけで、如来はバラモンであり、かつまた王であるというのでしょうか？」

「大王様、如来は、あらゆる悪が取り除かれ、消え失せている人であります。それゆえ、『如来はバラモンである』と言われるのであります。

バラモンとは、あらゆる逡巡、疑念の道を超越した人であります。大王様、幸有るお方も、あらゆる逡巡、疑念の道を超越した人であります。それゆえ、『如来はバラモンである』と言われるのであります。

バラモンとは、輪廻転生（死んでは何かに生まれ変わり、また死んではまたまた何かに生まれ変わることの繰り返し）から離れており、垢や塵を完全に払い、頼りにする友を持たない人であります。大王様、幸有るお方も、輪廻転生から離れており、垢や塵を完全に払い、頼りにする友を持たない人であります。それゆえ、『如来はバラモンである』と言われるのであります。

バラモンとは、最上、最勝の、諸天しい苫屋で多くを享受する人であります。大王様、幸有るお方も、最上、最勝、諸天しい苫屋で多くを享受する人であります。それゆえ、『如来はバラモンである』と言われるのであります。

バラモンとは、聖典の読誦と教育、布施を受けること、さまざまな自制、古来の教えとその伝承を守る人であります。大王様、幸有るお方も、読誦と教育、布施を受けること、さまざまな自制、古来の教えとその伝承を守る人であります。それゆえ、『如来はバラモンである』と言われるのであります。

バラモンとは、大いなる楽を享受する禅定を行ずる人であります。大王様、幸有るお方も、大いなる楽を享受する禅定を行ずる人であります。それゆえ、『如来はバラモンである』と言われるのであります。

バラモンとは、輪廻転生する生類の、さまざまな境涯（六道、五趣）での有り様を知るひとであります。大王様、幸有るお方も、輪廻転生する生類の、さまざまな境涯での有り様を知る人であります。それゆえ、『如来はバラモンである』と言われるのであります。

大王様、『バラモン』という、幸有るお方の呼称は、母から与えられたのでも、父から与えられたのでも、兄弟によって与えられたのでも、姉妹によって与えられたのでも、友人たちによって与えられたのでも、親族によって与えられたのでもなく、沙門・バラモンによって与えられたのでも、諸天によって与えられたのでもありません。

この呼称は、諸々の仏たち、諸々の幸有るお方たちが、解脱を達成したときに与えれらたものであります。どういうことかと言いますと、諸々の仏たち、諸々の幸有るお方たちが、菩提樹下で、悪魔の軍勢を打ち破り、過去・未来・現在にわたる悪の根を取り除き、全智者の智慧を得ました。この智慧が得られ、現れたとき、真の意味での「バラモン」という呼称が賦与されました。それゆえ、『如来はバラモンである』と言われるのであります。」

「ナーガセーナ長老殿、では、なぜ、『如来は王である』と言われるのでありましょうか？」

「大王様、王とは、政治を行い、人々を導く人であります。大王様、幸有るお方も、一万の世界を正しい教えによって治め、諸天・諸悪魔・梵天を含む世界や、沙門・バラモンを含む世界を導く人であります。それゆえ、『如来は王である』と言われるのであります。

大王様、王とは、あらゆる人々を帰順させ、多くの親族を喜ばせ、敵の集団を悲しませ、そして、大いなる名声と栄誉を担い、堅牢な柄があり、百本の骨を見事に配した白無垢の日傘を掲げる人であります。大王様、幸有るお方も、邪な悪魔の軍勢を悲しませ、正しい行いを為す諸天や人々を喜ばせ、そして、堅牢な忍辱という柄があり、百本の叡智という骨を見事に配した白無垢の、最上、最勝の解脱の日傘を掲げます。それゆえ、『如来は王である』と言われるのであります。

王とは、自分のもとを訪れる多くの人々から敬礼を受ける立場の人です。大王様、幸有るお方も、ご自分のもとを訪れる多くの諸天や人々から敬礼を受けるお方です。それゆえ、『如来は王である』と言われるのであります。

王とは、誰であれ、真面目に仕事に取り組む家臣がいれば、その者を嘉し、望みのものを授けて満足させるひとでありますす。大王様、幸有るお方も、誰であれ、身口意の業を真剣に慎む弟子がいれば、その者を嘉し、望みのもの、つまり、一切の苦しみから逃れる最上の解脱を授け、無余依涅槃、完全な涅槃への望みを満たします。それゆえ、『如来は王である』と言われるのであります。

王とは、命令に背く者を譴責し、罰金を科したり、死刑に処したりする人であります。大王様、幸有るお方の説かれるところでも、比丘の集団の規律（律）に背く恥知らずの者は、悪行ゆえに蔑まれ、卑しめられ、咎められ、勝者ブッダの最勝の教えの場から追放されます。それゆえ、『如来は王である』と言われるのであります。

王とは、古来、正義を重んじる王たちによって受け継がれて来た教えから、正・不正を明らかにし、正義にもとづいて政治を行い、人々に信頼され、好まれ、望まれて、正義という徳によって、王統を長く継続させる人であります。大王様、幸有るお方も、古来、独存者ブッダたちによって受け継がれて来た教えによって、真理と真理でないものとを明らかにし、真理によって人々を教え導き、諸天や人々に信頼され、好まれ、望まれて、真理という徳によって、正しい教えを長く流布させる人であります。それゆえ、『如来は王である』と言われるのであります。

大王様、如来がバラモンであり、かつまた王であるという理由は、このようにいろいろあります。どのように聡明な比丘であろうと、一劫かかっても、そうした理由を枚挙し尽くすことは出来ないでありましょう。わたくしがこれ以上述べ立てる必要はないというものであります。陛下は、わたくしが、掻い摘んだだけのものですが、お示ししましたことをお認めください。」

「分かりました。ナーガセーナ長老殿、余は、御貴殿の仰る通りであると認める者であります。」

第九　布施を受けるさいの心得

「ナーガセーナ長老殿、また幸有るお方は、次のように説かれました。

『偈頌を唱えて得た食を、わたくしは、食べるわけにはいきません。

バラモン殿、そのようなものを食べるのは、正しく物事を見るブッダたちの道理に叶わないのであります。

偈頌を唱えて得た食を、目覚めた人ブッダたちは打ち払います。

バラモン殿、道理というものがある以上、これがわたくしの作法なのであります』と。

しかるに、また、幸有るお方が人々に教えを説き示されるとき、順を追って教えを説くこと、すなわち、まず初めに、布施についての教えを説き、次に、戒（生活上の心がけ）についての教えを説かれるのが、常であります。すべての人々の主である幸有るお方が説かれる教えを聞いて、諸天や人々は、用意を整えてから布施を為し、仏弟子たちは、その布施を受けます。

ナーガセーナ長老殿、もしも、幸有るお方が、『偈頌を唱えて得た食を、わたくしは、食べるわけにはいきません』と言われたのであるならば、わたくしは、幸有るお方は、まず初めに、布施についての教えを説かれる』ということばは間違いです。もしも、幸有るお方が、まず初めに、布施についての教えを説かれるのであるならば、『偈頌を唱えることで得た食を、わたくしは、食べるわけにはいきません』ということばも間違いです。なぜかと言いますと、供養を受ける立場にある人が、在家の人々に、乞食（托鉢）のさいの食の布施についての教えを説くならば、人々は、教えを聞いて信頼し、それからずっと布施を行い続けます。しかも、そうした布施を受ける人は、みな、偈頌を唱えて得た食を受けるからであります。

これもまた、両刀論法による問いであり、御貴殿に示されました。これは、御貴殿ならでは解けないものであります。」

「大王様、確かに、幸有るお方は、次の偈頌を説かれました。

『偈頌を唱えて得た食を、わたくしは、食べるわけにはいきません。

バラモン殿、そのようなものを食べるのは、正しく物事を見るブッダたちの道理に叶わないのであります。

偈頌を唱えて得た食を、目覚めた人ブッダたちは、打ち払います。

バラモン殿、道理というものがある以上、これがわたくしの作法なのであります。』と。

しかるに、また、幸有るお方は、まず初めに、布施についての教えを説くのが常であります。しかしながら、そもそも、まず初めに、布施についての教えによって、聞く人々の心を喜ばせ、そして、その後で、戒を勧めるというのは、すべての如来たちの伝統なのであります。

大王様、たとえば、人々が、幼い子供たちに、まず初めに、たとえば、さまざまな玩具を与え、その後で、子供たちがそれぞれに為すべきことを勧めるように、大王様、それと同じように、如来は、まず初めに、布施についての教えによって、聞く人々の心を喜ばせ、その後で、戒を勧めるのであります。

大王様、またたとえば、医者が患者たちに、まず初めに、体力を養い症状を和らげるために、四、五日の間、油を摂取させ、その後で下剤を用いるように、大王様、それと同じように、如来は、ます初めに、布施についての教えによって、聞く人々の心を喜ばせ、そして、その後で、戒を勧めるのであります。

大王様、布施を行う人々の心が和らぎ、柔軟になり、温和となり、そうしてから、その人々は、布施という道や橋を辿り、辿り着いた布施という船によって、輪廻転生の大海の彼岸に到るのであります。それゆえ、如来は、まず初めに、人々に業の拠って来るところを教えたもうたのであり、人々の心を惹くために仕組まれた演技という罪を犯しているわけではないのであります。」

「ナーガセーナ長老殿、御貴殿が、『人々の心を惹くために仕組まれた演技』とは、いかなるものなのでありましょうか?」

「その内、身体による演技には、罪となるものと罪とならないものとがあり、また、ことばによる演技にも、罪になるものと罪にならないものとがあります。

罪となる身体による演技とは何でありましょうか?

たとえば、ある比丘が、乞食のために在家の家に立ち寄ったさい、不適切な所に立って、その場を去ろうとしないとしましょう。これが、罪となる身体による演技であります。聖者たちは、そのような身体による演技によって得られた食を受けません。身体による演技で食を得たその問題の比丘は、聖者たちの集会で、蔑まれ、卑しめられ、咎められ、比丘の集団の生活規律を破った者との、汚名が着せられます。

大王様、さらにまた、たとえば、ある比丘が、乞食のために在家の家に立ち寄ったさい、顎、あるいは眉、あるいは親指によって、布施を要求する演技をするとしましょう。これもまた、身体による演技であります。聖者たちは、そのような身体による演技によって得られた食を受けません。身体による演技で食を得たその問題の比丘は、聖者たちの集会で、蔑まれ、卑しめられ、咎められ、比丘の集団の生活規律を破った者との、汚名が着せられます。

罪とならない身体による演技とは何でありましょうか?

たとえば、ある比丘が、乞食のために在家の家に立ち寄ったさい、思念を凝らし、心統一し、自身の行為を正しく自覚し、如来の教えの通りに、どこに行こうとも、適切な所に立ちます。つまり、布施を為そうとする人々のいる所に立ち、布施を為そうとはしていない人々のいる所には立ち止まらないとしましょう。これが、罪にならない身体による演技であります。聖者たちは、そのような身体による演技で得た食を受けます。しかも、その比丘は、聖者たちの集会で、褒められ、賞賛され、清浄な修行者生活を守る人との、栄誉ある呼称に預かることになります。大王様、諸天の中の天である幸有るお方は、また、次の偈頌を説かれました。

『智慧ある者は乞う姿勢を見せず、
聖者たちは乞う姿勢を見せることを不可とする。
聖者たちは何もせずただ立っているだけである。
これが聖者たちの「乞う」である』と。

罪となることばによる演技とは何でありましょうか？
大王様、たとえば、ある比丘が、ことばによって、衣や、乞食用の鉢や、坐具や、薬といったさまざまな必需品が欲しいと演技するとしましょう。これが、罪となることばによる演技であります。聖者たちは、そのようなことばによる演技で得たものを受けません。しかるに、問題の比丘は、聖者の集会で、蔑まれ、卑しめられ、比丘の集団の生活規律を破る者との、汚名が着せられます。

大王様、さらにまた、たとえば、ある比丘が、「自分はこれが欲しい」と、周りの人々に聞こえるように語り、それを聞いた人々から、その欲しいものを得たとしましょう。これもまた、罪となることばによる演技であります。聖者たちは、そのようなことばによる演技で得たものを受けません。しかるに、問題の比丘は、聖者たちの集会で、蔑まれ、卑しめられ、比丘の集団生活の規律を破る者との、汚名が着せられます。

大王様、さらにまた、たとえば、ある比丘が、声を張り上げて、『これとこれとを比丘に布施してもらいたい』とあたりの人々に聞こえるように語り、それを聞いた人々から、言われたものを持って帰るとしましょう。これもまた、罪となることばによる演技であります。聖者たちは、そのようなことばによる演技で得たものを受けません。しかるに、問題の比丘は、聖者たちの集会で、蔑まれ、卑しめられ、比丘の集団生活の規律を破る者との、汚名が着せられます。

大王様、また、実際にあった例で言います。サーリプッタ長老が、日没後に病に罹ったとき、マハーモッガッラーナ長老に、どの薬が効くのかと訊かれ、これこれの薬がと、つい口を滑らせてしまいました。口を滑らしたことで薬が得られたのですが、サーリプッタ長老は、『口を滑らしたことで、自分はこの薬を得たが、自分は、比丘の集団の生活規律を破るようなことはすまい』と考えて、その薬を斥け、服用しませんでした。これもまた、罪となることばによる演技であります。聖者たちは、そのようなことばによる演技で得たものを受けません。しかるに、もしも、その薬を服用する者がいたとすれば、その者は、聖者たちの集会で、蔑まれ、卑しめられ、比丘の集団の生活規律を破る者との、汚名を着ることになります。

罪とならないことばによる演技とは何でありましょうか？

大王様、たとえば、ある比丘が、ある薬を必要とするとき、比丘の親族や、その比丘を招待した人々の家の中で、ことばによる演技を為したとしましょう。これは、罪にならないことばによる演技であります。しかも、その比丘は、聖者たちの集会で、褒められ、賞賛され、清浄な修行者生活を送る者との、栄誉ある呼称に預かることとなり、如来・応供（阿羅漢）・等正覚たちによって認められたのであります。

　大王様、さて、田を耕すバラモン、バーラドヴァージャが布施した食を、如来は斥けられました。その食は、そのバラモンの問いを如来が解明し、解説し、如来の考えに誘い、誤りを指摘し、是正させたことで布施されたものでした。それゆえ、如来は、布施された食を斥け、受けませんでした。」

「ナーガセーナ長老殿、如来が食を摂られるときはいつでも、諸天が、天の霊薬を鉢の中に撒きましたでしょうか？　それとも、布施された茸と乳粥の二つの食にだけ撒いたのでしょうか？」

「大王様、如来が食を摂られるときはいつでも、諸天は天の霊薬を手にして如来に給仕し、如来が一つまみされる度に、一口一口に、その霊薬を撒くのです。大王様、たとえば、王の料理人が、王が食事をされるとき、汁を持って王に給仕し、一口一口に汁をかけるように、大王様、それと同じように、如来が食を摂られるときはいつでも、諸天は天の霊薬を手にして如来に給仕し、如来が一つまみされるたびに、一口一口、その霊薬を撒くのであります。

　大王様、如来がヴェーランジャーで乾燥麦菓子を食されたとき、諸天は、天の霊薬でその菓子を湿らせて捧げました。それによって、如来のご健康が保たれたのであります。」

「ナーガセーナ長老殿、いつも如来のご健康を熱心に守っていたこれらの諸天は、何と幸せなことでありましょうか！　分かりました。ナーガセーナ長老殿、余は、御貴殿の仰る通りであると認める者であります。」

第十　梵天勧請《かんじょう》

「ナーガセーナ長老殿、幸有るお方は、御貴殿たちに、次のように言われました。

『如来は、四阿僧祇劫《しあそうぎこう》と十万劫の長きにわたり、厖大な人々の群れを救うために、全智者の智慧を円熟の域に至らしめた』と。

　しかるに、また、幸有るお方は、こうも言われました。

『全智者となったとき、何もしないでいることに心が傾き、教えを説くことに心が傾くことがなかった』と。

　ナーガセーナ長老殿、たとえば、弓矢の達人、あるいはその弟子が、長年かけて戦のために弓術を修練しながらも、その後、いざ大きな戦となったときに、ためらいを憶えるように、ナーガセーナ長老殿、それと同じように、如来は、四阿僧祇劫と十万劫の長きにわたり、厖大な人々の群れを救うために、全智者の智慧を円熟の域に至らしめた後、全智者となられたその如来が、教えを説くことをためらわれたのであります。

ナーガセーナ長老殿、またたとえば、力士、あるいはその弟子が、長年かけて格闘技を修練しながらも、その後、いざ格闘競技会が開かれることになったときに、ためらいを憶えるように、ナーガセーナ長老殿、それと同じように、如来は、四阿僧祇劫と十万劫の長きにわたり、厖大な人々の群れを救うために、全智者の智慧を円熟の域に至らしめた後、全智者となられたその如来が、教えを説くことをためらわれたのであります。

ナーガセーナ長老殿、如来は、畏怖のために教えを説くことをためらわれたのでしょうか、それとも、教えを説く力がなかったためにでしょうか、それとも、体力が落ちていたためにでしょうか。それとも、そもそも、全智者に域に達しておいでではなかったためでしょうか、なぜなのでありましょうか？　今こそ、わたくしにその理由を明かし、わたくしの疑念を取り除いてください。

ナーガセーナ長老殿、もしも、如来が、四阿僧祇劫と十万劫の長きにわたり、厖大な人々の群れを救うために、全智者の智慧を円熟の域に至らしめたのであるならば、『全智者となったとき、何もしないでいることに心が傾き、教えを説くことに心が傾くことがなかった』ということばは間違いです。もしも、『全智者となったとき、何もしないでいることに心が傾き、教えを説くことに心が傾くことがなかった』のであるならば、『如来は、四阿僧劫と十万劫の長きにわたり、厖大な人々の群れを救うために、全智者の智慧を円熟の域に至らしめた』ということばも間違いです。

これもまた、両刀論法による問いであり、御貴殿に示されました。これは、御貴殿ならでは解けないものであります。」

「大王様、如来は、四阿僧祇劫と十万劫の長きにわたり、厖大な人々の群れを救うために、全智者の智慧を円熟の域に至らしめました。しかるにまた、全智者となったとき、何もしないでいることに心が傾き、教えを説くことに心が傾きませんでした。しかしながら、それは、如来ご自身が体得された真理がいかに精妙で、見極めがたく、知りがたく、容易には捉えがたいかを知り尽くした上で、しかも、どれほど衆生が愛欲に耽り、我・我がもの意識にかたくなに執しているかを見届け、『何をどう説くべきか』を考え抜いた末、何もしないでいることに心が傾き、教えを説くことに心が傾かなくなったためであります。つまり、如来が、衆生の理解力の有無を勘案しておられたということに他ならないのであります。

大王様、たとえば、外科医が、さまざまな病気に冒された人を診察した後、『どのように処置し、どのような薬を投与すれば、この人の病気は癒えるであろうか？』とさまざまに勘案するように、大王様、それと同じように、如来は、人々が、あらゆる煩悩という病にどれほど冒されているかを知りながらも、しかも、ご自身が体得された真理がいかに精妙で、見極めがたく、知りがたく、容易には捉えがたいことを知り尽くしていたため、『何をどう説くべきか』を考え抜いた末、何もしないでいることに心が傾き、教えを説くことに心が傾かなくなったのであります。それはつまり、衆生の理解力の有無を勘案しておられたからに他ならないのであります。

大王様、しかしながら、梵天の勧請によって如来が真理の教えを説くに至ったことは、すべての如来たちの本性によるものなのであります。それはなぜでありましょうか？その頃の苦行者、遊行者、沙門・バラモンを含むすべての人々は、梵天を窮極の拠り所として崇敬していました。そこで、如来は、『この、あまねく人々の崇敬を集めている最高の者である梵天が、わたくしが体得した真理に帰依するならば、諸天や人々も、こぞってこの真理に帰依し、篤く信頼を寄せてくれるに違いない』と思案されました。大王様、こういうわけで、梵天に勧請されたのを受け、如来は、真理の教えを説き示すに至ったのであります。」

「分かりました。ナーガセーナ長老殿、問いは見事に解かれました。解かれた内容は、まことに素晴らしいものであります。余は、これはまさにその通りであると認めるものであります。」

第六章

第一　無師独悟

「ナーガセーナ長老殿、また幸有るお方は、次の偈頌を説かれました。

『わたくしには師がいない。
わたくしに等しい者はいない。
諸天を含むこの世間の中に、
わたくしに匹敵する者はいない（天上天下《げ》唯我独尊）』と。

しかるに、また、次のように言われました。

『さて、比丘たちよ、アーラーラ・カーラーマ仙は、わたくしの師でありながら、弟子であるわたくしを自分と同列に置き、そしてまた、大いなる敬意をもってわたくしに懇切に接してくださいました』と。

ナーガセーナ長老殿、もしも如来が、『わたくしには師がいない。わたくしに等しい者はいない。諸天を含むこの世間の中に、わたくしに匹敵する者はいない』と言われたのであるならば、『さて、比丘たちよ、アーラーラ・カーラーマ仙は、わたくしの師でありながら、弟子であるわたくしを自分と同列に置き、そしてまた、大いなる敬意をもってわたくしに懇切に接してくださいました』ということばは間違いです。もしも、如来が、『さて、比丘たちよ、アーラーラ・カーラーマ仙は、わたくしの師でありながら、弟子であるわたくしを自分と同列に置き、そしてまた、大いなる敬意をもってわたくしに懇切に接してくださいました』と言われたのであるならば、『わたくしには師はいない。わたくしに等しい者はいない』ということばも間違いです。

これもまた、両刀論法による問いであり、御貴殿に示されました。これは、御貴殿ならでは解けないものであります。」

「大王様、確かに、幸有るお方は、次の偈頌を説かれました。

『わたくしに師はいない。
わたくしに等しい者はいない。
諸天を含むこの世間の中に、
わたくしに匹敵する者はいない』と。

しかるに、また、次のように仰いました。

『さて、比丘たちよ、アーラーラ・カーラーマ仙は、わたくしの師でありながら、弟子であるわたくしを自分と同列に置き、そしてまた、大いなる敬意をもってわたくしに懇切に接してくださいました』と。

しかしながら、このことばは、如来が目覚めた人となる以前、いまだ勝れた正しい目覚めに達していない菩薩であったとき、アーラーラ・カーラーマ仙が菩薩の師であったことに関して言われたものであります。

大王様、如来が目覚めた人となる以前、いまだ勝れた正しい目覚めに達していない菩薩であったとき、次の五人の師がいました。菩薩は、その人たちに教え導かれ、それぞれの場所で時を過ごされました。

大王様、菩薩が誕生した直後、ラーマ、ダジャ、ラッカナ、マンティー、ヤンニャ、スヤーマ、スボージャ、スダッタという名の八人のバラモンたちが、菩薩の身体に吉祥の相があると告げ、菩薩を守護しました。この人たちが、最初の師であります。

大王様、次にまた、菩薩の父、スッドーダナ王（浄飯《じょうぼん》王《おう》）は、菩薩が誕生したとき、西北地方の高貴な家の生まれの貴族であり、ヴェーダの聖句を見事に読誦し、文法学に通じ、ヴェーダの六つの補助学問を熟知したサッバミッタという名のバラモンを招き、黄金の水瓶からそのバラモンに水を注ぎかけてから、『この子に学問を授けていただきたい』と言って、我が子をそのバラモンに委ねました。この人が第二の師であります。

大王様、次にまた、菩薩を鼓舞した天がおります。その天のことばを聞いて、菩薩は感銘を受け、奮い立ち、ただちに世を捨てて出家しました。この天が第三の師であります。

大王様、次にまた、アーラーラ・カーラーマ仙がおります。この人が第四の師であります。

大王様、次にまた、ウッダカ・ラーマプッタ仙がおります。この人が第五の師であります。

大王様、この人たちは、如来が目覚めた人となる以前、いまだ勝れた正しい目覚めに達していない菩薩であったときの五人の師であります。とはいえ、この人たちは、世俗の事柄を教える師でありました。一方、大王様、如来が説かれた出世間の教えによれば、全智者の智慧に通暁することに関して、如来の上に立って如来を教える師はいないのであります。大王様、如来は、師なしに独力で目覚めた人となった（無師独悟）お方なのであります。それゆえ、如来は、このように言われたのであります。

『わたくしに師はいない。
わたくしに等しい者はいない。
諸天を含むこの世間の中に、
わたくしに匹敵する者はいない』と。」

「分かりました。ナーガセーナ長老殿、余は、御貴殿の仰る通りであると認める者であります。」

第二 一時、一仏、一世界

「ナーガセーナ長老殿、また幸有るお方は、次のように説かれました。

『比丘たちよ、これは根拠のないものであり、あり得ようもないものである。一世界に、応供（阿羅漢）・等正覚が、二人して同時に世に出でたもうとは、これは根拠のないものである』と。

ナーガセーナ長老殿、しかしながら、すべての如来たちは、真理を直に示すときには、目覚めることを支える三十七の要素（菩提分、覚支）を取り上げ、説くときには、四聖諦を取り上げ、修行させるときには、戒定慧の三学という修行徳目を取り上げ、教戒するときには、不放逸の行を取り上げられました。

ナーガセーナ長老殿、もしも、すべての如来たちが示すところが同じであり、説くところが同じであり、修行されるところが同じであり、教戒するところが同じであるならば、同時に二人の如来が世に出られないのはなぜなのでありましょうか？　今、一人のブッダが世に出られただけでも、この世に光が生じます。もしも、第二のブッダが同時にいらっしゃれば、二人のブッダの光によって、この世にますます光が生ずるでありましょう。また、教戒するにあたって、二人の如来がいらっしゃれば、教戒は容易になり、教えるにあたっても、教えることが容易になるでありましょう。わたくしの疑念が晴れるように、そのわけをわたくしにお話しください。」

「大王様、この一万の世界は、ただ一人のブッダを支え保ち、ただ一人の如来の功徳を支え保つものであります。もしも、第二のブッダが世に出でたもうたならば、この一万の世界は、それを支えきれないでありましょう。世界は震動し、揺らぎ、ばらばらになり、崩れ、破滅に至るでありましょう。

大王様、たとえば、一人だけが乗れる渡し船があるとしましょう。一人が乗っただけならば、渡し船は水に浮かぶでありましょう。そこに、活力、見かけ、年齢、体格、体重、身長が先の人と同じ第二の人がやって来て、その船に乗るとしましょう。大王様、その船は、二人を乗せて運航できるでありましょうか？」

「先生、そういうことはありません。その船は、震動し、揺らぎ、ばらばらになり、崩れ、破滅に至るでありましょう。船は沈没するでありましょう。」

「大王様、それと同じように、この一万の世界は、ただ一人のブッダを支え保ち、ただ一人の如来の功徳を支え保つものであります。もしも、第二のブッダが出でたもうたならば、世界は震動し、揺らぎ、ばらばらになり、崩れ、破滅に至るでありましょう。

大王様、またたとえば、ある人がいて、食べ物を欲しいだけ食べ、喉まで一杯に詰め込んだとしましょう。その人は、満足、満腹となり、それ以上食べる余地がなく、眠気を催し、棒のように動かなくなります。その人が、さらに同じだけの食べ物を食べたとしたならば、大王様、その人は無事でいられるでありましょうか?」

「先生、そのようなことはありません。その人が、また同じだけ食べたならば、死んでしまうでありましょう。」

「大王様、それと同じように、この一万の世界は、ただ一人のブッダを支え保ち、ただ一人の如来の功徳を支え保つものであります。もしも、第二のブッダが出でたもうたならば、この一万の世界は、それを支え保つことが出来ないでありましょう。世界は震動し、揺らぎ、ばらばらになり、崩れ、破滅に至るでありましょう。」

「先生、正しいことの荷が重すぎることで、大地は震動するのでありましょうか?」

「大王様、たとえば、上の縁ぎりぎりまで宝石を満載した二台の車があるとしましょう。一台の車から宝石を取って、もう一つの車に積み移したならば、大王様、その車は、二台分の宝石を運ぶことが出来るでありましょうか?」

「先生、それはありません。その車の轂《こしき》はひしぎ、車輻はばらばらになり、輪も潰され、車軸も破損するでありましょう。」

「大王様、宝石の荷が重すぎるために、車は壊れてしまうでしょうか?」

「先生、その通りです。」

「大王様、それと同じように、荷が重すぎることで、大地は震動します。大王様、この事例は、ブッダの力を説明するために引かれたものなのであります。二人の正覚者が、同時に世に現れないという、さらに別のわけをお聞きください。

大王様、もしも、二人の正覚者が、同時に世に出現されたならば、それぞれに従う人々が互いに論争しあって、『汝らのブッダ、我々のブッダ』と言い合って、二つの派が生ずるでありましょう。大王様、たとえば、二人の有力な大臣のそれぞれに従う人々が互いに論争し合って、『汝らの大臣、我々の大臣』と言い合って、二つの派が生ずるように、大王様、それと同じように、もしも、二人の正覚者が同時に世に出現されたならば、それぞれに従う人々が互いに論争しあって、『汝らのブッダ、我々のブッダ』と言い合って、二つの派が生ずるでありましょう。大王様、これが、二人の正覚者が、同時に世に出現されないことの理由でありま す。

大王様、またなぜ、二人の正覚者が、同時に世に出現されないかとについての、また別のわけをお聞きください。大王様、もしも、二人の正覚者が、同時に世に出現されたならば、『ブッダは最高のお方である』ということばは間違いであることになるでありましょうし、『ブッダは最も尊いお方である』ということばは間違いであることになるでありましょうし、『ブッダは最も卓越したお方である』とのことばは間違いであることになるでありましょうし、『ブッダは突出した勝者である』とか、『ブッダは並ぶ者のないお方である』とか、『ブッダは並ぶものがまったくないお方である』とか、『ブッダは無類のお方である』とか、『ブッダは匹敵する者のないお方である』とか、『ブッダは並ぶ者のないお方である』とかのことばが間違いであることになるでありましょう。大王様、なぜ、二人の正覚者が、同時に世に出現されないかとの、こうした理由も、陛下はお認めください。ところで、ただ一人のブッダだけが世に出現されるというのは、諸々のブッダ、幸有るお方たちの、おのずからなる本性なのであります。なぜなら、全智者であるブッダの徳が、それだけ偉大だからであるからなのです。

大王様、この世で、ブッダを措いて、偉大だとされるものは、ただ一つしかありません。大王様、大地は偉大であり、それはただ一つしかないものであります。海は偉大であり、それはただ一つしかないものであります。須弥山は偉大で、それはただ一つしかないものであります。虚空は偉大であり、それはただ一つしかないものであります。帝釈天は偉大で、それはただ一つしかないものであります。悪魔は偉大であり、それはただ一つしかないものでありま す。大梵天は偉大で、それはただ一つしかないものであります。如来・応供（阿羅漢）は偉大で、それは、この世でただ一人しかおられません。このお方が出現するところに、他のものが入り込む余地はありません。大王様、それゆえ、如来・応供（阿羅漢）・等正覚者が、ただ一人でこの世に出現されるのであります。」

「ナーガセーナ長老殿、問いは、譬えと理由とによって、見事に解かれました。無知な者でも、これを聞けば、満足するでありましょう。ましてや、それなりの智慧を持つ余にあっては、なおさらであります。分かりました。ナーガセーナ長老殿、余は、御貴殿の仰る通りであると認める者であります。」

第三　ゴータミーが布施した衣

「ナーガセーナ長老殿、また幸有るお方は、如来の母の妹、マハーパジャーパティー・ゴータミーが、雨期に使用する外衣を幸有るお方に布施しようとしたとき、次のように説かれました。

『ゴータミー様、比丘の集団に布施するのがよいでしょう。あなた様がそれを比丘の集団に布施するならば、わたくしも供養されたことになり、比丘の集団も供養されたことになるでありましょう』と。

ナーガセーナ長老殿、しかしながら、如来ご自身の母の妹が、みずから染め、みずから梳き、みずから砧き、みずから裁断し、みずから織った雨期用の外衣を、如来に布施しようとしていたのに、それを比丘の集団に布施するように告げた如来は、比丘の集団という宝（三宝の内の僧宝）よりも重きを置かれず、布施を受けるに値しないのでありましょうか？　ナーガセーナ長老殿、もしも、如来が比丘の集団よりも上であり、偉大であり、勝れているならば、如来は、『わたくしに布施されたならば、大いなる功徳という果報があるであろう』と考えるはずで、それゆえ、如来は、ご自身の母の妹が、みずから染め、みずから梳き、みずから砧いて作った雨期用の外衣を、比丘の集団に布施するように告げなかったでありましょう。ナーガセーナ長老殿、しかしながら、如来は、自身が布施で何かよいことがあるとは思われなかったため、母の妹が作った雨期用の外衣を、自身ではなく、比丘の集団に布施するようにと告げたのであります。」

「大王様、確かに、幸有るお方は、ご自身の母の妹であるマハーパジャーパティー・ゴータミーが、雨期用の外衣を如来に布施しようとしたところ、如来は、次のように説かれました。

『ゴータミー様、比丘の集団に布施するのがよいでしょう。あなた様がそれを比丘の集団に布施するならば、わたくしも供養されたことになり、比丘の集団も供養されたことになるでありましょう』と。

しかしながら、それは、如来に向けられた敬意が果報をもたらさないとか、如来が布施を受けるに値しないとかいったわけではなく、人々の利益と慈しみのためのことだったのであります。すなわち、『このようにすれば、わが亡き後も、比丘の集団は、将来にわたって崇敬されることになるであろう』と考え、比丘の集団の徳を讃えて、『ゴータミー様、比丘の集団に布施為さいませ。雨期用の外衣を比丘の集団に布施するならば、わたくしも供養されたことになり、比丘の集団も供養されたことになるでありましょう』と、このように言われたのであります。

大王様、たとえば、ある父親が存命のとき、王に仕える家臣や兵士や官吏や門衛や、近衛兵や参議や市民の中にいて、王の前で、『今何とかすれば、わが子は、将来、人々から賞賛される者となるであろう』と考え、自分の子の徳を賞讃することがあるでありましょう。大王様、それと同じように、如来は、人々の利益と慈しみのために、『このようにすれば、わが亡き後も、比丘の集団は、将来にわたって崇敬されることになるであろう』と考え、比丘の集団の徳を讃えて、『ゴータミー様、比丘の集団に布施するならば、わたくしも供養されたことになり、比丘の集団も供養されたことになるでありましょう』と、このように言われたのであります。」

大王様、雨期用の外衣の布施だけのことで、比丘の集団の方が如来よりも偉大であるとか勝れているとかということにはならないのであります。

大王様、たとえば、両親が、自分の子供たちに香水を注ぎ、肌に揉み込ませ、沐浴させ、髪を洗ってやることだけのことで、子供たちの方が両親よりも偉大であるとか、勝れているとかということになるでありましょうか？」

「先生、そのようなことはありません。子供たちは、好むと好まざるとに関わりなく、、両親がすべきだと思うことをするのであります。それゆえ、両親は、子供たちに香水を注ぎ、それを揉み込み、沐浴させ、髪を洗ってやるのです。」

「大王様、それと同じように、雨期用の外衣の布施だけのことで、比丘の集団の方が如来よりも偉大であるとか勝れているとかということにはならないのであります。それが分かった上で、如来は、比丘の集団が好むと好まざるとに関わりなく、母の妹に告げて、雨期用の外衣を比丘の集団に布施させたのであります。

大王様、たとえば、ある人が、王のために贈り物を届けたが、王がその贈り物を兵士や官吏や将軍や司祭のいずれかに与えるとしましょう。大王様、贈り物をいただいただけのことで、その者が王よりも偉大であるとか勝れているとかになるでありましょうか？」

「先生、そのようなことはありません。先生、その人は、王から禄を食んでいる身であり、王のおかげで生計を立てている者です。そういう身分に置いていることを前提として、王はその者に贈り物を授けたのであります。」

「大王様、それと同じように、雨期用の外衣の布施だけのことで、比丘の集団の方が如来よりも偉大であるとか勝れているとかということにはならないのであります。いわば、比丘の集団は、如来から禄を食んでいる身であり、如来のおかげで生計を立てているのであります。比丘の集団をそうしたものとした上で、如来は、雨期用の外衣を布施させたのであります。大王様、さらにまた、如来は次のように考えられたのでありましょう。

『比丘の集団は、布施や供養を受けるに値するものである。だから、わたくしのものを比丘の集団に布施させよう』と考えて、雨期用の外衣を、比丘の集団に布施させたのであります。大王様、如来は、自分への布施や供養を讃嘆せず、誰であれ、世間で、布施や供養を受けるに値する人に、布施したり供養したりすることを讃嘆されたのであります。

大王様、諸天の中の天である幸有るお方は、世間にとっての最勝の贈り物である『マッジマ・ニカーヤ』(「中部」経典)の、「真理の継承者という名の教え」の中で、満足しながら次のように賞讃されました。

『わたくしの第一のあの比丘こそ、いっそう敬意を払われ、賞賛されるであろう』と。

大王様、輪廻転生のあらゆる境涯の中で、如来よりもさらに布施を受けるに値し、より上であり、偉大であり、勝れている者はおりません。如来こそが最高の人であり、偉大な人なのであります。

大王様、最勝の『サンユッタ・ニカーヤ』(「相応部」経典)の中で、マーナヴァガーミという名の天子が、諸天と人々の只中で、幸有るお方の面前に立ち、次の偈頌を唱えたとされております。

『王舎城を取り巻く山々の中で、ヴィプラ山は最勝だと言われる。

ヒマーラヤの内では白山が、天空を駆けるものの中では太陽が最勝である。

すべての水の中では海が、すべての星の中では月が最勝である。

諸天と人々の中では、ブッダが最上であると言われる』と。

大王様、マーナヴァガーミという名の天子は、子の偈頌を、見事に唱え、誤ることなく唱え、見事に語り、誤ることなく語りました。それを幸有るお方は良しとされました。

大王様、法将サーリプッタ長老は、次の偈頌を唱えられたではありませんか。

『悪魔の力を打ち破るブッダに、
一度でも信頼を寄せ、帰依し、合掌するならば、
迷いや苦しみのない彼岸に渡れるであろう』と。

また、諸天の中の天である幸有るお方は、次のように説かれました。

『ある一人の者がこの世に出現する。その者は、多くの人々の利益、多くの人々の安楽のため、世の人々を慈しむため、そして、諸天と人々の実利と利益と安楽のために世に現れたのである。その一人とは誰か？　それは、如来・応供（阿羅漢）・等正覚者である』と。」

「分かりました。ナーガセーナ長老殿、余は、御貴殿の仰る通りであると認める者であります。」

第四　在家と出家の違い

「ナーガセーナ長老殿、また幸有るお方は、次のように説かれました。

『比丘たちよ、わたくしは、在家の、あるいは出家の正しい行を賞讃する。比丘たちよ、在家であれ、出家であれ、正しく行じた者は、正しい行に伴う困難を乗り越え、正理《しょうり》と善法を成就する』と。

ナーガセーナ長老殿、もしも、在家で、白衣をまとい、愛欲を享受し、妻子と雑居し、ヴァーラーナシー産の白檀を愛用し、花環と塗香を身に着け、金銀を蓄え、摩尼宝珠や金を散りばめたターバンを巻きながらも、正しく行ずるならば、正理と善法を成就し、出家で、剃髪し、袈裟をまとい、他人から布施された食を受け、四つの戒の集まりを完全に守り、百五十の修行徳目を修め、十三頭陀の徳目を余すところなく行じながら、正しく行じた者は、正理と善法を成就するならば、では、在家と出家の違いは何なのでありましょうか？　苦行の業は果報を結ぶことがなく、出家することは益のないことであります。修行徳目を修めることは果報を結ぶことがなく、頭陀の支分を行ずることは虚しいことであります。ですから、こうした行のために苦

しみを積み重ねる意味がどこにあるというのでしょうか？ 安楽によってこそ、安楽は得られるというものです。」

「大王様、確かに、幸有るお方は、次のように説かれました。

『比丘たちよ、わたくしは、在家の、あるいは出家の正しい行を賞讃する。比丘たちよ、在家であれ、出家であれ、正しく行じた者は、正しい行にともなう困難を乗り越え、正理と善法を成就する』と。

大王様、まことに、この通りであります。正しく行ずる者は、最高の人であります。大王様、たとい出家であっても、『わたくしは出家した』と言っておきながら、正しく行じないならば、その者は、沙門であることから遠く、バラモンであることから遠い者であります。白衣をまとう在家ならば、なおさらのことであります。大王様、たとい在家であっても、正しく行じた者は、正理と善法を成就します。

大王様、とはいえ、出家こそ、沙門であることの主であり、長であります。大王様、出家することには、多くの功徳、種々の功徳、無量の功徳があります。出家することの功徳は、量り知ることが出来ないのであります。

大王様、たとえば、願い事を叶えてくれる摩尼宝珠の値段について、『摩尼宝珠の値はこれこれである』と言って、何かの財と比較して量り知ることが出来ないように、大王様、それと同じように、出家することには、多くの功徳、種々の功徳、無量の功徳があります。出家することの功徳は、量り知ることが出来ないのであります。

大王様、またたとえば、「海の波の数はこれだけある」と言って、海の波を数え挙げることは出来ません。大王様、それと同じように、出家することには、多くの功徳、種々の功徳、無量の功徳があります。出家することの功徳は、量り知ることが出来ないのであります。

大王様、出家は、何事であれ、為すべきことをすべて迅速に成就し、長時間をかけません。なぜか？ 大王様、出家は、簡素な生活に満足し、歓喜し、世間から身を遠ざけ、世俗に交わらず、熱心に修行に励み、一所不住で、戒行をすべて守り、煩悩を断滅することを目指す修行者であり、頭陀行に巧みであるからであります。それゆえ、出家は、何事であれ、為すべきことをすべて迅速に成就し、長時間をかけないのであります。

大王様、たとえば、節がなく、滑らかで、よく磨かれ、真っ直ぐで、汚れのない矢は速やかに放たれ、正しく飛ぶように、大王様、それと同じように、出家は、何事であれ、為すべきことを速やかに成就し、長時間をかけないのであります。」

「分かりました。ナーガセーナ長老殿、余は、御貴殿の仰る通りであると認める者であります。」

第五　断食の放棄と苦行

「ナーガセーナ長老殿、菩薩が難行を行じておられたとき、精励であれ、努力であれ、煩悩との戦いであれ、死魔の軍勢の打破であれ、節食であれ、どれ一つとっても、これに増す難行はないほどでありました。しかしながら、菩薩は、そのような努力に少しも満足することなく、そうした努力を放棄して、次のように言われました。

『この激しい難行を行じても、わたくしは、人の力の及ばない真っ直ぐで殊勝な聖なる知見を得ることが出来ない。目覚めに至る道は、他にないのであろうか？』と。

それ以来、難行を厭い、他の道によって全智者となった菩薩は、如来として、再び、難行に弟子たちを教え導き、次のような偈頌で励まされました。

『精励せよ、努力せよ、
目覚めた人ブッダの教えに専念せよ。
悪魔の軍勢を打ち破れ、
象が、葦葺きの家を踏み潰すように』と。

ナーガセーナ長老殿、なぜ、如来は、みずから厭い、喜ばなかった難行に弟子たちを教え導き励まされたのでありましょうか？」

「大王様、かつても、そして今も、難行はただ一つの行なのであります。菩薩は、その行によって、全智者となられました。大王様、それはそれとして、菩薩は熱心に努力する中で、食を完全に断ちました。この断食のため、心が衰弱し、そのために、菩薩は全智者になれませんでした。菩薩は、少しずつ硬い食を摂るようにしながら、断食抜きの難行により、速やかに全智者となることが出来たのであります。大王様、これこそ、すべての如来たちが全智者の智慧を得るに至った行であります。

大王様、たとえば、食は、すべての生類の生命を養うものであり、食を拠り所とすることですべての生類が安楽を享受するように、大王様、それと同じように、すべての如来たちが全智者の智慧を得るに至った行であります。大王様、如来が、かつて、全智者の智慧を得るに至らなかった問題点は、精励にあるのでもなく、努力にあるのでもなく、煩悩との戦いにあるのでもありません。その問題点は、まさに断食そのものにあったのであり、難行自体は、いかなるときにも行ずるに値するものなのであります。

大王様、たとえば、ある男が、大急ぎで道を歩くとしましょう。そして、そのために足を痛めて、平地を歩くことすら出来なくなるならば、大王様、その男が歩けなくなった理由は、大地にあるのでしょうか？」

「先生、そうではありません。先生、大地は、人々がその上を歩くためにあるのです。どうて大地に問題点があるでしょうか？　その男が足を痛めて歩けなくなったことの問題点は、その男みずからの過剰な熱心さにあるのです。」

「大王様、それと同じように、如来が、かつて、全智者の智慧を得るに至らなかった問題点は、精励にあるのでもなく、努力にあるのでもなく、煩悩との戦いにあるのでもありません。その問題点は、まさに断食そのものにあったのであり、難行自体は、いかなるときにも行ずるにあたいするものなのであります。

大王様、またたとえば、ある男が、汚れた衣をまとい、それを洗うことがないならば、問題点は、水にはありません。水は、いつでも、人がそれを利用するためにあるのです。問題点は、その男自身にあるのです。大王様、如来が、かつて、全智者の智慧を得るに至らなかった問題点は、精励にあるのでもなく、努力にあるのでもなく、煩悩との戦いにあるのでもありません。その問題点は、まさに断食そのものにあったのであり、難行自体は、いかなるときにも行ずるに値するものなのであります。それゆえ、如来は、その難行に弟子たちを教え導き励まされました。大王様、このように、その難行は、いつでも、人が行ずるためにあるのであって、それ自体に何の問題点もないのであります。」

「分かりました。ナーガセーナ長老殿、余は、御貴殿の仰る通りであると認める者であります。」

第六　還俗《げんぞく》

「ナーガセーナ長老殿、この如来の教えは広大であり、違うことのない真実のことばであり、最勝であり、尊いことこの上なく、比べるものがなく、清浄であり、無垢であり、純白であり、無疵であります。ですから、在家をいきなり出家させるのは適切なことではありません。在家を、仮に聖者の位を体験させ、もはや不退転の者となったとき、初めて出家を許されるべきであります。なぜなら、邪な人々が、いきなり清浄な教えのもとに出家するならば、その人々は、再び世俗へと退転してしまいます。この人々が世俗に戻ると、世の多くの人々は、次のように考えるでありましょう。『これでは、沙門ゴータマの教えは虚しいものになってしまう。あの人々が世俗に戻ったのであるから』と。だからなのであります。」

「大王様、たとえば、清浄で無垢の冷たい水で満たされた池があるとしましょう。たまたま、垢や泥にまみれ、汚れだらけの男がその池に入って、沐浴もせず、また汚れたままで引き返すとしたならば、大王様、世の人々は、汚れた男と池と、そのどちらを非難するでありましょうか？」

「先生、人々は、汚れた男を非難するでありましょう。『この男は、池に入って、沐浴もせず、また汚れたままで引き返した。沐浴しないこの男を、池が沐浴させるということがあるだろうか？　池に何の問題点があろうか？』と。」

「大王様、それと同じように、如来は、最高の解脱という水の満ちた、最高の正しい教えという池を作られました。『意思ある智慧者でも煩悩の垢がこびりついている者が、ここで沐浴すれば､すべての煩悩が洗い流されるであろう』という思いで。もしも、ある男が、その最高の教えという池に入り、沐浴することなく、煩悩を持ったままで引き返し、再び世俗に戻るならば、人々は、その男を非難するでありましょう。『この男は、勝者ブッダの教えのもとに出家したが、そこに安住することが出来ず、再び世俗に戻った。行ずるべきことを行じないこの男を、勝者の教え自体が、どうして浄めることが出来るであろうか？　勝者ブッダの教えに、何の問題点があろうか？』と。

大王様、たとえば、重い病に罹った男がいるとしましょう。診断に熟達し、正確で有効な処置を施す医者に出会っても、その男が、治療を受けることなく、治らないまま引き返すならば、人々は、患者と医者と、どちらを非難するでありましょうか？」

「先生、人々は、患者を非難するでありましょう。『診断に熟達し、正確で有効な処置を施す医者に出会っても、この男は、治療を受けることなく、治らないまま引き返した。治療を受けないこの男を、医者自体がどうして治療できるであろうか？　医者に、何の問題点があろうか？』と。」

「大王様、それと同じように、如来は、教えという薬入れの中に、あらゆる煩悩という病を癒すあらゆる病を鎮める不死の霊薬である甘露を入れておられました。『意志ある智慧者でも煩悩の垢がこびりついている者が、誰であれ、この不死の霊薬である甘露を服用すれば、すべての煩悩という病は鎮まるであろう』という思いで。もしも、ある男が、その不死の霊薬である甘露を服用せず、煩悩を抱えたままで引き返して、再び世俗に戻るならば、人々は、その男を非難するであろう。『この男は、勝者ブッダの教えのもとに出家したが、そこに安住することができず、再び世俗に戻った。行ずべきことを行じないこの男を、勝者ブッダの教え自体が、どうして浄めることが出来るであろうか？　勝者ブッダの教えに、何の問題点があろうか？』と。

大王様、またたとえば、空腹の男がいたとしましょう。その男が、盛大な功徳ある食を分配する場所に行ったが、食を摂ることなく、空腹のまま引き返すならば、人々は、空腹の男と功徳ある食との、どちらを非難するでありましょうか？」

「先生､人々は､空腹の男を非難するでありましょう。『この男は、飢えに苦しんでいたにもかかわらず、功徳ある食を配分されても食べず、空腹のまま引き返した。食べようとしないこの男の口に、どうして、食自体が入ることが出来ようか？　食に何の問題点があろうか？』と。」

「大王様、それと同じように、如来は、教えという籠の中に、最勝で、善に満ち、吉祥で、精妙な不死の食、最も甘美な身念処定（身体への精神集中）という食を入れて置かれました。『意思があるが内に煩悩のために疲弊し、意思が愛著に抑えられている者は、誰でも、これを食べれば、欲界・色界・無色界のすべての愛著を取り除くであろう』との思いで。もしも、ある男が、その食を食べず、愛著に抑えられたままで引き返して、再び世俗に戻るならば、人々は、その男を非難するでありましょう。『この男は、勝者ブッダの教えのもとに出家しながら、そこに安住することが出来ず、再び世俗に戻った。行ずるべきことを行じないこの男を、勝者ブッダの教え自体が、どうして浄めることが出来るであろうか？　勝者ブッダの教えに、何の問題点があろうか？』と。

大王様、もしも、大王様が御考えのように、仮に聖者の一つの境地を体験させた後に、その者たちを出家させるならば、その者たちは、出家することは、煩悩を断ずることのためになるとか、自身が清浄になるためになるとかと、言わなくなるでありましょう。その者たちにとって、却って、出家することは意味のないことになるでありましょう。

大王様、たとえば、ある男が、数百人の共同作業で池を掘らせて、そして、人々にこう告げるとしましょう。『諸君、汚れた者は、誰一人、この我が池に入ってはならない。塵や垢を洗い流し、清浄で、無垢で、清潔な者たちだけがここに入ってよい』と。大王様、塵や垢を洗い流し、すでに清浄で、無垢で、清潔である者たちが、その池に入りたいと思うでありましょうか？」

「先生、そのようなことはありません。その者たちがその池に入って得られる利益は、すでに別の所で得ているのです。どうして、その者たちが、その池に入りたいとおもうでありましょうか？」

「大王様、それと同じように、もしも、如来が、在家を教え導いて、大王様が御考えのように、仮に聖者の境涯を体験させた後、その者たちを出家させるならば、そのとき、すでに、その者たちが為すべきことは為し終えられているはずであります。どうしてその者たちに、出家する必要がありましょうか？　大王様、たとえば、また、往古の医聖仙の後継者で、秘伝の奥義のことばをよく頭に刻み、躊躇することなく診断することに塾達し、正確で有効な処置を施す医者が、あらゆる病を癒す薬を集めて、人々に次のように告げるとしましょう。『諸君、病気の者は、誰一人、わたくしのもとにやって来てはならない。無病息災の者だけが、わたしのもとに来てもらいたい』と。大王様、そうした、無病息災で、健康で快活な者たちは、その医者を必要とするでありましょうか？」

「先生、そういうことはありません。そうした者たちが、その医者のもとに行く目的は、すでに、その者たちは、別の所で果たしているのです。どうして、その者たちに、その医者が必要でありましょうか？」

「大王様、それと同じように、在家たちを教え導いて、大王様が御考えのように、仮に聖者の一つの境涯を体験させ後、その者たちを出家させるならば、そのとき、その者たちは、為すべきことを為し終えているはずであります。その者たちに、今さら、出家する必要があるでありましょうか？

大王様、またたとえば、ある人が、数百皿の乳粥を用意し、人々に次のように告げるとしましょう。『諸君、空腹の者は、誰一人として、この功徳ある食を分配する所に来てはならない。十分に食べ、満足した者たちだけが、この功徳ある食を分配の場所に来てもらいたい』と。大王様、食事を終え、満足した者たちが、その食を必要とするでありましょうか？」

「先生、そういうことはありません。その者たちがその功徳ある食を分配する場所に来る目的は、すでにその者たちは、他の場所で果たしているのであります。どうして、その者たちに、功徳ある食の分配が必要でありましょうか？」

「大王様、それと同じように、もしも、如来が、在家たちを教え導いて、大王様が御考えのように、聖者の一つの境地を体験させた後、その者たちを出家させるならば、そのとき、すでに、その者たちが為すべきことは為し終えられているはずであります。その者たちに、出家する必要がどうしてありましょうか？

大王様、しかしながら、再び世俗に戻った者たちは、勝者ブッダの教えが持つ五つの比類のない徳を世に言い広めるのであります。その者たちは、勝者ブッダの教えのほどが偉大であることを言い広め、勝者ブッダの教えが清浄・無垢であることを言い広め、勝者ブッダの教えによれば、善人は悪人と生活を共にすることが出来ないことを言い広め、勝者ブッダの教えが簡単には会得しがたいことを言い広め、勝者ブッダの教えに則って多くの規律が守られるべきであることを言い広めるのであります。

では、再び世俗に戻った者たちは、どのように、勝者ブッダの教えのほどが偉大であると言い広めるのでありましょうか？　大王様、たとえば、貧しく、卑しい身分に生まれ、他人より勝れた点が何一つなく、知性もない男が、仮に大国を領有することがあっても、すぐに凋落し、失脚し、衰退し、主導権を保つことが出来なくなるとしましょう。それはなぜかと言いますと、主導権なるものが、余りにも偉大なものだからであります。大王様、それと同じように、勝れた点が一つもなく、功徳も積まず、知性もない者が、勝者ブッダの教えのもとに出家しても、みな、その出家としての最勝で最上のありかたを保つことが出来ず、すぐに勝者ブッダの教えから退き、失脚し、衰退して、再び世俗に戻り、ついに勝者ブッダの教えを保てなくなるのであります。なぜかと言いますと、勝者ブッダの教えのほどが、余りにも偉大であるからであります。このように、再び世俗に戻った者たちは、結果として、勝者ブッダの教えのほどが余りにも偉大であることを言い広めることになるのであります。

大王様、たとえば、蓮の葉の上に置かれた水は、散り、落ち、どこかに落下し、失われ、留まることがありません。それはなぜかと言いますと、蓮の葉が清浄だからであります。大王様、それと同じように、偽り、欺き、狡猾で、邪で、正しくない見解を持つ者が、勝者ブッダの教えのもとに出家しても、すぐにその者たちは、清浄で無垢で棘がなく純白で最勝にして最上の教えから四散し、落ち、どこかに落下し、失われ、留まることがなく、再び世俗に戻ります。それはなぜかと言いますと、勝者ブッダの教えが清浄で無垢だからであります。このように、再び世俗に戻った者たちは、結果として、勝者ブッダの教えが清浄で無垢であることを言い広めることになるのであります。

では、再び世俗に戻った者たちは、どのように、勝者ブッダの教えによれば、善人は悪人と生活を共にすることが出来ないことを言い広めるのでありましょうか？　大王様、たとえば、大海が生類の死骸と共存することなく、大海中にある生類の死骸を速やかに海岸に打ち上げ、あるいは陸に打ち上げます。それはなぜかと言いますと、大海が夥しい数の生類の棲み処だからであります。大王様、それと同じように、罪深く、無為無策で、精進することなく、懊悩することが多く、煩悩にまみれた悪人が、勝者ブッダの教えのもとに出家しても、みなすぐに、勝者ブッダの教えという、夥しい数の生類の棲み処、つまり、無垢で、煩悩をすべて滅し尽くした阿羅漢たちの棲み処から退去し、阿羅漢たちと生活を共にすることが出来ないからであります。このように、再び世俗に戻った者たちは、結果として、勝者ブッダの教えによれば、善人は悪人と生活を共にすることが出来ないことを言い広めることになるのであります。

では、再び世俗に戻った者たちは、どのように、勝者ブッダの教えが簡単には会得しがたいことを言い広めるのでありましょうか？　大王様、たとえば、不器用で、訓練を受けず、技術もなく、智慧もない弓の射手が、毛の尖端を射抜くことが出来ず、的を外し、的を逸らすとしましょう。それはなぜかと言いますと、毛の尖端が、柔らかく、細く、射抜くのが難しいからであります。それと同じように、智慧なく、鈍く、低能で、愚かで、遅鈍の者たちが、勝者ブッダの教えのもとに出家しても、みな、最高で精妙な四聖諦を会得することが出来ず、勝者ブッダの教えから外れ、すぐに、再び世俗に戻ります。それはなぜかと言いますと、勝者ブッダの教えが、最勝、精妙、微細で、簡単には会得しがたいからであります。このように、再び世俗に戻った者たちは、結果として、勝者ブッダの教えが簡単には会得しがたいことを言い広めることになるのであります。

では、再び世俗に戻った者たちは、勝者ブッダの教えに則って多くの規律が守られるべきであることを言い広めるのでありましょうか？　大王様、ある男がいて、大規模な戦場に出かけ、四方を敵軍に包囲されたとき、その男が、刀を手にした敵兵たちが襲って来るのを見て、怖れ、怯み、退却し、遁走するとしましょう。それはなぜかと言いますと、目まぐるしく変わる戦線を守ることの恐怖のためであります。大王様、それと同じように、護り方を知らず、自制できず、恥知らずで、無為無策で、忍耐力がなく、軽薄で、すぐに怯え、無知蒙昧な輩たちが、勝者ブッダの教えのもとに出家しても、みな、多くの修行徳目を守ることが出来ず、怯み、退却し、遁走して、すぐに、再び世俗に戻ります。それはなぜかと言いますと、勝者の教えに則って多くの規律が守られるべきだからであります。このように、再び世俗に戻った者たちは、結果として、勝者ブッダの教えに則手多くの規律が守られるべきであることを言い広めることになるのであります。

　大王様、陸上の花の中で最上であるジャスミンの茂みの中には、虫に喰われたものがありますが、その芽は、往々にして、枯れたり、落ちたりします。しかしながら、そうした虫喰いところの芽が落ちたとしても、ジャスミンの茂みが蔑まれることはありません。そこに次々と咲く花は、いつも同じで、四方に良い香りを漂わせます。大王様、それと同じように、勝者ブッダの教えのもとに出家しても、再び世俗に戻った者たちは、みな、虫に喰われて色と香りを失ったジャスミンの花のように、勝者の教えに接しても、戒行という色と香りがなく、大きく修行を進めることが出来ません。しかしながら、その者たちが、再び世俗に戻ったからといって、勝者ブッダの教えが蔑まれることはありません。勝者ブッダの教えのもとに留まっている比丘たちは、諸天や人々に向けて、最勝の戒行という香りを漂わせるのであります。

　大王様、病害に強い赤い色をした稲の内、カルンバカという品種の稲は、成長して時に枯れることがあります。しかしながら、それが枯れることで、赤い色をした稲がみな、蔑まれることはありません。枯れずに残った稲は、王の食べ物となります。大王様、それと同じように、勝者ブッダの教えのもとに出家しても、再び世俗に戻った者たちは、言わば、赤い色の稲の中のカルンバカのように、勝者ブッダの教えに接しても、大きく成長することなく、時には、再び世俗に戻ることもあります。しかしながら、その者たちが再び世俗に戻ることで、勝者ブッダの教えが軽んぜられることはありません。勝者ブッダの教えのもとに留まっている比丘たちは、阿羅漢の位に至るに相応しい者たちとなるのであります。

　大王様、願い事を叶えてくれる摩尼宝珠にも、部分的に粗悪な箇所が生じます。しかしながら、粗悪な箇所が部分的に生じたことで、摩尼宝珠が軽んぜられることはありません。摩尼宝珠が持つ清らかさは、人々に歓喜をもたらします。大王様、それと同じように、勝者ブッダの教えのもとに出家しても、再び世俗に戻った者たちは、みな、勝者ブッダの教えのもとでの粗悪な脱落者であります。しかしながら、その者たちが再び世俗に戻ったことで、勝者ブッダの教えが軽んぜられることはありません。勝者ブッダの教えのもとに留まっている比丘たちは、諸天や人々に歓喜をもたらすのであります。

大王様、また、良質の赤い栴檀には、ある部分が腐り、そこからは香りを発しないというものもあります。しかしながら、そのことで、赤い栴檀が軽んぜられることはありません。腐らず、香りを保つ部分は、四方に良い香りを漂わせます。大王様、それと同じように、勝者ブッダの教えのもとに出家しても、再び世俗に戻った者たちは、みな、本来は純質の赤い栴檀の腐った部分のように、勝者ブッダの教えの中でも、取り除かれるべきものであります。しかしながら、その者たちが再び世俗に戻ったことで、勝者ブッダの教えが軽んぜられることはありません。勝者ブッダの教えのもとに留まっている比丘たちは、諸天や人々を、最勝の戒行という栴檀の香りで薫りづけするのであります。」

「分かりました。ナーガセーナ長老殿、一々、それぞれに適切な譬えによって、勝者ブッダの教えに疵がないことが証明され、それが最勝であることが明らかにされました。再び世俗に戻った者たちでも、勝者ブッダの教えが最勝であることを、結果として、明らかにすることになるのでありますから。」

第七　身体と心

「ナーガセーナ長老殿、御貴殿たちは、次のように仰います。

『阿羅漢は、一つの苦しみをうけるが、それは、身体の苦しみであって、心の苦しみではない』と。

ナーガセーナ長老殿、阿羅漢の心は、身体に拠って働きますが、それならば、阿羅漢は、身体の主宰者ではなく、主ではなく、最高支配者ではないのでしょうか？」

「大王様、その通りであります。」

「ナーガセーナ長老殿、自分の心が身体に拠るというのであるならば、自分の心は主宰者ではなく、主ではなく、最高支配者でないという、このことはものの道理に叶いません。先生、鳥ですら、巣に籠るとき、鳥は巣の主宰者であり、主であり、最高支配者なのですから。」

「大王様、次の十を数える『身体につきまとう事象』は、世々生々、身体につきまとって生じます。それは、冷たさ、熱さ、飢え、渇き、大便、小便、かったるさ（惛沈《こんじん》）と眠気（睡眠《ずいめん》）、老い、病、死であります。大王様、これら十を数える『身体につきまとう事象』は、世々生々、身体につきまとって生じます。このことからして、阿羅漢は身体の主宰者でなく、主でなく、最高支配者でないのであります。」

「ナーガセーナ長老殿、なぜ、阿羅漢は、身体に対して主導権を行使せず、あるいは主宰者ではないのでしょうか？　余にそのわけを語ってください。」

「大王様、たとえば、大地を拠り所とする生類は、みな、大地に拠って歩き、生活し、行動します。大王様、しかしながら、生類は、大地にたいして主導権を行使することなく、あるいは主宰するでありましょうか？」

「先生、そういうことはありません。」

「大王様、それと同じように、阿羅漢の心は、身体に拠って働きますが、しかしながら、阿羅漢が、身体にたいして主導権を行使したり、主宰したりはいたしません。」

「ナーガセーナ長老殿、では、なぜ、凡夫は、身体の苦しみと、心の苦しみとの二つをともに受けるのでありましょうか？」

「大王様、凡夫は、みずからを修練しないので、身体の苦しみも、心の苦しみも受けるのであります。たとえば、空腹のためよろよろしている牛は、弱々しい小さな草や蔓に動きを阻まれるでありましょうが、その牛が怒ったときには、自分の動きを阻むものを引きずってでも突き進むように、大王様、それと同じように、心を修練していないものに苦しみが生ずると、その者の心は動揺し、心が動揺すれば、身体を屈め、捩り、地面にのたうち回ります。また、心を修練していない者は、戦き、大声を上げ、恐怖の叫び声を発します。大王様、これこそ、凡夫が、身体の苦しみも、心の苦しみも、どちらも受ける理由であります。

ではまた、『阿羅漢は、一つの苦しみを受けるが、それは身体の苦しみであって、心の苦しみではない』という、その理由は何でありましょうか？　大王様、阿羅漢の心は、修練され、よく制御され、素直であり、阿羅漢の思いにきちんと耳を傾けます。阿羅漢は、苦しみを察知したとき、『およそ作られたものは無常である（諸行無常）』という真理を捉えて離さず、心統一（三昧、等至）の柱に心を縛り付けます。心統一の柱に縛り付けられた心は、ふらつかず、動揺せず、不動で、散乱しません。しかし、それでも、苦しみの様子が変わり、増大すれば、阿羅漢の身体は、屈み、捩り、地面にのたうち回ります。大王様、これこそ、『阿羅漢は、一つの苦しみを受けるが、それは身体の苦しみであって、心の苦しみではない』ということの理由でありま す。」

「ナーガセーナ長老殿、身体が動いているときに心が動かないというのは、まこと、世にも珍しいことであります。その理由を、世に語ってください。」

「大王様、たとえば、幹と枝と葉が豊かに茂った大樹が、風の力に押されたとき、枝は動くでありましょうが、幹まで も動くでありましょうか？」

「先生、そういうことはありましょうか？」

「大王様、それと同じように、阿羅漢は、苦しみを察知したとき、『およそ作られたものは無常である』という事実を捉えて離さず、心を、心統一の柱に縛り付けます。心統一の柱に縛り付けられた阿羅漢の心は、ふらつかず、動揺せず、不動で、散乱しません。しかし、それでも、苦しみの様子が変わり、増大すれば、阿羅漢の身体は、屈み、捩り、地面にのたうち回ります。それでも、阿羅漢の心は大樹の幹のように、ふらつかず、動揺しないのであります。」

「見事であります。ナーガセーナ長老殿、未曽有のことであります。ナーガセーナ長老殿、余はこのように、永遠の真理の燈火を、かつて見たことがありません。」

第八　真理の観察

「ナーガセーナ長老殿、在家で、かつて比丘の集団からの永久追放の罪（波羅夷）を犯した者がいるとしましょう。その者が、出家しようとするとき、『わたくしは、在家ですが、かつて比丘の集団からの永久追放の罪を犯しました』とみずから認めず、また、誰か他の者が、その者に、『君は在家であるが、かつて比丘の集団からの永久追放の罪を犯したではないか？』と指摘しなかったとしましょう。それでも、もしも、その者が、如来の教えに則って行ずるならば、真理を観察することが出来るでありましょうか？」

「大王様、そのようなことはありません。」

「先生、なぜなのでありましょうか？」

「その者の場合、真理を観察するための基本的な要因が、すべて断たれているからであります。それゆえ、その者は、真理を観察することが出来ないのであります。」

「ナーガセーナ長老殿、御貴殿は、『罪を犯したとみずから認める者には後悔が有り、後悔があれば心が妨げられる。心が妨げられると真理の観察は為されない』と仰いました。しかし、罪を犯した者が、罪を犯したとみずから認めず、後悔もせず、平静な心でいるならば、なぜ、真理を観察することが出来ないのでありましょうか？　これは、矛盾だらけであります。よく考えてお答えください。」

「大王様、よく耕され、水をたっぷりと含んだ肥沃な田に、秋、しっかりと撒かれた種は成長するでありましょうか？」

「先生、成長します。」

「大王様、では、その種は、固い岩の上で成長するでありましょうか？」

「先生、成長しません。」

「大王様、では、その種が、水をたっぷり含んだ土では成長し、固い岩の上では成長しないのは、なぜでありましょうか？」

「先生、その種が成長する基本的な要因は、固い岩の上にはありません。基本的な要因がないのですから、種は成長しないのです。」

「大王様、それと同じように、罪を犯したとみずから認めない者の場合、真理を観察するための基本的な要因が、すべて断たれております。基本的な要因がないのですから、真理の観察は出来ないのであります。

大王様、またたとえば、杖や、土くれや、棒や、鎚は、地面に置けますが、大王様、では、杖や、土くれや、棒や、鎚は、空中に置けますでしょうか？」

「先生、置けません。」

「大王様、では、杖や、土くれや、棒や、鎚は地面に置けるという、その理由はなにでありましょうか？　なぜ、空中に置けないのでありましょうか？」

「先生、杖や、土くれや、棒や、鎚を地面に置ける基本的な要因が、空中にはありません。基本的な要因がないのですから、それらを空中に置けないのです。」

「大王様、それと同じように、罪を犯したことをみずから認めないという欠陥のために、その者には、真理を観察するための基本的な要因が断たれているのであります。基本的な要因が断たれていれば、基本的な要因がないのですから、真理の観察は出来ないのであります。

大王様、またたとえば、火は地面で燃えます。大王様、では、その火は水中で燃えるでありましょうか？」

「先生、火が燃えるための基本的な要因が、水中にはありません。基本的な要因がないのですから、燃えないのであります。」

「大王様、それと同じように、罪を犯したことをみずから認めないという欠陥のために、因が断たれていれば、基本的な要因がないのですから、真理の観察は出来ないのであります。」

「ナーガセーナ長老殿、また、このことをよくお考えください。『罪を犯したとみずから認める』ことなく、後悔もしない者に、心の妨げが生ずる』ということについて、余は得心が行きません。余が得心できるような譬えをお示しください。」

「大王様、たとい、これは猛毒のハラーハラであると認めずにそれを食べた者の場合、猛毒ハラーハラは、その者の生命を奪うでしょうか？」

「先生、奪います。」

「大王様、それと同じように、たとい、罪だとみずから認めないで罪を犯しても、罪はその者が真理の観察をする妨げになります。大王様、たとい、これは毒蛇であると認めないでも、毒蛇が噛めば、その者の生命を奪うでしょうか？」

「先生、奪います。」

「大王様、それと同じように、たとい、罪だとみずから認めないで罪を犯しても、罪はその者が真理の観察をする妨げになります。大王様、カリンガ国王のサマナコーランニャは、七つの宝を携え、象宝に乗って親せきのもとに向かったとき、ここに菩提道場があると気が付かなかったにもかかわらず、その菩提道場のあるところを通り過ぎてしまうことが出来なかったではありませんか？　大王様、これこそ、たとい、罪だとみずから認めないで犯しても、罪はその者が真理の観察をする妨げになると、これが理由であります。」

「ナーガセーナ長老殿、勝者の説かれた理由に反論することが出来ません。これこそ、御貴殿が仰りたいことなのでありますね。余は、御貴殿の仰る通りであると認めるものであります。」

第九　戒を守らない沙門

「ナーガセーナ長老殿、戒を守らない在家と戒を守らない沙門とでは、どのような違いがあるのでしょうか？　両者の生まれ変わり先の境涯は、まったく同じなのでしょうか？　また、両者の業の果報は、まったく同じなのでしょうか？　それとも違いがあるのでしょうか？」

「大王様、戒を守らない沙門でも、次の十の徳があるため、戒を守らない在家よりも勝れているのであります。また、十の事由により、戒を守らない沙門も、布施されたものをより清浄にするのであります。

戒を守らない沙門が、戒を守らない在家よりもずっと勝れているという、その十の徳とは何でありましょうか？

大王様、戒を守らない沙門は、ブッダ（仏）を敬い、真理（法）を敬い、比丘たちの集団（僧）を敬い、清浄な行を為す同輩たちを敬い、読誦と正しい質問の仕方に努め、教えを多く聞く人であります。大王様、たとい、戒を破っても、戒を守らない沙門は、比丘たちの集団の中にあっては、身だしなみに気を配り、誹られないように、身体とことばによる行いを慎み、心を精励に向け、比丘たちと和合しております。大王様、戒を守らない沙門は、悪行を為すにしても、人目を憚って為します。

大王様、たとえば、夫のいる女性が、人目を忍んで悪行を為すように、大王様、それと同じように、戒を守らない沙門は、悪行を為すにしても、人目を憚って為します。大王様、以上が、戒を守らない沙門の方が、戒を守らない在家よりも勝れている根拠としての十の徳であります。

では、どのような十の事由によって、戒を守らない沙門は、布施されたものをより清浄にするのでありましょうか？

戒を守らない沙門は、罪を隠すための鎧をまとうことで、布施されたものを清浄にし、仙人（比丘）たちと交わり、剃髪という目印を大切にすることでも、布施されたものを清浄にし、比丘の集団の集会に加わることによっても、布施されたものを清浄にし、ブッダと真理と比丘たちの集団（以上、仏法僧の三宝）に帰依することによっても、布施されたものを清浄にし、精励するに適した坊にすむことによっても、布施されたものを清浄にし、勝者ブッダの教えという財宝を希求することによっても、布施されたものを清浄にし、最勝の真理の教えを説き示すことによっても、布施されたものを清浄にし、真理を燈火とし、行き着く先のものとし、最終的な目標とすることによっても、布施されたものを清浄にし、『ブッダは最上のお方である』との、ひたすら正直な思いを抱くことによっても、布施されたものを清浄にし、ウポーサタ（「布薩《ふさつ》」、満月と新月の日に開催される戒律確認会議）に必ず出席することによっても、布施されたものを清浄にします。大王様、戒を守らない沙門は、以上の十の事由によって、布施されたものを清浄にするのであります。

　大王様、たとい、善からぬことを為しても、戒を守らない沙門は、施者が布施したものを清浄にします。大王様、たとえば、たとい濁っていても、水は泥や塵を取り除くように、大王様、それと同じように、たとい善からぬことを為しても、戒を守らない沙門は、施者が布施したものを清浄にします。大王様、またたとえば、たとい不味い食でも、空腹を満たし衰弱を回復させるように、それと同じように、たとい善からぬことを為しても、戒を守らない沙門は、施者が布施したものを清浄にします。大王様、諸天の中の天である幸有るお方は、また、最勝の寄与である『マッジマ・ニカーヤ』（中部経典）中の『施者《せしゃ》論』で、次のように説かれました。

　『もしも、戒を守り、信頼する心が篤く、
業の果報の大であることを深く信じ、
正しく財産を得、戒を守らない人々に布施するならば、
その布施されたものは、施者によって清浄にされる』と。」

「見事であります。ナーガセーナ長老殿、未曽有のことであります。ナーガセーナ長老殿、余が、たったあれだけのことしか質問しなかったにも関わらず、御貴殿は、譬えと事由とをもって解明し、甘美な甘露の教えを聞かせてくださいました。先生、たとえば、調理師、あるいは調理師の弟子たちが、ほんのわずかだけの肉を手に入れても、さまざまな調味料を用いて調理し、王に捧げるように、ナーガセーナ長老殿、余が、たったあれだけのことしか質問しなかったにも関わらず、御貴殿は、譬えと事由とをもって解明し、甘美な甘露の教えを聞かせてくださいました。」

第十　水に生命があるか

「ナーガセーナ長老殿、この水は、火で熱すると、チッチッチッチと様々な音を出します。ナーガセーナ長老殿、水は生き物なのでありましょうか？　戯れて音を出すのでしょうか？　それとも、他の何かに押されて音を出すのでしょうか？」

「大王様、水は生き物ではありません。水には生命原理も魂もありません。大王様、しかしながら、火の熱の力が

強いため、チッチッチッチと様々な音を出すのであります。」

「ナーガセーナ長老殿、この世には、ある外道の一派がありまして、『水は生き物である』と言って、冷たい水を避け、水を熱し、その中で様々に変化した食べ物を食べます。その一派は、御貴殿たちを誇り、蔑んで、釈迦族の子（ブッダ）に従う沙門たちは、『生き物の生命原理を害する』と言っております。この者たちに誇りと蔑みを取り払い、遠くへ除去してください。」

「大王様、水は生き物ではありません。大王様、水には生命原理も魂もありません。大王様、しかしながら、火の熱の力が強いため、チッチッチッチと様々な音を出すのであります。

大王様、たとえば、窪地、池、川、湖、貯水池、洞窟、岩の裂け目、泉、低地、蓮池にある水は、熱い風の力が強いため、乾き、干上がってしまいます。しかしながら、その場合、水は、チッチッチッチと様々な音を出しますでしょうか？」

「先生、そういうことはありません。」

「大王様、もしも、水が生き物であるならば、その場合にも、音を出すでありましょう。大王様、それゆえ、『水には生命原理も魂もありません。火の熱の力が強いため、水は、チッチッチッチと様々な音を出すのであります』ということをお認めください。

大王様、さらに、また、『水には生命原理も魂もありません。火の熱の力が強いため、水は、チッチッチッチと様々な音を出すのであります』ということについての、別の理由をお聞きください。大王様、また、水に米を混ぜて、容器に入れて蓋をし、しかも竈にかけないとき、水は音をだしますでしょうか？」

「先生、そういうことはありません。水は、動くことなく静止したままであります。」

「大王様、では、容器に入れられたその水を、竈の火にかけたならば、水は、動くことなく静止したままでしょうか？」

「先生、そうではありません。水は、動き、震動し、回転し、波立ち、上下四方に動き回り、上昇し、沸騰し、花環のような泡が立ちます。」

「大王様、何もしない水が、動くことなく静止したままでいるのは、なぜでありましょうか？　また、竈の火にかけられた水が、動き、震動し、回転し、波立ち、上下四方に動き回り、上昇し、沸騰し、花環のような泡が立つのは、なぜでありましょうか？」

「先生、何もしない水は動きません。しかし、竈の火にかけられた水は、火の熱の力が強いため、チッチッチッチと様々な音を出すのであります。」

「大王様、こうした理由からも、『水には生命原理も魂もありません。火の熱の力が強いため、水は音を出すのであります』といった趣旨をご納得ください。また、『水には生命原理も霊魂もありません。水の熱の力が強いため、水は音を出すのであります』ということについての、また別の理由がありますので、お聞きください。大王様、水は、どの家でも、水瓶に入れられ、蓋をされていますでしょうか？」

「先生、その通りであります。」

「大王様、その水は、動き、震動し、回転し、波立ち、上下使用に動き回り、上昇し、沸騰し、花環のような波が立ちますでしょうか？」

「先生、そのようなことはありません。水瓶に入れられたままの水は、動きません。」

「大王様は、『海の水は、動き、震動し、揺れ、回転し、波立ち、上下四方に動き回り、上昇し、沸騰し、花環のような泡を立て、大きく盛り上がり、海岸に打ち寄せ、様々な音を出す』ということをお聞きになったことはおありでしょうか？」

「先生、そうであります。余はそのことを聞いたことがありますし、目の当たりにしたこともあります。海の水は、百肘、二百肘の高さにも、空に向かって盛り上がりました。」

「大王様、水瓶に入れられた水が動かず、音も出さないのは、なぜでありましょうか？　また、海の水が動き、音を出すのは、なぜでありましょうか？」

「先生、風の力が大きいために、海の水は動き、音を出し、水瓶に入れられた水は、何かによって力を加えられることがないために、動かず、音も出さないのであります。」

「大王様、たとえば、風の力が大きいために、海の水が、動き、音を出すように、それと同じように、火の熱の力が強いために、竈の火にかけられた水は音を出すのであります。

大王様、太鼓の皮を張るとき、よく乾いた牛の皮が用いられるでありましょうか？」

「先生、そうであります。」

「大王様、太鼓に生命原理や霊魂がありますでしょうか？」

「先生、ありません。」

「大王様、では、なぜ、太鼓は音を出すのでありましょうか？」

「先生、それは、女であれ男であれ、人のしかるべき努力によってであります。」

「大王様、たとえば、女であれ男であれ、人のしかるべき努力によって、太鼓が音を出すように、それと同じように、火の熱の力が強いために、竈の火にかけられた水は音を出します。大王様、今お示しした理由によっても、『水には生命原理も霊魂もありません。火の熱の力が強いために、竈の火にかけられた水は音を出すのであります』といった趣旨を、ご納得ください。

大王様、また、陛下にお聞きしたいことがあります。それによって、陛下の問いは、見事に解かれるはずであります。大王様、どのような容器に水を入れても、火で熱せられると、音を出すでありましょうか？　それとも、ある種の容器に入れられた水だけが、火で熱せられると、音を出すのでありましょうか？」

「先生、どのような容器に入れられても、火で熱せられると、水が音を出すというわけではありません。ある種の容器に入れられた水だけが、火で熱せられて音を出すのであります。」

「大王様、それならば、陛下はご自分の領分を棄てて、わたくしの領分にお戻りになりましたですね。水には生命原理も霊魂もありません。大王様、どのような容器に入れられても、火で熱せられると、水が音を出すならば、『水は生き物である』という主張は正しいでありましょう。大王様、『音を出す水は生き物であるが、音を出さない水は生き物ではない』といった、二種類の水があるのではありません。

大王様、もしも、水が生き物であるならば、丸々と太り、発情した大きな象たちが、鼻で水を吸い込み、口に注ぎ込み、胃袋の中に入れるとき、さらにまた、その水が、象たちの歯の間で圧迫されるときに、音を出すでありましょう。また、重い荷を積める、数百戦の荷を満載した、百肘の長さの大きな船が海を行くとき、水は、その大きな船に掻き分けられるとき、音を出すでありましょう。また、ティミ、ティミンガラ、ティミラピンガラといった名の、体の長さが数百ヨージャナもある巨大な魚たちが、海に潜り、海を棲み処とし、大潮流を呑み込んでは吐き出します。水がその巨大な魚の歯の間や胃袋の中で圧迫されたとき、音を出すでありましょう。大王様、しかしながら、こうした巨大な圧力をかけるものに圧迫されたからと言いましても、水それ自体が音を出すのではありません。それゆえ、また、『水には生命原理も霊魂もない』ということを、どうか陛下の記憶に刻んでくださいますように。」

「分かりました。ナーガセーナ長老殿、御貴殿に示された問いは、適切に答えられ、説かれました。たとえば、とても高価な摩尼宝珠が、智慧がある熟練の摩尼宝珠加工職人の手に入れば、大いなる賞讃の的となり、あるいは、立派な真珠が真珠加工職人の手に入れば、立派な衣装が服飾職人の手に入れば、赤い栴檀が香作り職人の手に入れば、大いなる賞讃の的となるように、御貴殿に示された問いは、適切な答えるお方によって解かれました。余は、御貴殿の仰る通りであると認めるものであります。」

第七章

第一　寂静の境地

「ナーガセーナ長老殿、また幸有るお方は、次のように説かれました。

『比丘たちよ、寂静の境地（心を惑わす雑多なものから離れ切った境地）を好み、寂静の境地を喜び、寂静の境地に専念せよ』と。

その、寂静の境地とは、どのようなものでありましょうか？」

「大王様、預流果（聖者の流れに入った位）は寂静の境地であり、一来果（もう一度生まれ変われば解脱できる位）は寂静の境地であり、不還果（もはや生まれ変わることがない位）は寂静の境地であり、阿羅漢果（修行を完成し、生前に解脱に達した位）は寂静の境地であります。」

「ナーガセーナ長老殿、預流果が寂静の境地であるならば、さらに、一来果が寂静の境地であるならば、不還果が寂静の境地であるならば、阿羅漢果が寂静の境地であるならば、経、重頌《ちょうじゅ》、授記、偈頌、感興語、如是語、本生譚、未曽有法、方広（以上、九分教）のすべてにわたって解説したり、質問したりするのでしょうか？

また、精舎の新たな造営とか、布施とか、供養とかによって、行が妨げられますが、比丘たちは、勝者ブッダが退けられた行いを為しているのではありませんでしょうか？」

「大王様、そもそも、比丘たちが、経、重頌、授記、偈頌、感興《かんこう》語、如是《にょぜ》語、本生《ほんじょう》譚、未曽有法、方広を解説したり、質問したり、あるいはまた、精舎の新たな造営とか、布施とか、供養とかによって行を妨げられたりしますが、こうしたことに関わるすべての者たちは、寂静の境地を目指して行じているのであります。

大王様、本来の性分からして清浄で、前生で積んだ善業に薫りづけられている人は、一刹那で寂静の境地に至ります。しかし、およそ塵や垢からいまだ離れていない比丘ならば、みな、こうした準備的な行（加行《けぎょう》）を為すことで、寂静の境地に至るのであります。

大王様、ある人は、田に種を撒き、その後、その人の力量と努力に応じた分、垣や柵なしで穀物を収穫するでありましょう。また、別の人は、田に種を撒き、林に入って木や枝を切り、垣や柵を拵え、そして穀物を収穫するでありましょう。その人が垣や柵を必要とするのは、害獣や盗賊を防いだ上で穀物を収穫したいがためであります。

大王様、それと同じように、本来の性分からして清浄で、前生で積んだ善業に薫りづけられている人は、一刹那で寂静の境地に至ります。それはちょうど、垣や柵なしで穀物を収穫する人のようであります。しかるにまた、およそ塵や垢からいまだ離れていない比丘ならば、みな、こうした準備的な行（加行）を為すことで、寂静の境地に至るのでありますｊ。それはちょうど、垣や柵を拵えて、穀物を収穫する人のようであります。

大王様、またたとえば、大きなマンゴーの樹の天辺に、たくさんの実が生っていたとき、そこへ、神通を持つ人がやって来て、直ちにその実をもぎ取るとしましょう。しかしながら、神通を持たない人は、枝や蔓を払い、梯子をかけます。そして、その梯子によって樹に上り、実をもぎ取るでありましょう。この場合、その人が梯子を必要とするのは、実をもぎ取るためであります。大王様、それと同じように、本来の性分からして清浄で、前生で積んだ善業に薫りづけられている人は、一刹那で寂静の境地に至ります。それはちょうど、神通を持つ人が、直ちに樹の実をもぎ取るようなものであります。しかるにまた、およそ塵や垢からいまだ離れていない比丘ならば、みな、こうした準備的な行を為すことで、四聖諦を観察します。それはちょうど、人が、梯子によって樹の実をもぎ取るようなものであります。

大王様、またたとえば、ある人は、商売上手で、一人で顧客に接し、収益を上げます。また、別の人は、財力があるので、その財力で奉公人たちを雇い、奉公人たち働きによって収益を上げます。奉公人たちを雇うというのは、収益を上げたいがためであります。

大王様、それと同じように、本来の性分からして清浄で、前生で積んだ善業に薫りづけられている人は、一刹那で六神通を身に着けます。それはちょうど、一人で収益を上げる人のようなものであります。しかるにまた、およそ塵や垢からいまだ離れていない比丘ならば、みな、こうした準備的な行（加行）を為すことで、沙門果を達成します。それはちょうど、奉公人たちの働きで収益を上げる人のようなものであります。

大王様、比丘たちが必要とするかぎりは、教えを示すことも有益であり、質問することも有益であり、精舎の新たな造営も有益であり、布施も有益であり、供養も有益なのであります。

大王様、たとえば、ある人が、侍臣や、軍人や、官吏や、門衛や、近衛兵や、従者たちと共に王に仕え、職務を果たしているとしましょう。その人に、為すべき仕事が生じたとき、そのような面々は、その人を扶けます。大王様、それと同じように、比丘たちが必要とするかぎり、教えを示すことも有益であり、質問することも有益であり、精舎の新たな造営も有益であり、布施も有益であり、供養も有益なのであります。

大王様、もしも、生まれつき清浄ならば、教え導く人を必要としないでありましょう。大王様、そうではない比丘ならば、教え導く人の教えを聞くことを必要とするでありましょう。

大王様、サーリプッタ長老は、数えきれないほどの年月をかけて善根を積み、智慧の窮みに至りましたが、その長老殿であっても、教え導く人の教えを聞くことがないならば、漏を滅尽することは出来なかったでありましょう。大王様、それゆえ、教えを聞くことは有益であり、質問することは有益であります。そのようなわけで、教えを示すことも質問することも、寂静の境地、無為（作られたものでないもの、つまり涅槃）に至るためのものなのであります。」

「ナーガセーナ長老殿、問いは見事に解かれました。余は、御貴殿の仰る通りであると認める者であります。」

第二　阿羅漢果に達した在家

「ナーガセーナ長老殿、御貴殿たちは、次のように仰いました。

『阿羅漢果に達した在家が進む道は、二つしかありません。すなわち、その日の内に出家するか、あるいは、完全な涅槃に入る（死ぬ）かである。その人は、その日を越えて生き永らえることはありません』と。

ナーガセーナ長老殿、もしも、その人が、その日の内に、正式な受戒に必要な戒師や戒和尚や出家の衣や乞食用の鉢が揃わなかったならば、在家の阿羅漢は、正式な受戒抜きで自分だけで出家する（私度する）でありましょうか？それとも、その日を越えて生き永らえるでありましょうか？　それとも、誰か神通を持つ他の阿羅漢がやって来て、その人を出家させるでありましょうか？　それとも、完全な涅槃に入る（死ぬ）のでありましょうか？」

「大王様、その在家の阿羅漢は、正式な受戒抜きで自分だけで出家することはないでありましょう。自分だけで出家する者は、盗みを犯すことになるからであります。また、その日を越えて生き永らえることはないでありましょう。また、他の阿羅漢がやって来ようと来るまいと、その者は、その日の内に完全な涅槃に入る（死ぬ）でありましょう。」

「ナーガセーナ長老殿、それならば、阿羅漢果に至れば生命を失うことになりますから、阿羅漢果に寂静の境地があり得ないことになりましょう。」

「大王様、在家であることの目印は、阿羅漢に相応しいものではありません。阿羅漢に相応しいものではないため、また、その在家の目印の力は、無いのも同然であるため、阿羅漢果に達した在家は、その日の内に出家するか、あるいは完全な涅槃に入る（死ぬ）か、二つに一つしかないのであります。大王様、問題点は、阿羅漢果にあるのではなく、在家の目印にあるのです。つまり、在家の目印の力は、無いのも同然だからであります。

大王様、たとえば、食は、すべての生類の生命力を扶け、生命を護りますが、胃袋が食にとって相応しくなく、その消化する力が、無いのも同然であるならば、生類は、消化不良のため、生命を奪われます。大王様、問題点は、食にあるのではなく、胃袋にあるのです。つまり、その消化する力が、無いのも同然であるからであります。大王様、それと同じように、在家の目印が阿羅漢に相応しくないため、また、その在家の目印の力は、無いのも同然であるため、阿羅漢果に達した在家は、その日の内に出家するか、あるいは完全な涅槃に入る（死ぬ）か、二つに一つしかないのであります。大王様、問題点は、阿羅漢果にあるのではなく、在家の目印にあるのです。つまり、在家の目印の力は、無いのも同然だからであります。

大王様、またたとえば、小さな葉の上に、重い石が置かれたならば、その葉の力は、無いのも同然であるため、葉柄が折れて枝から落ちてしまいます。それと同じように、阿羅漢果に達した在家は、在家の目印の力が、無いのも同然であるため、阿羅漢果を維持することが出来ず、その日の内に出家するか、あるいは完全な涅槃に入る（死ぬ）か、二つに一つしかないのであります。

大王様、またたとえば、力もなく、能力もなく、低い身分の生まれで、智慧の劣った人が大王国を領有しても、あっという間に凋落し、失脚し、衰え、主導権を行使することが出来なくなります。大王様、それと同じように、阿羅漢果に達した在家は、在家の目印の力が、無いのも同然であるため、阿羅漢果を維持することが出来ず、その日の内に出家するか、あるいは完全な涅槃に入る（死ぬ）か、二つに一つしかないのであります。」

「分かりました。ナーガセーナ長老殿、余は、御貴殿の仰る通りであると認める者であります。」

第三　阿羅漢の罪

「ナーガセーナ長老殿、阿羅漢が、集中力を失うことがあるでしょうか？」

「大王様、阿羅漢たちが、集中力を失うことはありません。」

「先生、阿羅漢が罪を犯すことはありますか？」

「大王様、あります。」

「それはどのようなものなのでありましょうか？」

「大王様、自坊を勝手に建てること、仲人をすること、食事の時間（午前中）ではないとき（非時《ひじ》）に食《じき》を摂ること、食の供養に招待されているのに招待されていないと思い込むこと、食べ残しでないのに食べ残しだと思い込むこと、といった罪であります。」

「ナーガセーナ長老殿、御貴殿たちは、『罪を犯す者は、二つの理由で犯す。守るべきことを尊ばないためか、あるいは、守るべきことだと知らないためかである』と仰いました。先生、阿羅漢が罪を犯すのは、守るべきことを尊ばないからでしょうか?」

「大王様、そうではありません。」

「ナーガセーナ長老殿、もしも、阿羅漢が罪を犯し、しかも、阿羅漢に守るべきことを尊ばないのであるならば、阿羅漢が集中力を失うことがあるでしょうか?」

「大王様、阿羅漢が集中力を失うことはありません。しかし、阿羅漢は罪を犯します。」

「先生、では、余が納得の行く理由をお示しください。その理由はなにでありましょうか?」

「大王様、次の二つの、罪という汚れ(煩悩)があります。世間の罪と、律の罪とであります。世間の罪とは何でありましょうか? 十の悪業の道があり、それを世間の罪と言います。律の罪とは何でありましょうか? 世間で在家の罪とはならないけれども、沙門たちにとっては、相応しくなく、適切ではないことがあります。幸有るお方は、そうしたことがらを、弟子たちが生涯犯してはならない修行徳目として、制定されたのであります。

大王様、食事の時間でないときに食を摂ることは、世間では罪となりませんが、勝者ブッダの教えでは罪なのであります。大王様、植物を害することは、世間では罪となりませんが、勝者ブッダの教えでは罪となります。大王様、沐浴中に歓談に夢中になる日常行為は、世間では罪となりませんが、勝者ブッダの教えでは罪となります。大王様、そのようなことが、勝者ブッダの教えでは罪なのでありますこれを律の罪と言います。

漏を滅尽した人である阿羅漢は、煩悩そのものである世間の罪を犯しながら振る舞うことはあり得ませんが、律の罪という煩悩を、知らないで犯すことがあります。大王様、一部の阿羅漢たちにとって、すべてを知ることは、その者たちの力が及ばない範囲のことであります。なぜなら、そうした阿羅漢たちに、すべてを知る力がないからであります。

大王様、阿羅漢たちは、一々の女や男の姓も名も知りませんし、地上の一々の道を知りません。しかし、一部の阿羅漢は、解脱のことをよく知っているでありましょう。六神通を持つ阿羅漢は、自分の力の限界を知っているでありましょう。大王様、すべてを知っているのは、全智者たる如来だけなのであります。」

「分かりました。ナーガセーナ長老殿、余は、御貴殿の仰る通りであると認める者であります。」

第四　あるものとないもの

「ナーガセーナ長老殿、この世に諸々のブッダが出現し、諸々の独覚が出現し、諸々の如来の弟子が出現し、諸々の地方の王が出現し、諸天と人々が出現し、諸々の富豪が出現し、諸々の貧者が出現し、諸々の幸有る者が出現し、諸々の不幸なる者が出現し、男でありながら女の特徴を示す者が出現し、女でありながら男の特徴を示す者が出現し、善業・悪業が見られ、善悪の業の報いを受ける生類が見られます。この世には、卵生、胎生、湿生、化生（以上、四生）があり、無足の者、二足の者、四足の者、多足の生類があり、この世に、夜叉、羅刹《らせつ》、鳩槃荼《くばんだ》（鳩のようなふぐりを持つ夜叉）、阿修羅、ダーナヴァ、ガンダルバ（乾闥婆《けんだつばい》）、餓鬼、人食い鬼があり、キンナラ（緊那羅）、大蛇マホーラガ（摩睺羅伽《まごらが》）、コブラ（龍）、金翅鳥（ガルダ、迦楼羅）、魔術師、呪術師があり、象、馬、牡牛、水牛、駱駝、山羊、羊、鹿、豚、獅子、虎、豹、熊、狼、ハイエナ、犬、ジャッカルがあり、多種多様の鳥があり、金、銀、真珠、摩尼宝珠、螺貝、宝石、珊瑚、ルビー、瑪瑙、ダイヤモンド、水晶、鉄、銅、真鍮、青銅があり、亜麻、絹、木綿、麻、大麻、毛織物があり、米、籾、大麦、黍、稗、大豆、小麦、隠元豆、小豆、胡麻、えんどう豆があり、根香、幹香、薄皮香、皮香、葉香、花香、果香、その他すべての香があり、草、蔓草、灌木、樹、薬草、林、川、山、海、魚、亀があり、このようにありとあらゆるものがあります。先生、この世にはないものを、余に話していただきたい。」

「大王様、次の三つは、この世にはありません。一つには、心作用のあるものであれないものであれ、老いることなく、死ぬことのないものは、この世にはありません。二つには、諸々の作られたもの（諸行）に常住であることはありません。三つには、勝義にあっては、自己（我）があるとは認められません。大王様、この三つは、この世にありません。」

「分かりました。ナーガセーナ長老殿、余は、御貴殿の仰る通りであると認める者であります。」

第五　涅槃はある（一）

「ナーガセーナ長老殿、この世には、業が熟することで生ずるもの（果報）があり、原因（因）によって生ずるもの（果）があり、季節によって生ずるものがあります。この世に、業が熟することで生ずるのでもなく、原因によって生ずるものでもなく、季節によって生ずるものでもないものがあれば、それを余に教えてください。」

「大王様、この世に、次に述べる二つのものは、業が熟することで生ずるものでもなく、原因によって生ずるものでもなく、季節によって生ずるのでもないものであります。その二つとは次の通りであります。

大王様、一つには、虚空であります。それは、業が熟することで生ずるのでもく、原因によって生ずるのでもなく、季節によっても生ずるのでもないものであります。

大王様、二つには、涅槃であります。それは、業が熟することで生ずるものではなく、原因によって生ずるものでもなく、季節によっても生ずるのでもないものであります。

大王様、この二つは、業が熟することで生ずるのでもなく、原因によって生ずるのでもなく、季節によって生ずるのでもないものなのであります。」

「ナーガセーナ長老殿、御貴殿は、勝者ブッダのことばを汚してはなりません。ことの真相を知らないで、問いに答えてはなりません。」

「大王様、陛下は、わたくしが何を語ったからというので、このように仰るのでしょうか？」『ナーガセーナ長老殿、御貴殿は、勝者ブッダのことばを汚してはなりません。ことの真相を知らないで、問いに答えてはなりません』と。」

「ナーガセーナ長老殿、御貴殿が、『虚空は、業が熟することで生ずるのでもなく、原因によって生ずるのでもなく、季節によって生ずるのでもないものであります』とまず仰ったことは問題ありません。しかし、先生、幸有るお方は、幾百もの理由を根拠に、弟子たちに、涅槃を証得する道を説かれました。つまり、涅槃は、原因によって生ずるものであると説かれたのであります。しかるに、御貴殿は、『涅槃は、原因によって生ずるものではない』と仰りました。」

「大王様、幸有るお方は、幾百もの理由を根拠に、弟子たちに、涅槃を証得する道を説かれた、ということは違うことのない真実であります。しかし、幸有るお方は、涅槃が生ずる元となるような原因を説かれませんでした。」

「ナーガセーナ長老殿、そう仰られますと、余は、闇からさらに深い闇に入り、林からさらに深い林に入り、密林からさらに深い密林に入ってしまいました。なぜなら、『涅槃を証得する原因はあるが、その涅槃という事象が生ずる元となる原因はない』と仰るものでありますので。

ナーガセーナ長老殿、もしも、涅槃を証得する原因があるならば、涅槃が生ずる元となる原因があると、当然思いたくもなってしかるべきであります。

ナーガセーナ長老殿、たとえば、子には父があり、それと同じ理由で、その父にも父があると思って当然のことであります。たとえば、弟子には師があり、それと同じ理由で、その師にも師があると思って当然のことであります。たとえば、芽には種があり、それと同じ理由で、その種にも種があると思って当然のことであります。ナーガセーナ長老殿、それと同じように、もしも、涅槃を証得する原因があるならば、それと同じ理由で、涅槃が生ずる元である原因があると思って当然のことであります。たとえば、樹や蔓には天辺があると、それと同じ理由で、それには中の部分もあり、根もあると思って当然であるように、ナーガセーナ長老殿、それと同じように、もしも、涅槃を証得する原因があるならば、それと同じ理由で、涅槃が生ずる元となる原因があると思うのは、当然のことであります。」

「大王様、涅槃は、何かによって生ぜしめられるものではありません。それゆえ、涅槃が生ずる元となる原因は説かれないのであります。」

「ナーガセーナ長老殿、いざ、その理由を示して、きちんとした理由をもって余が納得がいくようにしてください。『涅槃を証得する原因はあるが、涅槃が生ずる元となる原因はない』ということを、余が納得出来るように。」

「大王様、では、よく注意して心を傾け、よくお聞きください。その理由を明らかにしましょう。大王様、人は、生まれついての力でもって、ここから、山々の王、ヒマーラヤに至ることが出来るでありましょうか？」

「先生、出来ます。」

「大王様、ではまた、その人は、生まれついての力でもって、山々の王、ヒマーラヤをここに持って来ることが出来るでありましょうか？」

「先生、それは出来ません。」

「大王様、それと同じように、涅槃を証得する道を説くことは出来ますが、涅槃が生ずる元となる原因を示すことは出来ません。大王様、人は、生まれついての力でもって、海を渡り、彼岸に到ることが出来るでありましょうか？」

「先生、出来るでありましょう。」

「大王様、では、その人は、生まれついての力でもって、海の彼岸をここに持って来ることが出来るでありましょうか？」

「先生、出来ません。」

「大王様、それと同じように、涅槃を証得する道を説くことは出来ますが、涅槃が生ずる元となる原因を示すことは出来ません。なぜなら、涅槃は、無為（作られたのではないもの）だからであります。」

「ナーガセーナ長老殿、涅槃は作られたものではないのでしょうか？」

「大王様、その通りであります。涅槃は、作られたものではありません。涅槃は、いかなるものによっても作られるものではありません。

大王様、涅槃は、過去のものであるとか、未来のものであるとか、現在のものであるとか、眼で捉えられるとか、耳で捉えられるとか、鼻で捉えられるとか、舌で捉えられるとか、身（皮膚）で捉えられるとか、と言うべきものではありません。」

「ナーガセーナ長老殿、もしも、涅槃が、過去のものであるとか、未来のものであるとか、現在のものであるとか、眼で捉えられるものであるとか、耳で捉えられるものであるとか、鼻で捉えられるものであるとか、舌で捉えられるものであるとか、身（皮膚）で捉えられるものであるとかではないならば、ナーガセーナ長老殿、ならば、御貴殿は、涅槃はこの世にない事象であると示したことになりましょう。ということは、涅槃はない、ということであります。」

「大王様、涅槃はあるのです。涅槃は、眼でも耳でも鼻でも舌でも身（皮膚）でもなく、第六の器官としての意によって捉えられるものであります。清浄で、殊勝で、端正で、蓋うものがなく、不染汚の意によって、正しく行ずる聖なる弟子は、涅槃を見るのであります。」

「先生、では、その涅槃とはいかなるものなのでありましょうか？　譬えをもって明らかにしてください。涅槃は確かにある事象（法）であることが譬えによって明らかになるように、あらゆる理由を挙げて、余が納得の行くようにしてください。」

「大王様、風なるものはあるでしょうか？」

「先生、あります。」

「大王様、では、風が、どのような色形をしているのか、それが微細なものであるのか粗大なものであるのか、長いものか短いものかを見せてください。」

「先生、かくかくしかじかのものであると、風をお見せすることは出来ません。風は、手で捉えたり、確かな手応えで触れることができません。しかし、風はあるのです。」

「大王様、もしも、風を見せることが出来ないのであるならば、風なるものはこの世にないと、そういうことになりますね。」

「ナーガセーナ長老殿、余は、風が確かにあることを知っております。風はあるものだと、余は確信しております。しかしながら、余は、風をお見せすることが出来ません。」

「大王様、それと同じように、涅槃はあるのですが、それを、このような色形をしたものだと言って、お見せすることは出来ないのであります。」

「分かりました。ナーガセーナ長老殿、譬えは見事に示され、理由も見事に明らかにされました。『涅槃はある』ということは、まさに御貴殿の仰る通りであると、余は認める者であります。」

第六　涅槃はある（二）

「ナーガセーナ長老殿、さきほどの話に出て来たことについてでありますが、業が熟することによって生じたものとはどのようなもので、原因によって生じたものとはどのようなものでありましょうか？　また、業が熟することによって生じたのではないものとはどのようなもので、原因によって生じたのではないものとはどのようなもので、季節によって生じたのではないものとはどのようなものなのでありましょうか？」

「大王様、一つに、およそ心作用のある生類は、みな、業が熟することによって生じたものであります。二つに、種から生じたものは、みな、原因によって生じたものであります。三つに、大地や、山や、水や、風は、みな、季節によって生じたものであります。四つに、虚空と涅槃と、この両者は、業が熟することによって生じたものでもなく、原因によって生じたものでもなく、季節によって生じたものでもありません。

大王様、また、涅槃は、業が熟することによって生じたものであるとか、原因によって生じたものであるとか、季節によって生じたものであるとか、過去のものであるとか、未来のものであるとか、現在のものであるとか、あるいは、眼によって捉えらるものであるとか、耳によって捉えられるものであるとか、鼻によって捉えられるものであるとか、舌によって捉えられるものであるとか、身（皮膚）によって捉えられるものであるとか、と、そのように言うことが出来ないものなのであります。

大王様、そうではなく、涅槃は、意によってのみ捉えられるものであり、正しく行ずる聖なる弟子は、清浄な智慧によってこれを目の当たりにするのであります。」

「ナーガセーナ長老殿、最上で最勝の師である御貴殿に接することで、問いは快く解かれ、疑念は晴れ、はっきりとし、もどかしさはすっかり断たれました。」

第七　夜叉

「ナーガセーナ長老殿、この世に、夜叉なるものはいるのでありましょうか？」

「大王様、いるのです。この世に、夜叉なるものがいるのであります。」

「先生、では、夜叉たちは、生きているときの姿を留めたまま死に、遺骸はその姿を留めたままであるのでしょうか？」

「大王様、夜叉たちは、生きているときの姿を留めたまま死ぬのであります。」

「ナーガセーナ長老殿、では、なぜ、死んだ夜叉たちの遺骸が発見されず、また、死臭を発しないのでありましょうか？」

「大王様、死んだ夜叉たちの遺骸は発見されていますし、その死臭もあるのです。大王様、死んだ夜叉たちの遺骸は、昆虫の姿をしていたり、蛆虫の姿をしていたり、蟻の姿をしていたり、こうろぎの姿をしていたり、蛇の姿をしていたり、蠍の姿をしていたり、百足の姿をしていたり、鳥の姿をしていたり、獣の姿をしていたりと、そうした姿でその遺骸が発見されるのであります。」

「ナーガセーナ長老殿、御貴殿のような智慧あるお方でなければ、誰も、この問いに答えることが出来るでありましょうか？」

第八　修行徳目（学処、律）の随犯随制《ずいぼんずいせい》

「ナーガセーナ長老殿、昔、ナーラダ、ダンマンタリン、アンギーラサ、カンダラッキサーマ、アトゥラ、プッバカッチャーヤナといった医者の先生たちは、みな、病気の切っ

掛け、原因、症状、今の病態、医療知識、処置法、治癒の可能性の判断、これらをたちまち了解し、『こういう体にはこういう病気が生ずるであろう』ということをまとめて、医学の論典を編纂しました。とは言え、その人たちは、全智者ではありませんでした。

ところが、如来は全智者であります。ですから、如来は、将来に起こる事件をみずからの智慧で知っていたはずであります。にも拘わらず、『これこれの事件が起きないように、これこれの修行徳目を制定して置かねばならない』と判断して、修行徳目を、予め、漏れなく制定されなかったのはなぜなのでしょうか？　事件が起き、不名誉が表に出、不祥事が世に広く知られ、人々が激怒して初めて、その度ごとに修行徳目を新たに制定されたのはなぜなのでしょうか？」

「大王様、如来は、『これこれが起きたとき、これこれの人々に、百五十の修行徳目を制定して置く必要がある』と、とっくに知っておられました。しかし、如来は、次のように言われました。『もしも、わたくしが、百五十の修行徳目を一挙に制定するならば、多くの人々は尻込みするであろう。「ここでは修行徳目が余りにも多い。まこと、沙門ゴータマの教えのもとで出家するのは簡単ではない」と言って、出家したくてもしないであろう。人々はわたくしのことばを信用しないであろうし、信用しない人々は、悪趣に堕ちるであろう。ゆえに、実際に事件が起きたときに、説法によってその非なることを分からせ、不祥事が広く知られるようになったとき、そのことを修行徳目の一つとして制定することにしよう』と。」

「すべての如来の素晴らしいところであります。ナーガセーナ長老殿、すべてのブッダたちによる未曽有のことであります。ナーガセーナ長老殿、全智者たる如来の智慧が、これほど偉大であるとは！　ナーガセーナ長老殿、御貴殿の仰る通りであります。『ここでは修行徳目が余りにも多い』と聞けば、多くの人々は尻込みするであろう。それでは、勝者ブッダの教えのもとで出家する者は誰もいないであろう、ということを、如来は見事に解き示されました。余は、御貴殿の仰る通りであると認める者であります。」

第九　太陽の病

「ナーガセーナ長老殿、太陽は、いつも強く照るのでしょうか、それとも、ときには弱く照るのでありましょうか？」

「大王様、太陽はいつも強く照り、弱く照ることは一時もありません。」

「ナーガセーナ長老殿、もしも、太陽はいつも強く照るのであるならば、強く照るときもあれば弱く照るときもあるのはなぜでしょうか？」

「大王様、太陽には四つの病があり、いずれ一つに罹ると、弱く照ります。その四つとは、次の通りであります。

大王様、一つには、雲は太陽の病であります。これに罹ると、太陽は弱く照ります。大王様、二つには、霧は太陽の病であります。これに罹ると、太陽は弱く照ります。大王様、煙は太陽の病であります。これに罹ると、太陽は弱く照ります。大王様、四つには、ラーフ〈日蝕〔を起こす悪魔〕〉は太陽の病であります。これに罹ると、太陽は弱く照ります。大王様、これらが太陽の四つの病であります。その内の一つに罹ると、太陽は弱く照ります。」

「素晴らしいことです。ナーガセーナ長老殿、ナーガセーナ長老殿、大きな威光を帯びる太陽ですら、病に罹ります。いわんや、生類ならばなおさらのことであります。先生、御貴殿のような智慧あるお方ならでは、このように説明出来る人はいないのであります。」

第十　季節と太陽

「ナーガセーナ長老殿、太陽が冬には強く照り、夏〈雨期〉にはそうでないのはなぜでしょうか？」

「大王様、夏には埃が立ち、埃は風に煽られて上空に上り、そのため雲が厚くなり、そうすると、また強い風が吹きます。これらが混じり合って、太陽の光を遮ります。それゆえ、夏には太陽は弱く照るのであります。

大王様、一方、冬には下の大地は静まり、上に大きな雲が現れても、塵はあまり動かず、とても静かに空中を漂います。上空の雲が消え去りますと、風はとても静かにふきます。これらが混じり合って、太陽の光は明るく澄み、太陽を遮るものから抜け出たとき、とても高い熱を伴って照りつけます。大王様、これが、冬には太陽が強く照り、夏にはそうでないことの理由であります。」

「ナーガセーナ長老殿、あらゆる妨げから抜け出た太陽は強く照り、雲などに付きまとわれた太陽は強く照りつけることがありません。」

第八章

第一　妻子を布施したヴェッサンタラ王

「ナーガセーナ長老殿、菩薩は、みな、自分の妻子を他人に布施しますでしょうか、それとも、ヴェッサンタラだけが自分の妻子を他人に布施したのでありましょうか？」

「大王様、菩薩は、みな、妻子を布施します。ヴェッサンタラ王だけが妻子を布施したのではありません。」

「先生、菩薩たちは、妻子の同意を得て布施するのでありましょうか？」

「大王様、妻は同意しましたが、子供たちは幼いため、嘆き悲しみました。もしも、子供たちが布施の意義を理解していたならば、子供たち大いに喜び、嘆き悲しまなかったでありましょう。」

「ナーガセーナ長老殿、菩薩が自分の愛児たちを、バラモンに従僕として布施したというのは、菩薩にとって為し難いことを為したことになります。

また、菩薩が、自分の愛児たちがまだ幼いのに、蔓で縛られ、バラモンに引きずられて行くのを見ながら、平然と見送ったというのは、第二の、さらに為し難い難行であります。

また、愛児たちが自力で蔓をほどき、怖がって戻って来たのを、菩薩は再び蔓で縛って布施したのは、第三の、さらに為し難い難行であります。

また、愛児たちが、『父上、この夜叉が、わたくしたちを連れていって食べようとしています』と絶叫したのに、菩薩は、『怖がるな』と言って慰めることもなかったのは、第四の、さらに為し難い難行であります。

また、息子のジャーリン王子が号泣しながら菩薩の足元にひれ伏し、『父上、カンハージナー（菩薩の娘の名）を連れ戻してください。わたくしだけ、夜叉について行きます。夜叉がわたくしを食べるならそれでも構いません』と懇願したにもかかわらず、菩薩は耳を貸さなかったのは、第五の、さらに為し難い難行であります。

また、ジャーリン王子が、『父上、父上の心は石のようなものなのですか？　父上は、わたくしたちが悲惨な目に遭いながら、人も通わない大きな山林の中に連れ去られて行くのを止めてくれません』と嘆き悲しんでも、菩薩が憐みの情を起こさなかったのは、第六の、さらに為し難い難行であります。

また、愛児たちが連れ去られ、見えなくなっても、恐怖に駆られて心臓が百にも千にも裂けなかったのは、第七の、さらに為し難い難行であります。功徳の喜びを求める者が、他人を苦しめてどうするのでありましょう？　むしろ、自分を布施すれば良かったのではないでしょうか？」

「大王様、難行を為した菩薩の名声は、諸天や人々を含む一万の世界に揚がりました。諸天は天界で賞讃し、阿修羅は阿修羅界で賞讃し、ガルダ（金翅鳥、迦楼羅）はガルダ界で賞讃し、コブラ（龍）はコブラ界で賞讃し、夜叉は夜叉界で賞讃しました。菩薩の名声は次々と伝わり、今ここに、わたくしたちのところに届きました。わたくしたちは、その布施が『善い布施だったのか、悪い布施だったのか？』について、賞讃したり罵倒したりを行きつ戻りつしながらの状態で日々を過ごしております。

大王様、とは言え、この菩薩の名声は、聡明で、学識あり、有能で、賢明な菩薩たちの、十の徳を示しているのであります。十とは何かと言えば、次の通りであります。貪欲のないこと、執著のないこと、布施すること、煩悩を断じていること、不退転であること、ブッダの教えが精妙であること、広大であること、知り難いこと、得難いこと、比類がないこと、以上であります。大王様、菩薩のかの名声は、聡明で、学識在り、有能で、賢明な菩薩たちの十の徳を示すものなのであります。」

「ナーガセーナ長老殿、他人を苦しめて布施したとして、そのような布施に、果たして、安楽の報いがあるのでしょうか？　そのような布施をした者が、天界に生まれ変われるでしょうか？」

「大王様、安楽の報いがあるのです。このことに何か問題点があるでしょうか？」

「ナーガセーナ長老殿、ならば、理由をお示しください。」

「大王様、たとえば、戒を守り、善人である沙門、あるいはバラモンが、片脚に障碍を持つか、下半身が動かなくなるか、何かの病に罹るか、いずれかになったとしましょう。功徳を積もうとする者が、その沙門、あるいはバラモンを乗り物に乗せ、その人が行きたいところに連れていくとしたならば、それを縁として何か安楽が得られるようになるでありましょうか？　乗り物に乗せてなどすることは、天界に生まれ変わるという安楽をもたらす業なのでありましょうか？」

「先生、そうであります。そこには何の問題もありません。その沙門、あるいはバラモンは、象の乗り物を得たり、馬の乗り物を得たり、二輪の乗り物を得たり、陸上では陸の乗り物を得たり、水上では水の乗り物を得たり、天界では諸天の乗り物を得たり、人々の世間では人間の乗り物を得るでありましょうし、世々生々、その時その時の行い（業）に叶った乗り物を得、業に叶った安楽を得、善趣から善趣へと生まれ変わりを繰り返し、その業が因となり、その業因と相同の果報をもたらすこと（等流《とうる》因《いん》等流《とうる》果《か》）で、神通による乗り物に乗り、涅槃の都城に至るという、兼ねてからの願いを成就するであります。」

「大王様、そうでありますならば、他人を苦しめることになる布施には、安楽という報いがあり、天界に生まれ変わるという報いがあるのです。と言いますのも、そのような布施を為す者は、牡牛を苦しめることで、そのような安楽を享受するからであります。大王様、また、他人を苦しめることで為した布施には、安楽の報いがあり、布施した者を天界に生まれ変わらせることになる、また別の次の理由をお聞きください。

大王様、たとえば、ある王が、地方から適正に税を徴収した上で命令を下し、その税を遣って布施を為そうとしたならば、大王様、その王は、布施を縁として何らかの安楽を享受することになるでありましょうか？ また、その布施の報いとして、王は天界に生まれ変われるでありましょうか？」

「先生、そうなります。そこには何の問題もありません。先生、その王は、布施を縁として、やがて布施の数百千倍の功徳を積むことになるでありましょうし、王の中の王となるでありましょうし、諸天の中の天となるでありましょうし、沙門の中の沙門となるでありましょうし、バラモンの中のバラモンとなるでありましょうし、阿羅漢の中の阿羅漢となるでありましょう。」

「大王様、そうでありますならば、他人を苦しめることになる布施には、安楽という報いがあり、天界に生まれ変わるという報いがあるのです。と言いますのも、その王は、税を徴収することで人々を押さえつけ、その税を遣って為した布施によって、さらに高い名声に与るという安楽を享受することになるからであります。」

「ナーガセーナ長老殿、ヴェッサンタラ王が為した布施は、余りにも度の過ぎた布施であります。王は、自分の妻を他人の妻として与え、自分の子供をバラモンの従僕として与えました。ナーガセーナ長老殿、余りにも度の過ぎた布施は、世の賢人たちが不可とし、厳しく難じてやまないものであります。

ナーガセーナ長老殿、荷が重すぎれば車軸が壊れ、荷が重すぎれば船が沈み、過剰に食べれば消化不良になり、大雨が過ぎれば穀物が甚大な被害を受け、食の布施が多きに過ぎれば食料が不足し、熱過ぎれば大火傷し、貪り過ぎれば常軌を逸した者となり、瞋りが度を過ぎれば犯罪者となり、迷妄に過剰に巻き込まれれば窮地に陥り、度外れた物欲は盗賊たちの狙うところとなり、怖れ過ぎると憔悴し、水が満ち過ぎると川が氾濫し、風が吹き過ぎると落雷となり、火が強過ぎるとご飯が焦げ、歩き過ぎると長生き出来なくなるように、ナーガセーナ長老殿、それと同じように、余りにも度の過ぎた布施は、世の賢人たちが不可とし、厳しく難じてやまないものであります。

ナーガセーナ長老殿、ヴェッサンタラ王の為した布施は、余りにも度の過ぎた布施であり、いかなる安楽の果報ももたらすことはあり得ないと思われます。」

「大王様、余りにも度の過ぎた布施は、むしろ、世の賢人たちが褒め称え、賞嘆するものであります。誰がどのような布施を為そうとも、余りにも度の過ぎた布施を為す人々は、世の名声を博します。

大王様、たとえば、他に抜きん出て威力のある人は、霊薬である樹の根を摑んだだけでも、すぐ近くにいる人々には見えなくなるように、解毒剤アガダが、独特の突出した薬効によって、苦痛を取り除き、病を癒すように、熱過ぎると火が付き、冷た過ぎる水がその火を直ちに消すように、他に抜きん出た清浄さによって、蓮が水や泥に汚されないように、他に抜きん出た特性によって、摩尼宝珠が人々の願い事を叶えるように、突出した切断力によって、ダイヤモンドが、摩尼宝珠や真珠や水晶を切断するように、余るほど広いために、大地が、人間や、蛇や、鹿や、鳥や、水や、岩や、山や、樹を上に載せているように、余りもの広さのために、海が決して溢れないように、他を絶して重たいために、須弥山がどっしりと不動であるように、余りもの広がりを持つために、虚空に果てがないように、突出した明るさによって、太陽が闇を破るように、突出して優れた生まれであるために、獅子が何物をも恐れないよう、突出した筋力があることで、力士が他の力士を倒すように、他に抜きん出た功徳の力で、国を治めるように、他に抜きん出て戒を守り通すことで、比丘に、コブラ（龍）や、夜叉や、人間や、風神が帰依するように、突出した最上の人であることによって、ブッダが無比の人であるように、大王様、それと同じように、余りにも度の過ぎた布施は、かえって、世の賢者たちが褒め称え、讃嘆するものでありま す。誰がどのような布施を為そうとも、余りにも度の過ぎた布施を為す人々は、世の名声を博するのであります。

ヴェッサンタラ王の為した、余りにも度の過ぎた布施は、一万の世界で褒め称えられ、賞嘆され、崇敬され、名声を博しております。こうした、余りにも度の過ぎたヴェッサンタラ王は、今、ブッダとして生まれ、諸天や人々の世界の中で最上のお方となっておられます。

大王様、では、供養するに値する人が目の前に現れたとき、布施してはならず、布施するのを止めておくような物が、この世にはあるでしょうか？」

「ナーガセーナ長老殿、次の十の布施は、為してはならないものだと、世間では言われております。そうした布施を為す人々は、悪趣に堕ちると言われております。その十とは次の通りであります。

ナーガセーナ長老殿、世間では、酒は布施してはならない物だと言われます。そうした布施を為す人々は、悪趣に堕ちると言われます。歌舞披露は布施してはならない物だと言われます。女性は布施してはならない物だと言われます。牡牛は布施してはならない物だと言われます。絵は布施してはならない物だと言われます。刀は布施してはならない物だと言われます。毒は布施してはならない物だと言われます。鎖は布施してはならない物だと言われます。鶏や豚は布施してはならない物だと言われます。ナーガセーナ長老殿、不正な秤は布施してはならない物だと言われます。そうした布施を為す人々は、悪趣に堕ちると言われます。

ナーガセーナ長老殿、このような十の布施は、為してはならないと言われています。そうした布施を為す人々は、悪趣に堕ちると言われています。」

「大王様、わたくしは、布施してはならないと言われているものについて問うているのではありません。大王様、わたくしが問うているのは、次のことであります。『大王様、では、供養するに値する人が目の前に現れたとき、布施してはならず、布施するのを止めておくような物が、この世にはあるでしょうか？』と。」

「ナーガセーナ長老殿、供養するに値する人が目の前に現れたとき、布施してはならず、布施するのを止めておくような物は、この世にありません。心に喜びが生ずるならば、ある人は食を布施し、ある人は衣を布施し、ある人は坐具を布施し、ある人は住むところを布施し、ある人は敷物と被り物を布施し、ある人は下女や下男を布施し、ある人は田畑や宅地を布施し、ある人は二足の生類を布施し、ある人は四足の生類を布施し、ある人は百、千、十万金を布施し、ある人は王の地位を布施し、ある人は生命を布施します。」

「大王様、では、もしも生命を布施する者がいると仰るにもかかわらず、なぜ、陛下は施主ヴェッサンタラが、妻子を喜んで布施したことを、激しく難ずるのでありましょうか？

大王様、『借金のためとか、生活が行き詰まったためとかという場合、父親が子供を借金のかたにしたり、売ったりすることが出来る』という、世の習いというものがあるでしょうか？」

「先生、あります。借金のためとか、生活が行き詰まったためとかという場合、父親が子供を借金のかたにしたり、売ったりすることができます。」

「大王様、借金のためとか、生活が行き詰まったためとかという場合、父親が子供を借金のかたにしたり、売ったりすることが出来るのでありますから、大王様、全智者の智慧が得られないで苦悶していたヴェッサンタラ王も、世の習いに従って、布施するに相応しい資材を得るために、妻子を借金のかたにしたり売ったりしたのであります。

大王様、このように、ヴェッサンタラ王は、世の人々が布施したものを布施し、世の人々が為したことを為したに過ぎないのであります。大王様、それにもかかわらず、なぜ陛下は、その布施を為したということで、施主ヴェッサンタラを激しく難ずるのでありましょうか？」

「ナーガセーナ長老殿、余は、施主ヴェッサンタラの布施を激しく難ずるのではありません。しかし、王は、妻子を乞う人に、妻子の代わりに自分を布施するべきであったと、そういう意味でわたくしは難ずるのであります。」

「大王様、妻子を欲しいと乞う人に、代わりに自分を布施するというのは、不善の人が為すことです。何が欲しいと乞われても、乞われたものを布施すべきであります。これが善人の行いであります。

大王様、たとえば、飲み物が欲しいと言う人に、食べ物を与える者は、大王様、欲しいと言う人のために為すべきことでありましょうか?」

「先生、そうではありません。」

「大王様、それと同じように、ヴェッサンタラ王は、バラモンがその妻子を乞うたとき、他でもない自分の妻子を布施しました。大王様、もしも、そのバラモンが、ヴェッサンタラ本人が欲しいと乞うたならば、大王様、ヴェッサンタラ王は、自分を顧みることなく、おじけづかず、未練を残すことなく、自分の身を布施し、投げ打ったことでありましょう。大王様、もしも、ある人が施主ヴェッサンタラの前に現れて、『君は我が従僕となってもらいたい』と願うならば、王は、自分の身をも布施し、投げ打つでありましょう。王は、自分の身を布施しても、苦難だとは思わないでありましょう。

大王様、ヴェッサンタラ王の身は、多くの人々の共有物なのであります。

大王様、たとえば、調理された肉が多くの人々の共有物であるように、大王様、それと同じように、ヴェッサンタラ王の身は、多くの人々の共有物なのであります。大王様、またたとえば、実を付けた樹は、多種の鳥たちの共有物であるように、大王様、それと同じように、ヴェッサンタラ王の身は、多くの人々の共有物なのであります。なぜかと言えば、『わたくしは今行を重ねながら、正しい目覚めに至ることを目指すのである』と、王みずからが語っているからであります。

大王様、たとえば、財のない人が、財を得よう、財を求めようとして遍歴し、山羊の道、棒が転がっている道、蔦が茂った道を行き、水陸の別なく商いをし、身体とことばと意(身口意)を駆使して財を追い求め、財を確保するために努めるように、大王様、それと同じように、ブッダの智慧という財を持っていなかった施主ヴェッサンタラは、全智者の宝を得るために、欲しいと乞う人たちに、財や、穀物や、従僕や、乗り物や、車など、すべての財を、それどころか、自分の妻子、自分自身を喜捨し、正しい目覚めだけをひたすら目指しました。

大王様、またたとえば、ある大臣が、王権の象徴である玉璽を欲し、玉璽を得ようと努めるように、大王様、それと同じように、施主ヴェッサンタラは、自他の財を布施し、生命をも他人に布施し、正しい目覚めだけをひたすら目指しました。

大王様、また、施主ヴェッサンタラは、こう考えました。

『バラモンが欲しいと乞うているものを、わたくしは布施しよう。わたくしは、為すべきことを為す者となろう』と。このように考えて、ヴェッサンタラは、自分の妻子を布施しました。大王様、施主ヴェッサンタラは、妻子が嫌いだからといって妻子をバラモンに布施したのでもなく、見るのも嫌だからといって妻子を布施したのでもありません。『自分には妻子が多過ぎる』と思って布施したのでもなく、『自分は妻子を養えない』と思って布施したのでもありません。妻子を不満に憶え、『わたくしは妻子を愛おしく思わない』と思い、妻子を外に放り出そうとして布施したのでもありません。

ヴェッサンタラ王は、全智者の宝を希求してやまず、全智者の智慧を得ようとして、比べるものがなく、広大でこの上なく、愛おしく喜ばしく、自分の生命に等しい妻子を布施するという最上の行いを、バラモンにたいして為したのであります。

大王様、また、幸有るお方は、ヴェッサンタラ王の身となって、次の偈頌を説かれました。

『わたくしは、二人の子供が嫌いだからでもなく、マッディヤー妃が憎いからでもない。

全智者の智慧をわたくしは希求してやまないのである。

それゆえ、愛おしい者たちを、わたくしは布施したのである』と。

大王様、そのとき、ヴェッサンタラ王は、妻子を布施した後、身を横たえました。王は、妻子への限りない愛おしさのために苦悶し、甚だしく愁いに沈みました。心臓は熱くなり、鼻孔が塞がれて、吐く息が熱くなりました。涙は血の滴に変じ、両眼からこぼれました。大王様、このように、ヴェッサンタラ王は、苦しみながら妻子をバラモンに布施したのであります。『わたくしの布施の道が、断ち切られることがありませんように』と切に思いながら。

大王様、さらにまた、ヴェッサンタラ王は、二つの理由で、二人の自分の子供をバラモンに布施しました。その二つとは何でありましょうか。『わたくしの布施の道が、断ち切られることがありませんように』と願うこと、『こうして布施を為したことを縁として、この子たちの祖父が、林に生える樹の根とその実とによって、苦しむわが子らを救ってくださいますように』と願うこと、これが二つの理由であります。

大王様、なぜと言いますと、ヴェッサンタラ王は、『どのような人でも、わが子供たちを従僕として使用することは出来ない。それゆえ、わが子供たちの祖父が孫たちを買い戻し、また自分のもとに戻って来るであろう』と知っていたからであります。大王様、そうした二つの理由があって、二人の子供をバラモンに布施したのであります。

大王様、また、ヴェッサンタラ王は、『このバラモンは、高齢で、老いぼれ、よぼよぼであり、杖がなくては叶わず、寿命ももうすぐ尽きようとしており、功徳もさして積んでいない。このバラモンは、わが子供たちを従僕として使いこなすことは出来ない』と知っていたのであります。大王様、人は、生まれながら具わった力により、そのような大きな神通を持ち、かがやかしい太陽や月を捕まえて自家薬篭のものとして輝きを失わせ、それを食器として用いることが出来るでありましょうか？」

「先生、出来ません。」

「大王様、それと同じように、この世で太陽や月にも比せられるヴェッサンタラの子供たちを、誰も従僕として使いこなすことは出来ません。

大王様、さらにまた別の理由があって、ヴェッサンタラの子供たちを、誰も従僕として使いこなすことが出来ないと、その理由をお聞きください。大王様、たとえば、転輪王の摩尼宝珠は、清浄で、高純度で、八角形の結晶をしており、巧妙な細工が施され、四肘の長さがあり、周りは車の轂のように広く、誰もそれを布切れに包んで箱に入れ、刀を研ぐ砥石として使うことが出来ないように、大王様、それと同じように、この世で、転輪王の摩尼宝珠に比すべきヴェッサンタラの子供たちを、誰も従僕として使いこなすことは出来ないのであります。

大王様、さらにまた別の理由があって、ヴェッサンタラの子供たちを、誰も従僕として使いこなせないと、その理由をお聞きください。大王様、たとえば、体の三か所に発情の徴を現わし、全身真っ白で、体の七か所で大地に踏ん張り、高さが八肘、長さと胴回りがそれぞれ九肘あり、喜びを顕わにする美しい、ウポーサタという名の象王を、誰も箕や皿で覆うことが出来ませんし、子牛のように牛舎に入れて飼うことも出来ないように、大王様、それと同じように、この世で、ウポーサタという名の象王に比すべきヴェッサンタラの子供たちを、誰も従僕として使いこなすことは出来ないのであります。

大王様、さらにまた別の理由があって、ヴェッサンタラの子供たちを、誰も従僕として使いこなすことが出来ないという、その理由をお聞きください。大王様、たとえば、海はどこまでも広がり、深すぎて深さを測ることが出来ず、越え渡ることも出来ず、全体のありさまを捉えがたく、誰も全体を俯瞰することが出来ず、誰も手も足も出ないため足掛かりとして利用することが出来ないように、大王様、それと同じように、この世で、海に比すべきヴェッサンタラの子供たちを、誰も従僕として使いこなすことは出来ないのであります。

大王様、さらにまた別の理由があって、ヴェッサンタラの子供たちを、誰も従僕として使いこなすことが出来ないという、その理由をお聞きください。大王様、たとえば、山々の王であるヒマーラヤは、天を突いて聳えること五百ヨージャナ（由旬）、裾は三千ヨージャナにわたって広がり、八万四千の峰を連ね、五百の大河の源、大規模な生類たちの群れの棲み処であり、多種多様の香りを漂わせ、百の天の霊薬よって飾り立てられ、雲のように天空に聳えているように、大王様、それと同じように、この世で、山々の王であるヒマーラヤに比すべきヴェッサンタラの子供たちを、誰も従僕として使いこなすことは出来ないのであります。

大王様、さらに別の理由があって、ヴェッサンタラの子供たちを、誰も従僕として使いこなすことが出来ないという、その理由をお聞きください。大王様、たとえば、夜の闇の中で、山頂で燃える大きな火が、遥か遠くからでも見えるように、大王様、それと同じように、ヴェッサンタラ王は、山頂に燃える大きな火のように、遥か遠くからでも明らかに認められます。誰も、王の子供たちを、従僕として使いこなすことは出来ないのであります。

大王様、さらに別の理由があって、ヴェッサンタラの子供たちを、誰も従僕として使いこなすことが出来ないという、その理由をお聞きください。大王様、たとえば、ヒマーラヤでナーガ花が咲くとき、優しい風が吹くと、十あるいは十二ヨージャナの広がりの中に花の香りが流れるように、大王様、それと同じように、ヴェッサンタラ王もまた、天、阿修羅、ガルダ（金翅鳥、迦楼羅）、ガンダルヴァ、夜叉、羅刹、マホーラガ大蛇、人ならざるキンナラ（緊那羅）、帝釈天などの世界を過ぎて、上方の阿迦貳吒天《あかにた》（色究竟《しきくきょう》天、有頂天）に至る数千ヨージャナにわたって、王の名声が広がり、また、勝れた戒が芳香を放ちます。それゆえ、誰も、王の子供たちを、従僕として使いこなすことが出来ないのであります。

大王様、ヴェッサンタラは、息子のジャーリン王子に次のように教えました。

『愛児よ、君たちのお祖父さんがバラモンに財を与えて、君たちを買い戻すとき、お祖父さんは、一千ニッカ分の金を与えて買い戻すであろう。カンハージナーを買い戻すときには、百人の従僕、百人の下働き、百頭の象、百頭の馬、百頭の牝牛、百ニッカの金など、すべて百の単位を与えて買い戻すであろう。愛児よ、もしも、君たちのお祖父さんが君たちをバラモンの手から、命令とか力ずくで只で奪うならば、君たちは、お祖父さんのことばに従ってはならない。むしろ、バラモンに付き従う者となれ』と。

このように教えて、王は、子供たちを祖父のもとに送りました。そして、ジャーリン王子が行って祖父に問われたとき、このように告げました。

『お祖父さま、父上は、わたくしを金千ニッカに値するとして、バラモンに布施しました。また、妹カンハージナーを百頭の象に値するとして、バラモンに布施しました』と。」

「ナーガセーナ長老殿、問いは見事に解かれました。邪見の網は見事に破られ、種々の異論は見事に打ち砕かれ、先生ご自身の立場は見事に明らかにされ、経典の文言は見事に明らかにされ、道理は見事に解明されました。余は、御貴殿の仰る通りであると認める者であります。」

第二　難行

「ナーガセーナ長老殿、菩薩は、みな、難行を為しますでしょうか、それとも、ゴータマ菩薩（目覚めた人ブッダになる前の、前生の在り方）だけが難行を為されたのでありましょうか？」

「大王様、すべての菩薩が難行を為したわけではありません。ゴータマ菩薩だけが、難行を為したのであります。」

「ナーガセーナ長老殿、そうであるとすれば、菩薩同士の間で違いがあるというのは、理屈に合いません。」

「大王様、四つの点で、菩薩同士の間で違いがあります。その四つとは、次の通りであります。生まれた家系の違い、諸々の仏たちの出現した状況下での時の違い、寿命（生命力）の違い、体の大きさの違い、以上の四つであります。大王様、こうした四つの点で、菩薩同士の間で違いがあるのです。

　大王様、目覚めた人ブッダたちは、身体の在り方、戒行、心統一、智慧、解脱、解脱した固有の資質という点では、違いはまったくありません。目覚めた人ブッダたちは、みな、ブッダであることについて、違いはまったくありません。目覚めた人ブッダたちは、誰でも、ブッダ固有の資質という点で等しいのであります。」

「ナーガセーナ長老殿、もしも、目覚めた人ブッダたちは、みな、ブッダ固有の資質という点で同じであるならば、どうしてゴータマ菩薩だけが難行をなされたのでしょうか？」

「大王様、知識が円熟しておらず、智慧が円熟していないとき、ゴータマ菩薩は出家されました。それから、まだ円熟していない知識を円熟させているときに、難行を為されたのであります。」

「ナーガセーナ長老殿、ゴータマ菩薩は、知識が円熟しておらず、智慧が円熟していないときに、大いなる出家を為されたのは、なぜでありましょうか？　ゴータマ菩薩は、知識を円熟させて行き、そして、知識が円熟したと、まさにそのときに出家されるべきではなかったでしょうか？」

「大王様、菩薩は、侍女たちの部屋が猥雑であるのを目にして、このようなことで善いのかとの思いを起こしました。そのような思いを起こした菩薩に、嫌悪の念が生じました。嫌悪の念が生じたのを見て、マーラカーイカ（魔衆）という名の天子が、『今こそ、嫌悪の心を打ち払うときである』として、空中に立ち、次のように告げました。

『友よ、友よ、気持ちが沈んだままではいけません。今から数えて七日目に、千本の輻《や》、外輪、轂があり、あらゆる飾りを具えた天の輪宝が、あなたの前に出現するでありましょう。地中、空中にある宝も、みずからあなたのところに行くでしょう。二千の島、四つの州（東南西北の大陸）の中で、他らなぬただ一つの口、あなたの口から、号令が発せらるでありましょう。また、あなたのお子たちは千人を越え、みな勇者であり、勇者の姿かたちを具え、敵軍を撃破する力があります。あなたは、そのお子たちに取り囲まれ、七つの宝をすべて具し、四つの州を教え導くでありましょう』と。

たとえば、一日ずっと熱せられ、至る所で炎を上げている鉄の串が耳に挿し込まれるように、天子のことばが菩薩の耳に入りました。すでに気持ちが沈んでいた菩薩は、天子のことばによって、いっそう激しく怯え、恐れおののきました。

大王様、またたとえば、燃えている大きな炎に、新たに薪が投入されると、いっそう激しく燃え上がるように、大王様、それと同じように、すでに気持ちが沈んでいた菩薩は、天子のことばによって、いっそう激しく怯え、恐れおののきました。

大王様、またたとえば、もとから湿っていて、草が生え、たっぷりと水を含んで泥状になっている大地に、さらに大雨が降ると、いっそうひどく泥々になるように、大王様、それと同じように、すでに気持ちが沈んでいた菩薩は、天子のことばによって、いっそう激しく怯え、恐れおののきました。」

「ナーガセーナ長老殿、もしも、七日目に、菩薩の目の前に天の輪宝が出現したならば、そのとき、菩薩はその場から逃げ去るでありましょうか？」

「大王様、七日目に、菩薩の目の前に天の輪宝が出現するはずはなかったのであります。なぜならば、かの天子は、貪りの心から、嘘八百を並べ立てただけなのであります。大王様、とは言え、もしも、七日目に、天の輪宝が出現したとしても、菩薩がその場から逃げ去ることはあり得なかったでありましょう。それはなぜでありましょうか？

大王様、菩薩は、『すべて、作られたものは、みな、無常である』（諸行無常）ことをしっかりと捉え、『すべての事象は苦しみである』（一切皆苦）、『すべての事象は自己ならざるものである』（諸法非我）ことをしっかりと捉え、〔以上、三法印をしっかりと捉え、〕すでに執著を滅ぼし尽くしておられたからであります。」

大王様、たとえば、水は、ヒマーラヤの奥地にある無熱悩湖からガンジス川に流れ込み、ガンジス川から海に流れ込み、海から世界の大深淵パーターラの口に流れ込みます。ところで、世界の大深淵パーターラに流れ込んだ水が、逆流して海に流れ込み、海からガンジス川に流れ込み、ガンジス川から無熱悩湖に流れ込むことがあるでしょうか？」

「先生、そのようなことはあり得ません。」

「大王様、それと同じように、四阿僧祇劫と十万劫の間、今生のために善根を積み重ね、この最後の生に至りました。智慧は円熟の域に達し、出家してから六年を経て、全智者であり世の最高者である、目覚めた人ブッダとなられました。大王様、菩薩は、輪宝が出現したからと言って、その場から逃げ去るでありましょうか？」

「先生、それはあり得ません。」

「大王様、たとい、林や山がある大地がひっくり返ることがあっても、菩薩は、等正覚悟に至らない内は、決して退転することはないでありましょう。大王様、たとい、ガンジス川が逆流して氾濫しても、菩薩は、等正覚に至らない内は、決して退転することはないでありましょう。大王様、たとい、無量の水を満々と湛えている海が、牛の足跡に出来た水溜りほどになるほど乾上っても、菩薩は、等正覚に至らない内は、決して退転することはないでありましょう。大王様、たとい、山々の王である須弥山が、百にも千にも砕け散っても、菩薩は、等正覚に至らない内は、決して退転することはないでありましょう。大王様、たとい、太陽や月が土くれのように地上に落下しても、菩薩は、等正覚に至らない内は、決して退転することはないでありましょう。大王様、たとい、大空が筵のように巻かれても、菩薩は、等正覚に至らない内は、決して退転することはないでありましょう。なぜそうなのかと言えば、それは、菩薩はあらゆる束縛を離れているからであります。」

「ナーガセーナ長老殿、この世には、どれだけの束縛がありますか？」

「大王様、この世には、十の束縛があり、それに縛られた人々は世俗から出離することがなく、また、たとい、出離したとしても、再び世俗へと退転します。その十の束縛とは何でありましょうか？

大王様、一つには、母はこの世の束縛であります。大王様、第二に、父はこの世の束縛であります。大王様、三つには、妻はこの世の束縛であります。大王様、四つには、子はこの世の束縛であります。大王様、五つには、親族はこの世の束縛であります。大王様、六つには、友はこの世の束縛であります。大王様、七つには、財産はこの世の束縛であります。大王様、八つには、利得（利養）と名声（名聞）はこの世の束縛であります。大王様、九つには、政治権力はこの世の束縛であります。大王様、十には、眼耳鼻舌身の五つの感官が捉える五欲の対象（色声香味触）はこの世の束縛であります。大王様、これら十を数えるものが、この世の束縛であり、それに縛られた人々は、世俗から出離することなく、また、たとい、出離下としても、再び世俗へと退転します。

菩薩は、それら十の束縛を切り、裂き、破りました。大王様、それゆえ、菩薩は退転しないのであります。」

「ナーガセーナ長老殿、もしも、菩薩が、天子のことばによって嫌悪の念を起こしたとき、知識が円熟しておらず、智慧が円熟していないにもかかわらず出家したのであるならば、なぜ、菩薩は難行を為されたのでありましょうか？菩薩は、あらゆることを、食を摂るように摂取して、知識が円熟の域に達するのを待つべきだったのではないでしょうか？」

「大王様、次の十人は、この世で軽視され、軽蔑され、卑しめられ、見下され、謗られ、嫌われ、敬われません。その十人とはどのようなひとでありましょうか？

大王様、一つには、夫に先立たれた女性は、この世で軽視され、軽蔑され、卑しめられ、見下され、謗られ、嫌われ、敬われません。大王様、二つには、非力な人は、大王様、三つには、友や親族のいない人は、大王様、四つには、大食漢は、大王様、五つには、尊敬されない家系の人は、大王様、六つには、邪悪な人物を友とする人は、大王様、七つには、財産を食い潰したひとは、大王様、八つには、正しい行いのない人は、大王様、九つには、仕事を持たない人は、大王様、十には、努力しない人は、この世で軽視され、軽蔑され、卑しめられ、見下され、謗られ、嫌われ、敬われません。

大王様、菩薩が、これら十人のことに想いを巡らせているとき、次のように考えられました。『わたくしは、行ぜず努力しないということで、諸天や人々から謗られないようにしよう。今や、わたくしは、行を主とし、行を重んじ、行に則り、行を常とし、行を轍とし、行を住み家とし、怠ることなく努めることとしよう』と。大王様、このように、菩薩は、知識を円熟の域に至らせようと、難行を行じられたのであります。」

「ナーガセーナ長老殿、菩薩は、難行を行じておられたとき、次のように仰いました。『わたくしは、かくも激しい難行によっても、人知を超えた最勝の聖なる知見に達することが出来ない。目覚めに至る道が、他に何かあるだろうか？』と。そのとき、菩薩は、目覚めに至る道について、思い惑っておられたのでありましょうか？」

「大王様、次の二十五の要素は、心を弱めるものであります。弱められた心は、正しく心統一し、諸々の漏を滅するに至りません。その二十五の要素とは何でありましょうか？

大王様、瞋りは、心を弱める要素であります。これに弱められた心は、正しく心統一し、諸々の漏を滅するに至りません。大王様、怨みは、悔い改めないことは、苦悩は、妬みは、物惜しみは、諂いは、誑かすことは、頑固であることは、強情であることは、自慢は、過度の自慢は、高慢は、放逸は、頑迷固陋は、喜悦は、怠惰は、悪人を友とすることは、色は、声は、香は、味は、冷熱の触は、飢えと渇きは、嫌悪は、心を弱める要素であります。これに弱められた心は、正しく心統一し、諸々の漏を滅するに至りません。

大王様、飢えと渇きが菩薩の体を侵食し切ったとき、菩薩の心は、正しく心統一して諸々の漏を滅するに至りませんでした。大王様、菩薩は、四阿僧祇劫と十万劫の間、さまざまな前生を生きる中で、四聖諦の観察を目指しました。四聖諦の観察が成就される今生、最後の生にあって、菩薩が、どうして、目覚めに至る道について、思い惑われることがあり得るでしょうか？

大王様、それでも、菩薩に、『目覚めに至る道が、他に何かあるだろうか？』という思いが生じたのであります。

大王様、以前、菩薩が生後一か月のときのことであります。釈迦族の父が執務しているとき、菩薩は、涼しいジャンブ（閻浮）の樹の木陰で、吉祥の臥所に結跏趺坐し、諸々の欲望を離れ、省察（尋）と確認（伺）とを伴い、厭離《えんり》から生じた歓喜と安楽のある初禅に至り、そこに安住されました。――略――第四禅に至り、そこに安住されました。」

「分かりました。ナーガセーナ長老殿、菩薩が、知識を円熟の域に至らしめながら難行を行じられたというのは、まさに御貴殿の仰る通りであると、余は認める者であります。」

第三　善悪の業の報い

「ナーガセーナ長老殿、善と悪とでは、どちらの方が強いのでありましょうか？」

「大王様、善は強く、悪はそうではありません。」

「ナーガセーナ長老殿、余は、『善は強く、悪はそうではない』ということばを認めません。

ナーガセーナ長老殿、たとえば、生類を殺す者、与えられないものを窃取する者、欲望のままに邪な男女関係に走る者、虚言を吐く者、村を奪い取る者、裏をかく者、欺く者がいるとしましょう。その者たちは、みな、自分の犯した罪によって、――〔以下、残虐な刑の列挙、和訳は略す〕――。

ある者は、夜に悪事を為してその夜の内に報いを受け、ある者は、夜に悪事を為して翌日に報いを受け、ある者は、昼に悪事を為してその日の内に報いを受け、ある者は、昼に悪事を為して夜に報いを受け、ある者は二、三日後に報いを受けます。色々あるとは言え、この者たちは、みな、現在世に報いを受けるのであります。

ナーガセーナ長老殿、一方、一人、二人、三人、四人、五人、十人、百人、千人、十万人に、別の贈り物をそえて布施を為したたことで、現在世で財産、名声、安楽の報いを受けた人がいるでしょうか？　あるいは、戒を守ることによって、あるいは、ウポーサタ（新月と満月の日に催される戒律確認会議、布薩）に参加することによって、現在世で財産、名声、安楽の報いを受けた人がいるでしょうか？」

「大王様、四人おります。この四人は、布施を為し、戒を守り、ウポーサタに参加することによって、現在世で。今の身体のままで、三十三天の都城で名声を博しました。」

「先生、それは誰々でしょうか？」

「大王様。マンダータル王、ニミ王、サーディー王、および、楽師グッティラであります。」

「ナーガセーナ長老殿、その人たちのことは、幾千年も前のことであり、余も御貴殿も、これを今のこととして実感することが出来ません。どうか、今生の、幸有るお方が御存命のときのことをお話ください。」

「大王様、従僕であったプンナカは、サーリプッタ長老に食を布施し、その日の内に財務官の地位を得ました。その者は、今、プンナカ長者として知られております。ゴーパーラマールタ王妃は、自分の髪を売って得た八カハーパナの財をもって、マハーカッチャーヤナ長老とその七人の仲間に食を布施し、その日の内に、ウデーナ国王の第一王妃となりました。スッピヤー優婆夷は、病気の比丘に、自分の腿の肉を切り取って、スープにして布施しましたが、翌日には腿の傷は癒え、皮膚が被さって病のない者となりました。マッリカー王妃は、幸有るお方に、前の晩に仕込んだ酸味のある発酵粥（今の南インドの「イドゥリー」）を布施して、その日の内に、コーサラ国王の第一王妃となりました。花環作り職人のスマナは、大輪のジャスミンの花を八束、幸有るお方に供養して、その日の内に、巨万の富を得ました。バラモンのエーカーサータカは、外衣を幸有るお方に供養し、その日の内に、大臣の地位に就きました。大王様、こうした行いのすべては、現在世に富と名声という報いをもたらしたのであります。」

「ナーガセーナ長老殿、御貴殿は、探し求めて見出した人というのは、それらのたった六人に過ぎないのでありましょうか？」

「大王様、その通りであります。」

「ナーガセーナ長老殿、〔以下、悪の方が強い例として、戦で残虐な殺された人々がたくさんいること、ミリンダ王はそうした光景を実際に見たことがある、との叙述〕、ブッダの教えを聞いて、コーサラ国王が、比類のない規模の布施を為したということをお聞きになったことがありますでしょうか。」

「大王様、確かにそう聞きました。」

「ナーガセーナ長老殿、コーサラ国王は、その比類のない規模の布施を為した、それを縁として、今の財産、名声、安楽を得たのでしょうか？」

「大王様、そうではありません。」

「ナーガセーナ長老殿、もしも、コーサラ国王が、このような無上の布施を為しても、それを縁として、今の財産、名声、安楽を得たというわけでないならば、ナーガセーナ長老殿、やはり、悪が強く、善はそうではないのでありまます。」

「大王様、悪は小さいために速やかに熟し（報いをもたらし）、善は大きいために長い時間をかけて熟し（報いをもたらし）ます。大王様、さらに、譬えをもってこのことを説明いたしましょう。

大王様、たとえば、西の辺境の地に、クムダパンディカーという穀類があり、種を撒いてから一カ月で収穫され、家に運ばれて蓄えられます。一方、稲は、種を撒いてから六カ月から七カ月経ってから稔ります。では、クムダバンディカーと稲とでは、どのような違いがあるでしょうか？」

「先生、クムダバンディカーの実は小さく、稲の実、つまり米は大きい、という違いがあります。ナーガセーナ長老殿、米は王に相応しい王の食べ物であり、クムダバンディカーは下っ端の仕事をする者たちの食べ物であります。」

「大王様、それと同じように、悪は小さいために速やかに熟し（報いをもたらし）、善は大きいために長い時間をかけて熟し（報いをもたらし）ます。」

「ナーガセーナ長老殿、そもそも、この世では、速やかに熟するものは強いものであります。それゆえ、悪は強いですが、善はそうではありません。

ナーガセーナ長老殿、たとえば、ある武将が、大きな戦の場に突入し、敵兵を小脇に抱え引きずって、速やかに隊長のもとに赴くとしましょう。その武将は、世間では有能な勇者と呼ばれます。あるいはまた、ある外科医が、速やかに矢を抜き取り、傷を負った人の病を除くならば、その外科医は、名人と呼ばれます。あるいはまた、算術に長けた人が、速やかに計算し、その成果を示すならば、その算術家は、名人と呼ばれます。あるいはまた、ある力士が、速やかに相手の力士を投げ飛ばし、相手を仰向けに転ばすならば、その力士は、有能な勇者と呼ばれます。ナーガセーナ長老殿、それと同じように、善であれ悪であれ、速やかに熟するものの方が、世間では、強いと見做されます。」

「大王様、善と悪、この二つの業は、ともに、次生で報いをもたらします。しかし、悪業は、それが余りにも悪質な場合、今、たちどころに報いをもたらします。往昔の王侯たちは、次のような法令を立てました。

『生類を殺す（殺生を犯す）者は、笞打ちの刑を受けてしかるべきである。与えられないものを取る（偸盗を犯す）者は、他人の妻と性的関係を持つ（邪婬を犯す）者は、虚言を吐く（妄語を犯す）者は、村を奪い取る者は、追い剥ぎを為す者は、他人を欺く者は、他人を騙す者は、誰でも笞打しの刑を受けてしかるべきであり、傷つけられ、切られ、手足を折られ、殺されてしかるべきである』と。

王侯たちは、犯罪者を探し出して、笞打ち、傷つけ、切り、手足を折り、殺します。

大王様、では、『布施を為す者、戒を守る者、布薩を催す者には、財や名声が与えられてしかるべきである』というような法令を、誰かが立てたことがあるでしょうか？窃盗犯を傷つけ縛るように、王侯たちが、布施を為す者などを探し出して、財や名声を与えるでありましょうか？」

「先生、そのようなことはありません。」

「大王様、もしも、布施を為す者などを探し出して、財や名声を与えることがあるならば、善業も、今すぐに安楽の報いをもたらすでありましょう。大王様、しかしながら、『財や名声を与えよう』と言って、王侯たちが、布施を為す者などを探し出すことはありませんから、善業は、今すぐに安楽の報いをもたらすことはないのであります。大王様、このようなわけで、悪業は、現在世で報いをもたらし、善業は、未来世できわめて強力な安楽の報いをもたらすのであります。」

「分かりました。ナーガセーナ長老殿、御貴殿のような智慧者を措いて、この問いを見事に解く人はおりません。ナーガセーナ長老殿、余が示した世俗の問いを、御貴殿は、出世間の立場から解明されたのであります。」

第四　施餓鬼

「ナーガセーナ長老殿、施主たちが布施を為し、これまでに亡くなった親族の生まれ変わりである餓鬼などに向けて、『わたくしが布施したことが、あの方に届きますように』と言って布施を為すならば、餓鬼たちは、それを縁として、布施の果報を手に入れるでありましょうか？」

「大王様、ある者は手に入れ、ある者は手に入れません。」

「先生、どのような者たちが手に入れ、どのような者たちが手に入れないのでありましょうか？」

「大王様、地獄に生まれ変わった者は、布施の果報を手に入れません。天界に生まれ変わった者は、布施の果報を手に入れません。畜生に生まれ変わった者は、布施の果報を手に入れません。四種の餓鬼の内の三つの餓鬼、つまり、みずからが吐き出したものを食べる餓鬼と、飢えと渇きの中にいる餓鬼と、焼き付けるような渇きの中にいる餓鬼とは、布施の果報を手に入れません。他者からの施しによって生きる餓鬼は、布施の果報を手に入れますが、その者たちも、施主が誰であるか想い起こすことが出来るときだけ、布施を手に入れることが出来るのであります。」

「ナーガセーナ長老殿、では、この方に受けてもらいたいと、わざわざ施主から名指しで布施が向けられたそうした者たちが、布施の果報を手に入れないというのであるならば、施主たちの布施はどこかに消え失せ、果報がないということになります。」

「大王様、その布施は、果報がないのでも、報いがないのでもありません。施主こそが、その果報を受けるのであります。」

「ナーガセーナ長老殿、では、余が納得出来るような譬えをお示しください。」

「大王様、たとえば、ある人々が、魚、肉、米飯、菓子などを調えて、親族の家に行くとしましょう。もしも、その親族の者たちが、その贈り物を受け取らないとしたならば、その贈り物はどこかに消え失せ、なくなってしまうのでありましょうか？」

「先生、そうではありません。贈り物は、それを所有している人々のものとなります。」

「大王様、それと同じように、施主こそが、布施の果報を受けるのであります。大王様、たとえば、部屋に入った人がいるとしましょう。前方に出口が見当たらないとき、その人はどこから出るでありましょうか？」

「先生、入ったところから出ます。」

「大王様、それと同じように、施主こそが、布施の果報を受けるのであります。」

「ナーガセーナ長老殿、そうでありましょう。施主こそが布施の果報を受けるというのは、その通りであると、余も認める者であります。余は、その道理を難ずるのではありません。

ナーガセーナ長老殿、もしも、施主が為した布施が、これまでに亡くなった親族の生まれ変わりである餓鬼たちに届き、そして、餓鬼たちがその布施の果報を受けるならば、生類を殺し、残忍で、手を血で濡らし、害心を抱き、他人を殺し、残虐な行いを為す者が、これまでに亡くなった親族の生まれ変わりである餓鬼たちに向けて、『わたくしが為した業の報いが、あの方に届きますように』と言うならば、その悪業の報いは、これまでに亡くなった親族の生まれ変わりである餓鬼たちのもとに届くでありましょうか？」

「大王様、そのようなことはありません。」

「ナーガセーナ長老殿、それならば、善業が餓鬼たちに届くが悪業は届かないという、その理由、事由は何でありましょうか？」

「大王様、そのようなことを問うものではありません。大王様、答があるはずだからといって、問うべきでないことを問うてはなりません。陛下は、さらにまた、『なぜ、虚空には拠り所がないのか？　なぜ、ガンジス川は上流へと流れないのか？　なぜ、人間と鳥は二足で、鹿は四足なのか？』と、わたくしに問うつもりでいらっしゃいますか？」

「ナーガセーナ長老殿、余は、御貴殿を困らせようとしてこれを問うたのではなく、まこと、疑念を除こうとして問うたのであります。世の中には、左利きや斜視の人々がおります。そのことについて、『なぜ、この人々には、症状が治まる機会がないのであろうか？』と考えたからこそ、余は、御貴殿に、そのことを問うたのであります。」

「大王様、一緒に行為もせず、その行為を是ともしない人と、悪の行為（悪業）を分ち合うことは出来ません。大王様、たとえば、人々は、水を運搬することで、水を遠くに届けます。大王様、しかしながら、堅くて大きな岩を搬送して、望むところにそれを届けることができますでしょうか？」

「先生、出来ません。」

「大王様、それと同じように、善は分ち合うことが出来ますが、悪は分ち合うことが出来ません。大王様、またたとえば、油を注いで燈火を燃やすことは出来ますが、水を注いで燈火を燃やすことは出来るでありましょうか？」

「先生、出来ません。」

「大王様、それと同じように、善は分ち合うことが出来ますが、悪は分ち合うことが出来ません。またたとえば、農夫たちは、貯水池から水を引いて、穀物を実らせます。大王様、しかしながら、海から水を引いて、穀物を実らせることが出来るでありましょうか？」

「先生、出来ません。」

「大王様、それと同じように、善は分ち合うことが出来ますが、悪は分ち合うことが出来ないのであります。」

「ナーガセーナ長老殿、善は分ち合うことが出来るが、悪は分ち合うことが出来ないのは、なぜでありましょうか？　余が納得出来るような理由をお示しください。余は、ものごとが見えない者でもなく、観察力のない者でもありません。聞けば、理解するでありましょう。」

「大王様、悪は小さく、善は大きいのであります。悪は、小さいので、悪を為した者だけに留まり、善は大きなものであるため、諸天や人々の間に拡がります。」

「譬えをお示しください。」

「大王様、たとえば、水の小さな一滴が地面に落ちたならば、大王様、その水滴が、十ヨージャナも二十ヨージャナの距離まで拡がることがあるでしょうか？」

「先生、拡がりません。その水滴は、落ちた場所だけに留まります。」

「大王様、それは、なぜでありましょうか？」

「先生、水滴が小さいからであります。」

「大王様、それと同じように、悪は小さく、小さいがために、悪を為した者だけに留まり、他の人たちと分ち合うことが出来ません。大王様、またたとえば、大雨が、地面をたっぷりと濡らして降るとするならば、大王様、その大雨は、辺り一面に拡がるでありましょうか？」

「先生、拡がります。その大雨は、窪地、池、川、沢、洞窟、岩の裂け目、湖、貯水池、泉、蓮池を水で一杯にし、十ヨージャナも二十ヨージャナの遠くまで拡がるでありましょう。」

「大王様、それは、なぜでありましょうか？」

「先生、大雨は大きい者だからであります。」

「大王様、それと同じように、善は大きなものであるため、諸天や人々とも分ち合うことが出来るのであります。」

「ナーガセーナ長老殿、悪が小さく、善が大きいのは、なぜでありましょうか？」

「大王様、たとえば、布施を為し、戒を守り、布薩を催す者は、誰でも喜び、大いに喜び、歓喜し、大いに歓喜し、欣喜し、心が満たされ、心が弾みます。喜びが絶えることなく起き続け、心が喜びに溢れれば、ますます善は大きくなって行きます。

大王様、たとえば、飲み物で満たされたところに、一方から水が流れ込み、一方から流れ出るとしましょう。水が流れ出ているときでも、絶えず新たな水が流れ込み、尽きることがありません。大王様、それと同じように、善は、ますます大きくなります。大王様、もしも、ある人が、自分の為した善に、百年にわたって意識を集中し続けるならば、意識を集中すればするほどますます善は大きくなり、その人は、その善を喜んで受け入れる人々とともに、善を分ち合うことが出来るのであります。これが、善が大きいものであるということの理由であります。

大王様、一方、悪を為す者は、後になってそのことを後悔します。後悔した者の心は、滞り、萎縮し、退転し、進まず、悲嘆し、沈み、擦り減り、意気が上がらず、たちどころに消えて失くなります。

大王様、たとえば、干上がった川の、凹凸があって曲がりくねった広大な砂洲に、上流からわずかばかりの水が流れてきても、すぐに消え失せ、縮小し、増えることなく、たちどころに消滅するように、大王様、それと同じように、悪を為す者の心は、滞り、萎縮し、退転し、進まず、悲嘆し、沈み、擦り減り、意気が上がらず、たちどころに消えて失くなります。大王様、これが、悪が小さいものであるということの理由であります。」

「分かりました。ナーガセーナ長老殿、余は、御貴殿の仰る通りであると認める者であります。」

第五　夢

「ナーガセーナ長老殿、世間では、男も女も夢を見ます。善い夢も、悪い夢も、かつて見たことのあるものの夢も、見たこともないものの夢も、かつて為したことの夢も、為したことのないことの夢も、穏やかな夢も、怖い夢も、身近ではないものの夢も、身近なものの夢も、様々なものの夢も、何千種類ものものの夢も見ます。この夢とは何なのでありましょうか？　どういった人がそうした夢を見るのでありましょうか？」

「大王様、夢と言われるものは、心の内に忍び込む想念であります。

大王様、こうした六種の人が夢を見ます。一つには、風質のゆえに病む人は夢を見ます。二つには、胆汁質のゆえに病む人は夢を見ます。三つには、痰質のゆえに病む人は夢を見ます。身近な神に取り取りつかれた人は夢を見ます。いつもの自分の習いから夢を見ます。予兆ゆえに夢を見ます。大王様、そのうち、予兆ゆえに見た夢だけが、違うことのない真実のものであり、他のものはそうではありません。」

「ナーガセーナ長老殿、予兆ゆえに夢を見る者は、自分の心がその夢の中身を求め行くものなのでしょうか、それとも、夢の中身が、その者の心の内に忍び込むのでしょうか、それとも、他の何かが登場して、その人に夢の中身を告げるのでしょうか？」

「大王様、その者の心がその夢の中身を求め行くのではありません。また。他の何かが登場して、その人に夢の中身を告げるのでもありません。まさに、夢の中身が、その人の心の内に忍び込むのであります。

大王様、たとえば、鏡は、みずからが出向いて影像《ようぞう》を求めるのではありません。また、他のなにかが影像を持ち込んで、鏡に告げるのでもありません。まさに、影像がどこからかやって来て、鏡の内に忍び込むのであります。大王様、それと同じように、夢を見る人の心がその夢の中身を求め行くのではありません。また、他の何かが登場して、その人に夢の中身を告げるのではありません。まさに、夢の中身が、その人の心の内に忍び込むのであります。」

「ナーガセーナ長老殿、心が夢を見るとして、その心が、その夢の中身について、『穏やかなことになりそうだ、怖いことになりそうだ』と知ることが出来るでありましょうか？」

「大王様、夢を見る人の心が、その夢の中身について、『穏やかなことになりそうだ、怖いことになりそうだ』と知ることは出来ません。しかるに、その人は、夢を見ると、それを他の人たちに話し、そして、話を聞いた人たちが、夢の中身が何を意味しているのかを話すのであります。」

「ナーガセーナ長老殿、なぜそうであるのかをご説明ください。」

「大王様、たとえば、体にあざや腫物や発疹が出来ることで、その人に、利益や不利益、名声あるいは汚名、誹謗や賞讃、安楽や苦痛をもたらします。大王様、それらあざや腫物が、『自分たちがこの報いを引き起こすのだ』と自覚して生ずるでありましょうか？」

「先生、そうではありません。そうしたあざが体のどこに現れたかを占い師が見て、『これこれの報いがあるだろう』と占うのであります。」

「大王様、それと同じように、夢を見るその人の心が、『穏やかなことになりそうだ、怖いことになりそうだ』と知るのではありません。そうではなく、夢を見たとき、その人は、夢の中身を他の者に話し、その、他の者がその夢の中身が何を意味しているかを話すのであります。」

「ナーガセーナ長老殿、夢を見る人は、眠りながら見るのでしょうか、それとも覚醒していて見るのでしょうか？」

「大王様、夢を見る人は、眠りながら見るのでもなく、覚醒していて見るのでもありません。そうではなく、眠気がやって来ていても、なおかつ、意識を失わないでいるとき、夢を見るのであります。大王様、深く寝入って、心が意識を失い、無意識の状態になった心は、働くことがありません。働いていない心は、楽も苦も知りません。認知機能が働いていない人は、夢を見ません。心が働いているときにこそ、夢を見るのであります。

大王様、たとえば、真っ暗闇の中では、いかに綺麗で清浄な鏡といえども、そこに影像が見えないように、大王様、それと同じように、深く寝入って、心が無意識の状態になったときには、体はあっても、心は働かず、心が働かないので夢を見ることはありません。大王様、今の譬えで言えば、体は鏡であり、寝入ることは真っ暗闇であり、心は光であると、そう見るとよいでありましょう。

大王様、またたとえば、太陽が霧に遮られると、光は見えず、太陽の光はあっても、表には出て来ません。太陽の光が出て来ないとき、光はありません。大王様、それと同じように、深く寝入った人の心は、無意識の状態になり、無意識の状態になった心は、働かず、心が働かないときには、夢を見ません。大王様、この譬えで言えば、体は太陽であり、深く寝入ることは霧の妨げであり、心は太陽の光であると、そう見るとよいでありましょう。

大王様、次の二つの場合には、体はあっても、心は働きません。一つには、深く寝入って無意識の状態になったならば、体はあっても、心は働きません。二つには、滅尽定(すべての想念、煩悩がなくなる心統一)に入ったならば、体はあっても、心は働きません。大王様、覚醒した人では、心はよく動き、開け放たれ、表に出て、何かに縛られることがありません。夢の中身がこのような心の内に忍び込むことはありません。

大王様、何か隠し事がある人は、心を開き、事態を察知する能力に欠け、事を心中に収めることが出来ない者を避けるように、大王様、それと同じように、非日常的なことがらは、覚醒している人の心に忍び込むことはありません。それゆえ、覚醒している人は夢を見ないのであります。

大王様、またたとえば、比丘であるのに、生活が乱れ、行い不良で、悪友と付き合い、戒を守らず、覚醒している者に、目覚めに至らしめる諸々の善い教えが心に入って来ないように、大王様、それと同じように、非日常的なことがらは、覚醒している人の心に忍び込むことはありません。それゆえ、覚醒している人は夢を見ないのであります。」

「ナーガセーナ長老殿、眠りに、初め、中頃、終わりがあるでしょうか?」

「大王様、そうであります。眠りには、初めがあり、中頃があり、終わりがあります。」

「どのようなものが初めで、どのようなものが中頃で、どのようなものが終わりなのでしょうか?」

「大王様、体が動けないようにしっかりと縛られたようになり、力を失い、鈍くなり、動きが止まったというのが、眠りの初めであります。大王様、うつらうつらとした『猿の転寝』に陥り、さまざまな想念は湧く、というのが眠りの中頃であります。無意識になった、というのが眠りの終わりであります。大王様、眠りの中頃となって、うつらうつらした『猿の転寝』に陥った者が、夢を見るのであります。

大王様、たとえば、ある人がいて、その人が、よく心配りをしながら行動し、心を統一し、如来の教えを信頼し、叡智が不動のものとなり、世の喧騒を離れた林に入り、微妙きわまりない事柄に心を向けるとき、その人は、眠ることなく、心を統一し、心を一点に集中し、微妙きわまりない事柄を会得するように、大王様、それと同じように、覚醒しているのでもなく、深く寝入っているのでもなく、眠りの中頃に至り、うつらうつらした『猿の転寝』に陥ってまどろむ者が、夢を見るのであります。大王様、覚醒している状態は、世の喧騒のようなもので、うつらうつらした『猿の転寝』に陥っている状態は、人里離れた林のようなものだと見做すべきであります。また、他人が、世の喧騒を離れ、眠ることなく心が安定し、微妙きわまりない事柄に心を向けるように、大王様、それと同じように、覚醒しているのでもなく、深く寝入っているのでもなく、うつらうつらした『猿の転寝』に陥った者が、夢をみるのであります。」

「分かりました。ナーガセーナ長老殿、余は、御貴殿の仰る通りであると認める者であります。」

第六　死ぬとき

「ナーガセーナ長老殿、およそ生類が死ぬとき、そのときになって死ぬのでしょうか、そうではないときに死ぬのでしょうか？」

「大王様、そのときになって死ぬこともあり、そうではないときに死ぬこともあります。」

「ナーガセーナ長老殿、どのような者たちがその時になって死に、どのような者たちがそうではない時に死ぬのでありましょうか？」

「大王様は、マンゴーの樹やジャンブの樹などから、未熟な実、熟した実が落ちるのを見たことがおありでしょうか？」

「先生、見たことがあります。」

「大王様、それらの実が落ちるのは、その時になって落ちるのでしょうか、それとも、そうではない時に落ちるのでしょうか？」

「ナーガセーナ長老殿、熟した実が落ちるのは、みな、その時になって落ちるのであります。一方、そうではない未熟な実の内、あるものは虫に喰われて落ち、あるものは棒で叩かれて落ち、あるものは風に吹き飛ばされて落ち、あるものは中が腐って落ちます。こうした実は、みな、そうでない時に落ちるのであります。」

「大王様、それと同じように、老いて寿命が尽きたために死ぬ者は、みな、その時になって死ぬのであります。そうでない者のうち、ある者は業に強いられて死に、ある者は生まれ変わり先に強いられて死に、ある者は業の報いの為せるところとして死ぬのであります。」

「ナーガセーナ長老殿、業に強いられて死ぬ者、生まれ変わり先に強いられて死ぬ者、業の報いの為せるところとして死ぬ者は、みな、その時に死ぬ者であります。母胎の中で死ぬのも、生まれ変わり先に強いられて死ぬのも、それはまさにその時になのであります。その者は、その時に死ぬのであります。また、産屋で死ぬのも、まさにその時になのであります。その者は、その時に死ぬのであります。また、生まれて一か月で死ぬのも、――百年で死ぬのも、まさにその時になのであります。その者は、その時に死ぬのであります。こうして見れば、その時でないのに死ぬということはありません。死ぬ者は、誰であれ、その時に死ぬのであります。」

「大王様、次の七人は、生命力がまだ残っているのに、そうでない時に死にます。その七人とはどのような人でありましょうか？

大王様、飢えた者が食にありつけないと、内臓が損傷し、生命力がまだ残っていても、そうでない時に死にます。大王様、渇いた者が飲み物にありつけないと、心臓が枯渇し、生命力がまだ残っているのに、そうでない時に死にます。大王様、蛇に噛まれて毒が回っても、外科医に出会えないならば、生命力がまだ残っていても、そうでない時に死にます。大王様、毒を飲んで四肢が高熱を発しても、解毒剤アガダが得られなければ、生命力がまだ残っていても、そうでない時に死にます。大王様、火の中に入って火達磨となっても、火を消すものが得られないならば、生命力がまだ残っていても、そうでない時に死にます。大王様、水の中に入って底に足が着かないならば、生命力がまだ残っていても、そうでない時に死にます。大王様、刀で切りつけられて負傷しても医者に出会えないならば、生命力がまだ残っていても、そうでない時に死にます。

大王様、次の七人は、生命力がまだ残っていても、そうでない時に死にます。大王様、この七人の死因は一様ではありません。大王様、生類の死因には八種類あります。

大王様、風質の過剰から生ずる病、胆汁質の過剰から生ずる病、痰質の過剰から生ずる病、風質・胆汁質・痰質の均衡が崩れることで生ずる病、季節の変化から生ずる病、不養生から生じた病、激しい傷害から生ずる病、業の報い、これらによって、生類が死ぬことがあります。このうち、業の報いで死ぬことだけが、その時に死ぬことなのであります。他の死に方は、みな、そうでない時に死ぬことであります。このことについて、次のような偈頌が説かれています。

『飢えによって、渇きによって、蛇に噛まれた時の毒によって、火によって、水によって、刀によって死ぬ者は、そうでない時に死ぬのである。風質の過剰によって、胆汁質の過剰によって、痰質の過剰によって、これら三質の均衡の崩れによって、季節の変化によって、不養生によって、激しい傷害によって、業の報いによって、人はそうでない時に死ぬのである』と。

大王様、生類は、それぞれに前生で積んだ悪業の報いによっても、死ぬことがあります。

大王様、前生で、他人を飢えによって死なせたものは、幾百千年にわたって、飢えに苦しみ、腹が空いたと叫びながらやつれて行き、心臓は萎び、内臓は萎びて焼かれたように熱くなり、若かろうが、壮年であろうが、老人であろうが、飢えて死にます。これもまた、その時に死ぬのであります。

前生で、他人を渇きによって死なせた者は、幾百千年にわたって、渇尽餓鬼であり続け、惨めな姿となり、心臓は萎び、若かろうが、壮年であろうが、老人であろうが、渇きのために死にます。これもまた、その時に死ぬのであります。

前生で、他人を蛇に噛ませて死なせた者は、幾百千年にわたって、大蛇の口から出て大蛇の口に入り、黒蛇の口から出て黒蛇の口に入り、蛇たちに絶えず喰われ、若かろうが、壮年であろうが、老人であろうが、蛇に噛まれて死にます。これもまた、その時に死ぬのであります。

前生で、他人に毒を盛って死なせた者は、幾百千年にわたって、焼け爛れた四肢と崩れた体から死臭を発し、若かろうが、壮年であろうが、老人であろうが、毒で死にます。これもまた、その時に死ぬのであります。

前生で、他人を火をもって死なせた者は、幾百千年にわたって、炭火の山から出て炭火の山に入り、ヤマ（閻魔）の国から出てヤマの国に入り、四肢を焼かれ燃やされて、若かろうが、壮年であろうが、老人であろうが、火によって死にます。これもまた、その時に死ぬのであります。

前生で、他人を水をもって死なせた者は、幾百千年にわたって、傷つけられ、手足をもがれ、砕かれ、無力で心が恐怖で震え上がったまま、若かろうが、壮年であろうが、老人であろうが、水中で死にます。これもまた、その時に死ぬのであります。

前生で、他人を刀で死なせた者は、幾百千年にわたって、切られ、ばらばらにされ、砕かれ、刀の先で突かれ、若かろうが、壮年であろうが、老人であろうが、刀によって死にます。これもまた、その時に死ぬのであります。」

「ナーガセーナ長老殿、御貴殿は、そうでない時に死ぬ、ということを仰いましたが、余に、その理由をお示しください。」

「大王様、たとえば、草、薪、枝、葉に燃え移った大きな炎は、それらを食い尽くし、もはや燃えるものが燃え尽きると消えます。この炎は、何かの障碍もなく、不慮の出来事もなく、時が来て、消えるべくして消えたと言われます。大王様、それと同じように、幾百千年にわたって生き、老い、生命力が尽き、何かの障碍もなく、不慮の出来事もなく死ぬ者は、時が来て、死ぬべくして死んだと言われます。

大王様、またたとえば、一方、草、薪、枝、葉に燃え移った大きな炎が、草、薪、枝、葉がまだ燃え尽きていないのに、大雨が降ってその炎を消したとしましょう。大王様、その大きな炎は、時が来て、消えるべくして消えたと言われるでありましょうか？」

「先生、そう言われることはありません。」

「大王様、では、後の例の大きな炎が、前の例の大きな炎と同じ結末にならないのは、なぜでありましょうか？」

「先生、たまたま降って来た雨という障碍のために、その大きな炎は、消えるべき時でない時に消えたからであります。」

「大王様、それと同じように、そうでない時に死ぬ者は、みな、たまたま起こった障碍、すなわち、風質の過剰による病、胆汁質の過剰による病、痰質の過剰による病、風質・胆汁質・痰質の均衡の崩れによる病、季節の変化による病、不養生による病、激しい傷害による病、あるいは、飢え、渇き、蛇に噛まれること、毒を飲むこと、火、水、刀という障碍のために、死ぬべき時でない時に死にます。大王様、そうでない時に死ぬというのは、そうした理由があってのことなのであります。

大王様、またたとえば、大空に大きな雲が現れ、雨を降らし、大地の凹凸を水浸しにするならば、その雨は、障碍もなく、不慮の出来事もなく降ったと言われます。大王様、それと同じように、長きにわたって生き、生命力が尽き、障碍もなく、不慮の出来事もなく死ぬ者は、みな、時が来て、死ぬべき時に死ぬと言われます。

大王様、またたとえば、大空に大きな雲が現れてから、途中で大風に吹き飛ばされて消えて失くなったならば、その大きな雲は、時が来て、消えるべくして消えたと言われるでありましょうか？」

「先生、そうは言われません。」

「大王様、後の例の大きな雲が、前の例の大きな雲と同じ結末にならないのは、なぜでありましょうか？」

「先生、たまたま吹いて来た大風という障碍のために、その大きな雲は、消えるべき時でないのに消えて失くなったからであります。」

「大王様、それと同じように、そうでない時に死ぬ者は、みな、たまたま起こった病という障碍、すなわち、風質の過剰による病、――刀という障碍のために、死ぬべき時でないのに死にます。大王様、そうでない時に死ぬというのは、そういう理由があってのことなのであります。

大王様、またたとえば、凶暴な毒蛇がいて、怒って誰かに噛みつくと、障碍もなく、不慮の事故もないのに、その毒はその人を死に至らしめるでありましょう。その毒は、障碍もなく、不慮の出来事もなく、目的（最期）を遂げたと言われます。大王様、それと同じように、長らく生き、老い、生命力が尽き、障碍もなく、不慮の事故もなく死ぬ者は、みな、最期を遂げ、その時に死んだと言われます。

大王様、またたとえば、一方、凶暴な毒蛇に噛まれた者に、死ぬまでに、蛇使いが解毒剤のアガダを服用させ、その毒を無毒にするならば、大王様、その毒は、消えるべき時に消えて失くなったと言われるでありましょうか？」

「先生、そう言われることはありません。」

「大王様、では、後の例の毒が、前の例の毒と同じ結末にならないのは、なぜでありましょうか？」

「先生、たまたま服用させられた解毒剤のアガダという障碍のために、毒は目的（最期）を遂げずに消えて失くなったからであります。」

「大王様、それと同じように、そうでない時に死ぬ者は、みな、たまたま起こった病という障碍、すなわち、風質の過剰による病、――刀という障碍のために、死ぬべきでない時に死にます。大王様、そうでない時に死ぬのは、そういう理由があってのことなのであります。

大王様、またたとえば、射手が矢を放つとして、もしも、その矢が方向過たず、的（最期）に至るならば、その矢は、障碍もなく、不慮の出来事もなく、方向過たず、的（最期）に至ったと言われます。大王様、それと同じように、長らく生き、老い、生命力が尽き、障碍もなく、不慮の出来事もなく死ぬ者は、みな、その時に死んだと言われれます。大王様、譬えば、一方、射手が矢を放つとして、矢を放った途端、誰かがそれを摑んだとするならば、大王様、その矢は、方向過たず、的（最期）に至ったと言われますでしょうか？」

「先生、そうは言われません。」

「大王様、後の例の矢が、前の例の矢と同じ結末にならないのは、なぜでありましょうか？」

「先生、たまたま起こった、矢が摑まれることのために、矢の飛ぶ道が断たれたからであります。」

「大王様、それと同じように、そうでない時に死ぬ者は、みな、たまたま起こった病という障碍のために、風質の過剰による病、――刀という障碍のために、そうでない時に死にます。大王様、そうでない時に死ぬのは、そうした理由があってのことなのであります。

大王様、またたとえば、銅の容れ物を誰かが敲くとしましょう。その者が敲くことで音が生じ、進むべき道の終着点に至ります。その音は、障碍もなく、不慮の出来事もなく、進むべき道の終着点に至ったと言われます。大王様、それと同じように、幾千日にわたって生き、老い、生命力が尽き、障碍もなく、不慮の出来事もなく死ぬ者は、みな、障碍もなく、不慮の出来事もなく、その時に死んだと言われます。

大王様、またたとえば、一方、銅の容れ物を誰かが敲くとしましょう。その者が敲くことで音が生じます。生じた音が遠くに届かない内に、誰かがその容れ物に触れるならば、たちまち、音は止まるでありましょう。大王様、その音は、進むべき道の終着点に至ったと言われるでありましょうか？」

「先生、そうは言われません。」

「大王様、では、後の例の音が、前の例の音と同じ結末にならないのは、なぜでありましょうか？」

「先生、たまたま起こった、誰かが銅の容れ物に触れたということのために、音が止まったのであります。」

「大王様、それと同じように、そうでない時に死ぬ者は、みな、たまたま起こった病という障碍のために、風質の過剰による病、――刀という障碍のために、そうでない時に死にます。大王様、そうでない時に死ぬのは、そうした理由があってのことなのであります。

大王様、またたとえば、田畑で順調に芽生えた穀物の種が、ほどよく降った雨のおかげで、実をたわわにつけながら収穫の時に至るならば、その穀物は、障碍もなく、不慮の出来事もなく、収穫の時に至ったと言われます。大王様、それと同じように、幾千日にわたって生き、老い、生命力が尽き、障碍もなく、不慮の出来事もなく、死ぬ者は、みな、その時に死んだと言われます。

大王様、またたとえば、一方、田畑で順調に芽生えた穀物の種が、過剰な日照りで水が足りないため、そうでない時に枯れるならば、大王様、その穀物は、収穫の時に至ったと言われるでありましょうか？」

「先生、そうは言われません。」

「大王様、では、後の例の穀物が、前の例の穀物と同じ結末にならないのは、なぜでありましょうか？」

「先生、たまたま起こった過剰な日照りという障碍のために、枯れたからであります。」

「大王様、それと同じように、そうでない時に死ぬ者は、みな、たまたま起こった病と言う障碍のために、風質の過剰による病、――刀という障碍のために、そうでない時に死にます。大王様、そうでない時に死ぬのは、そうした理由があってのことなのであります。

大王様、ところで、穀物についた若い粒に虫が生じ、根まで台無しにされたということを、陛下は聞いたことがおありでしょうか？」

「先生、余は、そのようなことを聞きもしましたし、目の当たりにもしました。」

「大王様、その穀物の粒は、時が来て台無しにされたのでありましょうか、それとも、時が来ないのに台無しにされたのでありましょうか？」

「先生、時が来ないのに台無しにされたのであります。先生、その穀物の粒を虫が喰わなかったならば、それは収穫の時を迎えたでありましょう。」

「大王様、たまたま起こった災害のために穀物の粒が失われ、災害を受けなかった穀物の粒が収穫の時を迎えるのでありましょうか？」

「先生、その通りであります。」

「大王様、それと同じように、そうでない時に死ぬ者は、みな、たまたま起こった病という障碍のために、風質の過剰による病、――刀という障碍のために、そうでない時に死にます。大王様、そうでない時に死ぬのは、そうした理由があってのことなのであります。

大王様、一方、穀物に粒がつき、その重みで撓み、穂が見ごたえのある状態になる頃に、霰が降って穀物を台無しにし、収穫に至らなくなることを、陛下はお聞きになったことがおありでしょうか？」

「先生、余は、そのようなことを聞いたこともありますし、目の当たりにしたこともあります。」

「大王様、では、その穀物の粒は、時が来て台無しにされたのでしょうか、それとも時が来ないのに台無しにされたのでありましょうか？」

「先生、時が来ないのに台無しにされたのであります。先生、もしも穀物の粒に霰が降らなかったならば、収穫を迎えたでありましょう。」

「大王様、たまたま起こった災害のために穀物の粒は失われ、災害を受けない穀物の粒は収穫を迎えるのでしょうか？」

「先生、その通りであります。」

「大王様、それと同じように、そうでない時に死ぬ者は、みな、たまたま起こった病という障碍のために、すなわち、風質の過剰による病、胆汁質の過剰による病、痰質の過剰による病、風質・胆汁質・痰質の均衡の崩れによる病、季節の変化による病、不養生による病、激しい傷害による病、飢え、渇き、蛇に噛まれること、毒を飲むこと、火、水、刀という障碍のために、そうでない時に死にます。一方、たまたま起こった病という障碍を受けなければ、人は、その時に死にます。そうでない時に死ぬのは、そうした理由があってのことなのであります。」

「素晴らしいことであります。ナーガセーナ長老殿、未曽有のことであります。ナーガセーナ長老殿、御貴殿によって、理由は明かされ、譬えが示され、そうでない時に死ぬ事情が解かれました。そうでない時に死ぬことはあるということが、明らかにされ、明瞭に解明されました。

ナーガセーナ長老殿、考えが浅く、集中力のない人でも、御貴殿がしめされた譬えのただ一つだけによっても、そうでない時に死ぬことがあるとの結論に至るでありましょう。先生、余は、御貴殿が示された最初の譬えによって、すぐに、そうでない時に死ぬことがあるということを納得しました。しかし、もっと御貴殿のご解明を聞きたいがために、余は、最初の解明に、わざと納得しなかったのであります。」

第七　祠堂での神変（奇蹟）

「ナーガセーナ長老殿、すべての完全な涅槃に入られた方々を祀る祀堂で、神変があるのでしょうか？」

「ある祀堂では起こりますが、ある祀堂では起こりません。」

「先生、どのような祀堂に神変が起こり、どのような祀堂に神変が起こらないのでありましょうか？」

「三様の人々の中の誰かの一念発起によって、完全な涅槃に入られた方々の祀堂で、神変が起こるのです。その三様の人々の中の誰か一人とは、どのような人でありましょうか？

大王様、一つには、ある阿羅漢が、諸天や人々に憐みの思いを抱き続け、『これこれの祀堂に神変あれかし』と、一念発起します。その阿羅漢の一念発起によって、祀堂に神変が起こります。このように、阿羅漢の一念発起によって、完全な涅槃に入られた方々の祀堂に神変が起こるのであります。

大王様、さらにまた、二つには、諸天が、人々に憐みの思いを抱き、完全な涅槃に入られた方々の祀堂に神変を示現します。『この神変によって、正しい教えが人々の信を得ることになるであろう。また、これを喜ぶ人々は、善業をますます積み重ねるであろう』と考えて。このように、諸天の一念発起によって、完全な涅槃に入られた方々の祀堂に神変が起こるのであります。

大王様、さらにまた、三つには、女であれ男であれ、正しい教えに信を置き、喜ぶ心を持ち、懸命にして聡明であり、叡智を円満に具えている者が、正しく思惟し、香・花環・衣の内の一つを、一念発起して選び、祀堂に献じます。『これこれの神変あれかし』と念じて。この者の一念発起によってもまた、完全な涅槃に入られた方々の祀堂に神変が起こります。このように、人々の一念発起によって、完全な涅槃に入られた方々の祀堂に、神変が起こるのであります。

大王様、こうした三様の人々の中の誰か一人の一念発起によって、完全な涅槃に入られた方々の祀堂に神変が起こるのであります。大王様、もしも、その人々の一念発起がないならば、漏を滅尽し、六神通を具え、心の自在力《じざいりき》を具える方々の祀堂においてであっても、神変が起こることはありません。とはいえ、大王様、たとい神変が起こらなくとも、完全な涅槃に入られた方々の大いなる清浄な行跡を、ここ祀堂を介して知り、『この目覚めた人ブッダのご子息は、完全な涅槃に入られたお方である』とはっきりと見極め、確信に至るべきであります。」

「分かりました。ナーガセーナ長老殿、余は、御貴殿の仰る通りであると認める者であります。」

第八　真理を目の当たりにする（法の現観）

「ナーガセーナ長老殿、正しく行ずる者たちは、みな、真理を目の当たりにするのでしょうか、それとも、真理を目の当たりにしない者が誰かいるのでしょうか？」

「大王様、ある者はそうであり、あるものはそうではありません。」

「大王様、どのような者が真理を目の当たりにし、どのような者がそうではないのでありましょうか？」

「大王様、畜生は、どれほど善い行いをしても、真理を目の当たりにすることがありません。餓鬼道に生まれ変わった者は、邪見の者、偽る者、母を殺す者、父を殺す者、阿羅漢を殺す者、比丘の集団を分断する（破僧伽）者、ブッダの身体から血を流す者、盗人のように比丘の集団に紛れ込む者、外道、比丘尼を凌辱する者、十三の出家生活の重罪を犯しながらもいまだその罪を免れていない者、去勢された者、両性具有の者は、どれほど善い行いを為しても、真理を目の当たりにすることはありません。また、七歳に満たない人間の子供はどれほど善い行いを為しても、真理を目の当たりにすることはありません。大王様、こうした十六人は、どれほど善い行いを為しても、真理を目の当たりにすることがありません。」

「ナーガセーナ長老殿、その十六人の内の始めから数えて十五人が、問題外とされており、真理を目の当たりにすることがあろうがなかろうが、余にはどうでもよいことであります。しかし、十六人目に挙げられた、七歳に満たない人間の子供が、どれほど善い行いを為しても、真理を目の当たりにすることがないというのは、なぜなのでありましょうか？　まずは、このことについて、御貴殿に問いたいのであります。そもそも、子供には、貪りがなく、瞋りがなく、迷妄（以上、貪瞋癡の三毒）がなく、慢心がなく、邪見がなく、不満がなく、欲望をあれこれと思いめぐらすことがないのではありませんか？　煩悩と縁がない子供は、阿羅漢の境地に達し、四聖諦にたちどころに通ずることが出来るのであります。」

「大王様、『七歳に満たない者は、どれほど善い行いを為しても、真理を目の当たりにすることがない』とわたくしが言ったことの理由は、次の通りであります。大王様、もしも、七歳に満たない者が、貪り、瞋り、迷妄に惑わされ、驕り高ぶることがなく、邪見を判別し、楽と楽ならざるものを区別出来、善と悪とをその結果の有り様を省察するならば、真理を目の当たりにすることはあり得るでありましょう。しかし、七歳に満たない者の心は、余りにも狭小で力もなく分明でもなく、その一方たるや、作られたものでない（無為）涅槃の境地は、甚だ重く、甚だ広大であります。七歳に満たない者は、余りにも狭小で力もなく分明でもない心で、甚だ重く、甚だ広大である、作られたものではない（無為）涅槃の境地を察知することはできません。

大王様、たとえば、山々の王である須弥山は、甚だ重く、甚だ広大であります。大王様、どのような人であれ、生来の強さ、能力、努力だけで、その山々の王である須弥山を持ち上げることが出来るでありましょうか？」

「先生、出来ません。」

「大王様、それはなぜでありましょうか？」

「先生、人はたいした力がなく、山々の王である須弥山は、余りにも大きいからであります。」

「大王様、それと同じように、七歳に満たない者の心は、余りにも狭小で力もなく分明でもなく、片や、作られたものではない（無為）涅槃の境地は、甚だ重く、甚だ広大であります。七歳に満たない者が、その狭小で力もなく分明でもない心によって、甚だ重く、甚だ広大な、作られたものではない（無為）涅槃の境地を察知することは出来ません。こういうわけで、七歳に満たない者は、どれほど善い行いを為しても、真理を目の当たりにすることがないのであります。

大王様、またたとえば、大地は、長大で、どこまでも拡がっております。大王様、その大地を、小さな水滴で水浸しにし、どろどろにすることが出来るでありましょうか？」

「先生、出来ません。」

「大王様、それはなぜでありましょうか？」

「先生、水滴は小さく、大地は大きいからであります。」

「大王様、それと同じように、七歳に満たない者の心は、余りにも狭小で力もなく分明でもなく、片や、作られたものではない（無為）涅槃の境涯は、甚だ重く、甚だ広大であります。七歳に満たない者は、そのあまりにも狭小で力もなく分明でもない心によって、作られたものではない（無為）広大な涅槃の境地を察知することが出来ません。こういうわけで、七歳に満たない者は、どれほど善い行いを為しても、真理を目の当たりにすることがないのであります。

大王様、またたとえば、余りにも小さく力もない火があるとしましょう。大王様、そのような弱々しい火で、諸天や人々の世界の闇を破って、光明を顕わにすることが出来るでありましょうか？」

「先生、出来ません。」

「大王様、それはなぜでありましょうか？」

「先生、その火は小さく、諸天や人々の世界は大きいからであります。」

「大王様、それと同じように、七歳に満たない者の心は、余りにも狭小で力もなく分明でもなく、しかも、大いなる無明の闇に覆われております。それゆえ、智慧の光を現わし難いのであります。こういうわけで、七歳に満たない者は、どれほど善い行いを為しても、真理を目の当たりにすることがないのであります。

大王様、またたとえば、病んでいるように弱々しく、痩せ、小さな体のサーカラという虫がいるとしましょう。そこに、体の三か所に発情の徴を現わし、身の丈八ラタナ、身の幅三楽ラタナ、身の回り十ラタナ、立った高さ実に八ラタナの大きな象が目の前に現れたのを見て、サーラカなる虫が、その大きな象を呑み込もうと待ち構えても、大王様、サーラカなる虫が、その大きな象を呑み込むことが出来るでありましょうか？」

「大王様、それは出来ません。」

「大王様、それはなぜでありましょうか？」

「先生、サーラカなる虫は小さく、大きな象は大きいからであります。」

「大王様、それと同じように、七歳に満たない者のこころは、余りにも狭小で力もなく文眼でもなく、片や、作られたものではない（無為）涅槃の境地は大きいのです。七歳に満たない者は、その余りにも狭小で力もなく分明でもないこころで、作られたものではない（無為）大いなる涅槃の境地を察知することが出来ません。こういうわけで、七歳に満たない者は、どれほど善い行いを為しても、真理を目の当たりにすることがないのであります。」

「分かりました。ナーガセーナ長老殿、余は、御貴殿の仰る通りであると認めるものであります。」

第九　涅槃の境地

「ナーガセーナ長老殿、涅槃は、ただひたすらに安楽なのでしょうか、それとも、苦しみが混じったものなのでしょうか？」

「大王様、涅槃は、ただひたすらに安楽なのであります。苦しみが混じったものではありません。」

「ナーガセーナ長老殿、余は、『涅槃はただひたらに安楽である』ということばを信じません。ナーガセーナ長老殿、余は、『涅槃は苦しみが混じったものである』と言いたいのであります。しかも、余が、『涅槃は苦しみが混じったものである』と考えるには、理由があります。その理由とは、次の通りであります。

ナーガセーナ長老殿、およそ涅槃を求める人々は、身も心も艱難辛苦あり、立つにも歩き回るにも坐るにも横臥するにも食にも制御があり、睡眠するにも制御があり、感官の働きを制し、財、穀物、愛おしい親族や友を捨てます。一方、世間で幸せ豊かに日々を送る人々は、眼・耳・鼻・舌・身（皮膚）が捉える五つの欲望の対象（五欲）をもって、感官の喜びに身を任せ、その楽しみに任せます。

すなわち、世間で幸せ豊かに日々を送る人々は、眼が喜ぶ多種の吉祥の徴、見えるもので眼を喜ばせ、楽しませます。世間で幸せ豊かに日々を送る人々は、耳がいつも喜ぶ歌謡や、音曲がもたらす様々な吉祥の徴のある音によって、耳を喜ばせ、楽しませます。世間で幸せ豊かに日々を送る人々は、鼻がいつも歓ぶ花や果実や葉や皮や根や髄にある多種の吉祥の香りで鼻を喜ばせ、楽しませます。世間で幸せ豊かに日々を送る人々は、舌がいつも歓ぶ水気の少ない食べ物・水気の多い食べ物・滑らかなもの・飲み物・舌に別種の風味をもたらすものといった、多種の吉祥なる味によって、舌を喜ばせ、楽しませます。世間で幸せ豊かに日々を送る人々は、身（皮膚）がいつも歓ぶいとも柔らかい多種の吉祥の触によって、身（皮膚）を喜ばせ、楽しませます。世間で幸せ豊かに日々を送る人々は、意がいつも歓ぶ善・悪・浄・不浄についての、多種の、有り様の是か非かとの省察、それによって得られる決断とによって、意を喜ばせ、楽しませます。

それに対して、御貴殿はと言えば、眼、耳、鼻、舌・身（皮膚）、意の楽しみを棄て、断ち切り、抑止されました。それゆえ、御貴殿は、身体も苦しめられ、心も苦しめられるのであります。身体が苦しめれると、身体が痛み、心が苦しめられると、心が痛みます。遊行者マーガンディヤでさえも、幸有るお方を難じて、『沙門ゴータマは、殺生を犯す者である』というように、語ったではありませんか？このことこそが、『涅槃は苦しみが混じったものである』と余が言った理由であります。」

「大王様、涅槃は、苦しみが混じったものではまったくなく、ただひたすらに安楽なのであります。大王様、陛下が『涅槃は苦しみである』と仰ったその『苦しみ』なるものは、涅槃ではなく、涅槃を体得するに至る過程の中でも苦しみであります。つまり、涅槃ではなく、涅槃に至る過程の中での苦しみに他ならないのであります。

大王様、涅槃はただひたすらに安楽そのものであって、苦しみが混じるものではありません。そのわけをお話いたしましょう。

大王様、すべての王にとって、権力を握ることの楽しみがありますでしょうか？」

「先生、その通りであります。すべての王にとって、権力を握ることは楽しみであります。」

「大王様、権力を握ることの楽しみは、苦しみが混じったものでしょうか？」

「先生、そのようなことはありません。」

「大王様、では、すべての王たちは、辺境の治安が混乱したとき、辺境の住民たちを抑えるために、大臣、将軍、武将、兵士と従えて出征し、虻や蚊や強風や暑さに悩まされながら、平地や急峻な地を駆けまわり、大きな戦を闘い、生命を危うくするのは、なぜでありましょうか？」

「ナーガセーナ長老殿、それは、権力を握ることの楽しみではなく、権力を握る楽しみに至るための過程でのことであります。ナーガセーナ長老殿、王たちは苦しんで政権を握ることの楽しみを得ようと働いた後、権力を握ることの楽しみを享受するのであります。ナーガセーナ長老殿、このように、権力を握ることの楽しみは、苦しみが混じるものではありません。権力を握ることの楽しみと、それを達成する過程での苦しみとは、別々のものなのであります。」

「大王様、それと同じように、涅槃は、ただひたすらに安楽であって、苦しみが混じるものではありません。他方、涅槃を達成しようとする人々は、身体も心も苦しめ、行住坐臥と食を作法に外れないように努め、睡眠を抑制し、十二処（六つの感官と六つの対象）を制御し、身命《しんみょう》を惜しまず、苦しみながら涅槃を達成しようとし、その後、ただひたすらに安楽である涅槃を享受するのであります。それはちょうど、敵軍を制圧した王たちが、権力を握ることの楽しみを享受するようなものであります。大王様、このように、涅槃は、ただひたすらに安楽であり、苦しみが混じるものではないのであります。涅槃と苦しみとは、別々のものなのであります。

大王様、『涅槃は、ただひたすらに安楽であり、苦しみが混じることはない。苦しみと涅槃とは、別々のものである』ということについて、さらに別の理由をお聞きください。大王様、技能を修得した教師には、技能の楽しみというものがあるでしょうか？」

「先生、あります。技能を修得した教師には、技能の楽しみがあります。」

「大王様、その技能の楽しみは、苦しみが混じったものでしょうか？」

「先生、そうではありません。」

「大王様、では、その教師たちが、まだ徒弟であったとき、そのまた教師に挨拶し、起ち上がって敬意を表し、水を運んで教師の部屋を掃除し、歯磨き用の楊枝や嗽のための水を差しだし、教師が食べ残したものを摂り、教師の体を揉みさすり、沐浴させ、その足を洗い、自身の心を差し置いて他者である教師の心に従い、安眠することなく、不味いものを食べて、身体を苦しめるのは、なぜなのでありましょうか？」

「ナーガセーナ長老殿、それは、技能の楽しみではなく、技能を習得するための過程でのものであります。ナーガセーナ長老殿、教師は、苦しみながら、技能を習得する過程を経て、技能の楽しみを享受するのであります。ナーガセーナ長老殿、このように、技能の楽しみは、苦しみの混じったものではありません。技能の楽しみと苦しみとは、別々のものなのであります。」

「大王様、それと同じように、涅槃は、ただひたすらに安楽であり、苦しみが混じるものではありません。他方、涅槃を達成しようとする人々は、身体も心も苦しめ、行住坐臥と食を作法にはずれないように努め、睡眠を抑制し、十二処（六つの感官と六つの対象）を制御し、身命を惜しまず、苦しみながら涅槃を達成しようとし、その後、ただひたすらに安楽である涅槃を享受するのであります。それはちょうど、技能を修得した教師が、技能の楽しみを享受するようなものであります。このように、目半は、ただひたすらに安楽であり、苦しみが混じるものではありません。苦しみと安楽とは、別々のものなのであります。」

「分かりました。ナーガセーナ長老殿、余は、御貴殿の仰る通りであると認める者であります。」

第十　涅槃の有り様

「ナーガセーナ長老殿、御貴殿が『涅槃、涅槃』と御貴殿が仰る、その涅槃は、どのような形をしていて、どれほどの持続力があり、どれほどの大きさなのかを、譬えや、理由や、論理をもって示すことが出来ますか？」

「大王様、涅槃は、何物にも比すことのできないものであります。涅槃の形とか、持続力とか、大きさを、譬えや、理由や、論理をもって示すことは出来ません。」

「ナーガセーナ長老殿、現にある涅槃の形とか、持続力とか、大きさを、譬えや、理由や、論理をもって示すことが出来ないということを、余は、そうだと認めることが出来ません。余が、そうだと認められるように、理由をもって説明してください。」

「分かりました、大王様、理由をもって、陛下が、そうだとお認めになられるように説明いたしましょう。大王様、海とよぶものは、現にあるでしょうか？」

「先生、その通りです。海は現にあります。」

「大王様、もしも誰かが、『海には水がどれだけありますか？　海に棲息する生類はどれほどいますか？』と問うたとして、大王様、陛下ならば、この問いにどのようにお答えになるでしょうか？」

「先生、誰かが、『海には水がどれだけありますか？　海に棲息する生類はどれほどいますか？』と、余に問うならば、先生、余はその者に、『友よ、貴君は、余に問うべきではない、また、誰にも問うべきではない。この問いは答えずに置かれるべきである。海は、世界の起源を説く論者たちによっても、まだ解明されていないし、また、海の水や棲息する生類の量や数を知ることは出来ない』と答えるでありましょう。先生、余は、そのように答えます。」

「大王様、しかしながら、陛下が、現にある海について、そのようにお答えになるのは、なぜでありましょうか？『海にはこれだけの水があり、これだけの生類が生息している』と、計算して、それをその者に示すべきではないでしょうか？」

「大王様、それは不可能です。その問いは、人知の域を超えたものであります。」

「大王様、現にある海について、水やそこに棲息する生類の量を計算することが出来ないように、大王様、それと同じように、現にある涅槃についても、それがどのような形をしていて、どれほどの持続力があり、どれほどの大きさであるかを、譬えをもってしても、理由・事由をもってしても、論理をもってしても示すことは出来ません。大王様、神通を持ち、何でも分かる心の自在力を持っている者が、海の水とそこに棲息している生類の量を計算するとしても、そのような者をもってしても、涅槃の形とか、持続力とか、大きさを、譬えをもってしても、理由・事由をもってしても、論理をもってしても示すことは出来ないでありましょう。

大王様、『現にある涅槃の形とか、持続力とか、大きさとかを、譬えをもってしても、理由・事由をもってしても、論理をもってしても、示すことは出来ない』ということについての、さらに別の理由をお聞きください。大王様、諸天には、『無色《むしき》の（身体を持たない）もの（無色界の生類）』と言われる諸天がありますでしょうか？」

「先生、あります。余は、諸天には、『無色の（身体を有しない）もの』と言われる諸天があると聞いております。」

「大王様、では、その無色界の生類である諸天の形とか、その持続力とか、大きさとかを、譬えをもって、理由・事由をもって、論理をもって示すことが出来ますでしょうか？」

「先生、出来ません。」

「大王様、では、無色界の諸天は、現にいる、のではないのでしょうか？」

「先生、無色界の諸天は、現にいます。しかし、その形とか、持続力とは、大きさとかを、譬えをもってしても、理由・事由をもってしても、論理をもってしても、示すことは出来ません。」

「大王様、現にある生類である無色界の諸天について、その形とか、持続力とか、大きさとかを、譬えをもってしても、理由・事由をもってしても、論理をもってしても、示すことが出来ないように、大王様、それと同じように、現にある涅槃について、その形とか、持続力とか、大きさとかを、譬えをもってしても、理由・事由をもってしても、論理をもってしても、示すことは出来ないのであります。」

「ナーガセーナ長老殿、涅槃が、ただひたすらに安楽であり、そして、その形とか、持続力とか、大きさとかを、譬えをもってしても、理由・事由をもってしても、論理をもってしても、示すことが出来ないということ、これはとりあえず認めることとしましょう。

ナーガセーナ長老殿、では、涅槃の勝れた特性でありつつも、他のものにも含まれているものがあるでしょうか？譬えで示すだけのものでも何かあるでしょうか？」

「大王様、涅槃の本体についてはともかく、その勝れた特性についてならば、譬えで示すだけでよいのであれば、あるにはあります。」

「ナーガセーナ長老殿、ぜひ、涅槃の勝れた特性について、その一端でも、余が照らしだされるよう、今すぐにでもお話ください。余の心の熱い苦しみを吹き消し、清涼で耳に優しいことばのそよ風で、この苦しみを除いてください。」

「大王様、蓮華の一つの勝れた特性が、涅槃にも含まれております。水の二つの勝れた特性、解毒剤アガダの三つの勝れた特性が、海の四つの勝れた特性が、食べ物の五つの勝れた特性が、虚空の十の勝れた特性が、摩尼宝珠の三つの勝れた特性が、赤い栴檀の三つの勝れた特性が、醍醐（チーズ）の三つの勝れた特性が、峰の頂の五つの勝れた特性が、涅槃に含まれております。」

「ナーガセーナ長老殿、蓮華の一つの勝れた特性が、涅槃に含まれていると御貴殿は仰りました。どのような蓮華の一つの勝れた特性が、涅槃に含まれているのでありましょうか？」

「大王様、蓮華が泥水のために汚されないように、大王様、それと同じように、涅槃は、あらゆる煩悩によって汚されません。大王様、蓮華の、この一つの勝れた特性が、涅槃に含まれているのであります。」

「ナーガセーナ長老殿、水の二つの勝れた特性が、涅槃に含まれていると御貴殿は仰いましたが、どのような水の二つの特性が、涅槃に含まれているのでありましょうか？」

「大王様、水が、清涼で熱い苦しみを吹き消すように、大王様、それと同じように、涅槃は、清涼で、あらゆる煩悩の熱い苦しみを吹き消します。大王様、この水の、勝れた第一の特性が、涅槃に含まれているのであります。

大王様、さらにまた、疲れ切り、喉の渇きを訴え、暑熱に苦しめられている人畜の喉の渇きを水が癒すように、大王様、それと同じように、涅槃は、感官の対象への愛執、生存欲、自害への愛執の渇きを癒します。大王様、この水の、勝れた第二の特性が、涅槃に含まれているのであります。このように、水の二つの勝れた特性が、涅槃に含まれているのであります。」

「ナーガセーナ長老殿、解毒剤アガダの三つの勝れた特性が、涅槃に含まれていると御貴殿は仰いましたが、どのような解毒剤アガダの三つの特性が、涅槃に含まれているのでありましょうか？」

「大王様、解毒剤アガダが、毒に苦しんでいる生類の頼みの綱であるように、大王様、それと同じように、涅槃は、煩悩という毒に苦しんでいる生類の頼みの綱であります。大王様、この解毒剤アガダの、勝れた第一の特性が、涅槃に含まれているのであります。

大王様、さらにまた、解毒剤アガダが、諸々の病を滅ぼすように、大王様、それと同じように、涅槃は、すべての苦しみを滅ぼします。大王様、この解毒剤アガダの、勝れた第二の特性が、涅槃に含まれているのであります。

大王様、さらにまた、解毒剤アガダが、不死の霊薬たる甘露であるように、大王様、それと同じように、涅槃は、不死の霊薬たる甘露であります。大王様、この解毒剤アガダの、勝れた第三の特性が、涅槃に含まれているのであります。」

「ナーガセーナ長老殿、海の四つの勝れた特性が、涅槃に含まれていると御貴殿は仰いましたが、どのような海の勝れた特性が、涅槃に含まれているのでありましょうか？」

「大王様、海が、あらゆる生類の死骸から離れて空っぽであるように、大王様、それと同じように、涅槃は、すべての煩悩という死骸から離れて空っぽであります。大王様、この海の、勝れた第一の特性が、涅槃に含まれているのであります。

大王様、さらにまた、海がとてつもなく広く、此岸も彼岸もなく、すべての河川が注いでも満ち溢れることがないように、大王様、それと同じように、涅槃は、とてつもなく広く、此岸も彼岸もなく、あらゆる生類をもってしても満ち溢れることがありません。大王様、この海の、勝れた第二の特性が、涅槃に含まれているのであります。

大王様、さらにまた、海が、夥しい数の生類の棲み処であるように、大王様、それと同じように、涅槃は、無垢で、煩悩の汚れを滅ぼし、勝れた力を持ち、神通を得た大いなる生類である阿羅漢たちの棲み処であります。この海の、勝れた第三の特性が、涅槃に含まれているのであります。

大王様、さらにまた、海が計り知れず、様々な波の花が咲くように、大王様、それと同じように、涅槃は、計り知れず、様々な広大で清浄な解脱という花がそこに咲きます。大王様、この海の、勝れた第四の特性が、涅槃に含まれているのであります。大王様、この海の、勝れた第四の特性が、涅槃に含まれているのであります。」

「ナーガセーナ長老殿、食物の五つの勝れた特性が、涅槃に含まれていると、御貴殿は仰いましたが、どのような食物の五つの勝れた特性が、涅槃に含まれているのでありましょうか？」

「大王様、食物が、すべての生類の生命力を保つように、大王様、それと同じように、涅槃は、それを成就する者があれば、その者たちが老い、死ぬことをないようにするため、その生命力を保ちます。大王様、この食物の、勝れた第一の特性が、涅槃にふくまれているのであります。

大王様、さらにまた、食物が、すべての生類の力を増すように、大王様、それと同じように、涅槃は、それを成就する生類があれば、その生類の神通を増します。大王様、この食物の、勝れた第二の特性が、涅槃に含まれているのであります。

大王様、さらにまた、食物が、生類の麗しい容貌を生み出すものであるように、大王様、それと同じように、涅槃は、それを成就する生類があれば、そのすべての生類の徳の麗しい容貌を生み出します。大王様、この食物の、勝れた第三の特性が、涅槃に含まれているのであります。

大王様、さらにまた、食物が、生類の憂いを鎮めるように、大王様、それと同じように、涅槃は、それを成就する生類があれば、そのすべての生類のあらゆる煩悩の憂いを鎮めます。大王様、この食物の、勝れた第四の特性が、涅槃に含まれているのであります。

大王様、さらにまた、食物が、生類の飢えと衰弱を取り除くように、大王様、それと同じように、涅槃は、それを成就する生類があれば、そのすべての生類の飢えと衰弱を取り除きます。大王様、この食物の、勝れた第五の特性が、涅槃に含まれているのであります。」

「ナーガセーナ長老殿、虚空の十の勝れた特性が、涅槃に含まれていると、御貴殿は仰いましたが、どのような虚空の十の勝れた特性が、涅槃に含まれているのでありましょうか？」

「大王様、虚空が、生まれず、老いず、死なず、去らず、生まれ変わらず、征服され難く、盗賊に奪われず、何ものにも依拠せず、鳥がその中を飛び回り、覆うものがなく、辺際がないものであるように、大王様、それと同じように、涅槃は、生まれず、老いず、死なず、去らず、生まれ変わらず、征服され難く、盗賊に奪われず、何ものにも依拠せず、聖者がその中で行じ、覆うものがなく、辺際がない者であります。大王様、こうした虚空の十の勝れた特性が、涅槃に含まれているのであります。」

「ナーガセーナ長老殿、摩尼宝珠の三つの勝れた特性が、涅槃に含まれていると、御貴殿は仰いましたが、どのような摩尼宝珠の勝れた三つの特性が、涅槃に含まれているのでありましょうか？」

「大王様、摩尼宝珠が、あらゆる願い事を叶えるように、大王様、それと同じように、涅槃は、あらゆる願い事をかなえます。この摩尼宝珠の、勝れた第一の特性が、涅槃に含まれているのであります。

大王様、さらにまた、摩尼宝珠が、人々を歓喜させるように、大王様、それと同じように、涅槃は、人々を歓喜させます。大王様、摩尼宝珠の、勝れた第二の特性が、涅槃に含まれているのであります。

大王様、さらにまた、摩尼宝珠が、光を放つように、大王様、それと同じように、涅槃は、光を放ちます。大王様、摩尼宝珠の、勝れた第三の特性が、涅槃に含まれているのであります。」

「ナーガセーナ長老殿、赤い栴檀の三つの勝れた特性が、涅槃に含まれていると、御貴殿は仰いましたが、どのような赤い栴檀の三つの勝れた特性が、涅槃に含まれているのでありましょうか？」

「大王様、赤い栴檀が、入手し難いように、大王様、それと同じように、涅槃は、成就するのが困難であります。大王様、この赤い栴檀の、勝れた第一の特性が、涅槃に含まれているのであります。

大王様、さらにまた、赤い栴檀が、比することのない芳香を放つように、大王様、それと同じように、涅槃は、比することのない芳香を放っております。大王様、この赤い栴檀の、勝れた第二の特性が、涅槃に含まれているのであります。

大王様、さらにまた、赤い栴檀が、善人に賞讃されるように、大王様、それと同じように、涅槃は聖者に賞讃されます。大王様、この赤い栴檀の、勝れた第三の特性が、涅槃に含まれているのであります。」

「ナーガセーナ長老殿、醍醐の三つの勝れた特性が、涅槃に含まれていると、御貴殿は仰いますが、どのような醍醐の三つの勝れた特性が、涅槃に含まれているのでありましょうか？」

「大王様、醍醐が、美しい色をしているように、大王様、それと同じように、涅槃は、勝れた特性の美しい色をしております。大王様、この醍醐の、勝れた第一の特性が、涅槃に含まれているのであります。

大王様、さらにまた、醍醐が、芳しい香りを持つように、大王様、それと同じように、涅槃は、戒行の香しい香りを具えております。大王様、この醍醐の、勝れた第二の特性が、涅槃に含まれているのであります。

大王様、さらにまた、醍醐が、素晴らしい味を具えているように、大王様、それと同じように、涅槃は、素晴らしい味を具えております。大王様、この醍醐の、勝れた第三の特性が、涅槃に含まれているのであります。」

「ナーガセーナ長老殿、峰の頂の五つの勝れた特性が、涅槃に含まれていると、御貴殿は仰いますが、どのような峰の頂の五つの勝れた特性が、涅槃に含まれているのでありましょうか？」

「大王様、峰の頂が、高く聳え立つように、大王様、それと同じように、涅槃は、高く聳え立ちます。大王様、この峰の頂の、勝れた第一の特性が、涅槃に含まれているのであります。

大王様、峰の頂が、不動であるように、大王様、それと同じように、涅槃は、不動であります。大王様、この峰の頂の、勝れた第二の特性が、涅槃に含まれているのであります。

大王様、さらにまた、峰の頂が、攀じ登りがたいように、大王様、それと同じように、涅槃は、攀じ登りがたいものであります。大王様、この峰の頂の、勝れた第三の特性が、涅槃に含まれているのであります。

大王様、さらにまた、峰の頂が、いかなる種も芽生えないものであるように、大王様、それと同じように、涅槃は、いかなる煩悩も芽生えないものであります。大王様、この峰の頂の、勝れた第四の特性が、涅槃に含まれているのであります。

大王様、さらにまた、峰の頂が、人々の愛憎から離れているように、大王様、それと同じように、涅槃は、人々の愛憎から離れたものであります。この峰の頂の、勝れた第五の特性が、涅槃に含まれているのであります。」

「分かりました。ナーガセーナ長老殿、余は、御貴殿の仰る通りであると認める者であります。」

第十一　涅槃の体得

「ナーガセーナ長老殿、『涅槃は、過ぎ去ったものでもなく、いまだ到来していないものでもなく、現に起きているものでもなく、すでに生じているものでもなく、いまだ生じていないものでもなく、今まさに生ぜしめられるものでもない』と、御貴殿は仰いました。

ナーガセーナ長老殿、正しく行じ、涅槃を体得する者は、みな、すでに生じている涅槃を体得するのでしょうか？

それとも、まず涅槃を生ぜしめ、後にそれを体得するのでしょうか？」

「大王様、正しく行ずる者は、みな、すでに生じているものを体得するのでも、まず生じしめ、後にそれを体得するのでもありません。大王様、そうではなく、むしろ、正しく行ずる者が体得する涅槃なるものは、世界を構成する常住の要素（原子事象）として現にある、と言うべきであります。」

「ナーガセーナ長老殿、余の問いを、秘かに、ここだけの話として解明しないでください。明け広げに、公けのものとして解明してください。ここで一念発起し、御貴殿が修得して来られたすべてのことを、ここでご披露ください。世の人々は、このことについて、大いなる迷愚と疑念に陥っております。世の人々の心に刺さっている厄介な矢をへし折ってください。」

「大王様、寂静にして安楽で妙勝なるものである涅槃は、常住の要素として現にあり、正しく行ずる者は、勝者ブッダの教えの感化の下、正しく思念しつつ、智慧によってそれを体得するのであります。

大王様、たとえば、弟子が師の教えによって学問を智慧によって体得するように、大王様、正しく行ずる者は、勝者ブッダの教えの感化の下、正しく思念しつつ、智慧によって涅槃を体得するのであります。

もしも、陛下が、『では、涅槃は、どのようなものであると見るべきであるのか？』と問われるならば、患いなく、禍いなく、畏れなく、安穏で、寂静、安楽、歓喜、妙勝、清浄、清冽であると見るべきであります。

大王様、たとえば、山のように積み上げられている薪の中にいる人が、めらめらと燃え上がる炎で焼かれながらも、辛うじてそこから逃げ出し、炎の届かない所に辿り着き、そこでやっと安堵するように、大王様、正しく行ずる者は、理に沿うように心を働かせ、貪瞋癡の三種の炎熱を離れた、最上の安楽である涅槃を体得するのであります。三種の炎熱は、今の例の炎であり、正しく行ずるものは、炎の中にいた人であり、涅槃は、炎の届かない所であると見るべきであります。

大王様、またたとえば、ある人が、蛇・鶏・人間の死体や、排泄物や、塵芥が積み重なった穴の中に入り、死体の毛髪がもつれている中に入ったとき、辛うじてそこから逃れ、死体のない所に辿り着いて、そこでやっと安堵するように、大王様、それと同じように、正しく行ずる者は、理に沿うように心を働かせ、煩悩という死体から離れた、最上の安楽である涅槃を体得するのであります。大王様、色・声・香・味・触という五欲の対象は、死体のごとく、正しく行ずる者は、死体などが積み重なっている穴の中に入った人のごとく、涅槃は、死体のない所のごとく見るべきであります。

大王様、たとえば、ある人が、恐れ戦き、動揺し、混乱し、錯乱したとして、その状態から辛うじて逃れ、揺るぎのない無畏の境地に至り、そこでやっと安堵するように、大王様、それと同じように、正しく行ずる者は、理に沿うように心を働かせ、怖れと戦きから離れた、最上の安楽である涅槃を体得するのであります。大王様、生・老・病・死のために絶えることなく起きる怖れは、その人の恐れ戦く様のごとく、正しく行ずる者は、恐れ戦くその人のごとく、涅槃は、無畏の境地のごとく見るべきであります。

　大王様、またたとえば、ある人が、汚い泥地に嵌まり込んだとき、辛うじて泥地から逃れ、清浄で無垢の地に辿り着き、そこでやっと安堵するように、大王様、それと同じように、正しく行ずる者は、理に沿うように心を働かせ、煩悩という汚い泥地を離れた、最上の安楽である涅槃を体得するのであります。財（利養）と名誉（名聞）とは、泥のごとく、正しく行ずる者は、泥地に嵌まり込んだ人のごとく、涅槃は、清浄で無垢の地のごとく見るべきであります。

　大王様、では、正しく行ずる者は、どのようにして涅槃を体得するのでありましょうか？

　大王様、有為《うい》（作られたもの）が転変《てんぺん》する（生起《しょうき》する）有り様に意識を集中し、転変したものに意識を集中しながら、生を見、老を見、病を見、死を見ますが、そこに安楽も歓喜も見ません。初めにも、中頃にも、終わりにも、正しく行ずる者は、そこに執著すべきものを見ません。

　大王様、たとえば、ある人が、一日中熱せられて赤く焼けた鉄球に、初めにも中頃にも終わりにも、摑める場所を見出せないように、大王様、有為が転変する有り様に意識を集中し、転変したものに意識を集中しながら、生を見、老を見、病を見、死を見ますが、そこに安楽も歓喜も見ません。初めにも、中頃にも、終わりにも、正しく行ずる者は、そこに執著すべきものを見ません。執著すべきものを見ないとき、正しく行ずる者は、心に嫌悪の想いが生じ、身体が熱くなり、逃げ込んで安堵出来る場所をどこにも見つけられず、輪廻転生に生きることを厭います。

　大王様、たとえば、ある人が、めらめらと燃え上がる大きな炎の中に入るとしましょう。その人は、その中で、逃げ込んで安堵出来る場所をどこにも見つけられず、炎を厭うように、大王様、それと同じように、正しく行ずる者が、執著すべきものを見ないとき、心に嫌悪の想いが生じ、身体が熱くなり、逃げ込んで安堵出来る場所をどこにも見つけられず、輪廻転生に生きることを厭います。正しく行ずる者が、有為転変を怖ろしいものだと見るとき、次のような想念が心に生じます。『有為転変は、激しく燃え、苦しみ多く、悩みに溢れている。もしも、誰かが、有為転変のない境地に達するならば、それは寂静であり、妙勝である。すなわち、有為の寂滅、すべての煩悩の断滅、愛著の滅尽、欲望の止滅、涅槃である』と。このようにして、正しく行ずる者が、有為転変のない境地に達したとき、勇躍歓喜し、満足し、『ついにわたくしは出離を達成したのだ』と確信するのであります。

大王様、たとえば、ある人が、道に迷い、見知らぬ土地に入り込んだとき、行くべき道を見つけたならば、勇躍歓喜し、満足し、『わたくしは道を得た』と言うように、大王様、それと同じように、正しく行ずる者が、有為転変を怖ろしいものだと見ながら、有為転変のない境地に至るならば、勇躍歓喜し、満足し、『ついにわたくしは出離を達成したのだ』と確信します。その者は、有為転変のない境地に至る道を、努力しながら探し、修し、行じます。有為転変の無い境地を目標として、その者に精神集中が確立し、それを目標として、精励が確立し、それを目標として、歓びが確立します。その者の心が、絶えずそのことに注がれ、有為転変を超越し、有為転変のない境地に至ります。

大王様、これが、『有為転変のない境地に至り、正しく行ずる者は、涅槃を体得する』と言われることなのであります。」

「分かりました。ナーガセーナ長老殿、余は、御貴殿の仰る通りであると認める者であります。」

第十二　いつでも、どこでも体得される涅槃

「ナーガセーナ長老殿、涅槃が貯蔵されている地方は、東にあるのでしょうか？　それとも、南にあるのでしょうか？　それとも、西にあるのでしょうか？　それとも、北にあるのでしょうか？　それとも、上にあるのでしょうか？　それとも、下にあるのでしょうか？　それとも、四方にあるのでしょうか？」

「大王様、涅槃が貯蔵されている地方は、東にあるのでもなく、南にあるのでもなく、西にあるのでもなく、北にあるのでもなく、上にあるのでもなく、下にあるのでもなく、四方にあるのでもありません。」

「ナーガセーナ長老殿、もしも、涅槃が貯蔵されている場所がないならば、涅槃はありません。また、涅槃を体得するという人々の体得も、あり得ないものです。理由をお話しましょう。

ナーガセーナ長老殿、大地には、穀物の生ずる田畑があり、香りの生ずる花があり、花の生ずる樹があり、果実の生ずる樹があり、宝石の生ずる鉱山があり、誰でも、欲しいものがあればそこに行って持って帰るように、ナーガセーナ長老殿、もしも、涅槃があるのならば、その涅槃の生ずる場所もあると考えてしかるべきであります。

ナーガセーナ長老殿、涅槃の生ずる場所がないがゆえに、『涅槃はない』と、余は語るのであります。さらに、涅槃を体得する人々の体得も、あり得ないものであります。」

「大王様、涅槃の貯蔵されている場所はありません。しかし、涅槃は、現にあるのです。正しく行ずる者が、理に

沿うように心を働かせることによって、涅槃を体得するのであります。

　大王様、またたとえば、火は現にありますが、火の貯蔵されている場所はありません。二本の擦り木を擦り合わせることで火が得られるように、大王様、それと同じように、涅槃は、現にありますが、涅槃の貯蔵されている場所はありません。正しく行ずる者が、理に沿うように心を働かせることによって、涅槃を体得するのであります。

　大王様、またたとえば、転輪王の七つの宝、すなわち、輪宝、象宝、馬宝、摩尼宝、女宝、資産家宝、将軍宝は、現にありますが、それが貯蔵されている場所はありません。王族階級の出身で、正しく覇道を行く者の行いの力によって、七つの宝がおのずから集まってくるように、大王様、それと同じように、涅槃は、現にありますが、涅槃の貯蔵されている場所はありません。正しく行ずる者が、理に沿うように心を働かせることによって、涅槃を体得するのであります。」

「ナーガセーナ長老殿、涅槃の貯蔵されている場所がないというのであれば、それでよいとしても、正しく行ずる者が、そこを拠り所として涅槃を体得する、その場所はありますでしょうか？」

「大王様、あります。正しく行ずる者が、そこを拠り所として涅槃を体得する、その場所は、現にあります。」

「先生、では、正しく行ずる者が、そこを拠り所として涅槃を体得する、その場所とは、どのようなものでありましょうか？」

「大王様、戒がその場所であります。人が、戒を拠り所として、理に沿うように心を働かせるならば、サカ族（スキタイ族）の国であれ、ギリシアであれ、チーナ（支那）であれ、チラータ（韃靼《だったん》）であれ、アレクサンドリアであれ、ニクンバであれ、カーシーであれ、コーサラであれ、カシュミールであれ、ガンダーラであれ、山の頂であれ、梵天界であれ、どのようなところを拠り所としても大空が見えるように、大王様、それと同じように、人が、戒を拠り所として、理に沿うように心を働かせるならば、サカ族の国であれ、ギリシアであれ、――いかなるところを拠り所としても、正しく行ずる者は、涅槃を体得するのであります。

　大王様、またたとえば、サカ族の国であれ、ギリシアであれ、――いかなるところを拠り所としてもその東の方角があるように、人が、戒を拠り所として、理に沿うように心を働かせるならば、サカ族の国であれ、ギリシアであれ、――いかなるところを拠り所としても、理に沿うように心を働かせる者は、涅槃を体得するのであります。」

「分かりました。ナーガセーナ長老殿、御貴殿によって涅槃が示され、涅槃の体得が示され、戒を保つことの功徳が解かれ、正しい行が示され、真理の幡《ばん》が掲げられ、真理の眼が確立され、正しく専心する者の正しい行が虚しいものではないことが示されました。最上にして最勝の導き手殿、余は、御貴殿の仰る通りであると認める者であります。」

〔別章〕ブッダ実在の根拠

時に、ミリンダ王は、ナーガセーナ長老のもとを訪れた。訪れて、ナーガセーナ長老に挨拶し、そして、傍らに坐った。さて、傍らに坐ったミリンダ王は、知ろうと願い、聞こうと願い、銘記しようと願い、明知の光明を見ようと願い、無明を破ろうと願い、明知の光明を生ぜしめようと願い、無明の闇を破ろうと願い、勝れた勇気と努力と思念と正知とを起こして、ナーガセーナ長老に、次のように問うた。

「ナーガセーナ長老殿、御貴殿は、ブッダを見たことがおありでしょうか？」

「いいえ、大王様。」

「では、御貴殿の師は、ブッダを見たことがおありでしょうか？」

「いいえ、大王様。」

「ナーガセーナ長老殿、御貴殿は、ブッダを見たことがないとのことで、御貴殿の師も、ブッダを見たことがないとのことでありますならば、ナーガセーナ長老殿、ブッダは実在しないのであります。ブッダは、この世で、誰にも知られていないのであります。」

「大王様、王族階級に属しておられる陛下のご先祖である、昔の王族たちは実在しましたでしょうか？」

「実在しました。先生、そこに疑う余地はありません。余の先祖である昔の王族たちは実在しました。」

「大王様、陛下は、昔の王族たちを見たことがおありでしょうか？」

「いいえ、先生。」

「大王様、では、陛下に御先祖のことを教えた司祭・将軍・司法官・大臣などは、昔の王族たちを見たことがあるのでしょうか？」

「いいえ、先生。」

「大王様、それでは、陛下も昔の王族たちを見ず、陛下に御先祖様のことを教えた人々も、昔の王族たちを見たことがないということですので、それならば、昔の王族たちはどこに実在するのでありましょうか？　昔の王族たちは、この世で、誰にも知られていないということなのでしょうか？」

「ナーガセーナ長老殿、昔の王族たちが愛用した品々、すなわち、白い日傘、冠、履物、払子、宝剣、高価な寝床があり、そうしたものによって、余などは、『昔の王族たちは実在した』と知り、そして確信するのであります。」

「大王様、それと同じように、わたくしたちも、幸有るお方のことを知り、そして、確かに実在されたと確信するのであります。『あの幸有るお方は、実在された』とわたくしたちが知り、そして確信する理由があります。その理由とは、何でありましょうか？

大王様、かの智者であり、見者であり、供養を受けるに値する者であり、等正覚者である幸有るお方が愛用された品々、すなわち、四念処、四正勤、四神足、五根、五力、七覚支（七菩提分）、八聖（正）道があり、そうしたものによって、諸天や人々は、『あの幸有るお方は、実在されたのである』と知り、そして確信するのであります。大王様、こうした理由と事由とにより、論理により、推理により、『あの幸有るお方は、実在されたのである』と知るべきであります。

『多くの人々を済度し、煩悩を滅尽し、涅槃に入られた、あの最上のお方ブッダは、実在されたのであると、推理によって知るべきである』と。」

「ナーガセーナ長老殿、譬えを述べてください。」

「大王様、たとえば、都城を建設する者が、都城を築こうとして、――〔以下、都城構造にまつわる仔細、その都城に集まり暮らす様々な職人や民族の仔細が述べられるが、煩雑であるため、訳出は省略〕――様々な人々が、この都城に居住しようとやって来て、その新しく、区画が見事に整理され、欠陥のない、美しい都城を見て、推理して、『ああ、まこと、この都城を築いた建設者は、優秀である』と知るでありましょう。

大王様、それと同じように、多種多様な特性を持ち、様々な呼称を持つ、あの幸有るお方は、真理の都城を築かれました。

大王様、幸有るお方が築かれた真理の都城は、戒を堡塁とし、罪の慚と愧とを濠とし、明知を砦とし、精励を物見櫓とし、信頼を門柱とし、専念を門衛とし、智慧を高楼とし、経を路地とし、論を四つ辻とし、律を法廷とし、四念処を主要な街路とします。

大王様、さらに、その四念処という主要な街路沿いには、次のような店が開かれております。すなわち、花屋、香料店、解毒剤アガダを扱う店、薬局、不死の霊薬である甘露を扱う店、宝石店、萬店であります。」

「ナーガセーナ長老殿、幸有るお方の花屋とは、何でありましょうか？」

「大王様、かの智者であり、見者であり、応供（阿羅漢）であり、等正覚者である幸有るお方によって、対象ごとの想念の区別が説かれました。すなわち、無常の想念、非我の想念、不浄の想念。惨めな欠陥の想念、悪を断絶する想念、欲望を離れる想念、欲望の滅尽の想念、世俗の楽しみから離れる想念、およそ作られたものは無常である（諸行無常）との想念、呼気と吸気を数えることに集中する想念、死体が変化する有り様についての九つの想念（九相、九想）の内、脹張の想念、青黒い色を呈していることの想念、膿み爛れていることの想念、崩壊していくことの想念、鳥獣に喰い荒らされていることの想念、四肢がばらばらになることの想念、肉が崩れていることの想念、血塗られていることの想念、蛆虫が湧いていることの想念、骨だけとなっていることの想念、生類への慈しみ（慈）の想念、憐憫（悲）の想念、喜びを同じくすること（喜）の想念、無関心（捨）の想念、死の想念、身体不浄との想念、以上であります。

大王様、こうした、対象ごとの想念の区別が、幸有るお方ブッダによって説かれました。この内、老いと死から離脱しようとする者は、誰であれ、その内の一つの対象を捉え、それを意識集中の想念の対象とすることによって、貪から離脱し、瞋から離脱し、癡から離脱し、慢心から離脱し、邪見から離脱し、輪廻の大河を渡り、愛執の流れを堰き止め、貪瞋癡の三種の汚れを浄め、あらゆる煩悩を断滅し、無垢・無塵・清浄・純白・不生・不老・不死・安楽・清涼・無畏に最上の都城である、涅槃の都城に入り、阿羅漢の境地の中で、その人の心が解脱されるのであります。大王様、これが、幸有るお方の花屋であります。これについて、次の偈頌が説かれております。

『善業を代金として、店に行け。

意識集中の想念の対象を買い、解脱せよ』と。」

「分かりました。ナーガセーナ長老殿、幸有るお方の香料店とは、どのようなものでありましょうか？」

「大王様、幸有るお方によって、戒についての区別が説かれました。戒という香を肌に塗った幸有るお方の子たちは、諸天と人々を、戒という香によって焚き染め、馥郁たる香りを漂わせ、四方八方に、順風にも乗り、逆風にも乗り、絶えず香り、普く広がっております。

その戒の区別とは、何でありましょうか？　それは、仏法僧への三帰依の戒、五戒、八戒、十戒、五種の読誦の仕方による戒本（波羅提木叉）の律の戒であります。大王様、これが、幸有るお方の香料店であります。

大王様、諸天の中の天である幸有るお方は、次の偈頌を説かれました。

『花の香は、風に逆らうことがない。

栴檀香も、タガラ香も、マッリカー香もそうである。

しかるに、思念ある者の香は、風に逆らっても行く。

善い行いの人は、すべての方角に芳香を放つ。

栴檀、タガラ、青蓮華《しょうれんげ》、ヴァッシキー、

これらの芳香の中で、戒の香は無上である。

タガラや栴檀の香は、微々たるものであるが、

戒をたもつことの香は、最上で、諸天にまで漂い届くのである』と。」

「分かりました。ナーガセーナ長老殿、幸有るお方の果実店とは、どのようなものでありましょうか？」

「大王様、幸有るお方は、様々な聖者の位としての果を説かれました。すなわち、預流果という位、一来果という位、不還果という位、阿羅漢果という位、すべての事象は中身が空っぽであるとする心統一の位、すべての事象は本質的には互いに違いはないと見る心統一の位、すべての事

象を願い求める思念がない心統一の位であります。位としての果に至ろうと願う者は、みな、預流果、一来果、不還果、阿羅漢果、すべての事象は中身が空っぽであるとする心統一の位、すべての事象は本質的には互いに違いはないと見る心統一の位、すべての事象を願い求める思念がない心統一の位を、修行で積んだ業を代金として、買うのであります。

大王様、たとえば、ある人が、一年中、実をつけているマンゴーの樹を所有しているとしましょう。その人は、買い手が来ない内は、樹から実を落とすことがありません。しかし、買い手がやって来たとき、代金を受け取り、次のように告げるでありましょう。

『友よ、このマンゴーの樹は、一年中、実をつけている。この樹から、未熟のものでも、よく熟したものでも、半熟のものでも、固くて熟していないものでも、熟したものでも、欲しいだけの実をお取りなさい』と。

買い手は、自分が払った代金で、未熟のものが欲しければ未熟のものを取り、よく熟したものが欲しければよく熟したものを取り、半熟のものが欲しければ半熟のものを取り、固くて熟していないものが欲しければ固くて熟していないものを取り、熟したものが欲しければ熟したものを取るように、大王様、それと同じように、位としての果を望む者は、修行で積んだ業を代金として、預流果、――すべての事象を願い求める思念がない心統一の位の内の、望みの位を取ります。

大王様、これが、幸有るお方の果実店と言われるものであります。次の偈頌が説かれております。

『人々は、業という代金を払って、不死の果を取る。不死の果を取った者は、それゆえ安楽となる』と。」

「分かりました。ナーガセーナ長老殿、幸有るお方の解毒剤アガダを扱う店とは、どのようなものでありましょうか？」

「大王様、幸有るお方は、解毒剤アガダについて説かれました。その解毒剤アガダによって、幸有るお方は、諸天や人々を、煩悩という毒から逃れさせました。では、その解毒剤アガダとは、どのようなものでありましょうか？

大王様、幸有るお方は、次の四聖諦を説かれました。すなわち、苦（生きることは苦の連続であるとの）聖諦、苦集（苦には、それをもたらす原因があるとの）聖諦、苦集滅（苦の原因を滅ぼせば苦は滅するとの）聖諦、苦滅道（苦を滅する方途があるとの）聖諦であります。最高の知見を求めて四聖諦の教えを聞く者は、みな、生より解脱し、老より解脱し、死より解脱し、憂い、悲しみ、苦しみ、悩み、悶えより解脱します。

大王様、これが、幸有るお方の解毒剤アガダを扱う店と言われるものであります。次のような偈頌が説かれております。

『この世で、解毒剤アガダも、

真理のアガダに等しいものはない。比丘たちよ、これを飲め』と。」

「分かりました。ナーガセーナ長老殿、幸有るお方の薬局とは何でありましょうか？」

「大王様、幸有るお方は、様々の薬を説かれました。そうした薬によって、幸有るお方は、諸天と人々を治療されました。すなわち、四念処、四正勤、四神足、五根、五力、七覚支（七菩提分）、八聖（正）道とであります。

幸有るお方は、そうした薬によって、邪見を排し、邪思惟を排し、邪悪のことばを排し、邪悪の行いを排し、邪まな生活を排し、邪まな努力を排し、邪まな精神集中を排し、邪まな心統一を排し、貪を吐き出させ、瞋を吐き出させ、癡を吐き出させ、高慢を吐き出させ、頑迷固陋を吐き出させ、無慚・無愧を吐き出させ、あらゆる煩悩を吐き出させます。

大王様、これが、幸有るお方の薬局と言われるものであります。次の偈頌が説かれております。

『この世のいかなる種々の薬も、真理の薬に等しいものはない。

比丘たちよ、これを飲め。真理の薬を飲めば、不老不死となるであろう。

真理を修得し、観察し、煩悩を滅尽したとき、

君たちは涅槃を体得するであろう』と。」

「分かりました。ナーガセーナ長老殿、幸有るお方の不死の霊薬である甘露を扱う店とは何でありましょうか？」

「大王様、幸有るお方は、不死の霊薬である甘露を説かれました。幸有るお方は、甘露をこの世に灌がれました。その甘露で灌頂された諸天と人々は、生・老・病・死・憂い・悲しみ・悲しみ・苦しみ・悩み・悶えより解脱しました。

その甘露とは何でありましょうか？　それは、身体を対象とする精神集中である想念のことであります。

大王様、諸天の中の天である幸有るお方は、さらに、次のように説かれました。

『比丘たちよ、身体を対象とする精神集中である想念を摂る者は、甘露を摂るのである』と。

大王様、これが、幸有るお方の不死の霊薬である甘露を扱う店と言われるものであります。次の偈頌が説かれております。

『病に罹った人々を見て、幸有るお方は、不死の霊薬である甘露を扱う店を開かれた。

そして言われた、比丘たちよ、修行の業を代金として、それを買って摂れ』と。」

「分かりました。ナーガセーナ長老殿、幸有るお方の宝石とは何でありましょうか？」

「大王様、幸有るお方は、諸々の宝石を説かれました。それらの宝石で飾られたブッダの子たちは、諸天と人々を普く照らし、輝かせ、上下、四方に光明を顕わにされまし

た。それらの宝石とは何でありましょうか？

戒という宝石、心統一という宝石、智慧という宝石、解脱という宝石、解脱の知見という宝石、無礙《むげ》自在の理解力という宝石、菩提分という宝石と、以上であります。

大王様、戒という宝石とは何でありましょうか？　戒本（波提木叉）の条文である律という戒、感官の働きを律する戒、生活を清浄にする戒、四種の出家の必需品を正しく受ける戒、小さな戒、中ほどの戒、大きな戒、聖者たる預流・一来・不還・阿羅漢の位のすべてで守るべき戒、その内の一つ一つで守るべき戒、以上であります。

大王様、この世の諸天、悪魔、梵天、沙門・バラモンを含むすべての人々は、戒という宝石で飾られた人に強く憧れます。

大王様、戒という宝石で飾られた比丘は、四方八方、上下、一面も普く照らし、輝かせます。そうした比丘は、下は無間地獄から、上は有頂天に至るまでにありとある宝石を凌駕し、それらを覆い隠してやみません。大王様、このような戒という宝石が、幸有るお方の宝石店に並べられているのであります。

大王様、これが、幸有るお方の宝石店と呼ばれるものであります。次の偈頌が説かれておおります。

『こうした諸々の戒という宝石は、
ブッダの店にある。
君たちは、業を代金としてそれを買い、
身にその宝石を飾れ』と。

大王様、幸有るお方の心統一という宝石とはどのようなものでありましょうか？

仮言命題を用いる省察(尋)とそれから得られる確信(伺)の両方を伴う心統一、省察がなくて確信を伴う心統一、省察と確信がどちらもない心統一、すべての事象は中身が空っぽであると見る心統一、すべての事象は本質的には違いはないと見る心統一、すべての事象を願う想いがない心統一と、以上であります。

大王様、心統一という宝石を飾った比丘にあっては、貪りの省察、瞋りの省察、害心の省察、驕り・高慢・邪見・疑念・煩悩による悪しき省察は、心統一の前で、みな、散り散りになって落ち着くところを失います。

大王様、たとえば、蓮の葉に落ちた水は、みな、散り散りになって落ち着くところを失います。それはなぜでありましょうか？　それは、蓮が清浄であるからであります。

大王様、それと同じように、心統一という宝石を飾った比丘にあっては、貪りの省察、瞋りの省察、害心の省察、驕り、高慢、邪見、疑念、煩悩による悪しき省察は、心統一の前で、みな、散り散りになって落ち着くところを失います。それはなぜでありましょうか？　それは、心統一が清浄であるからであります。

大王様、これが、幸有るお方の心統一という宝石と言われるものであります。大王様、このような心統一という宝石が、幸有るお方の宝石店に並べられているのであります。次の偈頌が説かれております。

『心統一という宝石の花環を身に着けた者には、
悪しき省察は生じない。
また、心が散乱することはない。
君たちは、これを飾れ』と。

大王様、幸有るお方の智慧の宝石とはどのようなものでありましょうか？

その智慧というのは、それによって、聖者である弟子が、『これは善である』とあるがままに知見し、『これは悪である』とあるがままに知見し、『これは罪過である』、『これは罪過でない』、『これは為すべきである』、『これは為すべきではない』、『これは劣っている』、『これは勝れている』、『これは黒い』、『これは白い』、『これは黒でもあり白でもある』とあるがままに知見し、『これは苦しみである』とあるがままに知見し（苦聖諦観）、『これが苦しみの原因である』とあるがままに知見し（苦集聖諦観）、『これが苦しみの原因の滅である』とあるがままに知見し（苦滅聖諦観）、『これが苦しみの滅に至る道である』とあるがままに知見する（苦滅道聖諦観）、その拠り所のことであります。

大王様、これが、幸有るお方の智慧の宝石と言われるものであります。次の偈頌が説かれております。

『智慧の宝石という花輪をまとった者には、
もはや輪廻転生は続かない。
すぐにも不死の涅槃に達し、
もはや、輪廻転生に生きることを喜ばない』と。

大王様、幸有るお方の解脱の宝石とは何でありましょうか？　大王様、解脱の宝石とは、阿羅漢の位のことを言います。

大王様、阿羅漢の地位に達した比丘が、解脱の宝石で飾った人と呼ばれるのであります。

大王様、たとえば、真珠の帯、摩尼宝珠、金、珊瑚の瓔珞で飾られ、沈香、タガラ香、ターリーサカ香、赤栴檀香を肌に塗り、ナーガ花、プンナーガ花、サーラ花、サララ花、チャンパカ花、黄ジャスミン花、アティムッタカ花、パータリー花、青蓮華花、ヴァッシキー花、マッリカー花で飾られた人が、このような宝石と香と花の装飾をもって、他の誰よりも抜きんでており、人々を照らし、輝き照らし、圧倒するように、大王様、それと同じように、阿羅漢の位に達し、漏を滅尽した者は、解脱の宝石で飾られており、他の解脱した比丘の誰よりも抜きんでており、比丘たちを照らし、輝き照らし、圧倒します。それはなぜでありましょうか？

大王様、この装飾は、あらゆる装飾の中の最上のものだからであります。つまり、解脱の装飾なのであります。

大王様、これが、解脱の宝石と呼ばれるものであります。次の偈頌が説かれております。

『摩尼宝珠の花環をまとった家長を、家族は仰ぎ見る。

解脱の宝石の花環をまとった者を、諸天や人々は仰ぎ見る』と。

大王様、幸有るお方の解脱の知見の宝石とは、どのようなものでありましょうか？

大王様、観察智が、幸有るお方の解脱の知見の宝石と言われます。その智によって､聖なる仏弟子は、四道四果（四双八輩）、涅槃、すでに断じた煩悩、残された煩悩を観察します。次の偈頌が説かれております。

『聖者たちが、それによって、為すべきことを為し終えたと自覚する、

その智の宝を手に入れるために、勝者ブッダの子らよ、精励せよ』と。

大王様、幸有るお方の無礙自在の理解力の宝とは、どのようなものでありましょうか？

大王様、それは、四つの無礙自在の理解力（四無礙解）のことであります。無礙自在の意味内容の理解力、無礙自在の真理の理解力、無礙自在の語彙の理解力、無礙自在の弁舌の理解力、以上の四つであります。

大王様、このような四つの無礙自在な理解力で飾られた比丘は、王族たちの集まりにでも、バラモンたちの集まりにでも、在家たちの集まりにでも、沙門たちの集まりにでも、畏れることなく出向き、混乱することなく、揺らぐことなく、身毛が逆立つこともなく、人々の集まりに出向きます。

大王様、たとえば、武将が、五つの武器を携え、畏れることなく戦に出立するとしましょう。

『敵が遠ければ、矢で倒そう。敵が近ければ、投げ槍で倒そう。もっと手前にいれば、手槍で突き倒そう。もっと近くならば、剣で真っ二つにしよう。さらに近くならば、短刀で突き刺そう』との意気込みで。

大王様、それと同じように、四つの無礙自在の理解力の宝石で飾られた比丘は、畏れることなく人々の集まりに、次のような意気込みで出向きます。

『誰であれ、わたくしに、無礙自在の意味内容の理解力について問う者がいれば、わたくしは、意味内容を説くに意味内容をもってし、理由を説くに理由をもってし、原因を説くに原因をもってし、道理を説くに道理をもってし、その者の疑いを解き、疑念を斥け、答えることでその者を満足させよう。

誰であれ、わたくしに、無礙自在の真理の理解力について問う者がいれば、わたくしは、真理を説くに真理をもってし、不死を説くに不死をもってし、無為（作られたのではないもの）を説くに無為をもってし、涅槃を説くに涅槃をもってし、空性（中身が空っぽであること）を説くに空性をもってし、無相（姿かたちがないこと）を説くに無相をもってし、無願（願うところのないこと）を説くに無願をもってし、不動を説くに不動をもってし、その者の疑いを解き、疑念を斥け、その者を満足させよう。

誰であれ、わたくしに、無礙自在の語彙の理解力について問う者がいれば、わたくしは、語彙を説くに語彙をもってし、単語を説くに単語をもってし、不変化詞を説くに不変化詞をもってし、音節を説くに音節をもってし、連声《れんじょう》を説くに連声をもってし、母音を説くに母音をもってし、子音を説くに子音をもってし、音素を説くに音素をもってし、抑揚を説くに抑揚をもってし、固有名詞を説くに固有名詞をもってし、慣用表現を説くに慣用表現をもってし、その者の疑いを解き、疑念を斥け、その者を満足させよう。

誰であれ、わたくしに、無礙自在の弁舌の理解力について問う者がいれば、わたくしは、弁舌を説くに弁舌をもってし、譬えを説くに譬えをもってし、特質を説くに特質をもってし、本質を説くに本質をもってし、その者の疑いを解き、疑惑を斥け、その者を満足させよう』と。

大王様、これが、幸有るお方の無礙自在の理解力（無礙解）の宝石であります。次の偈頌が説かれております。

『無礙自在の理解力を買い、
明知に触れる者は、
畏れることなく、臆することなく、
諸天と人々を輝き照らしわたるのである』と。

大王様、目覚めを成り立たせる支分（覚支、菩提分）の宝石とは、何でありましょうか？

大王様、それは、目覚めを成り立たせる七つの支分のことであります。すなわち、集中思念という、目覚めを成り立たせる支分、諸事象を選別して知るという、目覚めを成り立たせる支分、精進という、目覚めを成り立たせる支分、喜悦という、目覚めを成り立たせる支分、身心が軽快であること（軽安《きょうあん》）という、目覚めを成り立たせる支分、心統一という、目覚めを成り立たせる支分、無関心（捨）という、目覚めを成り立たせる支分、以上の七つであります。

大王様、この、目覚めを成り立たせる七つの支分の宝石で飾られた比丘は、すべての闇を破り、諸天と人々を普く照らしに照らすのであります。

大王様、これが、幸有るお方の目覚めを成り立たせる支分の宝石と呼ばれるものであります。次の偈頌が説かれております。

『目覚めを成り立たせる七つの支分の宝石の花環をまとう者に、
諸天や人々は身近に仕える。
諸君、業を代金としてそれを買い、
宝石で身を飾れ』と。」

「ナーガセーナ長老殿、幸有るお方の萬店とは、何でありましょうか？」

「大王様、萬店とは、ブッダの九分教、ブッダの舎利（遺骨）と遺品、それらを安置する仏塔、および僧（比丘の集団）宝とであります。

大王様、萬店には、幸有るお方によって、善い境涯に生まれ変わることが陳列されており、財に恵まれることが陳列されており、長寿であることが陳列されており、健やかであることが陳列されており、麗しい容色が陳列されており、智慧が得られることが陳列されており、人間界に生まれ変わることが陳列されており、天界に生まれ変わることが陳列されており、涅槃の達成が陳列されております。望む者は、業を代金として、それぞれ望むものを買います。ある人は、戒を保つことを代金として買い、ある人は、戒律確認会議（布薩）を催すことを代金として買います。少額の代金であっても、望むものを買えるのであります。

大王様、たとえば、商店で、胡麻、緑豆（今の「ムーング」）、蚕豆を、少量の米や緑豆や蚕豆でも、あるいは少額の代金でも、欲しいものを買えるように、大王様、それと同じように、幸有るお方の萬店では、少額の業という代金でも、望みのものが手に入ります。

大王様、これが、幸有るお方の萬店と呼ばれるものであります。次の偈頌が説かれております。

『長寿であることと、健やかであることと、善い境涯に生まれ変わることと、
無為のものである涅槃と不死とが、勝者ブッダの萬店にある。
少額であれ多額であれ、業を代金として買い、
信頼を代金として買い、比丘たちよ、富豪となれ』と。

大王様、幸有るお方の真理の都城には、次のような人々が居住しております。すなわち、経に通じた師、律に通じた師、論に通じた師、布教師、前生譚（本生経、ジャータカ）の読誦師、長部経典の読誦師、中部経典の読誦師、相応部経典の読誦師、増支部教典の読誦師、小部経典の読誦師、戒を具足した人、心統一を具足した人、智慧を具足した人、目覚めを成り立たせる支分を修して楽しむ人、正しく観察する人、正しい目的に専念する人、人里離れた所で行ずる人、樹下に坐す人、露地に坐す人、積まれた藁に臥す人、死体捨て場（塚）に坐す人、臥すことなく常に坐す人、聖者の位に近づく（向）人、聖者の位に達した（果）人、まだ修行徳目を残している人（有学）、聖者の位に達した人――預流果に達した人、一来果に達した人、不還果に達した人、阿羅漢果に達した人――三ヴェーダに通じた人、六神通を持つ人、神変を操る人、智慧によって彼岸に到った人、四念処・四正勤・四神通・五根・五力・七覚支・八聖（正）道・四等至・八解脱に通じた人、色界と無色界で寂静と安楽を得る九次第定（下から上へ、色界の四禅と四無色定と滅尽定に至る）に通じた人々であります。真理の都城には、竹林や葦原のように、阿羅漢たちが、群がり集まったのであります。次の偈頌が説かれております。

『貪を離れ、瞋を離れ、癡を離れ（以上、貪瞋癡の三毒を離れ、）漏なく、渇愛を離れ、執著（取）のない者は、真理の都城の住民である。

人里離れた所に住し、頭陀（煩悩を払う行い）を遵守し、瞑想し、粗末な衣をまとい、漏がなく、独りで行ずること

をこよなく好む賢者は、真理の都城の住民である。

行住坐臥に放逸なることなく、汚れた襤褸切れを綴り合わせた衣（糞掃衣）をまとう者は、真理の都城の住民である。

皮革の切れ端を綴り合わせた衣と三衣をまとい、心が鎮まり、一度席を起ったら食は終わりということ（一坐食）に満足する者は、真理の都城の住民である。

少欲で、思念深く、賢明で、食を貪らず無欲で、ためになるかならないかを弁えた満足する者は、真理の都城の住民である。

瞑想し、瞑想を楽しみ、賢く、心が鎮まり、心統一に入り、何ものもない境地に住すること（無所有処定）を願う者は、真理の都城の住民である。

聖者の四向四果に身を置く者、もはや修行すべき徳目がない境地に至った者、聖者の位にすでに至り、最上の利益を求める者は、真理の都城の住民である。

預流果に至った者、一来果に至った者、不還に至った者、阿羅漢に至った者は、真理の都城の住民である。

四念処に習熟した者、七覚支を行じて楽しむ者、正しく観察する者、真理を体得する者は、真理の都城の住民である。

神通を持つ者、心統一への行を楽しむ者、願の達成に努め励む者は、真理の都城の住民である。

目線を下に向ける者、控えめに物を言う者、感官をよく制御する者、最上の教えによってよくみずからを抑制する者は、真理の都城の住民である。

三ヴェーダに通じた者、神通があり、神足がある者、智慧を完成した者は、真理の都城の住民である』と。

大王様、どの比丘であれ、無量の勝れた智慧を保持する者、執著のない者、比類ない徳を具えた者、比類ない名声がある者、比類ない力のある者、比類ない威光のある者、ブッダに倣って法輪を転ずる者、智慧によって彼岸に到った者、大王様、このような比丘たちは、幸有るお方の真理の都城における真理の将軍（法将）と呼ばれます。

大王様、また、どの比丘であれ、神通を具えている者、無礙解を具えている者、畏れのない者、宙を歩む者、近づき難い者、抑え難い者、拠り所なしに歩む者、海と陸とを担い大地を揺るがす者、日月に触れる者、変幻することへの一念発起に習熟した者、神通で彼岸に到った者、大王様、このような比丘たちは、幸有るお方の真理の都城における司祭とよばれます。

大王様、また、どの比丘であれ、頭陀の徳目を行ずる者、少欲の者、満足している者、食を乞うに相応しくない振る舞いを避ける者、好みの家を選ばず、順々に家を回って食を乞う（次第乞食者）、蜜蜂が花から花へと飛びながら、花を傷めることなく蜜を集めるように、食を乞うに当たって端正な香りを漂わせ、人里離れた林に入り、身命を惜しまず、阿羅漢果に至り、頭陀の徳目の功徳をこの上ないものと見做す者、大王様、このような比丘たちは、幸有るお方の真理の都城における法官と呼ばれます。

大王様、また、どの比丘であれ、清浄で無垢で煩悩の汚れのない者、死ぬことと生まれること（輪廻転生）の有り様を熟知している者、天眼によって彼岸に到った者、大王様、このような比丘たちは、幸有るお方の真理の都城における都城の燈と呼ばれます。

大王様、また、どの比丘であれ、ブッダの教えをたくさん聞いた者（多聞）、伝承されて来たブッダの教え（阿含）に通じた者、経を読誦する者、律を読誦する者、論を読誦する者、無声音、有声音、長音、単音、無気音、有気音を巧みに区別出来る者、九分教を憶念する者、大王様、このような比丘たちは、幸有るお方の真理の都城における真理の守護者と呼ばれます。

大王様、また、どの比丘であれ、律を知る者、律に詳しい者、律が制定された経緯を記録したもの（戒本、波羅提木叉）を読誦するに巧みな者、比丘の行いが、律に照らして有罪か無罪か、罪が重いか軽いか、赦されるか赦されないか、元に復帰できるか否か、罪をみずから申告した場合に厳しく罰するか罰を軽減するか罪をないものとするか、追放するか赦免するかの判断に勝れていて、律によって彼岸に到った者、大王様、このような比丘たちは、幸有るお方の真理の都城における監査官と呼ばれます。

大王様、また、どの比丘であれ、勝れた解脱の花環をまとった者、大変に高い境地に達した者、多くの人々の信望の厚い者、大王様、このような比丘たちは、幸有るお方の真理の都城における花の商人と呼ばれます。

大王様、また、どの比丘であれ、四聖諦をよく観察する者、真理を目の当たりにする者、教えに通じている者、沙門の四つの聖者の位（果）に達して疑念を払った者、その位において安楽を得た者、その位を、他の行者たちと分ち合う者、大王様、このような比丘たちは、幸有るお方の真理の都城における果物の商人と呼ばれます。

大王様、また、どの比丘であれ、勝れた戒の香を肌に塗った者、様々な功徳を積んでいる者、煩悩の垢の臭みがない者、大王様、このような比丘たちは、幸有るお方の真理の都城における香の商人とよばれます。

大王様、また、どの比丘であれ、真理を得ようと願う者、善い談話をなす者、勝れた論と勝れた律を大いに歓ぶ者たちは、人里離れたところにあっても、樹下にあっても、空屋にあっても、真理のスープを飲みます。身口意によって勝れた真理のスープの味に堪能する者、弁才の大いにある者、様々な教えに接しながら真理を願って行ずる者、あちら、またこちらと、少欲について、知足について、孤独について、交流し合わないことについて、精進努力について、戒について、心統一について、智慧について、解脱について、解脱知見について、談話が為されるところならばどこへでも足を運び、それぞれの談話のスープを飲む者、大王様、このような比丘たちは、幸有るお方の真理の都城における大酒豪と呼ばれます。

大王様、どの比丘であれ、夜を徹して眠ることなく励む者、横臥することなく昼夜を過ごす者、煩悩を払うために修行を専一に努める者、自分のためになることを求める者、大王様、このような比丘たちは、幸有るお方の真理の都城における都城の庇護者と呼ばれます。

大王様、また、どの比丘であれ、九分教の、その意味内容を教え、その文言を教え、その理論を教え、その由来を教え、譬えをもって教え、詳しく教え、説明し、詳しく説明する者、大王様、このような比丘たちは、幸有るお方の真理の都城の法の商人と呼ばれます。

大王様、また、どの比丘であれ、真理の教えの財宝を享受し、伝承された教え（阿含）を学習し聴聞することの財宝を享受する者、ブッダの教えの神髄と表現法と特質に通じた智慧者、博学の者、大王様、このような比丘たちは、幸有るお方の真理の都城における法の管財人と呼ばれます。

大王様、また、どの比丘であれ、最上の教えに通じた者、意識を集中する対象を選択し、その意義を説明することに熟達した者、修行徳目を完遂した者、大王様、このような比丘たちは、幸有るお方の真理の都城における著名な法律家と呼ばれます。

大王様、幸有るお方の都城は、このようによく区画が整備され、このようによく築かれ、このようによく必要なものが要所要所に配備されており、外敵や謀反人たちがこれを征服することは難しいのであります。

大王様、以上のような理由により、事由により、理屈により、推理により、あの幸有るお方は実在されたのであると知るべきであります。次のような偈頌が説かれております。

『よく区画が整備され、心を惹く都城を見て、人々が、都城を建設した人の偉大さを推理によって知るように、それと同じように、生類の主ブッダの勝れた真理の都城を見て、あの幸有るお方は実在されたのであると、人々は、推理によって知る。

海に立つ波を見て、人々が、波が大きく見えているように、海は大きいであろうと知るように、それと同じように、人々は、諸天や人々に拡がっている真理の波を見て、真理の波が広がっているように、ブッダは、愁いを除いた者、いかなるところでも誰も打ち勝てない者、愛執の滅尽に至り、生類の輪廻転生する世界から脱した者は最上のお方であると、人々は、推理によって知る。

高く聳える山を見て、人々が、この山が高く聳えているように、雪山（ヒマーラヤ）も高く聳えているであろうと、推理によって知るように、清涼で、執著なく、高く聳え、安立している、幸有るお方の真理の山を見て、かの大雄であるブッダは、その真理の山のように最上のお方であると、人々は、推理によって知る。

象王の足跡を見て、人々が、この象は大きいと、推理によって知るように、それと同じように、他を圧するブッダという象の足跡を見て、ブッダが偉大なお方であると、人々は、推理によって知る。

小さな動物たちが怯えているのを見て、この小さな動物たちが怯えているのは、百獣の王が咆哮したためであると、人々は、推理によって知る。それと同じように、外道たちが狼狽し怯えているのを見て、法王ブッダが真理の雷鳴を轟かせたためであると、人々は、推理によって知る。

大地が落ち着き、緑に覆われ、たっぷりとした水で潤っているのを見て、人々は、大雨が降って大地が落ち着いたのだと、推理によって知る。それと同じように、人々が歓喜し悦んでいるのを見て、この人たちは真理の雨（法雨）のおかげで満足しているのだと、人々は、推理によって知る。

大地が塵芥や泥で覆われているのを見て、人々は、大雨が降ったのだと、推理によって知る。それと同じように、塵芥や泥まみれの人々（外道たち）が、真理の川、真理の海に持っていかれ、放ったからしに捨てられているのを見て、また、不死の真理に達した諸天や人々がこの大地にいるのを見て、大きな真理が大地を満たしたのだと、人々は、推理によって知る。

素晴らしい香りを嗅いで、人々は、花をつけた樹があるからこのような香りが漂って来るのだと、推理によって知る。それと同じように、戒の香りが諸天や人々の間に広く漂っているのは、この上ないお方ブッダが実在されたからであると、人々は、推理によって知る』。

大王様、このように、百の理由により、千の理由により、百の事由により、千の事由により、百の理屈により、千の理屈により、百の譬えにより、千の譬えにより、ブッダの力を示すことが出来るのであります。

大王様、たとえば、巧みな花環作り職人が、様々な花を集めた花束から、師匠の教えに従い、顧客の容姿に合わせて、様々な花環を作るように、大王様、それと同じように、幸有るお方は、様々な花を集めた花束のように、果てのない徳、測り知れない徳を持つお方なのであります。

今、わたくしは、勝者ブッダの教えのもとで花環を作る職人のように、往昔の師たちが歩んだ道に従い、自身の智慧の力により、数え切れないほどの理由と推理によって、ブッダの力を明示いたします。陛下は、その話に耳を傾けようと、一念発起してください。」

「ナーガセーナ長老殿、御貴殿を措いて、このような譬えや推理によってブッダを示すことが出来る人は見当たりません。ナーガセーナ長老殿、余は、御貴殿の、素晴らしく、多彩な問答に満足する者であります。」

推理の根拠に関する問い、別章終わり。

第九章　頭陀の徳目についての問い

王は見た、人里離れた所で修行する（阿蘭若住の）比丘たちが、頭陀行の深い徳に入っているのを、また、在家たちが、不還果に安住しているのを。

この両者を観察して、王は大いなる疑念を抱いた。「もしも、在家のままで真理に目覚めることが出来るならば、出家が行ずる頭陀の徳目は無用だということとなろう。いざ、他派の論師たちの学説を斥け、三蔵に通暁した最勝の論師に問いを発しよう。そのお方は、余の疑念を取り払ってくれるであろう」と。

ときに、ミリンダ王は、ナーガセーナ長老のいるところに近づいた。近づいて、ナーガセーナ長老に挨拶してから、傍らに坐った。傍らに坐ったミリンダ王は、ナーガセーナ長老に、次にように問うた。

「ナーガセーナ長老殿、家で暮らす在家で、諸々の欲しいものを享受し、妻子と一緒に家の中に起居し、カーシー産の高級な白檀を用い、花環と香と塗香を身に着け、金銀を蓄え、摩尼宝珠や真珠や金を散りばめた様々なターバンを頭に巻いたままで、真実にして第一義の涅槃を体得した者が、誰かいるでありましょうか？」

「大王様、そのような在家は、百人だけではありません。二百人だけでもありません。三百、四百、五百人だけでもありません。千人でも、十万人でも、十億人でも、百億人でも、万億人でもありません。大王様、わたくしは、十人、二十人、百人、千人の在家が観察して得たことについては、暫く措くこととします。さて、わたくしは、どの方面から、陛下の問われたことに答えたものでありましょうか？」

「どの方面からでも、御貴殿が選んでお話しください。」

「大王様、それならば、百、千、十万、十億、百億、万億の方面からお話しすることにいたしましょう。およそ、ブッダの九分教に説かれている、煩悩を根絶やしにする作法であり、行であり、最勝の功徳のある頭陀の徳目にまつわる話は、すべて、一つ所に合流するでありましょう。

大王様、たとえば、窪地や盛り上がった地、平坦な地や平坦でない地、低地や高地の一面に降った雨の水が、そこから流れて、すべて、海に合流するように、大王様、それと同じように、語る者が誰であれ、およそ、煩悩を根絶やしにする作法であり、行であり、最勝の功徳のある頭陀の徳目にまつわる話は、すべて、一つ所に合流するでありましょう。大王様、わたくしが、自分の知識と智慧とをかけて語る頭陀の徳目にまつわる話は、すべて、一つ所に合流するでありましょう。それによって、事柄がよく分析され、多彩に輝き、欠けるところのないものとなり、完結されることになるでありましょう。

大王様、たとえば、有能な書写職人が、顧客に依頼されて書写の仕事をするとき、自分の知識と智慧とをかけて書写する対象を詳しく解明することによって、書写を完全なものとします。そのようにして、その書写は、完成され、欠けるところのないものとなり、完結されるでありましょう。それと同じように、わたくしが、自分の知識と智慧をかけて語る答の趣旨の説明は、すべて、一つ所に合流するでありましょう。それによって、事柄がよく分析され、多彩に輝き、欠けるところのないものとなり、完結されることになるでありましょう。

大王様、サーヴァッティーという都城（舎衛城）に、幸有るお方の聖なる弟子と優婆塞と優婆夷が五千万人いましたが、そのうち、三十五万七千人が、不還果に安立しました。その三十五万人は、みな、在家であり、出家ではありませんでした。また、舎衛城の、ガンダンバ樹の下で、二つの神変が行われたとき、二億人が真理の観察を得ました。

また、『教誡羅睺羅大経』、『吉祥大経』、『平等心大経』、『敗亡《はいもう》経』、『死前経』、『闘諍《とうじょう》経』、『小集積《しょうじゅしゃく》経』、『大集積経』、『迅速経』、『舎利弗経』が説かれたと数えきれないほどの数の諸天が、真理の観察を得ました。

ラージャガハ（王舎城）には、幸有るお方の聖なる弟子と優婆塞と優婆夷が三十五万人いましたが、そこで、凶暴なダナパーラ大象が制されたときにも、九億人が、また、『彼岸に到る道の章』にある、パーサーナカ祠堂での集会のさい、一億四千万の生類が、真理の観察を得ました。

また、インダサーラ石窟では、八億の諸天が、真理の観察を得ました。

また、バーラーナシーの、仙人（出家修行者）たちが集まる処（仙人堕処《せんにんだしょ》）である鹿苑で、ブッダが最初の説法を為された（初転法輪《しょてんぼうりん》）とき、一億八千万のバラモンと数えきれないほどの諸天が、真理の観察を得ました。

また、三十三天のパンドゥカンバラ岩山で、ブッダが論を説かれたとき、八億の諸天が真理の観察を得、サンカッサ城門に諸天が降臨したとき、世界開闢の神変のさいに、三億の人々と諸天が、真理の観察を得ました。

また、花環作り職人スマナに説法したときの集会のさい、ガラハディンナの集会のさい、アーナンダ長老の集会のさい、唯物論者ジャンブカの集会のさい、マンドゥーカ天子の集会のさい、マッタクンダリー天子の集会のさい、遊女スラサーの集会のさい、遊女シリマーの集会のさい、織工の娘の集会のさい、小スバッダーの集会のさい、サーケータという名のバラモンの葬礼の集会のさい、スナーパランタ人の集会のさい、『帝釈天の問い』の集会のさい、『塀を越える経』の集会のさい、『宝経』の集会のさい、それぞれ、八万四千の人々や諸天が、真理の観察を得ました。

大王様、幸有るお方が世にいらっしゃる間は、東方・中部・西部の三つの地方や十六大国で幸有るお方が滞在されたところでは、どこでも、二人、三人、四人、五人、百人、千人、千万人の諸天や人々は、真実にして第一義の涅槃を体得しました。大王様、諸天は、みな、在家であり、出家ではありません。大王様、また他の幾万億の諸天は、家に暮らし、諸々の欲しいものを享受する在家のままで、真実にして第一義の涅槃を体得したのであります。」

「ナーガセーナ長老殿、もしも、家で暮らし、諸々の欲しいものを享受する在家が、真実にして第一義の涅槃を体得するのであるならば、出家は、頭陀の徳目を、何のために行ずるのでありましょうか？　これならば、頭陀の徳目は、みな、行ずるに値しないものだということになります。

ナーガセーナ長老殿、もしも、呪文や薬がなくても病が癒えるのであるならば、どうして、体を消耗させる嘔吐剤や下剤が要るのでありましょうか？　もしも、拳だけで敵を倒せるならば、どうして、刀剣や槍や弓や弩や棍棒や鎚が要るでありましょうか？　もしも、節や窪みや蔓や枝をつたって木に上れるのであるならば、どうして、長くて頑丈な梯子が要るでありましょうか？　もしも、固い床に臥して体が安らぐならば、どうして、心地よい立派な寝床を求める必要があるでしょうか？　もしも、独りで危険で、怖く、険しい難路を通り抜けることができるのであるならば、武装し、用意周到な大隊商が必要でありましょうか？　もしも、河川を自力で泳ぎ渡ることができるのであるならば、どうして、堅牢な橋や船が必要でありましょうか？　もしも、自分の財力で衣食が可能であるならば、どうして、他人にかしずき、世辞を言い、あちこち使い走りする必要がどうしてありましょうか？　もしも、池を掘らないでも水が得られるのであるならば、どうして、井戸や池や蓮池が必要でありましょうか？

ナーガセーナ長老殿、それと同じように、もしも、家で暮らし、諸々の欲しいものを享受する在家が、真実にして第一義の涅槃を体得するのであるならば、出家は、頭陀の徳目を、何のために行ずるのでありましょうか？」

「大王様、頭陀の徳目が持つ次の二十八の功徳は、本来にして真実の徳であります。このために、すべてのブッダは、頭陀の徳目を必要とされたのであります。

二十八とは？　大王様、頭陀の徳目は、清浄な生活であり、安楽と果報をもたらすものであり、無明のないものであり、他者を悩ますことのないものであり、不安（畏怖）のないものであり、煩わしさのないものであり、ひたすらに善を増進するものであり、善を損耗しないものであり、幻惑を伴わないものであり、自身を覆い護るものであり、願いを叶えるものであり、一切衆生を教導するものであり、自己を律することに益となるものであり、修行者に相応しいものであり、何ものにも依存することのないものであり、束縛されないものであり、貪の滅であり、瞋の滅であり、癡の滅であり、高慢の捨離であり、邪見を断ち切るものであり、疑念を超越するものであり、怠惰を打破するものであり、嫌悪を払うものであり、忍辱であり、比類のないものであり、計り知れないものであり、すべての苦しみの滅尽をもたらすものであります。

大王様、こうした功徳があるために、すべてのブッダは、頭陀の徳目を必要とされたのであります。

大王様、頭陀の徳目を正しく行ずる者は、みな、十八の徳を具足しております。

何が十八でしょうか？　その作法がきわめて清浄となり、行は欠ける所のないものとなり、身業と口業はよく護られ、意業はきわめて清浄となり、精進が遺漏のないものとなり、畏怖の念が滅し、自己についての邪見（我見）を離れた者となり、瞋恚が止み、慈しみの念が起ち興り、適切な食とは何かが完全に理解されるようになり、一切衆生に敬われるようになり、食の適量を知るようになり、夜の寝ずの行に適応できるようになり、住する家屋なく、安穏なところならばどこにでも滞在し、悪を厭い、孤独を楽しみ、常に不放逸となる。

大王様、頭陀の徳目を正しく行ずる者は、みな、以上の十八の徳を具足しているのであります。

大王様、次の十人は、頭陀行の徳を受けるに値する者たちであります。

十人とは誰でありましょうか？　ブッダの教えを信頼する者、慚を知る者、意思堅固な者、欺かない者、目的に向かって邁進する者、心が揺るがない者、修行徳目を達成しようと願う者、修行徳目を堅持する者、禅定体験が豊富な者、慈しみの心に住する者、以上であります。

大王様、以上の十人は、頭陀の徳を受けるに値する者たちなのであります。

大王様、およそ誰であれ、家に暮らし、諸々の欲しいものを享受する在家で、真実にして第一義の涅槃を体得する者は、みな、前生で、十三頭陀の徳目を行じ、涅槃の体得への礎を築いていたのであります。この者たちは、前生で、作法と行とを浄化して、今生で在家に生まれ変わり、真実にして第一義の涅槃を体得するのであります。

大王様、たとえば、弓の名人は、弟子に、次のようにやり方で教えます。まず最初に、弓の練習場で、弓の種類、弓の持ち上げ方、摑み方、握り方、指の曲げ方、足の置き方、矢の摑み方、つがえ方、止め方、的に向けて射る仕方、藁人形などの様々な的にどう矢を射るかのやり方を教えます。そして、その後、弟子は、王のもとで修練を積んで弓術を完成し、王から、馬や、車や、象や、財宝や、穀物や、金や、下僕や、妻妾や、村といったものを下賜されます。

大王様、それと同じように、およそ誰であれ、家に暮らし、諸々の欲しいものを享受する在家で、真実にして第一義の涅槃を体得する者は、みな、前生で、十三頭陀の徳目を行じ、涅槃の体得への礎を築いていたのであります。この者たちは、前生で、作法と行とを浄化して、今生で在家に生まれ変わり、真実にして第一義の涅槃を体得するのであります。

大王様、すべての頭陀の徳目を、前生で行ずることとなしに、今生だけで阿羅漢果に達することはあり得ません。ただ、最上の精進、最上の行、適切な師と善友とによって、阿羅漢果に達するのであります。

大王様、たとえば、外科医となろうとする者は、みずからの財や労力によって師を得、その後、執刀、切開、掻把、穿貫、矢の摘出、傷の洗浄、乾燥、薬の塗布、嘔吐剤と下剤と塗油の処方について、次々と習熟してから、医学に習熟し、修練を重ね、腕を上げてから、外に治療に出かけます。大王様、それと同じように、およそ誰であれ、家に暮らし、諸々の欲しいものを享受する在家で、真実にして第一義の涅槃を体得する者は、みな、前生で、十三頭陀の徳目を行じ、涅槃の体得への礎を築いていたのであります。この者たちは、前生で、作法と行とを浄化して、今生に在家に生まれ変わり、真実にして第一義の涅槃を体得するのであります。

大王様、すべての頭陀の徳目によって浄化されない者たちに、真理の観察はありません。

大王様、たとえば、水を注がなければ種から芽が出ることがないように、大王様、それと同じように、すべての頭陀の徳目によって浄化されない者たちに、真理の観察はありません。

大王様、またたとえば、善を為さず、美しい行いを為さない者たちが、善い境涯に生まれ変わることがないように、大王様、それと同じように、すべての頭陀の徳目によって浄化されない者たちには、真理の観察はありません。

大王様、頭陀の徳目は、大地のようなものです。それは、清浄を願う者たちにとって、安立の場だからであります。

大王様、頭陀の徳目は、水のようなものです。それは、清浄を願う者たちにとって、すべての煩悩の垢を洗い流すからであります。

大王様、頭陀の徳目は、火のようなものです。それは、清浄を願う者たちにとって、すべての煩悩の林を焼き尽くすからであります。

大王様、頭陀の徳目は、風のようなものです。それは、清浄を願う者たちにとって、すべての煩悩の塵を吹き飛ばすからであります。

大王様、頭陀の徳目は、解毒剤アガダのようなものです。それは、清浄を願う者たちにとって、すべての煩悩の病を治癒するからであります。

大王様、頭陀の徳目は、不死の霊薬である甘露のようなものです。それは、清浄を願う者たちにとって、すべての煩悩の毒を消すからであります。

大王様、頭陀の徳目は、田畑のようなものです。それは、清浄を願う者たちにとって、すべての沙門の徳という穀物を育むからであります。

大王様、頭陀の徳目は、マノーハラ（魅惑）という名の宝石のようなものです。それは、清浄を願う者たちにとって、望ましいすべての最高の成就をもたらすからであります。

大王様、頭陀の徳目は、船のようなものです。それは、清浄を願う者たちにとって、輪廻の大海の彼岸に渡るためのものだからであります。

大王様、頭陀の徳目は、避難所のようなものです。それは、清浄を願う者たちにとって、生まれることと死ぬことへの怖れから逃れるところだからであります。

大王様、頭陀の徳目は、母のようなものです。それは、清浄を願う者たちにとって、煩悩の苦しみを、抱擁によって取り去るからであります。

大王様、頭陀の徳目は、父のようなものです。それは、清浄を願い、善の増大を願う者たちにとって、すべての沙門の徳を生ぜしめるからであります。

大王様、頭陀の徳目は、友のようなものです。それは、清浄を願う者たちにとって、すべての沙門の徳を求めることを欺かないからであります。

大王様、頭陀の徳目は、蓮華のようなものです。それは、清浄を願う者たちにとって、すべての煩悩の垢を寄せ付けないからであります。

大王様、頭陀の徳目は、四種のすぐれた香のようなものです。それは、清浄を願う者たちにとって、煩悩の悪臭を除くからであります。

大王様、頭陀の徳目は、最高の山たる須弥山のようなものです。それは、清浄を願う者たちにとって、八つの俗事（得・損、名声・悪名、楽・苦、毀誉褒貶）の風に揺さぶられなくするからであります。」

大王様、頭陀の徳目は、虚空のようなものです。それは、清浄を願う者たちにとって、どこでも無礙であり、どこまでも広がり、偉大だからであります。

大王様、頭陀の徳目は、川のようなものです。それは、清浄を願う者たちにとって、煩悩の垢を洗い流すからであります。

大王様、頭陀の徳目は、善い先達のようなものです。それは、清浄を願う者たちにとって、輪廻転生の狭隘路、煩悩の密林を越え渡るものだからであります。

大王様、頭陀の徳目は、大象の長のようなものです。それは、清浄を願う者たちにとって、安穏で、無畏で、最勝の涅槃の都城に至らせてくれるものだからであります。

大王様、頭陀の徳目は、よく磨かれ曇りのない鏡のようなものです。それは、清浄を願う者たちにとって、あらゆる作られたもの（諸行）の本性を照らし出すものだからであります。

大王様、頭陀の徳目は、楯のようなものです。それは、清浄を願う者たちにとって、煩悩の棍棒や、矢や、刀剣を防ぐからであります。

大王様、頭陀の徳目は、傘のようなものです。それは、清浄を願う者たちにとって、煩悩の雨と、貪瞋癡の三火熱を防ぐからであります。

大王様、頭陀の徳目は、月のようなものです。それは、清浄を願う者たちにとって、好ましく切望されるものだからであります。

大王様、頭陀の徳目は、太陽のようなものであります。それは、清浄を願う者たちにとって、無明の闇を破るからであります。

大王様、頭陀の徳目は、海のようなものです。それは、清浄を願う者たちにとって、多数に上る沙門の徳という勝れた宝の在り処を指し示すものであり、その宝は計り知れず、数え切れないからであります。

大王様、このように、頭陀の徳目は、清浄を願う者たちにとって、大いに有益であり、すべての憂いと苦悩を除き、憎しみを除き、怖れを除き、輪廻転生に有ることを除き、頑迷固陋を除き、垢を除き、悩みを除き、苦しみを除き、貪を除き、瞋を除き、癡を除き、高慢を除き、邪見を除き、すべての悪を除き、名声をもたらし、楽をもたらし、心地よくし、喜ばせ、心を安穏にし、過ちなく、好ましい安楽の果報をもたらし、功徳の山であり、功徳の堆積したものであり、その功徳の計り知れず数え切れないもの、最勝にして最高のものであります。

大王様、たとえば、人々が、身を保つために食を摂り、健康のために薬を服用し、自分の助けとして友と交わり、目的地に向かうに船を用い、芳香を良しとするために花や香を用い、畏怖がないようにと避難所に頼り、安立したいがために大地に拠り、学術に通ずるために師を仰ぎ、栄誉を得るために王に仕え、望みごとを叶えるために摩尼宝珠を用いるように、大王様、それと同じように、すべての沙門の徳をもたらしてくれるように、聖なる頭陀の徳目を行ずるのであります。

大王様、またたとえば、水は種を芽生えさせるためのものであり、火はものを焼くためのものであり、食物は体力をつけるためのものであり、蔓はものを縛るためのものであり、刀剣はものを切断するためのものであり、飲み物は渇きを癒すためのものであり、財は喜ばすためのものであり、船は目的地へと川を渡るためのものであり、乗り物は、楽に移動するためのものであり、避難所は、畏怖を除くためのものであり、王は、国土や民を守るためのものであり、楯は、棍棒や、土くれや、矢や、刀剣を防ぐためのものであり、師は、弟子を教えるためのものであり、母は、子を養育するためのもの、鏡は、姿を見るためのものであり、飾りは、美しく見せるためのものであり、衣は、まとうためのものであり、梯子は、登るためのものであり、秤は、計量するためのものであり、呪文は、読誦するためのものであり、武器は、攻撃を防ぐためのものであり、燈火は、闇を破るためのものであり、風は、熱を吹き飛ばすためのものであり、技能は、生活を営むためのものであり、解毒剤アガダは、生命を護るためのものであり、鉱山は、宝石を採掘するためのものであり、宝石は、飾りのためのものであり、命令は、法を犯すことを防ぐためのものであり、権力の行使は、統治を持続させるためのものであります。

大王様、それと同じように、頭陀の徳は、沙門の種を育つためのものであり、煩悩の垢を焼くためのものであり、神通の力をもたらすためのものであり、専念と自戒とで自分を縛るためのものであり、異見と疑念を根絶やしにするためのものであり、渇愛の渇きを抑えるためのものであり、目の当たりに観察すること（現観）で安息をもたらすためのものであり、四つの煩悩の激流（四暴流）を渡るためのものであり、煩悩の病を癒すためのものであり、涅槃の安楽を体得するためのものであり、生・老・病・死・憂い・悲しみ・苦しみ・悩み・悶えの畏怖を除くためのものであり、沙門の徳を守るためのものであり、憎悪と歪んだ理屈を防ぐためのものであり、すべての沙門の利点を教えるためのものであり、すべての沙門の徳を育てるためのものであり、止・観・道・果・涅槃を見せるためのものであり、すべての世界の者たちに賞讃されて、さらにさらに行者を輝かせるためのものであり、悪趣への道を塞ぐためのものであり、沙門の利点の山の頂に登るためのものであり、曲がりくねりいびつな心を投げ捨てるためのものであり、行ずべきことと行ずべきでないこととを学ばせるためのものであり、すべての煩悩なる敵を震撼させるためのものであり、無明の闇を破るためのものであり、貪瞋癡の三種の火熱を吹き消すためのものであり、柔らかで、精妙で、鎮まった心統一を完成させるためのものであり、すべての沙門の利点を守護するためのものであり、目覚めをもたらす徳目（七覚支、七菩提分）という勝れた宝を出現させるためのものであり、ヨーガ行者（瞑想する修行者）たちを飾り立てるためのものであり、瑕疵もなく、微妙、精妙で、鎮まった安楽から逸脱させないためのものであり、すべての沙門の聖なる行道で自在を得るためのものであります。大王様、このように、頭陀の徳は、そうした功徳を体得するためのものなのであります。

大王様、このように、頭陀の徳は、比するものなく、偉大であります。

大王様、誰であれ、悪欲で、強欲で、邪悪で、物欲と名誉欲に耽り、他人から褒めそやされることにこだわり、修行者としてまったく相応しいところがないままに、頭陀の徳を受けようとする者は、二通りの罰を受け、およそ考えられるかぎりの惨澹たる境涯に堕ちるのであります。

そのような者は、今生で、軽蔑され、侮蔑され、非難され、嘲られ、罵言を浴び、交わりを絶たれ、除け者にされ、見放されます。また、次生でも、熱と炎が渦巻く大無間地獄で、幾兆年にわたり、煮え立った湯の泡のように、上下左右に回転させられ、そこから辛うじて逃れたときも、肢体は痩せ、ぼろぼろとなり、黒ずみ、頭は腫れあがって窪みだらけになり、飢えと渇きに苛まれ、異様な恐ろしい形相をなし、耳は損傷を受け、眼は絶えず瞬きし、肢体は傷だらけとなり、腐り、虫が湧き、風に煽られている炎のように燃え上がり、救いもなく、逃れるところもなく、泣き、叫び、憐みを乞うて泣き叫び、沙門の姿かたちをした大焼渇餓鬼となって、大地をさまよいながら、悲痛な叫び声を上げるのであります。

大王様、たとえば、ある者が、王となるにはまったく相応しくなく、下賤の身にして、灌頂を受けて王位に即いたとしましょう。その結果、その者は、――〔以下、残虐な刑が列挙されるが、訳を省く〕――種々様々の刑罰に処せられます。それはなぜでありましょうか？　それは、その者が、王となるにはまったく相応しくなく、下賤の身にして、偉大なる王位に即き、自分の能力の限界を超えたからであります。

大王様、それと同じように、誰であれ、悪欲で、悲痛な叫び声を上げるのであります。

大王様、また、誰であれ、沙門として相応しく、少欲にして知足、孤独にして人と交わらず、精進に邁進し、専心し、諂わず、欺かず、食を貪らず、財を求めず、名声を求めず、賞讃を求めず、ブッダの教えを信頼し、その信頼によって出家し、老・死の苦しみから逃れようとし、ブッダの教えを完全に把握しようと言って、頭陀の徳を受ける者は、みな、二通りの供養（敬意の籠ったもてなし）を受けるに値します。

その者は、諸天と人々に、喜ばれ、好意を持たれ、熱望され、期待されます。それは、あたかも、良質のスマナの花や、マッリカーの花などが、沐浴する人や、肌に香油を塗る人に、喜ばれ、――期待されるようなものです。あたかも、豪勢な食が、腹を空かせた者に、喜ばれ、――。あたかも、冷たく、清潔で、甘い飲み物が、喉の渇いた者に、喜ばれ、――。あたかも、すぐれた薬が、毒の回った者に、喜ばれ、――。あたかも、最勝、最上の駿馬の牽く車が、旅を急ぐ者に、喜ばれ、――。あたかも、マノーハラ（魅惑）という名の宝石や、摩尼宝珠が、実利を望む者に、喜ばれ、――。あたかも、純白で、無垢の、白い傘が、灌頂を受けて王位に即こうとする者に、喜ばれ、――。あたかも、阿羅漢果のこの上ない体得が、真理を探究する者に、喜ばれ、――。

その者は、四念処を完全に修得し、四正勤、四神足、五根、五力、七覚支（七菩提分）、八聖道（八正道）を完全に修得し、止と観とを体得し、涅槃の体得に向けた行に習熟し、四沙門果、四無礙解、三明、六神通、および、沙門の行ずべきことのすべてを身に受け、解脱の純白で、無垢の、白い傘を得て、灌頂を受け、解脱者の位に即きます。

大王様、たとえば、家柄の良い武人階級の王が、即位式で灌頂を受けると、同国の都城の住民や地方の住民、兵士、役人が、王を取り巻きます。さらに、王に仕える三十八種類の人々、舞人、役者、占い師、寿ぎのことばを述べる者、沙門とバラモン、諸々の外道たちがやって来ます。王は、異国の人々や刑罰に処すべき人々を制圧し、この世にあるすべてのもの、すなわち、港、宝石の鉱山、都市、税関を、自の領有とします。大王様、それと同じように、誰であれ、沙門として相応しく、――解脱の純白で、無垢の、白い傘を得て、灌頂を受け、解脱者の位に即きます。

大王様、以下の十三の頭陀支によって浄化された者は、涅槃の海に入り、多種多様の真理の遊戯のような自由な享受を味わいながら、色界の四禅と無色界の四無色定という八つの心統一に専念し、神足通《じんそく》、神耳通《じんに》、他心通、宿命通《しゅくみょう》、神眼通《じんげん》、漏尽通を得ます。

何が十三の頭陀支であるのでしょうか？

糞掃衣《ふんぞうえ》（襤褸布を綴り合わせた衣）支、三衣《さんね》支、常乞食（招待食を受けない）支、次第乞食（特定の家を狙わず、順に乞食する）支、一坐食（いったん坐を起ったら食は終了）支、一鉢食（足りないからといってまた乞食しない）支、時後不食（午後には食を摂らない）支、阿蘭若《あらんにゃ》（人里離れたところ）住支、樹下住支、露地（屋根のないところ）住支、塚間《ちょうけん》（死体捨て場）住支、隋処（たまたま得られたところ）住支、常坐不臥支と、以上であります。

大王様、これら十三の頭陀支が、前生で行ぜられ、完全に遂行されたことによって、今生では在家といえども、あらゆる沙門と同じ境地に達し、完全、寂静、安楽の心統一を体得するのであります。

大王様、たとえば、海運で巨万の富を得る船主が、海に乗り出し、ベンガル、北アルコット、支那、ソーヴィーラ、カーティヤーワール半島、アレクサンドリア、コロマンデル、ビルマ沿岸を思うがままに航行するように、大王様、それと同じように、これら十三の頭陀支が、前生で行ぜられ、完全に遂行されたことによって、今生では在家といえども、あらゆる沙門を同じ境地に達し、完全、寂静、安楽の心統一を体得するのであります。

大王様、たとえば、田畑を耕す者が、まず、田畑の妨げになる雑草や、樹木や、石を取り除いてから耕し、そして種を撒き、しかるべく水を引き、作物を守り育て、刈り取りと脱穀によって多くの穀類を収穫できれば、貧困者、身寄りのない者、物乞い、不幸に見舞われている者が、みな、その者の庇護を受けるように、大王様、それと同じように、これら十三の頭陀支が、前生で行ぜられ、完全に遂行されたことによって、今生では在家といえども、あらゆる沙門と同じ境地に達し、完全、寂静、安楽の心統一を体得するのであります。

大王様、またたとえば、良い家柄の王族が即位のための灌頂を受け、王の印を帯び、刑に服している者たちを正しく更生させるならば、思うがままに権力を行使する覇者として全土を支配する者となるように、大王様、それと同じように、これら十三の頭陀支が、前生で行ぜられ、完遂されたことによって、今生では在家といえども、勝者ブッダの教えの下、思うがままに権力を行使する覇者のように、沙門のあらゆる徳を体現することになります。

大王様、ウパセーナ・ヴァンガンタプッタ長老は、頭陀支を完遂したがゆえに、舎衛城で、比丘の集団の決まりを守らなく破僧伽を犯して自身の党派を率い、ただ一人の瞑想に入っておられたブッダのもとに至り、額を幸有るお方のおみ足につけて礼拝し（頂礼し）、その傍らに坐ったではありませんか？　しかも、幸有るお方は、その党派の面々が、みな、よく教導されているのを見、喜びに満ち溢れ、歓喜、勇躍し、その者たちと親しく話を交わし、純粋で清浄なことばで、次のように仰いました。

『ウパセーナ君、君はこの君の党派は、喜びに満ち溢れている。ウパセーナ君、君はどのようにして君の党派を教え導いたのであるか？』と。

こう問われて、ウパセーナ長老は、あるがままに基づいて、幸有るお方に次のように答えました。

『先生、誰であれ、わたくしのもとで、出家したいとか、頼りにしたいと願う者があれば、わたくしは、その者にこのように言います。「友よ、わたくしは、他ならぬ阿蘭若住を行ずる者であり、常乞食を行ずる者であり、糞掃衣を行ずる者である。もしも、君が、阿蘭若住を行じ、常乞食を行じ、糞掃衣を行じ、三衣を行ずる者となるならば、わたくしは、君を出家させ、わたくしを頼りにしたいという願いを叶えましょう」と。先生、もしも、そう願い、喜び、それまでの生活を止める者があれば、わたくしは、その者を出家させ、わたくしを頼りたいという願いを叶えます。もしも、その者が、喜ばず、それまでの生活を止めたくないならば、わたくしは、その者を、出家させませんし、わたくしを頼りにしたいという願いを叶えさせません。先生、わたくしは、この者たちを、このように教え導いたのであります』と。

大王様、それと同じように、勝れた頭陀支を受ける者は、勝者ブッダの勝れた教えの下、思うがままに権力を行使する覇者のように、完全、寂静、安楽の心統一を体得するのであります。

大王様、たとえば、芽生えた蓮は、汚れていない良質の種から生まれ、艶があり、柔らかで、人に好まれ、芳しく、水や泥に汚されず、花弁や雌蕊や胚で美しく飾られ、蜂が群がり、清らかな水の中で育つように、大王様、それと同じように、これら十三の頭陀支が、前生で行ぜられ、完遂されたことによって、聖なる仏弟子は、三十の勝れた徳がすべて具わります。その三十の徳とは何でありましょうか？

愛情豊かで、柔和で、慈しみ深い心を持つ。煩悩が、根こそぎ断たれている。高ぶりと偉ぶりが砕かれ、打ち捨てられている。ブッダの教えへの信頼が堅固である。円満で喜ばしく寂静で安楽な心統一を体得している。最勝、清浄な香を漂わせる戒を行じている。諸天や人々に好まれる。

煩悩を滅ぼした聖なる人々に賞讃される。諸天や人々から厚く供養される。智慧ある人々に賞讃される。今生でも次生でも、世俗の汚れに染まらない。ほんの少しばかりの罪過でも畏怖する。広大で最勝の境地を目指せば、最勝の利益である聖者を体得出来る。求めれば、すばらしい生活必需品が得られる人々の一人となる。屋根の下ではないところに臥す。勝れた瞑想に専心する。煩悩の網を解く。悪趣と汚れの蓋いを打ち破る。怒りっぽくなくなる。生活がよく制御されている。律に背くことをしない。輪廻の生存を脱する。疑念をすべて払う。解脱を目指して専心する。真理を目の当たりにする。不動で堅固な避難所に至る。副次的な煩悩もすべて断ずる。漏を根こそぎに断つ。寂静で安楽な心統一に専心する。沙門の徳がすべて具わる。そのような者は、これら三十の勝れた徳がすべて具わるのでありま す。

大王様、サーリプッタ長老は、十力にして世間の指導者であるブッダは措くとして、一万の世界の最高のお方であります。サーリプッタ長老も、無量、無数の劫をかけて善根を積み、今生でバラモンの家系に生まれ変わり、喜ばしいものごとや幾百の螺貝や財を投げ捨て、勝者ブッダの教えの下に出家し、これら十三の頭陀支によって身口意を修め、無辺の徳を具えた人となり、幸有るお方の勝れた教えに従って、法輪を次々と転ずるお方となりました。

大王様、諸天の中の天である幸有るお方は、勝れた福徳である『増一阿含』で、次のように説かれました。

『比丘たちよ、如来が転じたこの上ない法輪を、わが後に正しく転ずる者は、サーリプッタだけであり、他には見当たらない。比丘たちよ、サーリプッタは、如来が転じたこの上ない法輪を、わが後に正しく転ずるのである』と。」

「分かりました。ナーガセーナ長老殿、九分教、出世間の行い、この世で最勝の目標である涅槃は、すべて、これら十三の頭陀支の中にあるのです。」

〔難問終わる。〕

第二篇……譬えについての問い

見習うべきもの一覧

「ナーガセーナ長老殿、どれだけの支分を具えれば、比丘は阿羅漢果に達するのでありましょうか?」

「大王様、阿羅漢果に達することを目指す比丘は、

〔第一章〕
驢馬の一支分を見習うべきである。
鶏の五支分を見習うべきである。
栗鼠の一支分を見習うべきである。
牝豹の一支分を見習うべきである。
牡豹の一支分を見習うべきである。
亀の五支分を見習うべきである。
竹の一支分を見習うべきである。
弓の一支分を見習うべきである。
鳥の二支分を見習うべきである。
猿の二支分を見習うべきである。

〔第二章〕
瓢箪の一支分を見習うべきである。
蓮華の三支分を見習うべきである。
種子の二支分を見習うべきである。
美しいサーラ樹の一支分を見習うべきである。
船の三支分を見習うべきである。
錨の二支分を見習うべきである。
帆柱の一支分を見習うべきである。
操舵者の三支分を見習うべきである。
水夫の一支分を見習うべきである。
海の五支分を見習うべきである。

〔第三章〕
地の五支分を見習うべきである。
水の五支分を見習うべきである。
火の五支分を見習うべきである。
風の五支分を見習うべきである。
岩山の五支分を見習うべきである。
虚空の五支分を見習うべきである。
月の五支分を見習うべきである。
太陽の七支分を見習うべきである。
帝釈天の三支分を見習うべきである。
転輪王の四支分を見習うべきである。

〔第四章〕
白蟻の一支分を見習うべきである。
猫の二支分を見習うべきである。
鼠の一支分を見習うべきである。
蠍の一支分を見習うべきである。
鼬の一支分を見習うべきである。
老いたジャッカルの一支分を見習うべきである。
鹿の三支分を見習うべきである。

牡牛の四支分を見習うべきである。
野猪の二支分を見習うべきである。
象の五支分を見習うべきである。
〔第五章〕
獅子の七支分を見習うべきである。
鴛鴦の三支分を見習うべきである。
ペーナーヒカー鳥の二支分を見習うべきである。
鳩の一支分を見習うべきである。
梟の二支分を見習うべきである。
鶴の一支分を見習うべきである。
蝙蝠の二支分を見習うべきである。
蛭の一支分を見習うべきである。
蛇の三支分を見習うべきである。
大蛇の一支分を見習うべきである。
〔第六章〕
土蜘蛛の一支分を見習うべきである。
乳飲み子の一支分を見習うべきである。
斑点のある亀の一支分を見習うべきである。
林の五支分を見習うべきである。
樹木の三支分を見習うべきである。
雨雲の五支分を見習うべきである。
摩尼宝珠の三支分を見習うべきである。
猟師の四支分を見習うべきである。
漁夫の二支分を見習うべきである。
大工の二支分を見習うべきである。
〔第七章〕
水がめの一支分を見習うべきである。
鉄の二支分を見習うべきである。
傘の三支分を見習うべきである。
田畑の三支分を見習うべきである。
解毒剤アガダの二支分を見習うべきである。
食物の三支分を見習うべきである。
射手の四支分を見習うべきである。
王の四支分を見習うべきである。
門衛の二支分を見習うべきである。
砥石の一支分を見習うべきである。
〔第八章〕
燈火の二支分を見習うべきである。
孔雀の二支分を見習うべきである。
駿馬の二支分を見習うべきである。
酒屋の二支分を見習うべきである。
榼の二支分を見習うべきである。
秤の一支分を見習うべきである。
刀剣の二支分を見習うべきである。
魚の二支分を見習うべきである。
債務者の一支分を見習うべきである。
〔第九章〕
病人の二支分を見習うべきである。

川の二支分を見習うべきである。
牡牛の一支分を見習うべきである。
道の二支分を見習うべきである。
徴税吏の一支分を見習うべきである。
盗人の三支分を見習うべきである。
鷹の一支分を見習うべきである。
犬の一支分を見習うべきである。
医者の三支分を見習うべきである。
妊婦の二支分を見習うべきである。

〔第十章〕

牝のヤクの一支分を見習うべきである。
牝鶏の二支分を見習うべきである。
小鳩の三支分を見習うべきである。
片目の者の二支分を見習うべきである。
農夫の三支分を見習うべきである。
牝のジャッカルの一支分を見習うべきである。
濾過器の二支分を見習うべきである。
匙の一支分を見習うべきである。
債権者の三支分を見習うべきである。
試験官の一支分を見習うべきである。

〔第十一章〕

馭者の二支分を見習うべきである。
村長の二支分を見習うべきである。
裁縫師の一支分を見習うべきである。
船長の一支分を見習うべきである。
蜜蜂の二支分を見習うべきである。」

第一章

第一　驢馬

「ナーガセーナ長老殿、御貴殿は、『驢馬の一支分を見習うべきである』と仰いましたが、その、見習うべき一支分とは何でありましょうか？」

「大王様。たとえば、驢馬が、塵の積もったところでも、四つ辻でも、街の四つ角でも、村の入り口でも、籾が積み上げられたところでも、いかなるところでも臥すけれども、滅多に臥すことを好まないように、大王様、それと同じように、ヨーガ行者は、草の坐具でも、葉の坐具でも、薪の坐具でも、地面でも、どのようなところでも、革敷物を敷いて、どこでも臥すべきであり、滅多に臥すことを好むべきではありません。大王様、これが、見習うべき驢馬の一支分であります。大王様、それについて、諸天の中の天である幸有るお方は、次のように説かれました。

『比丘たちよ、今や、わたくしの弟子たちは、薪を枕とし、怠ることなく熱心に、禅定に専心している』と。

大王様、また、真理の将軍であるサーリプッタ長老は、次の偈頌を説かれました。

『結跏趺坐している比丘には、膝に達するまで雨が降らなければ、そこは十分に安楽の精舎である』と。」

第二　鶏

「ナーガセーナ長老殿、御貴殿は、『鶏の五支分を見習うべきである』と仰いましたが、その、見習うべき五支分とは何でありましょうか？」

「大王様、たとえば、鶏が、時が来れば塒に戻るように、大王様、それと同じように、ヨーガ行者は、時が来れば、祠堂の庭を掃除し、飲食を用意させ、体調に気を配り、沐浴し、祠堂に礼拝し、年上の比丘たちに挨拶しに出向き、時が来れば空屋に入らねばなりません。大王様、これが、見習うべき鶏の第一の支分であります。

大王様、さらにまた、鶏が、時が来れば起きるように、大王様、それと同じように、ヨーガ行者は、時が来れば、祠堂の庭を掃除し、飲食を用意させ、体調に気を配り、沐浴し、祠堂に礼拝し、再び空屋に入らねばなりません。大王様、これが、見習うべき鶏の第二の支分であります。

大王様、さらにまた、鶏が、地面を幾度も掘って餌をついばむように、大王様、それと同じように、ヨーガ行者は、幾度もよく考えながら食を摂らねばなりません。すなわち、遊び事ではなく、驕りではなく、身を飾るのではなく、容姿を美しく見せるもでもなく、わが身の存続、維持のため、体調を崩さないため、また、『これによって、わたくしはこれまでの苦しみを断ち切り、これからの苦しみを生ぜしめないであろう。わたくしは、生活の糧を得たことで、過ちを犯すことなく、安楽に住するに至るであろう』と考え、清浄な行いを守り通すため、ただそのためにのみ食を摂るのであります。大王様、これが、見習うべき鶏の第三の支分であります。大王様、また、諸天の中の天である幸有るお方は、次の偈頌を説かれました。

『たとえば、砂漠で飢えた両親がわが子の肉を食らったという話のように、

たとえば、車軸に油を注ぐように、

体を維持するために、

比丘は食を摂るのである』と。

大王様、さらにまた、鶏は、眼があるといっても、夜はものが見えないように、大王様、それと同じように、ヨーガ行者は、眼が見えながら、ものが見えない者のように振る舞うべきであります。林の中でも、食の得られる村に乞食のために入るときにも、貪欲を引き起す色・声・香・味・触・法（以上の、意が処理すべき外界情報）にたいして、あたかも目の見えない者のように、耳の聞こえない者のように、口のきけない者のように振る舞うべきであります。それらの特徴を、いかに小さなものであれ、認知してはなりません。大王様、これが、見習うべき鶏の第四の支分であります。

大王様、また、マハーカッチャーヤナ（大迦旃延《だいかせんねん》）長老は、次の偈頌を説かれました。

『眼はあっても、ものが見えない者のように、

耳があっても、ものが聞こえない者のように、

舌があっても、口のきけない者のように、

力があっても、力の無い者のように振る舞うべきである。

自身のためになることが生じたときには、

横たわる死人のように、臥して対応せよ』と。

大王様、さらにまた、鶏が、土くれや、杖や、棒や、鎚で打たれても、自分の棲み処を棄てないように、大王様、それと同じように、ヨーガ行者は、衣を繕うときでも、精舎を新たに普請するときでも、日々の勤行を為すときでも、読経するときでも、他人に読経させるときでも、正しい心の働きを棄てるべきではありません。大王様、正しい心の働き、これこそヨーガ行者の棲み処であります。大王様、これが、見習うべき鶏の第五の支分であります。

大王様、また、諸天の中の天である幸有るお方は、

『比丘たちよ、何がおのれの領分であり、父祖伝来の領分であるか？　それは、四念処である』と説かれました。また、真理の将軍であるサーリプッタ長老は、次の偈頌を説かれました。

『たとえば、賢い象が、おのが鼻を害うことなく、
おのが生命の護り方を心得、
食べてよいものとそうでないものとを知るように、
怠ることなく励むブッダの子は、
勝者ブッダの最勝にして最上のことば、正しい心の働きを害ってはならない』と。」

第三　栗鼠

「ナーガセーナ長老殿、御貴殿は、『栗鼠の一支分を見習うべきである』と仰いましたが、その見習うべき一支分とは何でありましょうか？」

「大王様、たとえば、栗鼠が、敵に襲われると、自分の尾を叩いて大きくし、その棍棒のような尾で敵から身を防ぐように、大王様、それと同じように、ヨーガ行者は、煩悩の敵に襲われると、四念処を棍棒のように叩いて大きくし、四念処の棍棒ですべての煩悩から身を護るべきであります。大王様、これが、見習うべき栗鼠の一支分であります。

また、チュッラパンタカ（周梨槃特）長老は、次の偈頌を説かれました。

『沙門の徳を害う諸々の煩悩に襲われたならば、
四念処の棍棒で、それらを徹底的に滅却すべきである』と。」

第四　牝豹

「ナーガセーナ長老殿、御貴殿は、『牝豹の一支分を見習うべきである』と仰いましがた、その一支分とは何でありましょうか？」

「大王様、たとえば、牝豹が、ひとたび妊娠すれば、もはや牡豹に近づかないように、大王様、それと同じように、ヨーガ行者は、この後の生まれ変わりや、また再び死ぬという、畏怖すべき輪廻の生存の有り様を見て、『わたくしは生まれ変わるまい』と、正しく心を働かせ、一念発起すべきであります。大王様、これが、見習うべき牝豹の一支分であります。

大王様、また、諸天の中の天である幸有るお方は、『経集』の『牛飼いダニヤ経』の中で、次の偈頌を説かれました。

『牡牛のように、自分を縛っているものを断ち切り、
象のように、臭い蔓草を踏みにじり、
わたくしは、もはや今生で死んだ後、また何かの母胎に入ることはないであろう。
それゆえ、天よ、雨を降らしたければ雨を降らせよ』と。」

第五　牡豹

「ナーガセーナ長老殿、御貴殿は、『牡豹の二支分を見習うべきである』と仰いましたが、その見習うべき二支分とは何でありましょうか?」

「大王様、たとえば、牡豹が、林や草の茂み、密林、岩の中に身を潜めて鹿を捕獲するように、大王様、それと同じように、ヨーガ行者は、人里離れたところ、樹の茂ったところ、樹下、山、洞穴、山の岩陰、林、露地、藁の集積場、人語の聞こえないところ、騒音のないところ、人の気配がなく、他人の煩わしさがなく、独り坐して瞑想するに適した場所を利用すべきであります。大王様、ヨーガ行者は、人里離れたところを利用すれば、久しからずして、六神通に自在を得ます。大王様、これが、見習うべき牡豹の第一の支分であります。大王様、また、ブッダの教えを誦する長老たちは、次の偈頌を説かれました。

『またたとえば、身を潜めた牡豹が鹿を捕獲するように、
正しいヨーガ行者にして正しく観るブッダの子は、
人里離れたところに入って、最上の阿羅漢果を得る』と。

大王様、さらにまた、牡豹は、どのような獣を殺しても、自分の左側に倒れた獲物は食べないように、大王様、それと同じように、ヨーガ行者は、箭の布施や、葉物の布施や、花の布施や、果実の布施や、沐浴の布施や、歯磨き用の粘土の布施や、歯磨き用としての楊枝の布施や、漱ぎのための水の布施や、諂いや、口から出まかせや、お世辞や、小間使いや、医薬の処方や、使者になることや、雑用係になることや、食を提供することや、布施されたものを提供することや、家相占いや、星占いや、手足占いや、あるいは、ブッダが禁じられた他のいかなる邪な生活手段によって得た食は、摂るべきではありません。大王様、これが、見習うべき牡豹の第二の支分であります。大王様、また、真理の将軍であるサーリプッタ長老は、次の偈頌を説かれました。

『巧言を弄して得た美味の乳粥を、
もしもわたくしが摂ったならば、わが生き方は叱責を浴びる。
たとい、わたくしのはらわたが膜を破って外に飛び出しても、
たとい、命を失くすことがあっても、
律を破ることは決してないであろう』と。」

第六　亀

「ナーガセーナ長老殿、御貴殿は、『亀の五支分を見習うべきである』と仰いましたが、その見習うべき五支分とは

何でありましょうか？」

「大王様、たとえば、水に棲む亀が水の中にだけ棲み処を作るように、大王様、それと同じように、ヨーガ行者は、すべての生類、妖怪、人間の利益を願い、慈しみの心に溢れた広大にして無量の、怨みも憎しみもない心を、全世界に及ぼして、出家の生活を過ごすべきであります。大王様、これが、見習うべき亀の第一の支分であります。

大王様、さらにまた、亀は水面を泳ぐときに頭をもたげますが、何ものかに見つかると、『あやつに見つかってはならない』と思って、すぐに沈んで深く潜ります。大王様、それと同じように、ヨーガ行者は、諸々の煩悩に襲われると、『諸々の煩悩が、もうわたくしを対象としないでほしい』と思って、心統一の対象に深く沈潜します。大王様、これが、見習うべき亀の第二の支分であります。

大王様、さらにまた、亀は、水中から出て、甲羅干しで身を温めるように、大王様、それと同じように、ヨーガ行者は、行住坐臥から意を遠ざけ、四勤行の中で意を温かく守ります。大王様、これが、見習うべき亀の第三の支分であります。

大王様、さらにまた、亀は、地面に穴を掘って身を隠して棲み処を作るように、大王様、それと同じように、ヨーガ行者は、物的利益や人からの尊敬や人からの名声を棄て、人跡稀な荒野や、林や、山や、洞穴や、岩の窪みや、人語なく騒音もない、人里離れたところに深く潜りこみ、孤独のところを修行の場とすべきであります。大王様、これが、見習うべき亀の第四の支分であります。

大王様、また、ウパセーナ・ヴァンガンタプッタ長老は、次の偈頌を説かれました。

『人里離れ、騒音なく、
猛獣の出没する坐臥所を、
比丘は、独り坐して瞑想するところとして
利用すべきである』と。

大王様、さらにまた、あちこちと這い回っている亀が、何者かに見られたり物音を聞けば、頭と四肢を甲羅に引っ込め、護身のために動かず、ただ身を潜めているように、大王様、それと同じように、ヨーガ行者は、いかなるところでも、貪欲を引き起す色・声・香・味・触・法に襲われたとき、それらを捉える眼・耳・鼻・舌・身（皮膚）・意の六つの感官の門をみずから閉ざし、意を五つの外的な感官から引き離して護り、正しい専心と正しい智慧をもって、沙門の為すべきことを外すことなく、安立すべきであります。大王様、是が、見習うべき亀の第五の支分であります。

大王様、また、諸天の中の天である幸有るお方は、勝れた『相応部』の『亀の譬えの経』の中で、次の偈頌を説かれました。

『亀が、四肢をみずからの甲羅の中に引っ込めるように、
比丘は、意の諸々の作用を修め、
何にも拠らず何ものをも悩まさない

完全な涅槃を得るも、それは誰も謗ることが出来ないものである』と。」

第七　竹

「ナーガセーナ長老殿、御貴殿は、『竹の一支分を見習うべきである』と仰いましたが、その見習うべき一支分とは何でありましょうか？」

「大王様、たとえば、竹は、風が吹くにしたがってしなり、その逆にはしならないように、大王様、それと同じように、ヨーガ行者は、幸有るお方の九分教になびき従い、適切で過ちなく身を保ち、もって、沙門としての行いを追い求めるべきであります。大王様、これが、見習うべき竹の一支分であります。

大王様、ラーフラ長老は、次の偈頌を説かれました。

『九分教に
いつも従い、
適切で過ちなく身を保ち、
もって、
わたくしは、悪趣を越え渡った』と。」

第八　弓

「ナーガセーナ長老殿、御貴殿は、『弓の一支分を見習うべきである』と仰いましたが、その一支分とは何でありましょうか？」

「大王様、巧みに作られ均整の取れた弓は、上端から下端まで均等にしなやかに曲がり、硬直していないように、大王様、それと同じように、ヨーガ行者は、古参・新参・中ほど・同輩の者たちにそれなりに接するべきであり、頑《がん》迷固陋《めいころう》であってはなりません。大王様、これが、見習うべき竹の一支分であります。

大王様、また、諸天の中の天である幸有るお方は、『ヴィドゥラ・プンナカ本生経』で、次の偈頌を説かれました。

『賢者は弓のようにしなり、
竹のように柔軟で、
逆らうことがなければ、
王の宮殿に住まうこと疑いなしである』と。」

第九　烏

「ナーガセーナ長老殿、御貴殿は、『烏の二支分を見習うべきである』と仰いましたが、その見習うべき二支分とは何でありましょうか？」

「大王様、たとえば、鳥は、状況を隈なく考慮し、用心怠りなく、警戒しながら行動するように、大王様、それと同じように、ヨーガ行者は、自分の置かれた状況を隈なく考慮し、用心怠りなく、過ちなきように警戒しながら思念を確立し、感官をよく制御して行動しなければなりません。大王様、これが、見習うべき鳥の第一の支分であります。

大王様、さらにまた、鳥が、獲物を見つけると、仲間たちと分け合って食べるように、大王様、それと同じように、ヨーガ行者は、正しい方法で得た布施の、たとい一鉢の分量であっても、戒を保ち清浄な行を修する者たちと分ち合わなければ、その食を摂ってはなりません。これが、見習うべき鳥の第二の支分であります。

大王様、真理の将軍サーリプッタ長老は、次の偈頌を説かれました。

『もしも、人々がわたくしに食を布施するならば、
苦行に身を挺するわたくしは、受けた分だけ
すべての行者に分け与え、
その後、摂るであろう』と。」

第十　猿

「ナーガセーナ長老殿、御貴殿は、『猿の二支分を見習うべきである』と仰いましたが、その見習うべき二支分とは何でありましょうか？」

「大王様、たとえば、猿が、棲み処を選ぶに当たって、静かで、枝が繁茂し、身を隠すに相応しい大樹を求めるように、大王様、それと同じように、ヨーガ行者は、恥を知り、好ましい風で、戒を保ち、心構え善く、ブッダの教えの伝承に熟知し、善くそれを他人に示し、歓喜せしめる善知識と交わるべきであります。大王様、これが、見習うべき猿の第一の支分であります。

大王様、たとえば、猿が、樹上で行動し、そこで眠って夜を過ごすように、大王様、それと同じように、ヨーガ行者は、林で行住坐臥のすべてを為し、四念処をひたすら行ずべきであります。大王様、これが、見習うべき猿の第二の支分であります。

大王様、また、真理の将軍サーリプッタ長老は、次の偈頌を説かれました。

『歩むも、立つも、
坐するも、臥すも、
比丘は、林の中で輝くであろう、
林住生活は、賢者の讃えるところである』と。」

第一章終わる。

第二章

第一　瓢箪

「ナーガセーナ長老殿、御貴殿は、『瓢箪の一支分は、見習うべきである』と仰いましたが、その見習うべき一支分とは何でありましょうか？」

「大王様、たとえば、瓢箪が、草であれ、棒であれ、蔓草であれ、巻きひげで絡みつき、上へ上へと伸びていくように、大王様、それと同じように、阿羅漢果にまで至ろうとするヨーガ行者は、心を対象に集中し、阿羅漢果にまで昇るべきであります。大王様、これが、見習うべき瓢箪の一支分であります。

大王様、真理の将軍サーリプッタ長老は、次の偈頌を説かれました。

『たとえば、瓢箪が、草であれ、棒であれ、蔓草であれ、
巻きひげで絡みつき、
それによって上へ上へと伸びていくように、
阿羅漢果に至ろうとするブッダの子は、
心を対象に集中し、
修行すべき徳目がもはやない者（無学、つまり阿羅漢）
にまで昇るべきである』と。」

第二　蓮

「ナーガセーナ長老殿、御貴殿は、『蓮の三支分を見習うべきである』と仰いましたが、
その三支分とは何でありましょうか？」

「大王様、たとえば、蓮が、水中に芽生え、水中で成長しながらも、水に汚されないように、大王様、それと同じように、ヨーガ行者は、乞食して回る家や、比丘の集団や、名聞や、利養や、世間からの尊敬や、用いる生活必需品や、すべてのものに汚されずにあるべきであります。大王様、これが、見習うべき蓮の第一の支分であります。

大王様、さらにまた、蓮が、水面から起ち上がるように、大王様、それと同じように、ヨーガ行者は、世の人々に打ち勝ち、超越し、出世間のことがらに安立すべきであります。大王様、これが、見習うべき蓮の第二の支分であります。

大王様、さらにまた、蓮が、わずかの風にも揺れ動くように、大王様、それと同じように、ヨーガ行者は、わずかの煩悩も抑止すべきであり、わずかな罪過をも畏怖すべき

であります。大王様、これが、見習うべき蓮の第三の支分であります。

大王様、諸天の中の天である幸有るお方は、次のように説かれました。

『わずかな罪過をも畏怖し、修行徳目を守り行ずるのである』と。」

第三　種子

「ナーガセーナ長老殿、御貴殿は、『種子の二支分を見習うべきである』と仰いましたが、その見習うべき二支分とは何でありましょうか？」

「大王様、小さな種子でも、良好な田畑に撒かれ、天から適度な雨を受けるならば、実を豊かに結ぶように、大王様、それと同じように、ヨーガ行者は、戒を守ることで沙門のさまざまな境地がもたらされるように、正しく行ずべきであります。大王様、これが、見習うべき種子の第一の支分であります。

大王様、さらにまた、種子が、よく耕された田畑に撒かれると、よく成長するように、大王様、それと同じように、ヨーガ行者は、心をよく制御し、閑静なところで浄め、心を四念処の勝れた田畑に置くならば、その心は急速に上昇します。大王様、これが、見習うべき種子の第二の支分であります。

大王様、アヌルッダ長老は、次の偈頌を説かれました。

『たとえば、よく耕された田畑に、種子が撒かれるならば、実を豊かに結び、農夫も満足するに至る。それと同じように、ヨーガ行者の心が、閑静なところで浄められるならば、四念処の田畑で急速に上昇する』と。」

第四　美しいサーラ樹

「ナーガセーナ長老殿、御貴殿は、『美しいサーラ樹の一支分を見習うべきである』と仰いましたが、その見習うべき一支分とは何でありましょうか？」
「大王様、たとえば、美しいサーラ樹が、地中に、百尺、いやそれ以上も深く根を張るように、大王様、それと同じように、ヨーガ行者は、四つの沙門の位（果）、四無礙解、六神通、および、沙門の為すべきことを、閑静なところで為しおおすべきであります。これが、見習うべき美しいサーラ樹の一支分であります。
大王様、また、ラーフラ長老は、次の偈頌を説かれました。
『美しい、サーラ樹という名の植物は、
地中に、百尺も深く根を張り、
時来たって成長すれば、樹は上に伸び、

一日の内に百尺の高さにまで成長するように、大王様、それと同じように、わたくしは、サーラ樹のように、閑静なところで、真理の教えに従って上昇する』と。」

第五　船

「ナーガセーナ長老殿、御貴殿は、『船の三支分を見習うべきである』と仰いましたが、その三支分とは何でありましょうか?」

「大王様、たとえば、船が、様々な木材を集め合わせたものとして、多くの人々を彼岸に渡すように、大王様、それと同じように、ヨーガ行者は、正しい行や、戒を守ることや、徳や、修行徳目を集め合わせることで、諸天や人々を彼岸(涅槃)に渡すべきであります。大王様、これが、見習うべき船の第一の支分であります。

大王様、さらにまた、船が、様々な波が猛然と押し寄せ、渦を巻いて暴れるのに耐えるように、大王様、それと同じように、ヨーガ行者は、様々な煩悩の怒涛、つまり、利養や、尊敬を受けることや、名声や、供養や、毀誉褒貶や、苦楽や、尊重や軽視といった様々な病毒の怒涛にも耐えるべきであります。大王様、これが、見習うべき船の第二の支分であります。

大王様、さらにまた、船が、果てもなく広く、深く、波音高く、ティミやティミンガラやマカラといった怪魚の群れが棲み処とする海を渡るように、大王様、それと同じように、ヨーガ行者は、三転十二相行をもって四聖諦を観察、通達することを思うがままに進めるべきであります。大王様、これが、見習うべき船の第三の支分であります。

大王様、また、諸天の中の天である幸有るお方は、すぐれた『相応部』の中の『真理への相応』で、次のように説かれました。

『比丘たちよ、観察に当たって、君たちは、「これは苦しみである」と観察せよ。「これは苦しみが起こる原因である」と観察せよ。「これは苦しみの滅である」と観察せよ。「これは苦しみの滅に至る道である」と観察せよ』と。」

第六　錨

「ナーガセーナ長老殿、御貴殿は、『怒りの二支分を見習うべきである』と仰いましたが、その見習うべき二支分とは何でありましょうか?」

「大王様、たとえば、錨が、多くの波が逆巻き、暴れ激する広大な海で、船を固定し、船があちこちと流されないようにするように、大王様、それと同じように、ヨーガ行者は、貪瞋癡の波や、詭弁を交える誤った思索の大きな衝撃に耐え、心を固定し、心をあちこちと流されないようにすべきであります。大王様、これが、見習うべき錨の第一の支分であります。

大王様、さらにまた、錨が、浮くことなく沈み、百尺の深さの海中でも船を固定するように、大王様、それと同じように、ヨーガ行者は、利養、名聞、尊敬、供養、またその最たるものの中にあっても、浮くことなく、ただ、身体を安らげることにのみ心を用いるべきであります。大王様、これが、見習うべき錨の第二の支分であります。

大王様、また、真理の将軍サーリプッタ長老は、次の偈頌を説かれました。

『たとえば、錨が、海中で、
浮かぶことなく沈むように、
修行者は、利聞や尊敬を受けることの中で、
浮いてはならない、沈むべきである』と。」

第七　帆柱

「ナーガセーナ長老殿、御貴殿は、『帆柱の一支分を見習うべきである』と仰いましたが、その見習うべき一支分とは何でありましょうか？」

「大王様、たとえば、帆柱が、艫綱や帆桁綱や帆を具えているように、大王様、それと同じように、ヨーガ行者は、正念と正知を具足するべきであります。行くも、戻るも、前を見るも、周りを見回すも、肘を曲げるも、伸ばすも、大衣と鉢を身につけているにも、食べるも、飲むも、噛むも、味わうも、大小便を排泄するも、歩くも、立つも、坐るも、臥すも、覚醒しているも、語るも、黙るも、いかなるときにも正知を保つべきであります。大王様、これが、見習うべき帆柱の一支分であります。

大王様、諸天の中の天である幸有るお方は、次のように説かれました。

『比丘たちよ、およそ比丘たる者は、正念、正知の状態を保つべきである。これは、君たちに向けた、わたくしの戒めの教えである』と。」

第八　操舵者

「ナーガセーナ長老殿、御貴殿は、『操舵者の三支分を見習うべきである』と仰いましたが、その見習うべき三支分とは何でありましょうか？」

「大王様、たとえば、操舵者が、昼夜を問わず、怠ることなく勤め励み、船を動かすように、大王様、それと同じように、ヨーガ行者は、心を制御し、昼夜を問わず、怠ることなく、心を正しく働かせることで心を制御すべきであります。大王様、これが、見習うべき操舵者の第一の支分

であります。

大王様、また、諸天の中の天である幸有るお方は、『ダンマパダ』で、次の偈頌をとかれました。

『不放逸を楽しめ、
おのが心をよく護れ、
苦しみの隘路からおのれを引き出せ、
泥中に嵌った象のように』と。

大王様、さらにまた、操舵者が、海の中で利するものも害するものもすべて熟知しているように、大王様、それと同じように、ヨーガ行者は、善悪、罪非罪、勝劣、黒白といった、相反することがらを弁別すべきであります。大王様、これが、見習うべき操舵者の第二の支分であります。

大王様、さらにまた、操舵者が、他の誰も操舵してはならないとして操舵の装置に触れさせないように、大王様、それと同じように、ヨーガ行者は、いかなる悪の思索を起こしてはならないとして、心に自律の封印を施すべきであります。大王様、これが、見習うべき操舵者の第三の支分であります。

大王様、また、諸天の中の天である幸有るお方は、すぐれた『相応部』で、次のように説かれました。

『比丘たちよ、悪の思索を起こしてはならない。貪欲の思索と、瞋恚の思索と、害心の思索とを』と。」

第九　水夫

「ナーガセーナ長老殿、御貴殿は、『水夫の一支分を見習うべきである』と仰いましたが、その見習うべき一支分とは何でありましょうか？」

「大王様、たとえば、水夫が、『わたくしは雇われた者で、この船で仕事をしている。わたくしは、この船のゆえに食や給与を受けている。わたくしは、怠けてはならない。怠けずに、この船を動かすべきである』と考えるように、大王様、それと同じように、ヨーガ行者は、『わたくしは、地水火風の四元素（四大）より成るこの身体に絶えず意識を集中し、怠らず励み、正念を確立し、禅定に打ち込み、心統一を得て、生・老・病・死・憂い・悲しみ・苦しみ・悩み・悶えから解脱しようと思うので、怠けてはならないのである』と考えるべきであります。大王様、これが、見習うべき水夫の一支分であります。

大王様、また、真理の将軍サーリプッタ長老は、次の偈頌を説かれました。

『この身体に意識を集中し、
繰り返し思いを致せ。
身体の有り様を見て、
苦しみを止めよ』と。」

第十　海

「ナーガセーナ長老殿、御貴殿は、『海の五支分を見習うべきである』と仰いましたが、その見習うべき五支分とは何でありましょうか？」

「大王様、たとえば、海が、そこに住む生類の屍と共存しないように、大王様、それと同じように、ヨーガ行者は、貪瞋癡、高慢、邪見、無慙、悩み、妬み、慳貪、諂い、欺瞞、邪悪・悪行といった輪廻の垢と共存すべきではありません。大王様、これが、見習うべき海の第一の支分であります。

大王様、さらにまた、海が、真珠・摩尼宝珠・琉璃・螺貝・宝石・珊瑚・水晶・様々の貴石を貯め、外に放出しないように、大王様、それと同じように、ヨーガ行者は、八聖道・聖者の四つの位（果）、四禅・八解脱・四無色定・八等至・正しい観察・六神通という、様々な徳の宝石を得、秘匿し、そとに漏らさないようにします。大王様、これが、見習うべき海の第二の支分であります。

大王様、さらにまた、海が、巨大な生類と共存するように、大王様、それと同じように、ヨーガ行者は、善友にして清浄な行をなす者たちと起居を共にすべきであります。大王様、これが、見習うべき海の第三の支分であります。

大王様、さらにまた、海が、清らかな水を湛えたガンジス川・ヤムナー川・アチラヴァティー川・サラブー川・マヒー川などの十方の川や、天雨に満たされても、決して溢れないように、大王様、それと同じように、ヨーガ行者は、利養・名聞・礼拝・供養のために命を失いかねない中で、修行徳目にわざと背くべきではありません。大王様、これが、見習うべき海の第四の支分であります。

大王様、また、諸天の中の天である幸有るお方は、次のように説かれました。

『大王様、たとえば、海には変わらない法則があり、水が溢れることがないように、大王様、わたくしが弟子たちに課した学修徳目を、わたくしの弟子たちは、命を懸けてでも犯すことがありません』と。

大王様、さらにまた、海が、ガンジス川・ヤムナー川・アチラヴァティー川・サラブー川・マヒー川といったあらゆる川や、天から降る雨によっても満杯にならないように、大王様、それと同じように、ヨーガ行者は、教説・質問・聴聞・憶念・決知・論・律・経・統辞・接辞・連声・文法・九分教を聞いても、聞き飽きることがあってはなりません。大王様、これが、見習うべき海の第五の支分であります。

大王様、また、諸天の中の天である幸有るお方は、『スタソーマ本生経』で、次の偈頌を説かれました。

『たとえば、火が草や薪を焼くとき、
およそ飽きることがないように、また、海が、

流れ込むあらゆる川の水で溢れることがないように、
諸王の中の最勝なるお方様、それと同じように、賢者たちは、
善く説かれた教えを聞いて、およそ飽きることがない』
と。
見習うべき修行徳目についてのまとめ。
『瓢箪・蓮・種子・美しいサーラ樹・船・
錨・帆柱・操舵者・水夫・海と、
これらによって第二篇と呼ばれるのである』と。」

第二章終わる。

第三章

第一　地

「ナーガセーナ長老殿、御貴殿は、『地の五支分を見習うべきである』と仰いましたが、その見習うべき五支分とは何でありましょうか？」

「大王様、たとえば、地が、樟脳や、沈香や、タガラ香や、栴檀香や、うこん香などの好ましいものをかけられても、胆汁や、痰や、血や、汗や、脂肪や、唾や、洟や、リンパ液や、大便や、小便などの好ましくないものをかけられても、まったく変わることがないように、大王様、それと同じように、ヨーガ行者は、好ましいものである利益、名声、賞讃、楽を受けても、好ましくない不利益、不明性、謗り、苦を受けても、いかなる場合にも、まったく変わることがないようにすべきであります。大王様、これが、見習うべき地の第一の支分であります。

大王様、さらにまた、地が、外から飾られなくとも自ら香で溢れているように、大王様、それと同じように、ヨーガ行者は、外見を装うことなく、自らの戒の香で溢れるようにすべきであります。大王様、これが、見習うべき地の第二の支分であります。

大王様、さらにまた、地が、隙間なく、小さな穴も大きな穴もなく、厚く、中身がぎっしりと詰まっていながら、自在に流動するように、大王様、それと同じように、ヨーガ行者は、戒を守ることに隙間なく、欠けるところなく、小さな穴も大きな穴もなく、厚く、中身がぎっしりと詰まっていながら、柔軟に事に当たるべきであります。大王様、これが、見習うべき地の第三の支分であります。

大王様、さらにまた、地が、村、街、大都会、国、樹、山、川、池、蓮池、獣、鳥、人、男、女の群れを載せても疲弊しないように、大王様、それと同じように、ヨーガ行者は、人々を教え導き、励まし、喜ばせても、教えを説くことに倦むことがあってはなりません。大王様、これが、見習うべき地の第四の支分であります。

大王様、さらにまた、地が、愛憎とはかかわりないように、大王様、それと同じように、ヨーガ行者は、愛憎を厭離し、地に比せられる心をもって暮らすべきであります。大王様、これが、見習うべき地の第五の支分であります。

大王様、また、優婆夷のチュッラ・スバッダーが、沙門を賞讃して、次の偈頌を述べました。

『もしも、わたくしが、怒りにまかせて斧でその人の腕を切り落としても、

わたくしを憎むことなく、
もしも、わたくしが喜悦しながらその人の肌に香を塗っても、
わたくしを愛することのない、
そのような人は、地に比せられる心根の人です。
そのような人こそ、わたくしが敬う沙門であります』と。」

第二　水

「ナーガセーナ長老殿、御貴殿は、『水の五支分を見習うべきである』と仰いましたが、その見習うべき五支分とは何でありましょうか？」

「大王様、たとえば、水が、大小の器の中で、安定し、動かず、乱れず、自らは清浄であるように、大王様、それと同じように、ヨーガ行者は、偽り、駄弁、占い、欺きを離れ、行うところが安定し、動かず、乱れず、自らは清浄でなければなりません。大王様、これが、見習うべき水の第一の支分であります。

大王様、さらにまた、水が、いつも清涼であるように、大王様、それと同じように、ヨーガ行者は、すべての生類を、受け入れ、慈しみ、親切に接し、その利益を図り、憐みをかけるべきであります。大王様、これが、見習うべき水の第二の支分であります。

大王様、さらにまた、水が、不浄なものを浄化するように、大王様、それと同じように、ヨーガ行者は、村でも、林でも、和尚、師、師に等しい人たちと言い争うことがまったくなく、また、そうしようともすべきではありません。大王様、これが、見習うべき水の第三の支分であります。

大王様、さらにまた、水が、多くの人々に好まれるように、大王様、それと同じように、ヨーガ行者は、少欲知足にして世間を離れ、独り坐して瞑想に専心し、いつもすべての人々に好まれるべきであります。大王様、これが、見習うべき水の第四の支分であります。

大王様、さらにまた、水が、誰にも不利益を与えないように、大王様、それと同じように、ヨーガ行者は、他人と喧嘩せず、口論せず、論争せず、論議せず、苛立たせず、不愉快にさせる善からぬ振る舞いを、身口意のどれによっても為すべきではありません。大王様、これが、見習うべき水の第五の支分であります。

大王様、また、諸天の中の王である幸有るお方は、『カンハ本生経』で、次の偈頌を説かれました。

『帝釈天よ、すべての生類の主よ、
わたくしの願いを叶えてください、
誰もわたくしがその身心を害いませんように、との願いを。
帝釈天よ、これがわたくしの諸願の中の願であります』
と。」

第三　火

「ナーガセーナ長老殿、御貴殿は、『火の五支分を見習うべきである』と仰いましたが、その見習うべき五支分とは何でありましょうか？」

「大王様、たとえば、火が、草、薪、枝、葉を焼くように、大王様、それと同じように、ヨーガ行者は、好ましいもの、好ましくないものを拠り所とする内外の煩悩を、すべて、智慧の火で焼くべきであります。大王様、これが、見習うべき火の第一の支分であります。

大王様、さらにまた、火が、憐みも慈しみも持たないように、大王様、それと同じように、ヨーガ行者は、すべての煩悩に、憐みも慈しみも持つべきではありません。大王様、これが、見習うべき火の第二の支分であります。

大王様、さらにまた、火が、寒さを防ぐように、大王様、それと同じように、ヨーガ行者は、精進の熱と火を起こして、煩悩を防ぐべきであります。大王様、これが、見習うべき火の第三の支分であります。

大王様、さらにまた、火が、愛憎とかかわりなく、暖かさを生ずるように、大王様、それと同じように、ヨーガ行者は、愛憎を離れ、火のような心をもって暮らすべきであります。大王様、これが、見習うべき火の第四の支分であります。

大王様、さらにまた、火が、闇を破り、ものを照らすように、大王様、それと同じように、ヨーガ行者は、無明の闇を破り、智慧の光で真理を照らすべきであります。大王様、これが、見習うべき火の第五の支分であります。

大王様、また、諸天の中の天である幸有るお方は、わが子ラーフラを教え導くとき、次のように説かれました。

『ラーフラよ、火のように修行せよ。ラーフラよ、火のように修行すれば、まだ生じていない悪業は生ぜず、すでに生じた悪業も、君の心を掴んだまま存続することが出来なくなるのである』と。」

第四　風

「ナーガセーナ長老殿、御貴殿は、『風の五支分を見習うべきである』と仰いましたが、その見習うべき風の五支分とは何でありましょうか？」

「大王様、たとえば、風が、美しい花の咲いた林の中を吹くように、大王様、それと同じように、ヨーガ行者は、解脱の素晴らしい花の咲いた四念処の林の中で、楽しむべきであります。大王様、これが、見習うべき風の第一の支分であります。

大王様、さらにまた、風が、草や樹々を揺さぶり動かすように、大王様、それと同じように、ヨーガ行者は、四念処の林の中に入り、作られたもの（有為）を選り分け、すべての煩悩を揺さぶり動かすべきであります。大王様、これが、見習うべき風の第二の支分であります。

大王様、さらにまた、風が中空を進むように、大王様、それと同じように、ヨーガ行者は、出世間の事柄の中で心を働かせるべきであります。大王様、これが、見習うべき風の第三の支分であります。

大王様、さらにまた、風が、香りを漂わすように、大王様、それと同じように、ヨーガ行者は、自らが保つ戒の香しい香を漂わせるべきであります。大王様、これが、見習うべき風の第四の支分であります。

大王様、さらにまた、風が、家なく、定住するところないように、大王様、それと同じように、ヨーガ行者は、家なく、定住するところなく、世俗への親しみなく、あらゆることに解脱した者であるべきであります。大王様、これが、見習うべき第五の支分であります。

大王様、また、諸天の中の天である幸有るお方は、『スッタニパータ（経集《きょうじゅう》）』で、次の偈頌を説かれました。

『親しみから畏れが生じ、家での生活から穢れた塵が生ずる。
　親しみもなく、家での生活もないこと、これこそが、聖者の正しいものの見方である』と。」

第五　岩山

「ナーガセーナ長老殿、御貴殿は、『岩山の五支分を見習うべきである』と仰いましたが、その見習うべき五支分とは何でありましょうか？」

「大王様、たとえば、岩山が、動かず、揺れず、震動しないように、大王様、それと同じように、ヨーガ行者は、尊敬と軽蔑、重視と軽視、尊敬と不敬、名声と不名声、賞讃と誹り、楽と苦、好ましいものと好ましくないものの間にあって、また、色・声・香・味・触・法という貪欲の対象を貪るべきではなく、瞋恚の対象を瞋恚すべきではなく、迷妄の対象に迷妄すべきではなく、揺れるべきでなく、動くべきでなく、あたかも、不動の岩山のようにあるべきであります。大王様、これが、見習うべき岩山の第一の支分であります。

大王様、また、諸天の中の天である幸有るお方は、次の偈頌を説かれました。

『たとえば、堅固な岩が風で動かされることがないように、
そのように、賢者たちは、賞讃と誹りの間で、動かされないのである』と。

大王様、さらにまた、岩山が、がっしりと固く、いかなるものとも融合することがないように、大王様、それと同

じように、ヨーガ行者は、がっしりと固く、世俗のものと融合することがなく、いかなる人とも交わるべきではありません。大王様、これが、見習うべき岩山の第二の支分であります。

大王様、また、諸天の中の天である幸有るお方は、次の偈頌を説かれました。

『在家とも出家とも交わらず、
家に住むことなく遊行し、少欲の人、この人をわたくしはバラモンと呼ぶ』と。

大王様、さらにまた、岩山では種が芽生えないように、大王様、それと同じように、ヨーガ行者は、自分の心の中に煩悩を芽生えさせるべきでありません。大王様、これが、見習うべき岩山の第三の支分であります。

大王様、また、スブーティ長老は、次の偈頌を説かれました。

『貪りの心がわたくしに生じたならば、
わたくしは、みずからそれを観察して捩じ伏せよう。
「汝は、貪欲の対象を貪り、
瞋恚の対象を瞋恚し、迷妄の対象に迷妄する。
汝は林から去れ。
林は、清浄で無垢な苦行者たちの集う所である。
汝、清浄を汚すなかれ。林から退去せよ」と』と。

大王様、さらにまた、岩山が、高く聳えるように、大王様、それと同じように、ヨーガ行者は、智慧によって高く聳えるべきであります。大王様、これが、見習うべき岩山の第四の支分であります。

諸天の中の天である幸有るお方は、次の偈頌を説かれました。

『賢者は、不放逸によって放逸を払い除け、
高殿に登り、憂いのない者として、憂いのある者を見下ろす。
あたかも、岩山に立つ者が、地に立つ者を見下ろすように、
堅固なるものは、愚者たちを見下ろす』と。

大王様、さらにまた、岩山が、高く舞い上がったり低く沈み込んだりしないように、大王様、それと同じように、ヨーガ行者は、高ぶりもせず、消沈もしません。大王様、これが、見習うべき岩山の第五の支分であります。

大王様、優婆夷のチュッラ・スバッダーは、沙門を賞讃して、次の偈頌を説かれました。

『世の人々は、得することで高ぶり、損することで消沈する。
得と損とを等しいものと見る者、
この者こそ沙門である』と。」

第六　虚空

「ナーガセーナ長老殿、御貴殿は、『虚空の五支分を見習

うべきである』と仰いましたが、その見習うべき五支分とは何でありましょうか？」

「大王様、たとえば、虚空が、捕まえどころがないものであるように、大王様、それと同じように、ヨーガ行者は、捉えどころがあってはなりません。大王様、これが、見習うぶき虚空の第一の支分であります。

大王様、さらにまた、虚空が、そこに、仙人、苦行者、妖怪、鳥が飛び回らせるように、大王様、それと同じように、ヨーガ行者は、『諸行無常、一切皆苦、諸法非我』というように、すべての作られたもの（諸行、有為）に心を働かせるべきであります。大王様、これが、見習うべき虚空の第二の支分であります。

大王様、さらにまた、虚空が、生類を恐れ戦かすものであるように、大王様、それと同じように、ヨーガ行者は、いかなる境涯に出あれ、死んでまた生まれ変わることに心を恐れ戦かすべきであり、そのことに心を喜ばすべきではありません。大王様、これが、見習うべき虚空の第三の支分であります。

大王様、さらにまた、虚空が、果てなく、量り知られないものであるように、大王様、それと同じように、ヨーガ行者は、その戒が果てなく、その智慧が量り知られないものでなければなりません。大王様、これが、見習うべき虚空の第四の支分であります。

大王様、さらにまた、虚空が、何ものにも付着せず、何ものにも染められず、何ものをも拠り所とせず、何ものにも妨げられないように、大王様、それと同じように、ヨーガ行者は、家、集まり、利益、定住するところ、出家生活の妨げになるもの、生活必需品、煩悩といったすべてのものに付着することなく、それらに染められることなく、それらを拠り所とすることなく、それらに妨げられるべきではありません。大王様、これが、見習うべき虚空の第五の支分であります。

大王様、また、諸天の中の天である幸有るお方は、わが子ラーフラを教え導くとき、次のように説かれました。

『ラーフラよ、たとえば、虚空が、何ものをも拠り所としないように、ラーフラよ、汝は、虚空のように修行せよ。ラーフラよ、虚空のように修行すれば、まだ生じていない触れられるもの、それが意に叶うものであれ、そうでないものであれ、それが汝の心を捕らえて存続することが出来なくなるであろう』と。」

第七　月

「ナーガセーナ長老殿、御貴殿は、『月の五支分を見習うべきである』と仰いましたが、その見習うべき五支分とは何でありましょうか？」

「大王様、たとえば、月の満ちていく白半月に昇る月が、どんどん大きさを増すように、大王様、それと同じように、ヨーガ行者は、正行、戒、徳、修行徳目、伝承経典（阿含）の修得、独り坐して専心すること、四念処、感官の門の監視、食の適量を知ること、夜を徹しての修行の励行を、ますます増していくべきであります。大王様、これが、見習うべき月の第一の支分であります。

大王様、さらにまた、月が、偉大な主であるように、大王様、それと同じように、ヨーガ行者は、偉大な志の主であるべきであります。大王様、これが、見習うべき月の第二の支分であります。

大王様、さらにまた、月が、夜に動くものであるように、大王様、それと同じように、ヨーガ行者は、世俗を離れたところで起居すべきであります。大王様、これが、見習うべき月の第三の支分であります。

大王様、さらにまた、月が、天宮を幢幡とするものであるように、大王様、それと同じように、ヨーガ行者は、戒を幢幡とすべきであります。大王様、これが、見習うべき月の第四の支分であります。

大王様、さらにまた、月が、人々に望まれて昇るように、大王様、それと同じように、ヨーガ行者は、在家たちに望まれて、その者たちの家に乞食に赴くべきであります。大王様、これが、見習うべき月の第五の支分であります。

大王様、また、諸天の中の天である幸有るお方は、すぐれた『相応部』で、次のように説かれました。

『比丘たちよ、月のように、家々に赴け。身業を慎み、心業を慎め。常に、威張ることなく、家々で、新参者のように振る舞え』と。」

第八　太陽

「ナーガセーナ長老殿、御貴殿は、『太陽の七支分を見習うべきである』と仰いましたが、その見習うべき七支分とは何でありましょうか？」

「大王様、たとえば、太陽が、すべての水を干上がらせるように、大王様、それと同じように、ヨーガ行者は、すべての煩悩を残りなく干上がらせるべきであります。大王様、これが、見習うべき太陽の第一の支分であります。

大王様、さらにまた、太陽が、闇を破るように、大王様、それと同じように、ヨーガ行者は、みな、貪欲の闇、瞋恚の闇、迷妄（癡）の闇、高慢の闇、邪見の闇、煩悩の闇、悪行の闇を破るべきであります。大王様、これが、見習うべき太陽の第二の支分であります。

大王様、さらにまた、太陽が、常に空を動くように、大王様、それと同じように、ヨーガ行者は、常に正しく心を働かせるべきであります。大王様、これが、見習うべき太陽の第三の支分であります。

大王様、さらにまた、太陽が、光輪を帯びるように、大王様、それと同じように、ヨーガ行者は、心統一の対象の光輪を帯びるべきであります。大王様、これが、見習うべき太陽の第四の支分であります。

大王様、さらにまた、太陽が、夥しい人々を暖めながら動くように、大王様、それと同じように、ヨーガ行者は、正行、戒、徳、修行徳目、色界の四禅、八解脱、無色定、八つの心統一（八等至）、五根、五力、七覚支（七菩提分）、四念処、四正勤、四神足によって、諸天と人々を暖めるべきであります。これが、見習うべき太陽の第五の支分であります。

大王様、さらにまた、太陽が、ラーフ（蝕を惹き起こす悪魔）を畏れながら動くように、大王様、それと同じように、ヨーガ行者は、悪行、悪趣、難路、業が果報をもたらすこと（異熟）、地獄に堕ちること、煩悩の網に絡まれ、邪見のもつれに身動きがつかず、悪路を苦しみ進む生類を見て、大いなる畏怖で心を修めるべきであります。大王様、これが、見習うべき太陽の第六の支分であります。

大王様、さらにまた、太陽が、善人と悪人を白日のもとに曝すように、大王様、それと同じように、ヨーガ行者は、五根、五力、七覚支（七菩提分）、四念処、四正勤、四神足と、世間の事象と出世間の事象とを、白日のもとに曝すべきであります。大王様、これが、見習うべき太陽の第七の支分であります。

大王様また、ヴァンギーサ長老は、次の偈頌を説かれました。

『たとえば、太陽が昇るとき、清浄と不浄と、善と悪との姿かたちを
生類に曝すように、
そのように、真理を捉える比丘は、無明に覆われた人々に、
様々な道を明らかにする。あたかも、昇る太陽のように』
と。」

第九　帝釈天

「ナーガセーナ長老殿、御貴殿は、『帝釈天の三支分を見習うべきである』と仰いましたが、その見習うべき三支分とは何でありましょうか？」

「大王様、たとえば、帝釈天が、自ずからひたすらに安楽であるように、大王様、それと同じように、ヨーガ行者は、世俗を離れていることをひたすらに楽しむべきであります。大王様、これが、見習うべき帝釈天の第一の支分であります。

大王様、さらにまた、帝釈天が、諸天を見て受け入れ、大いに歓ばせるように、大王様、それと同じように、ヨーガ行者は、善いことがらを、怠ることなく、鈍くなく、鎮まった心で受け入れるべきであり、心を歓ばせるべきであり、奮起させるべきであります。大王様、これが、見習う

べき帝釈天の第二の支分であります。

大王様、さらにまた、帝釈天が、苦を受けないように、大王様、それと同じように、ヨーガ行者は、閑静なところで苦を受けるべきではありません。大王様、これが、見習うべき帝釈天の第三の支分であります。

大王様、また、スブーティ長老は、次の偈頌を説かれました。

『大雄なるお方様、わたくしは、先生の教えのもと出家してこのかた、
愛欲の心が起きたという憶えがありません』と。」

第十　転輪王

「ナーガセーナ長老殿、御貴殿は、『転輪王の四支分を見習うべきである』と仰いましたが、その見習うべき四支分とは何でありましょうか？」

「大王様、たとえば、転輪王が、四種の包み込み（布施・愛語・同事・利行の四摂事）によって人々を護るように、大王様、それと同じように、ヨーガ行者は、比丘・比丘尼・優婆塞・優婆夷の四衆の心を包み込み、慰め、歓ばせるべきであります。大王様、これが、見習うべき転輪王の第一の支分であります。

大王様、さらにまた、転輪王の領土には盗賊が横行しないように、大王様、それと同じように、ヨーガ行者は、貪りの思惑、瞋りの思惑、他者を害しようとの思惑を起こすべきではありません。大王様、これが、見習うべき転輪王の第二の支分であります。

大王様、また、諸天の中の天である幸有るお方は、次の偈頌を説かれました。

『およそ、余計な思惑の寂滅を楽しみ、
常に正念を保って不浄を観ずる者、
その者こそは、魔王の繋縛を除き、
断ち切るであろう』と。

大王様、さらにまた、転輪王が、日々、海浜にいたるまで、領内を隈なく巡り、善人が誰で悪人が誰でと調べるように、大王様、それと同じように、ヨーガ行者は、身業、口業、意業を、『わたくしは、身口意の三業で過ちなく一日を過ごすべきであろうか』と、日々観察すべきであります。大王様、これが、見習うべき転輪王の第三の支分であります。

大王様、また、諸天の中の天である幸有るお方は、すぐれた『増一部』で、次のように説かれました。

『「どのようにしてわたくしは一日を過ごすべきであろうか」と、出家は絶えず観察すべきである』と。

大王様、さらにまた、転輪王が、内外からの護りをよく整えるように、大王様、それと同じように、ヨーガ行者は、内外の煩悩から自分を護るために、正念という門衛を置く

べきであります。大王様、これが、見習うべき転輪王の第四の支分であります。

大王様、また、諸天の中の天である幸有るお方は、次のように説かれました。

『比丘たちよ、聖なる弟子たちは、正念を門衛とし、善を修め、悪を捨て、悪のないことを目指して修行し、自己を清浄に保つのである』と。」

まとめ。

「地、水、火、風、岩山、虚空、月、太陽、帝釈天、転輪王」以上である。

第三章終わる。

第四章

第一　白蟻

「ナーガセーナ長老殿、御貴殿は、『白蟻の一支分を見習うべきである』と仰いましたが、その見習うべき一支分とは何でありましょうか？」

「大王様、たとえば、白蟻が、屋根を作り（堅牢な蟻塚を築き）、自身の安全を確保してから餌を求めて出かけるように、大王様、それと同じように、ヨーガ行者は、戒と律との屋根を作り、自身の心の安全を確保してから乞食に出かけるべきであります。大王様、なぜと言えば、ヨーガ行者は、戒と律との屋根によって、すべての畏れを超えることが出来るからであります。大王様、これが、見習うべき白蟻の一支分であります。

大王様、ウパセーナ・ヴァンガンタプッタ長老は、次の偈頌を説かれました。

『ヨーガ行者は、心に、戒と律との屋根を作り、
世俗に染まることなく、
畏れからも完全に解脱している』と。」

第二　猫

「ナーガセーナ長老殿、御貴殿は、『猫の二支分を見習うべきである』と仰いましたが、その見習うべき二支分とは何でありましょうか？」

「大王様、たとえば、猫が、大きな穴であれ、小さな穴であれ、家屋であれ、その中に入り込んで鼠を探し求めるように、大王様、それと同じように、ヨーガ行者は、村であれ、人里離れたところであれ、樹下であれ、空屋であれ、どこに居ようとも、常に変わることなく怠ることなく、身体を対象とする念処という食を探し求めるべきであります。大王様、これが、見習うべき猫の第一の支分であります。

大王様、さらにまた、猫が、極く身近な所にだけ餌を求めるように、大王様、それと同じように、ヨーガ行者は、極く身近な五取蘊（執著の対象となる色受想行識の五つの、自身を構成する塊）に即して、その生起と消滅とを観察することに専心して日々を送るべきであります。すなわち、『これが色（色形、つまり己が身体である。これが色の生起である。これが色の消滅である。これが受（感官が対象を取り込むこと）である。これが受の生起である。これが受の消滅である。これが想（輪郭付けされた表象）である。

これが想の生起である。これが想の消滅である。これが行（記憶や意志など）である。これが行の生起である。これが行の消滅である。これが識（「これは～であるとの判断」）である。「こうすべきであるとの判断」）である。これが識の生起である。これが識の消滅である』というように。大王様、これが、見習うべき猫の第二の支分であります。

大王様、また、諸天の中の天である幸有るお方は、次の偈頌を説かれました。

『この身よりも遠くに生まれ変わろうとすべきではない。身体を有する生類の最高位にある有頂天（色究竟天）となって何になろうか？　今、ここでそれと認められている自身の身について知るべきである』と。」

第三　鼠

「ナーガセーナ長老殿、御貴殿は、『鼠の一支分を見習うべきである』と仰いましたが、その見習うべき一支分とは何でありましょうか？」

「大王様、たとえば、鼠が、あちらこちらと走り回るのは、食を求めてのことであるように、大王様、それと同じように、ヨーガ行者は、あちらこちらと経巡るのは、心を正しく働かせることを求めてのことであるべきであります。大王様、これが、見習うべき鼠の一支分であります。

大王様、また、ウパセーナ・ヴァンガンタプッタ長老は、次の偈頌を説かれました。

『真理を目指して心を集中する正観者は、常に寂静で、正念を保ち、何ものにも執著しないで日々を送るのである』と。」

第四　蠍

「ナーガセーナ長老殿、御貴殿は、『蠍の一支分を見習うべきである』と仰いましたが、その見習うべき一支分とは何でありましょうか？」

「大王様、たとえば、蠍が、尾を武器とし、尾を持ち上げて歩くように、大王様、それと同じように、ヨーガ行者は、智慧を武器とし、智慧を持ち上げて日々を送るべきであります。大王様、これが、見習うべき蠍の一支分であります。

大王様、また、ウパセーナ・ヴァンガンタプッタ長老は、次の偈頌を説かれました。

『智慧の剣を手にして日々を送る正観者は、すべての畏れから完全に解脱し、輪廻の境涯にありながらも、何にもひしがれることがない』と。」

第五　鼬

「ナーガセーナ長老殿、御貴殿は、『鼬の一支分を見習うべきである』と仰いましたが、その見習うべき一支分とは何でありましょうか？」

「大王様、たとえば、鼬が、蛇を狙うとき、強烈な悪臭を放つ液を体表に分泌し、蛇に襲い掛かるように、大王様、それと同じように、ヨーガ行者は、敵意に溢れて口論や論争や異見や論駁を恣に吹っ掛けてくる人々に接するとき、慈しみの液を心に分泌すべきであります。大王様、これが、見習うべき鼬の一支分であります。

大王様、また、真理の将軍サーリプッタ長老は、次の偈頌を説かれました。

『ゆえに、友にも敵にも、慈しみの行を為すべきである。慈しみの心でこの世を満たすべきである。これが諸仏の教えである』と。」

第六　老いたジャッカル

「ナーガセーナ長老殿、御貴殿は、『老いたジャッカルの二支分を見習うべきである』と仰いましたが、その見習うべき二支分とは何でありましょうか？」

「大王様、たとえば、老いたジャッカルが、獲物を取るや、躊躇することなく、食べたいだけ食べるように、大王様、それと同じように、ヨーガ行者は、乞食で食を得るや、躊躇することなく、己が体を養うだけ食べるべきであります。大王様、これが、見習うべき老いたジャッカルの第一の支分であります。

大王様、また、マハーカッサパ長老は、次の偈頌を説かれました。

『わたくしは、坐臥所を出て、乞食のために村に入り、食を摂っている一人のハンセン病を患っている人に恭しく近づいた。

その人は、膿んだ手でわたくしに一握りの食を献じた。一握りの食を鉢に投げ入れたとたん、

その人の指も鉢の中に落ちた。

塀にもたれながら、わたくしはその一握りの食を食べた。食べているときにも、食べ終わってからも、わたくしには躊躇する思いはなかった』と。

大王様、さらにまた、老いたジャッカルが、獲物を取るや、美味いか不味いかと思案することがないように、大王様、それと同じように、ヨーガ行者は、食を得るや、美味いか不味いか、十分かそうでないかと思案することなく、得た分だけで満足すべきであります。大王様、これが、見習うべき老いたジャッカルの第二の支分であります。

大王様、また、ウパセーナ・ヴァンガンタプッタ長老は、次の偈頌を説かれました。

『粗食でも満足せよ。それ以外にたくさんの美味な食を求めてはならない。
諸々の美味な食を貪り求める者は、
心が、いかなる精神集中をも楽しめなくなる。
与えられたものだけで満足すれば、
沙門果に完全に達する』と。」

第七　鹿

「ナーガセーナ長老殿、御貴殿は、『鹿の三支分を見習うべきである』と仰いましたが、その見習うべき三支分とは何でありましょうか？」

「大王様、たとえば、鹿が、昼は林の中で過ごし、夜は野天で過ごすように、大王様、それと同じように、ヨーガ行者は、昼は林の中で過ごし、夜は野天で過ごすべきであります。大王様、これが、見習うべき鹿の第一の支分であります。

大王様、また、諸天の中の天である幸有るお方は、『毛が逆立つ教え』で、次のように説かれました。

『サーリプッタよ、わたくしは、冬季、寒さ一入の折、満月の前後八日間、雪の降る中で、夜は野天で過ごし、昼は林で過ごし、夏季の終わりの月には、昼は野天で過ごし、夜は林で過ごした』と。

大王様、さらにまた、鹿が、槍や矢が飛んで来たときには、それを避け、逃げ、当たらないようにするように、大王様、それと同じように、ヨーガ行者は、諸々の煩悩が襲い掛かって来たときには、それを避け、逃げ、心に届かないようにすべきであります。大王様、これが、見習うべき鹿の第二の支分であります。

大王様、さらにまた、鹿が、人間たちを見つけると、人間たちがわたくしを見つけませんようにと、別の方角に逃げるように、大王様、それと同じように、ヨーガ行者は、喧嘩、口論、論争、異論を性のように好む者や、破戒の者や、怠け者や、交際好きの者を見つけると、あの者がわたくしを見ないように、わたくしもあの者を見ないようにと、別の方角に逃げるべきであります。大王様、これが、見習うべき鹿の第三の支分であります。

大王様、真理の将軍サーリプッタ長老は、次の偈頌をとかれました。

『悪心の者、怠け者、努力しない者、
教えのことばを聞かない者、正行のない者は、
どこであれ、わたくしと出会ってはならない』と。」

第八　牡牛

「ナーガセーナ長老殿、御貴殿は、『牡牛の四支分を見習うべきである』と仰いましたが、その見習うべき四支分とは何でありましょうか？」

「大王様、たとえば、牡牛が、自分の棲み処を捨て去ることがないように、大王様、それと同じように、ヨーガ行者は、自分の身体を捨て去るべきではありません。『わが身体は、無常であり、腐敗するものであり、ぺしゃんこになるものであり、壊され、ばらばらにさるものであり、消えてなくなるものである』と、不浄観を行うために。大王様、これが、見習うべき牡牛の第一の支分であります。

大王様、さらにまた、牡牛が、荷を載せられると、楽しみと苦しみとをもって運搬するように、大王様、それと同じように、ヨーガ行者は、楽しみと苦しみとをもって、生命力が尽き、息を引き取るまで、清浄な行を為すべきであります。大王様、これが、見習うべき牡牛の第二の支分であります。

大王様、さらにまた、牡牛が、渇きに苦しめば水を求めて飲むように、大王様、それと同じように、ヨーガ行者は、師や和尚たちの教えを、あたかも喉が渇いたかのように崇めて受けるべきであります。大王様、これが、見習うべき牡牛の第三の支分であります。

大王様、さらにまた、牡牛が、誰かに連れられて荷を運搬するように、大王様、それと同じように、ヨーガ行者は、長老・新参・その中ほどの比丘や、優婆塞・優婆夷による教え導きを、頂礼すべきであります。大王様、これが、見習うべき牡牛の第四の支分であります。

大王様、また、真理の将軍サーリプッタ長老は、次の偈頌を説かれました。

『今日、生まれてわずか七歳で出家した者が、
わたくしを教え導こうとも、
わたくしは、頂礼してそれを受けるであろう。
その者を見れば、深甚な憧れの想いを捧げ、
繰り返し敬意を表し、
師として仰ぐであろう』と。」

第九　猪

「ナーガセーナ長老殿、御貴殿は、『猪の二支分を見習うべきである』と仰いましたが、その見習うべき二支分とは何でありましょうか？」

「大王様、さらにまた、猪が、焼け付くように暑い夏が来れば、冷たい水に向かうように、大王様、それと同じように、ヨーガ行者は、瞋恚で心が乱れ、熱くなるなるなら

ば、清涼・甘露・絶妙の慈しみの行に向かうべきであります。大王様、これが、見習うべき猪の第一の支分であります。

大王様、さらにまた、猪が、湿地に向かうと、鼻で地面を掘り起こし、水溜りを作り、その中に横たわるように、大王様、それと同じように、ヨーガ行者は、身体を心の中に置いて集中し、その中に横たわるべきであります。大王様、これが、見習うべき猪の第二の支分であります。

大王様、また、乞食するバーラドヴァージャは、次の偈頌を説かれました。

『観察する者は、身体の本性を見ながら思索し、
ただ独り、誰も伴とせず、
観察の対象の只中に横たわる』と。」

第十　象

「ナーガセーナ長老殿、御貴殿は、『象の五支分を見習うべきである』と仰いましたが、その見習うべき五支分とは何でありましょうか？」

「大王様、たとえば、象が、大地を踏み破るかのように歩くように、大王様、それと同じように、ヨーガ行者は、身体を観察しながら、すべての煩悩を踏み破るべきであります。大王様、これが、見習うべき象の第一の支分であります。

大王様、さらにまた、象が、真っ直ぐ体を前に向け、あちこちとよそ見しないように、大王様、それと同じように、ヨーガ行者は、真っ直ぐに体を前に向け、あちこちとよそ見するべきでなく、上を仰ぎ見るでもなく、下を覗き見るでもなく、眉間の前方のみを見るべきであります。大王様、これが、見習うべき象の第二の支分であります。

大王様、さらにまた、象が、寝る所を定めず、餌を探しても、いつもその場所が良いとは定めず、決まった縄張りを持たないように、大王様、それと同じように、ヨーガ行者は、寝る所を定めず、定住する家を持たずに乞食に赴くべきであります。もしも、よく観察した上で、快適な場所で心楽しく修行するに適した仮の小屋や、樹下や、洞穴や、岩陰を見つけたならば、そこを取り敢えずの居所とすべきであり、終の棲家と見做すべきではありません。大王様、これが、見習うべき象の第三の支分であります。

大王様、さらにまた、象が、清浄で清涼な水に満ち、様々な蓮に覆われた池に潜り込み、象らしく水遊びをするように、大王様、それと同じように、ヨーガ行者は、清浄で清涼な真理の水に満ち、解脱の大輪の花に覆われた四念処の大きな蓮池に潜り込み、智慧をもって有為を振り払い、降り除き、真理の水遊びをすべきであります。大王様、これが、見習うべき象の第四の支分であります。

大王様、さらにまた、象が、正気を保って足を挙げ、正

気を保って足を下すように、大王様、それと同じように、ヨーガ行者は、正念・正知をもって足を挙げ、正念・正知をもって足を下すべきであり、往くも戻るも、腕を曲げるも伸ばすも、いかなる場合にも、正念・正知であるべきであります。大王様、これが、見習うべき象の第五の支分であります。

大王様、また、諸天の中の天である幸有るお方は、『相応部』で、次の偈頌を説かれました。

『身を制御するのはよいことであり、
口を制御するのはよいことであり、
意を制御するのはよいことである。
あらゆることを制御する者は、
恥を知る者、護られている者と言われる』と。」

まとめ。

『白蟻、猫、鼠、蠍、鼬、
ジャッカル、鹿、牡牛、猪、象、以上の十である』と。

第四章終わる。

第五章

第一　獅子

「ナーガセーナ長老殿、御貴殿は、『獅子の七支分を見習うべきである』と仰いましたが、その見習うべき七支分とは何でありましょうか？」

「大王様、たとえば、獅子が、純白、無垢、清浄、潔白であるように、大王様、それと同じように、ヨーガ行者は、純白、無垢、清浄、潔白の心を持ち、後悔することないようにあるべきであります。大王様、これが、見習うべき獅子の第一の支分であります。

大王様、さらにまた、獅子が、四つ足で奮迅するものであるように、大王様、それと同じように、ヨーガ行者は、四神足を現わす心の力を持って進むべきであります。大王様、これが、見習うべき獅子の第二の支分であります。

大王様、さらにまた、獅子が、美しく艶のある毛を持つものであるように、大王様、それと同じように、ヨーガ行者は、美しく艶のある戒の毛を持つべきであります。大王様、これが、見習うべき獅子の第三の支分であります。

大王様、さらにまた、獅子が、生命が危うくなっても何にも屈しないように、大王様、それと同じように、ヨーガ行者は、衣・食・坐具・薬の四つの生活必需品が得られなくとも、いかなるものにも屈すべきではありません。大王様、これが、見習うべき獅子の第四の支分であります。

大王様、さらにまた、獅子が、場所を選ばずに得られたものを食べ、得られたところで食べたいだけ食べ、敢えて美味の肉を求めないように、大王様、それと同じように、ヨーガ行者は、家を選ぶことなく乞食する（次第乞食）者であるべきであり、家を選び、以前に行った家を避けて好ましい家に赴き、美味の食を求めるべきではありません。どこであれ、一握りの食をえれば、その限りにおいて、体を養うに足る分だけを食べるべきであります。大王様、これが、見習うべき獅子の第五の支分であります。

大王様、さらにまた、獅子が、貯えられたものを食べず、得られた食を食べればそれで終わりとするように、大王様、それと同じように、ヨーガ行者は、貯えられた食を食べるべきではありません。大王様、これが、見習うべき獅子の第六の支分であります。

大王様、さらにまた、獅子が、食にありつけなくとも憂えず、たとい食を得てもそれに執著せず、貪ることなく邪心抜きで食べる様に、大王様、それと同じように、ヨーガ行者は、食が得られなくとも憂えず、食を得ても執著せず、貪らず、邪心なく、貪ることの罪過を考え、世間から出離することを肝に銘じながら食べるべきであります。大王様、これが、見習うべき獅子の第七の支分であります。

大王様、また、諸天の中の天である幸有るお方は、勝れた『相応部』で、マハーカッサパ長老を褒め称えて、次のように説かれました。

『比丘たちよ、このカッサパ君は、どのような食にも満足し、どのような食でも満足することを賞讃し、食を受けるためにいかなる善からぬこともせず、食を得られなくとも憂えず、食に執著せず、貪らず、邪心なく、貪ることの罪過を考え、世間から出離することを肝に銘じながら食べるのである』と。」

第二　鴛鴦

「ナーガセーナ長老殿、御貴殿は、『鴛鴦の三支分を見習うべきである』と仰いましたが、その見習うべき三支分とは何でありましょうか？」

「大王様、たとえば、鴛鴦が、終生、連れ合いを捨てないように、大王様、それと同じように、ヨーガ行者は、終生、正しい心の働きを捨てるべきではありません。大王様、これが、見習うべき鴛鴦の第一の支分であります。

大王様、さらにまた、鴛鴦が、種々の水草を餌とし、それに満足し、それによって体力や容色をよく保つように、大王様、それと同じように、ヨーガ行者は、どこであれ得られた分だけのもので満足すべきであります。大王様、実際のところ、どこであれ得られた分だけで満足しても、ヨーガ行者は、戒、心統一、智慧、解脱知見、善行をよく保つのであります。大王様、これが、見習うべき鴛鴦の第二の支分であります。

大王様、さらにまた、鴛鴦が、殺生しないように、大王様、それと同じように、ヨーガ行者は、棍棒や刀を手にせず、恥を知り、慈しみに溢れ、すべての生類や妖怪のためを図り、憐愍の情けを持つべきであります。大王様、これが、見習うべき鴛鴦の第三の支分であります。

大王様、また、諸天の中の天である幸有るお方は、『鴛鴦本生経』で、次の偈頌を解かれました。

『自ら殺生せず、他を殺生せしめず、
自ら勝たず、他を勝たせ、
決して生類を害することがないために、
他人から恨まれることがない』と。」

第三　ペーナーヒカー鳥

「ナーガセーナ長老殿、御貴殿は、『ペーナーヒカー鳥の二支分を見習うべきである』と仰いましたが、その見習うべき二支分とは何でありましょうか？」

「大王様、たとえば、ペーナーヒカー鳥は、連れ合いが妬むためにひな鳥の養育を放棄するように、大王様、それと同じように、ヨーガ行者は、心に煩悩が生じたとき、それを妬み、四念処をもって正しい制御の穴に閉じ込め、心中に、身体を対象とする念処を行ずべきであります。大王様、これが、見習うべきペーナーヒカー鳥の第一の支分であります。

大王様、さらにまた、ペーナーヒカー鳥が、食を求めて昼は林で過ごし、夜になれば、おのれを護るために群れに戻るように、大王様、それと同じように、ヨーガ行者は、煩悩の繋縛から逃れるために独坐すべきでありますが、そこで喜びを見出せないならば、人々の誹りから己を護るために、比丘の集団に戻り、比丘の集団に護られてあるべきであります。大王様、これが、見習うべきペーナーヒカー鳥の第二の支分であります。

大王様、また、娑婆世界の主である梵天は、幸有るお方のもとで、次の偈頌を解かれました。

『独坐して、
繋縛から逃れよ。
もしも、それで喜びを見出せないならば、
正念をもって己を護り、
比丘の集団の中にあるべきである』と。」

第四　鳩

「ナーガセーナ長老殿、御貴殿は、『鳩の一支分を見習うべきである』と仰いましたが、その見習うべき一支分とは何でありましょうか？」

「大王様、たとえば、鳩が、他家にあるとき、その家のいかなる什器にも目を奪われることなく無関心で、己の想いに耽るように、大王様、それと同じように、ヨーガ行者は、他家にあるとき、その家の男女の寝床、椅子、衣、装飾品、宝、娯楽品、種々の食べ物に心を奪われるべきでなく、無関心であるべきであり、沙門の想いを目の当たりにすべきであります。大王様、これが、見習うべき鳩の一支分であります。

大王様、また、諸天の中の天である幸有るお方は、『小ナーラダ本生経』で、次の偈頌を説かれました。

『他家にあれば、
飲食物を
適量食べ、適量飲み、
その色形に心を働かせてはならない』と。」

第五　梟

「ナーガセーナ長老殿、御貴殿は、『梟の二支分を見習うべきである』と仰いましたが、その見習うべき二支分とは何でありましょうか？」

「大王様、梟が、烏を仇敵とし、夜、烏の群れに入り込んで烏を殺すように、大王様、それと同じように、ヨーガ行者は、無明を仇敵とし、独坐し、無明を粉砕し根こそぎ断ずべきであります。大王様、これが、見習うべき梟の第一の支分であります。

大王様、さらにまた、梟が、独坐してよく静かに思索するように、大王様、それと同じように、ヨーガ行者は、独坐の思索を楽しみ、独坐の思索を歓ぶべきであります。大王様、これが、見習うべき梟の第二の支分であります。

大王様、また、諸天の中の天である幸有るお方は、勝れた『相応部』で、次のように説かれました。

『比丘たちよ、まさに、独坐の思索を楽しみ、独坐の思索を歓ぶ比丘は、これは苦であると目の当たりに見、これは苦の生起であると目の当たりに見、これは苦の消滅であると目の当りに見、これは苦が消滅する道であると目の当りに見るのである』と。」

第六　鶴

「ナーガセーナ長老殿、御貴殿は、『鶴の一支分を見習うべきである』と仰いましたが、その見習うべき一支分とは何でありましょうか？」

「大王様、たとえば、鶴が、鳴き声を発することで、仲間に安否を告げるように、大王様、それと同じように、ヨーガ行者は、人々に真理を説き示し、悪趣を怖れるべきであると説き示し、涅槃は安楽であると説き示すべきであります。大王様、これが、見習うべき鶴の一支分であります。

大王様、また、乞食するバーラドヴァージャ長老は、次の偈頌を説かれました。

『地獄の恐ろしさと、
涅槃の大いなる安楽と、
この二つを
ヨーガ行者は説き示すべきである』と。」

第七　蝙蝠

「ナーガセーナ長老殿、御貴殿は、『蝙蝠の二支分を見習うべきである』と仰いましたが、その見習うべき二支分とは何でありましょうか？」

「大王様、たとえば、蝙蝠が、家から出たり入ったりして飛び回るように、大王様、それと同じように、ヨーガ行者は、乞食のために村に入り、家を選ばず順に巡り、食を布施されたならば速やかに村を立ち去るべきであり、いつまでもそこに留まるべきではありません。大王様、これが、見習うべき蝙蝠の第一の支分であります。

大王様、さらにまた、蝙蝠が、他家にあっては、その家を害わないように、大王様、それと同じように、ヨーガ行者は、乞食で家々を巡るとき、しつこく乞うたり、幾度も欲しいと訴えたり、律に反する身体上の罪過を犯したり、余計なおしゃべりに耽ったり、訪れた家の家族の苦楽を無視し、それによって食を布施しないことでその家族に後悔の念を起こさせるべきではなく、その家族の生業を妨げるべきではなく、いかなる場合にも、その家族の繁栄を願うべきであります。大王様、これが、見習うべき蝙蝠の第二の支分であります。

大王様、また、諸天の中の天である幸有るお方は、勝れた『長部』の『三十二大相経』で、次の偈頌を説かれました。

『信頼、戒、
聞法、智慧、
布施、真理、
多くの善いこと、
財宝、穀物、
田畑、敷地、
子供たち、妻妾、
四つ足の家畜、
親族、朋友、
縁者、体力、
容色、福楽、
それらを人々が失わないようにと願い、
その人々の利益と繁栄を願うのである』と。」

第八　蛭

「ナーガセーナ長老殿、御貴殿は、『蛭の一支分を見習うべきである』と仰いましたが、その見習うべき一支分とは何でありましょうか？」

「大王様、たとえば、蛭が、どこであれ吸い付くときは強く吸い付いて血を吸うように、大王様、それと同じように、ヨーガ行者は、何であれ、心統一の対象を、その色形、その位置、その場所、その大きさ、特徴、有り様に沿ってありありと思い浮かべ、それによって解脱の美味を飲むべきであります。大王様、これが、見習うべき蛭の一支分であります。

大王様、また、アヌルッダ長老は、次の偈頌を説かれました。

『清浄な心をもって対象をありありと思い浮かべ、
その心をもって解脱の美味を飲むべきである』と。」

第九　蛇

「ナーガセーナ長老殿、御貴殿は、『蛇の三支分を見習うべきである』と仰いましたが、その見習うべき三支分とは何でありましょうか？」

「大王様、たとえば、蛇が、腹で進むように、大王様、それと同じように、ヨーガ行者は、智慧によって進むべきであります。大王様、ヨーガ行者が、智慧によって進むとき、心は正しい筋道を進み、出家らしからぬ身だしなみを避け、出家らしい正しい身だしなみを心掛けるべきであります。大王様、これが、見習うべき蛇の第一の支分であります。

大王様、さらにまた、蛇が、薬草を避けて進むように、大王様、それと同じように、ヨーガ行者は、悪事を避けて進むべきであります。大王様、これが、見習うべき蛇に第二の支分であります。

大王様、さらにまた、蛇が、人々を見つけると、苦しみ、憂い、どう逃げようかと思案を巡らすように、大王様、それと同じように、ヨーガ行者は、邪まな思い入れのために満足を得ないとき、『今日、わたくしは、怠けて過ごしてしまった。今日という日は、もはや得ることが出来ない』といって、苦しみ、憂い、正道に戻るにはどうすればよいかと思案すべきであります。大王様、これが、見習うべき蛇の第三の支分であります。

大王様、また、『バーラッティヤ王本生経』には、二人のキンナラ（緊那羅、人間の頭を持つ鳥）のことが、次の偈頌で説かれております。

『猟師さん、わたくしたちは互いを思いやりながらも、
不本意ながら、ある夜、別れました。
その一夜を後悔しながら、
「その夜は、もはや得ることが出来ないであろう」と、
わたくしたちは憂えるのです』と。」

第十　大蛇

「ナーガセーナ長老殿、御貴殿は、『大蛇の一支分を見習うべきである』と仰いましたが、その見習うべき一支分とは何でありましょうか？」

「大王様、たとえば、巨大な大蛇が、たとい幾日も空腹で情けない思いをするとき、腹いっぱいの餌で腹を満たすことがなくとも、わずかに体を養うに足るだけの餌で生き延びるように、大王様、それと同じように、ヨーガ行者は、

乞食行で、他人から食を受けるにあたって、他人に期待をかけたり、自分から食を得にかかることを控えなければならないため、腹いっぱいの食を得ることが難しい。しかし、ものの道理を知っている善男子は、四、五握りの食が得られないならば、水で腹を満たすべきであります。大王様、これが、見習うべき大蛇の一支分であります。

大王様、また、真理の将軍サーリプッタ長老は、次の偈頌を説かれました。

『水分の多い食べ物も、少ない食べ物も、
食べるにさいして食べ過ぎてはならない。
比丘は、空腹でも適量を超すことなく食べ、
正念をもって遊行しなさい。
四、五握りの食がえられないならば、
水を飲みなさい。
ひたすら励む比丘にとって、
安楽に過ごすにそれで十分である』と。」

まとめ。
「獅子、鴛鴦、ペーナーヒカー鳥、鳩、
梟、鶴、蝙蝠、蛭、蛇、大蛇、
以上が第五章の内容である。」

第五章終わる。

第六章

第一　土蜘蛛

「ナーガセーナ長老殿、御貴殿は、『土蜘蛛の一支分を見習うべきである』と仰いましたが、その見習うべき一支分とは何でありましょうか？」

「大王様、たとえば、土蜘蛛が、道端に網を張り、その網にかかった虫、蠅、蛾を捕らえて食べるように、大王様、それと同じように、ヨーガ行者は、六つの感官の門に四念処の網を張り、それに罹った煩悩の蠅を捕えてその場で殺すべきであります。大王様、これが、見習うべき土蜘蛛の一支分であります。

大王様、アヌルッダ長老は、次の偈頌を説かれました。

『六つの感官の門で、
最上の四念処によって心を制御しなさい。
いかなる煩悩であれ、そこで捕らえられたならば、
観察に徹する者は、それを殺すべきである』と。」

第二　乳飲み子

「ナーガセーナ長老殿、御貴殿は、『乳飲み子の一支分を見習うべきである』と仰いましたが、その見習うべき一支分とは何でありましょうか？」

「大王様、たとえば、乳飲み子が、自分のためになることだけに固執し、母乳を求めて泣くように、大王様、それと同じように、ヨーガ行者は、自分のためになることだけに固執し、説示し、質問し、正しい準備の行（加行）を積み、世間から遠く離れ、師と起居を共にし、善友と交わることのあらゆることを通して、真理の智慧を得るために修行すべきであります。大王様、これが、見習うべき乳飲み子の一支分であります。

大王様、諸天の中の天である幸有るお方は、『長部《じょうぶ》』の『マハーパリニッバーナ・スッタンタ（大般涅槃経《だいはつねはんぎょう》）』で、次のように説かれました。

『アーナンダ君、さあ、君たちは、自分の利益のために励みなさい。自分の利益に専心しなさい。怠ることなく励みなさい』と。」

第三　斑点のある亀

「ナーガセーナ長老殿、御貴殿は、『斑点のある亀の一支分を見習うべきである』と仰いましたが、その見習うべき一支分とは何でありましょうか？」

「大王様、たとえば、斑点のある亀（陸棲の亀）が、水が怖いため、水を避けて這い回り、そして、水を避けるがために生命力が衰えないように、大王様、それと同じように、ヨーガ行者は、放逸を畏れ、不放逸の勝れた徳を見るべきであります。すると、その者は、放逸を畏れるがために、沙門果から退転することなく、涅槃に向かうのでありますす。大王様、これが、見習うべき斑点のある亀の一支分であります。

大王様、また、諸天の中の天である幸有るお方は、『ダンマパダ（法句経）』で、次の偈頌を説かれました。

『不放逸を楽しみ、
放逸を畏れる比丘は、
退転することなく、
涅槃をまっしぐらに目指すのである』と。」

第四　林

「ナーガセーナ長老殿、御貴殿は、『林の五支分を見習うべきである』と仰いましたが、その見習うべき五支分とは何でありましょうか？」

「大王様、たとえば、林が、不浄な人々を隠すように、大王様、それと同じように、ヨーガ行者は、他人の罪や罪過を隠すべきであり、暴くべきではありません。大王様、これが、見習うべき林の第一の支分であります。

大王様、さらにまた、林には多くの人々がいないように、大王様、それと同じように、ヨーガ行者には、貪瞋癡や高慢や邪見の網とすべての煩悩がなくあるべきであります。大王様、これが、見習うべき林の第二の支分であります。

大王様、さらにまた、林が、世間から遠く離れ、人々に妨げられないように、大王様、それと同じように、ヨーガ行者は、諸々の悪行や聖者ならざる者たちから遠く離れるべきであります。大王様、これが、見習うべき林の第三の支分であります。

大王様、さらにまた、林が、寂静にして清浄であるように、大王様、それと同じように、ヨーガ行者は、寂静にして清浄であるべきであり、清涼にして慢心は捨てられ、偽善が捨てられてあるべきであります。大王様、これが、見倣うべき林の第四の支分であります。
　大王様、さらにまた、林が、聖者たちによって好んで利用されるように、大王様、それと同じように、ヨーガ行者は、聖者たちと交わるべきであります。大王様、これが、見習うべき林の第五の支分であります。
　大王様、また、諸天の中の天である幸有るお方は、勝れた『相応部』で、次の偈頌を説かれました。
『比丘は、世間を遠く離れた者、聖者、励む者、
心統一を為す者、精進に務める者、
および賢者と常に起居を共にすべきである』と。」

第五　樹木

「ナーガセーナ長老殿、御貴殿は、『樹木の三支分を見習うべきである』と仰いましたが、その見習うべき三支分とは何でありましょうか？」
「大王様、たとえば、樹木が、花と実をつけるように、大王様、それと同じように、ヨーガ行者は、解脱の花と沙門の実をつけるべきであります。大王様、これが、見習うべき樹木の第一の支分であります。
　大王様、さらにまた、樹木が、そのもとにやって来た人々に日陰を与えるように、大王様、それと同じように、ヨーガ行者は、そのもとにやって来た人々に、物心のもてなしで歓待すべきであります。大王様、これが、見習うべき樹木の第二の支分であります。
　大王様、さらにまた、樹木が、そのもとにやって来る人ごとに差別なく日陰を与えるように、大王様、それと同じように、ヨーガ行者は、すべての生類に差別的に当たるべきではありません。盗賊にたいしてであろうと、殺人犯に対してであろうと、敵対者にたいしてであろうと、さらに自分自身にたいしてであろうと、『願わくは、生類たちが怨みなく、瞋りなく、禍なく、幸福に自身を護りますように』と願い、差別なき平等の慈しみの心を学修すべきであります。大王様、これが、見習うべき樹木の第三の支分であります。
　大王様、また、真理の将軍サーリプッタ長老は、次の偈頌を説かれました。
『ブッダを殺害しようと企んだデーヴァダッタにたいしても、
盗賊アングリマーラにたいしても、
凶暴なダナパーラ象にたいしても、愛児ラーフラにたいしても、
聖者ブッダは、すべての者にたいして差別することなく平等である』と。」

第六　雨雲

「ナーガセーナ長老殿、御貴殿は、『雨雲の五支分を見習うべきである』と仰いましたが、その見習うべき五支分とは何でありましょうか？」

「大王様、たとえば、雨雲が、生じた塵を鎮めるように、大王様、それと同じように、ヨーガ行者は、生じた煩悩の塵を鎮めるべきであります。大王様、これが、見習うべき雨雲の第一の支分であります。

大王様、さらにまた、雨雲が、地上の熱を消すように、大王様、それと同じように、ヨーガ行者は、慈しみの行によって、諸天や人々を清涼にせしめるべきであります。大王様、これが、見習うべき雨雲の第二の支分であります。

大王様、さらにまた、雨雲が、すべての種子を芽生えさせるように、大王様、それと同じように、ヨーガ行者は、生類すべてに信頼を喚起し、その信頼の種子を、天に生まれ変わる結末、人間に生まれ変わる結末、第一義の涅槃の安楽に至る結末、以上の三つの結末にまで芽生え育てるべきであります。大王様、これが、見習うべき雨雲の第三の支分であります。

大王様、さらにまた、雨雲が、雨期に雨を降らし、地上に繁茂する草、樹木、蔓草、灌木、薬草、林を護るように、大王様、それと同じように、ヨーガ行者は、心を正しく働かせ、それによって沙門の務めを護るべきであります。すべての善行は、正しい心の働きを根本とするからであります。大王様、これが、見習うべき雨雲の第四の支分であります。

大王様、さらにまた、雨が降れば、川、貯水池、蓮池、洞穴、岩の割れ目、池、窪地、井戸を、水の流れで溢れさせるように、大王様、それと同じように、ヨーガ行者は、伝承聖典（阿含経）に基づいて真理の雨を降らし、真理を体得しようとする人々の心を満たすべきであります。大王様、これが、見習うべき雨雲の第五の支分であります。

大王様、また、真理の将軍サーリプッタ長老は、次の偈頌を説かれました。

『たとい、十万ヨージャナ隔たっていようとも、
真理に目覚める人々を見るや、
ただちにそのもとに訪れ、
大牟尼（ブッダ）は、その者を目覚めさせるであろう』

と。」

第七　摩尼宝珠

「ナーガセーナ長老殿、御貴殿は、『摩尼宝珠の三支分を見習うべきである』と仰いましたが、その見習うべき三支

分とは何でありましょうか？」

「大王様、たとえば、摩尼宝珠が、ひらすら清浄であるように、大王様、それと同じように、ヨーガ行者はひたすら清浄な生活を送るべきであります。大王様、これが、見習うべき摩尼宝珠の第一の支分であります。

大王様、さらにまた、摩尼宝珠が、いかなるものとも交わらないように、大王様、それと同じように、ヨーガ行者は、悪人や悪友と交わるべきではありません。大王様、これが、見習うべき摩尼宝珠の第二の支分であります。

大王様、さらにまた、摩尼宝珠が、良質の宝と結びつくように、大王様、それと同じように、ヨーガ行者は、最上の生来の才に恵まれた人々と起居を共にすべきであります。聖者の位に向かった者、聖者の位に達した者、有学の沙門果を得た者、預流果を得た者、一来果を得た者、不還果を得た者、阿羅漢果を得た者、三明に通じた者、六神通を得た者と、このような沙門の摩尼宝珠と共に起居すべきであります。大王様、これが、見習うべき摩尼宝珠の第三の支分であります。

大王様、また、諸天の中の天である幸有るお方は、『スッタニパータ（経集）』で、次の偈頌を説かれました。

『みずから清浄な者となり、互いに思いやり、
清浄な人々と起居を共にせよ。
そこで、共に仲良く、聡明になり、
苦悩を終結せよ』と。」

第八　猟師

「ナーガセーナ長老殿、御貴殿は、『猟師の四支分を見習うべきである』と仰いましたが、その見習うべき四支分と何でありましょうか？」

「大王様、例えば、猟師が、あまり眠らないように、大王様、それと同じように、ヨーガ行者は、あまり眠らないようにすべきであります。大王様、これが、見習うべき猟師の第一の支分であります。

大王様、さらにまた、猟師が、鹿に心の狙いを定めるように、大王様、それと同じように、ヨーガ行者は、心統一を目指して対象に心の狙いを定めるべきであります。大王様、これが、見習うべき猟師の第二の支分であります。

大王様、さらにまた、猟師は、為すべき時を計るように、大王様、それと同じように、ヨーガ行者は、独坐して思索を巡らす時を計るべきであります。すなわち、『今は独坐して思索を巡らす時である、今はそこから退出すべき時である』と。大王様、これが、見習うべき猟師の第三の支分であります。

大王様、さらにまた、猟師が、鹿を見つけて、『これを生け捕りにしよう』とほくそ笑むように、大王様、それと同じように、ヨーガ行者は、心藤一の対象を大いに喜ぶべ

きであり、『わたくしは、これ以上の境地に至ろう』といって、ほくそ笑むべきであります。大王さま、これが、見習うべき猟師の第四の支分であります。

大王様、さらに、モーガラージャン長老は、次の偈頌を説かれました。

『ひたすら励む比丘は、
しかるべき道果を得て、なおも、心統一の対象に、
ますます喜びを憶えるべきである。
わたくしは、更なる上の境地を得よう』と。」

第九　漁夫

「ナーガセーナ長老殿、御貴殿は、『漁夫の二支分を見習うべきである』と仰いましたが、その見習うべき二支分とは何でありましょうか？」

「大王様、たとえば、漁夫が、釣り針で魚を釣り上げるように、大王様、それと同じように、ヨーガ行者は、智慧によって、今より上の沙門果を釣り上げるべきであります。大王様、これが、見習うべき漁夫の第一の支分であります。

大王様、さらにまた、漁夫が、小さな生き物を殺して餌にして大きな獲物を得るように、大王様、それと同じように、ヨーガ行者は、小さな世俗的な財を棄てるべきであります。大王様、ヨーガ行者は、小さな世俗的な財を放棄することで、大きな沙門果を得るのです。大王様、これが、見習うべき漁夫の第二の支分であります。

大王様、また、ラーフラ長老は、次の偈頌を説かれました。

『世俗的な財を棄て、
中身が空であること、顕わな特徴がないこと、
願うところがないこと、以上の三つの解脱（三解脱門）と、
預流・一来・不還・阿羅漢の四つの果と六神通とを得よ』と。」

第十　大工

「ナーガセーナ長老殿、御貴殿は、『大工の二支分を見習うべきである』と仰いましたが、その見習うべき二支分とは何でありましょうか？」

「大王様、たとえば、大工が、墨縄に沿って木材を切るように、大王様、それと同じように、ヨーガ行者は、勝者ブッダの教えに沿って戒の地に安立し、信頼の手で智慧の鋸を執り、煩悩を切るべきであります。大王様、これが、見習うべき大工の第一の支分であります。

大王様、さらにまた、大工が、木材の柔らかい部分を取り去り、芯となる材を得るように、大王様、それと同じよ

うに、ヨーガ行者は、世界は常住であるとする常住論、世界には週末があるとする断滅論、自己と身体が同一であるとする論、自己と身体が別物であるとする論、自他ともに最上のものであるとする論、無為は無用であるとする論、他人の努力は無益であるとする論、清浄な行いに専心する必要がないとする論、すべての生類が絶滅したあと新たな生類が出現するとの論、諸行（有為）は常住であるとする論、業を為した者が果報を受けるとする論、業を為した者と果報を受ける者とが異なるとする論、業の果報についての誤った見解、因果についての誤った見解など、さまざまの邪な思い込みの道を離れて、諸行（有為）のあるがままの姿である空性、つまり、動くことなく、中身がなく、絶対的に中身が空っぽであることを理解すべきであります。

大王様、これが、見習うべき大工の第二の支分であります。

大王様、また、諸天の中の天である幸有るお方は、『スッタニパータ（経集）』で、次の偈頌を説かれました。

『君の籾殻を吹き飛ばし、汚れを払え。
沙門でないのに沙門であると
思い込んでいる籾殻どもを追い払え。
邪な欲望があり、邪な行いを為し、
邪な生活を送る者たちを吹き飛ばせ。
自らは清浄な者となり、互いに思いやりながら、
清浄な人々と起居を共にせよ』と。」

まとめ。
「土蜘蛛、乳飲み子、斑点のある亀、林、そして第五に樹木、雨雲、摩尼宝珠、猟師、漁夫、大工、以上である。」

第六章終わる。

第七章

第一　水がめ

「ナーガセーナ長老殿、御貴殿は、『水がめの一支分を見習うべきである』と仰いましたが、その見習うべき一支分とは何でありましょうか？」

「大王様、たとえば、水がめが、水で満たされると、振っても音を出さないように、大王様、それと同じように、ヨーガ行者は、伝承聖典（阿含経）に通暁し、真理を体得し、真理の様々な教えに通じ、沙門果に至れば、余計な音を出すべきではなく、慢心をおこしてはならず、尊大ぶりを示すべきではありません。ヨーガ行者は、慢心、尊大さを棄てるべきであり、正直であり、無駄口をたたかず、他人を軽視すべきではありません。大王様、これが、見習うべき水がめの一支分であります。

大王様、また、諸天の中の天である幸有るお方は、『スッタニパータ（経集）』で、次の偈頌を説かれました。

『足りていないものは音を立てるが、
満ち足りたものはまったく静かである。
愚者は空っぽの水がめのようであり、
賢者は、水に満たされた池のようである』と。」

第二　鉄

「ナーガセーナ長老殿、御貴殿は、『鉄の二支分を見習うべきである』と仰いましたが、その見習うべき二支分とは何でありましょうか？」

「大王様、たとえば、よく鍛えられた鉄が、重いものを担うように、大王さま、それと同じように、ヨーガ行者は、正しい心の働きによって、一念発起したことを担います。大王さま、これが、見習うべき鉄の第一の支分であります。

大王様、さらにまた、鉄が、一度吸収した水を吐き出さないように、大王様、それと同じように、ヨーガ行者は、『かの偉大なる幸有るお方は、正しく目覚めたお方（仏）である。真理（法）は見事に説かれた。比丘の集団（僧）はよく実修した』という信頼が一度生ずれば、その信頼を吐き出すべきではありません。また、『色は無常である。受は無常である。想は無常である。行は無常である。識は無常である』という智慧が一度生ずれば、再びそれを吐き出すべきではありません。大王様、これが、見習うべき鉄の第二の支分であります。

大王様、また、諸天の中の天である幸有るお方は、次の偈頌を説かれました。
『智慧の洞察力で浄化され、
四聖諦によって聖者の位が確定し、昇進した者は、
畏れを抱くことなく、部分的にではなく、
全面にわたって最高の境地に達するであろう』と。」

第三　傘

「ナーガセーナ長老殿、御貴殿は、『傘の三支分を見習うべきである』と仰いましたが、その見習うべき三支分とは何でありましょうか？」
「大王様、たとえば、傘が、頭の上に差されて進むように、大王さま、それと同じように、ヨーガ行者は、諸々の煩悩の頭の上を進むべきであります。大王様、これが、見習うべき傘の第一の支分であります。
大王様、さらにまた、傘が、柄で支えられているように、大王様、それと同じように、ヨーガ行者は、正しい心の働きの柄で支えられるべきであります。大王様、これが、見習うべき傘の第二の支分であります。
大王様、さらにまた、傘が、風、暑熱、雨雲から降る雨を防ぐように、大王様、それと同じように、ヨーガ行者は、種々の異論を掲げる多くの沙門・バラモンの妄想の風、貪瞋癡の三つの暑熱、煩悩の雨を防ぐべきであります。大王様、これが、見習うべき傘の第三の支分であります。大王様、また、真理の将軍サーリプッタ長老は、次の偈頌を説かれました。
『たとえばまた、大きく広げられ、穴がなく、
強くて丈夫な傘が、
雨、暑熱、大雨を防ぐように、
ブッダの子も、
戒の傘を差し、清浄にして、
煩悩の雨と貪瞋癡の三つの火熱を防ぐ』と。」

第四　田畑

「ナーガセーナ長老殿、御貴殿は、『田畑の三支分を見習うべきである』と仰いましたが、その見習うべき三支分とは何でありましょうか？」

「大王様、たとえば、田畑が、用水路を具えているように、大王様、それと同じように、ヨーガ行者は、正しく行ずる者が為すべきあらゆる種類の修行徳目の用水路を具えるべきであります。大王様、これが、見習うべき田畑の第一の支分であります。

大王様、さらにまた、田畑が、畦を具えており、その畦によって水を流出しないように護り、穀物を実らせるよう

に、大王様、それと同じように、ヨーガ行者は、戒と慚愧の畦を具え、また、その戒と慚愧の畦によって沙門果を守り、預流・一来・不還・阿羅漢という、沙門の四つの位を捉えるべきであります。大王様、これが、見習うべき田畑の第二の支分であります。

大王様、さらにまた、田畑が、生産力を具えていれば、農夫を微笑ませ、種が少なくとも多くの収穫をもたらし、種が多ければなおさら多くの収穫をもたらすように、大王様、それと同じように、ヨーガ行者は、結果をもたらす力を具え、広大な果実を与える者であるべきであります。そうして、布施する人々を微笑ませ、布施されるものが少なくとも功徳を多く、布施されるものが多ければなおさら多くの功徳を与えるべきであります。大王様、これが、見習うべき田畑の第三の支分であります。

大王様、また、戒に精通した師であるウパーリ長老は、次の偈頌を説かれました。

『田畑のように、
大きな結果をもたらす者であれ。
農夫に大きな結果をもたらす者は、
まこと、勝れた田畑である』と。」

第五　解毒剤アガダ

「ナーガセーナ長老殿、御貴殿は、『解毒剤アガダの二支分を見習うべきである』と仰いましたが、その見習うべき二支分とは何でありましょうか？」

「大王様、たとえば、解毒剤アガダには虫が寄り付かないように、大王様、それと同じように、ヨーガ行者は、心に煩悩を寄り付かせるべきではありません。大王様、これが、見習うべき解毒剤アガダの第一の支分であります。

大王様、さらにまた、解毒剤アガダは、噛まれたり、触れられたり、見られたり、食べられたり、よく噛んで食べられたり、味わわれたりしたすべての毒を除くように、大王さま、それと同じように、ヨーガ行者は、貪瞋癡、高慢、邪見のすべての毒を除くべきであります。大王様、これが、見習うべき解毒剤アガダの第二の支分であります。

大王様、また、諸天の中の天である幸有るお方は、次の偈頌を説かれました。

『諸行（有為）のあるがままの姿を見ようとするヨーガ行者は、
解毒剤アガダで毒を除くように、
すべての煩悩の毒を除け』と。」

第六　食物

「ナーガセーナ長老殿、御貴殿は、『食物の三支分を見習うべきである』と仰いましたが、その見習うべき三支分とは何でありましょうか？」

「大王様、たとえば、食物が、すべての生類の支柱であるように、大王様、それと同じように、ヨーガ行者は、すべての生類の行くべき道の支柱となるべきであります。大王様、これが、見習うべき食物の第一の支分であります。

大王さま、さらにまた、食物が、すべての生類の体力を維持するように、大王様、それと同じように、ヨーガ行者は、功徳を維持すべきであります。大王様、これが、見習うべき食物の第二の支分であります。

大王様、さらにまた、食物が、すべての生類に望まれるように、大王様、それと同じように、ヨーガ行者は、すべての世の人々に望まれるべきであります。大王様、これが、見習うべき食物の第三の支分であります。

大王様、また、マハーモッガッラーナ長老は、次の偈頌を説かれました。

『自制により、勧められる行いにより、戒により、行により、
ヨーガ行者は、すべての世の人々に望まれるべきである』
と。」

第七　射手

「ナーガセーナ長老殿、御貴殿は、『射手の四支分を見習うべきである』と仰いましたが、その見習うべき四支分とは何でありましょうか？」

「大王様、たとえば、射手が、矢を放つとき、両足を踏ん張り、膝を伸ばし、矢の束を腰のくびれに置き、体を引き締め、両手を挙げて弓と矢を合わせ、拳を握り、指間を開けず、首を伸ばし、片眼と口を閉じ、狙いを定め、さあ射るぞとほくそ笑むように、大王様、それと同じように、ヨーガ行者は、戒の地に精進の足を踏ん張り、忍辱と柔和とを欠かさぬように気を付け、心を自制に置き、制御と勧められる行いに専心し、欲望と耽溺を抑え、正しい心の働きによって心に隙を与えず、精進し、六つの感官の門を閉じ、正念を確立して、さあ煩悩を智慧の矢で射るぞとほくそ笑むべきであります。大王様、これが、見習うべき射手の第一の支分であります。

大王様、さらにまた、射手が、曲がり、歪み、湾曲した矢を真っ直ぐにするために万力を用いるように、大王様、それと同じように、ヨーガ行者は、曲がり、歪み、湾曲した心を真っ直ぐにするために身念処の万力を用いるべきであります。大王様、これが、見習うべき射手の第二の支分であります。

大王様、さらにまた、射手が、的に意識を集中するように、大王様、ヨーガ行者は、自分の身体に意識を集中すべきであります。大王様、それはどのようにでありましょう

か？　諸行は無常であると、一切は苦であると、すべての事象（諸法）は我ならざるものであると、意識を集中すべきであります。病であると、疣であると、矢であると、痛みであると、自分とは別物であると、壊れるものであると、病感であると、禍であると、畏怖であると、災厄であると、不動ではないと、潰れるものであると、無常であると、救いのないところであると、避難所ではないと、帰依するところでないと、帰依する者がいないと、空空漠々であると、中身が空っぽであると、重篤であると、宛てにならないと、痛恨であると、殺戮するものであると、汚れの流れ出るものであると、有為であると、生まれるものであると、老いるものであると、病むものであると、死ぬものであると、憂いであると、悲しみであると、悶えであると、煩悩の汚れあるものであると、大王様、このように、ヨーガ行者は、自分の身体について意識を集中すべきであります。大王様、これが、見習うべき射手の第三のしぶんであります。

大王様、さらにまた、射手が、朝な夕な、弓術に意識を集中するように、大王様、それと同じように、ヨーガ行者は、朝な夕な、心統一の対象に意識を集中すべきであります。大王様、これが、見習うべき射手の第四の支分であります。

大王様、また、真理の将軍サーリプッタ長老は、次の偈頌を説かれました。

『射手が、朝な夕な、弓術に意識を集中し、
意識を集中することを止めず、
そして結果を獲得するように、
ブッダの子もまた、
自分の身体に意識を集中し、
自分の身体に意識を集中することを止めなければ、
阿羅漢果に至るのである』と。」

射手についての問い、終了。

結語

以上、二十二章で構成された六部で、ここに伝えられた二百六十二に上るミリンダ王の問いは終了した。しかし、伝えられていない問いが、四十二ある。伝えられたものとそうでないものを合わせると、三百四の問いになり、みな、「ミリンダ王の問い」と名付けられる。

王と長老との問答が終わったとき、八百四十万ヨージャナの広さのこの大地が、海岸に至るまで六度震動し、電光が閃き、諸天は天の花と雨を降らせた。大梵天は、「素晴らしいことだ！」と叫び、海の底では、雷鳴の轟にも似た

大きな音が生じた。そうして、ミリンダ王も、家臣で長老とは見解を異にしていたギリシア人たちの群れも、長老に、合掌し、頂礼した。

ミリンダ王は、大いに喜び、慢心をよく翻し、ブッダの教えが嘘偽りのないものであると考え、仏法僧の三宝への疑念を払い、邪見の藪を離れ、頑迷さを棄て、長老の徳、出離、よい修行道、作法に大いに信頼を寄せ、敬意を払い、執著を離れ、高慢と尊大さを棄て、龍王が牙を抜かれたかのように、次のように語った。

「分かりました。もっともであります。ナーガセーナ長老殿、ブッダを巡る余の問いは、御貴殿によって明快に解かれました。ブッダの教えを巡る余の問いを解明できる人として、真理の将軍サーリプッタ長老を除き、御貴殿に匹敵する人はおりません。ナーガセーナ長老殿、どうか余の無礼をお許しください。ナーガセーナ長老殿、余を優婆塞としてお認めください。今より後、命の尽きるまで帰依いたします」と。

それから、王は、軍隊とともにナーガセーナ長老に恭しくかしずき、ミリンダという名の精舎を作って長老に寄進し、四種の生活必需品をもって、ナーガセーナ長老と、煩悩の汚れを滅尽した十億の比丘たちに供養した。

その後、また長老の智慧に感激して改めて信頼を寄せることがあり、王子に王国を譲り、出家し、勝れた観察を重ねて、ついに阿羅漢果に達した。

そこで、次のような偈頌が説かれるのである。

「智慧は、世界で賞讃される。
正しい教えを確立する議論も賞讃される。
智慧によって疑念を断ち切り、賢者たちは涅槃を得る。
智慧を身に具え、正念を欠くことのない者こそ、
勝れた供養を受けるに値する最高にして最上の人である。
それゆえ、賢者は、自身の利益を正しく見て、
智慧ある人を供養すべきである。
それはあたかも、祠堂が供養されるようなものである。」

ミリンダ王とナーガセーナ長老との問答の書はこれで終了した。

本書の見るべき論点――あとがきに代えて

宮元啓一

Ⅰ　古代ギリシア哲学思想の北西インドへの流入

西暦紀元前三二七年、イラン制覇の勢いに乗って、マケドニアのアレクサンドロス大王は、インドに侵攻し、インダス川を越えた。インド側のナンダ朝マガダ国は悪戦苦闘し、アレクサンドロス大王は、将兵たちの不満を抑えきれずにインドから撤退し、前三二三年にバビロンで病死した。辛うじて持ちこたえたとはいえ、ナンダ朝の疲弊は甚だしく、間もなく滅亡、前三一七年、マウリヤ朝に取って代わられた。

アレクサンドロス大王が進軍した幾つもの経路には、兵站となる基地が設けられ、その中でも重要度の高い基地が、アレクサンドリアと名付けられた。大王が撤退した後も、そこを拠点としながらギリシア人たちは、広く分布するようになった。

メナンドロス（ミリンダ王）は、現アフガニスタンの首都カーブルの少し北にあるアレクサンドリアの近くで生まれ育ったとみずから語っている。また、インダス川の中流域にも、アレクサンドリアと名付けられた都市が、アレクサンドロス大王撤退後も、百年ほどは残存した。

前二五〇年頃、アフガニスタンの北部、バクトリア地方で、ギリシア人の王国（バクトリア王国）が確立され、次第に強大化し、北西インドにも勢力を伸ばしていった。後、王国はアフガニスタンの領土を失うが、拠点をインダス川中流域、パンジャーブ地方に移した。前一六三年頃に即位したメナンドロス（ミリンダ王）は、陸路と海路との東西交易の要衝にあるという地の利を活かし、空前の繁栄を王国にもたらした。王の横顔が刻印された金貨が、遺跡から大量に発掘されていることからも、その繁栄ぶりがよく窺われる。

インド側はと言えば、前一八〇年頃、マウリヤ朝が滅びた。アレクサンドロス大王軍が撤退してからは、バクトリア王国、セレウコス朝シリア、パルティア、サカ（塞）族、トハラ族、後には大月氏（クシャナ）族が、次々と北西、北インドに侵攻を繰り返したため、長らくインドには、広い版図を持つ強大な国は出現することがなかった。

さて、哲学者にして大博物学者であったかのアリストテレスを家庭教師とし、その薫陶をたっぷりと受けたアレクサンドロス大王は、遠征するにあたって、大人数の哲学者、博物学者を後に従え、後にアレクサンドリアと名付けられる兵站基地を拠点に、大規模で緻密な調査、文物の蒐集、研究を行わせた。

メナンドロス（ミリンダ）王も、それに倣い、国内を視察するにあたって、多方面の学者を引き連れて回った。本書『ミリンダ王の問い』では、五百人のギリシア人を引き連れてとあるが、その中には、多数の哲学者たちがいた。王は、その哲学者たちと常に議論をかわすことで、思索力と論争術を磨き、インドの論客たちを片端から論破出来るようになった。

さて、インド側では、特に北西、西インドという、すでにギリシア系住民が多数展開していた地方で、ギリシア哲学思想に影響を受けた思潮が広く勃興したとしても、少しもおかしくない。

その中で、後のインド哲学史に大きな影響を及ぼしたものとして、仏教の説一切有部と、バラモン教側のヴァイシェーシカ学派とが特筆される。

結論を先取りすれば、ギリシア哲学を土台としていたミリンダ王が対論した説一切有部の論師ナーガセーナは、すでに発想の基礎にギリシア哲学（アリストテレスのカテゴリー論とデモクリトスの原子論）を据えていたのである。両者の対論が多岐にわたりながら、しかもかなりのスピードで行われたというのは、両者の哲学的な発想法の間に、越えがたい溝がさしてなかったということを意味する。

Ⅱ　カテゴリー論と原子論

アリストテレスは、述語論理学（いわゆる三段論法）に用いられる命題を、主語と述語とより成るものとした。すなわち、あらゆる命題は、「AはBである」として分析の対象としたのである。この「AはBである」は、存在論の最初の形態としては、みな、「これは～である」に還元される。この「～」が基本的な述語（カテゴリアイ）であり、それは、実体、性質、運動などの十種類あるとした。これが、アリストテレスの十カテゴリー論である。

アリストテレスは、壮大な博物学の体系を目指したが、その基本は分類学である。実体の分類学の基本は、二分法（AかAでないものか）と、種と類とによるヒエラルキー体系（それ以上の上位概念としての類がないものこそが、実体の頂点をなす普遍としての神であるとされる）である。

デモクリトスの原子論は、パルメニデスの有の哲学（有るものは、本体論的には、永遠に有り続けるものであり、変化したり、生じたり滅したりするように見えるのは、本体の幻影である現象に惑わされた感覚による錯覚に過ぎないとする）に、本体論的には逆らうことなく、現象が、幻惑ではなく生滅変化するものであるとして登場した。

すなわち、物にはそれ以上分割出来ない（アトム）単位、部分を有しない単位があり、永遠にして不変であるが、それが中身が詰まっていない空虚の中を動いて互いに結合したり分離したりすることで、現象的な生滅変化が生ずるのだと説明したのが、原子論である。ちなみに、なぜ物は物理的に無限に分割出来るのではなく、それ以上分割出来ない最小の単位があるのかと言えば、もしも物が無限に分割出来るならば、小さな豆も、大きな山も、どちらも無限個の部分よりなるものであることになり、大小の説明が付かなくなるからである、と説明される。

Ⅲ　説一切有部とヴァイシェーシカ学派

説一切有部は、根本分裂で成立した上座部の流れを汲むもので、成立の当初から北西インドに展開していた。この部派の教説を展開する論書は、現在知られる限り、西暦紀元後になってからのものばかりである。古来の伝承によれば、『発智論』や、「〜足論」と称される六つの論書（六足発智）への大註釈書である『大毘婆娑論』は、多くの異論、複雑な議論を網羅したものであるが、あまりにも厖大な量にのぼるため、この部派の学問僧には大きな負担であった。そこで、後四世紀にヴァスバンドゥ（世親）が、これを超絶的に少ない偈頌《げじゅ》で要約し、さらに、この部派の学問僧たちに乞われて、これまた簡潔な散文による自註を著わした。玄奘は、この、根本の偈頌と自註とを合わせて漢訳した。これが、『阿毘達磨俱舎論』である。

説一切有部の学説の基本は、この世親の論書を見る限り、五位七十五法にある。五位とは、経験的に知られるすべての事象（ダルマ、法）の五分類で、色（身体、あるいは身体を構成するもの）、心、心所（心の働き）、心不相応（身体でも心でもない諸原理)、無為(作られたのではないもの、虚空など)であり、七十五の事象が、厳密な定義づけのもと、この五つのクラスの中に収められる。まさに、アリストテレス流のカテゴリー論の説一切有部版である。

「経験的に知られるすべての事象」と言ったが、もう少し順を追って言えば、「経験的に知られるすべての有るもの(有)」は、この部派にあっては、常住不変の真に有るもの(実有)と、千変万化する名称の上だけで有るもの(施設有、仮有)とに分類される。この実有こそが原子であり、施設有は、原子である実有が離合集散して我々に現れるいわゆる現象に他ならない。本体的に有る実有、これがこの部派の狭義の「ダルマ、法」であり、わたくしは、これを「原子事象」と訳すべきであると考える。後に七十五法と数えられる法は、すべて、この原子事象である。

本体としての原子事象と、名称の上だけの現象としての仮の事象、これは、真理(諦)のレヴェルとしては異なるので、原子事象にまつわる真理は勝義諦、第一義諦、真諦であり、仮の事象にまつわる真理は世俗諦であるとされる。この分類は、二諦説と呼ばれるが、わたくしが知る限り、これが出てくる最初の文献こそ、この『ミリンダ王の問い』なのである。

ヴァイシェーシカ学派のカテゴリー論と原子論については、ここでは説明を省く。この学派の初期主要文献の以下の全訳を参照されたい。

カナーダ編/チャンドラーナンダ註(宮元啓一訳註)『ヴァイシェーシカ・スートラ――古代インドの分析主義的実在論哲学』臨川書店、二〇〇九年。

Keiichi Miyamoto, *The Metaphysics and Epistemology of the Early Vaiśeṣikas*, Pune: Bhandarkar Oriental Research Institute, 1996(玄奘訳『勝宗十句義論』の校訂と英訳を含む。)

宮元啓一『牛は実在するのだ!――インド実在論哲学『勝宗十句義論』を読む』青土社、一九九九年。

Keiichi Miyamoto, *Daśapadārthī —— An Ancient Indian Literature of Thoroughly Metaphysical Realism* 勝宗十句義論, Rinsen Book Co., 2007.

宮元啓一『インドの「多元論哲学」を読む――プラシャスタパーダ『パダールタダルマ・サングラハ』』春秋社、二〇〇八年。

なお、ミリンダ王とナーガセーナが対論したバクトリア王国全盛期に、ヴァイシェーシカ学派の開祖が、その地域で活躍したと思われる。その開祖の名は、カナーダとも、カナブジュとも、カナバクシャともいうが、原義は「小さな粒を食う人」である。この「小さな粒」を「原子」と考えれば、まさに「原子で身を立てる人」、そのものずばり「原子論者」を意味する。また、この人物には、「梟《ふくろう》」を意味する「ウルーカ」との別称もある。梟は、ギリシア神話では、智慧の女神アテナイのお使いである。カナーダは、付き合いのあるギリシア人哲学者たちから、「あなたは、智慧の女神アテナイのお使いの梟のように賢明である」として、そのような綽名が付けられたとするのが、もっとも理に適っている。

Ⅳ　真実のことばの驚異的な力で大願を成就する――菩薩行の称揚

ヴェーダの宗教では、ヴェーダ聖典のことばは、まず、「ブラフマン」と呼ばれる。これは、「膨脹する」を意味する動詞語根「ブリフ」から派生した名詞で、「膨脹して世界の諸事象を創る力を有するもの」を意味する。

また、ヴェーダ聖典のことばは、「マントラ」と呼ばれる。これは、「思考する」を意味する動詞語根「マン」に、その拠り所を示す接尾辞「トラ」が付けられた名詞で、「世界がいかなるものであるかを考えるさいの拠り所」であることを意味する。世界はヴェーダ聖典のことば通りに出来ているのであるから、世界を知るためにはヴェーダ聖典のことばそのものを知ればよいというわけである。ヴェーダ聖典のことばは、そのことば通りに、違うことなく、世界を創る力を有するというわけである。これは、「真言」「呪」と漢訳され、後七世紀に開花した密教で最重要視される。

さらにまた、ヴェーダ聖典のことばは、そのことば通りにものを「有る（サット）」ようにせしめる性質を有する（ヤ）ことば、違うことのない真実のことば（サッティヤ）であるとも言われる。

よく、ヴェーダの宗教では、世界の根源はブラフマン（梵）であると言われるが、これは、いわゆる「物」ではなく、「ことば」なのである。ことばが世界を創る力を有する、この、哲学的には唯名論を支える生活実感が、ヴェーダの宗教の根底にあるのである。

ところが、前六世紀中ごろ、仏教の開祖ゴータマ・ブッダが活躍したころ、出家修行者たちは、「沙門」と「バラモン」に大別された。「バラモン」修行者は、基本的に、ヴェーダ聖典に根を下ろした人々であるが、これに対し、「沙門」たちは、バラモン階級が支配するヴェーダの宗教とはまったく価値観を異にするところで活躍した。よって、沙門を自称したゴータマ・ブッダが開いた仏教は、ことばが世界を創るという考えとは無縁であったし、そもそも、世界の始まりは何かという問題には関心がなかったし、そうした問題に足を踏み入れて果てしない水掛け論、勝ち負けの煩悩にまみれることに陥ることを厳しく戒めた。

ミリンダ王とナーガセーナが対論を交わした前二世紀半ばを遡る二百年近くから、ゴータマ・ブッダの偉業を讃える機運が盛り上がり、仏跡・仏塔・祠堂崇拝が盛んとなり、ゴータマ・ブッダの伝記文学（仏伝）が次々と作成された。また、ゴータマ・ブッダが今生のわずか数年の出家修行で修行完成者阿羅漢となり、解脱し、智慧をもって目覚めた人ブッダになられたのは、じつは、前生で、「菩薩」として数え切れないほどの素晴らしい修行を積んで来られたからであるということに、人々は大いに魅了されるようになった。

菩薩は、目覚めた人ブッダとなり（自利）、衆生救済の絶大な力を発揮できること（利他）を目指して修行するのであるが、それは、仏教の開祖ゴータマ・ブッダの、身心を慎み、経験的に知られることがらを徹底的に観察し、智慧を得ることに進むという、出家たる比丘の集団に身を置き、戒定慧の三学に邁進する、というものではまったくない。

菩薩は、自利と利他を目指すために、たとえば布施とか忍辱とかの修行徳目を選び、それを目指すことを、およそ常人では完遂しがたい誓いのことば（誓願）を立て、いかなる困難にも屈することなくそれを守り抜いた。やがて、そのことばは、ヴェーダ聖典のことばに匹敵する驚異的な実現力を持つにいたり、かくして菩薩は、違うことのない真実のことばとなったみずからの誓願のことばの力により、大願を成就するとされるのである。

『ミリンダ王の問い』の中には、一介の下級娼婦が、しがないみずからの誓いを完遂したことにより、その違うことのない真実のことばの驚異的な力によって、大ガンジス川を逆流させたというエピソードが紹介されている。

これは、大乗仏教起源論そのものに連なる話であるが、初期の仏教とは無縁の、ことばが世界を創るという太古のヴェーダの宗教の底流をなす思潮が、比丘の集団に属する沙門ではなく、ごくわずかな戒律を持し、集団生活とは無縁の家庭生活を送りながらも、讃仏に邁進した法師（サンスクリット語で「ダルマ・バーナカ」、「ブッダの教えを、ラッパを奏するように吹聴する人」の意）を、ブッダの徳をひたすら讃えてやまない「讃仏乗」の立役者としたこと。そして、ヴェーダ聖典を至高のものとし、社会の最高位にあるバラモンたちの指導のもとに日常生活を送る一般大衆の心情が、そのまま仏教に持ち込まれたことに由来するのである。

平川彰先生は、かつて、大乗仏教の起源を、仏塔崇拝で活躍する法師の活躍に求めた。わたくしも、その説を支持する。ただ、平川先生が、あくまでも、大乗の思想を、仏教の開祖ゴータマ・ブッダの教えに求めようとしたことは、まったく支持できない。

くだくだしい話はここではしない。本書を通読すれば、この書が、初期大乗仏教出現前夜の様相を色濃く持つことがよく分かると思う。

アレクサンドロス大王が侵攻したことをきっかけに、インドでは、実に千年近く、インド側の強大な国が出現することなく、西方から、異民族が入れ替わり立ち替わり侵攻し、無秩序と暴力の混沌の中で、人々が、絶対的な救済の道を切実に求めたであろうことは想像に難くない。

讃仏乗から初期大乗仏教へ、一連の熱気あふれる思潮が育っていった。その思潮のみなぎっていく有り様をわたくしたちは、この『ミリンダ王の問い』の中に見出すことが出来るであろう。

＊＊＊＊＊

なお、『ミリンダ王の問い』は、今も上座部が伝えるパーリ語仏典であるが、おそらく、一つには、これが、ゴータマ・ブッダが直に誰かに語りかけているものではないこと、また、ゴータマ・ブッダ以来の仏教の教えについて議論しているとはいえ、ナーガセーナが対論している相手であるミリンダ王は、もちろん、仏教内部の学問僧ではなく、かつ順序だった体系的な問答となっているわけでもないこと、二つには、説一切有部は、上座部の流れをよく汲む部派ではあるけれども、生粋の上座部の文献というわけでもないこと、この二つの事情により、パーリ語の三蔵（三つの籠、ピタカ）に収められず、蔵外の文献の扱いを受けているのである。百年ほど前、ＰＴＳ（パーリ語テクスト協会）がパーリ語仏典のローマ字テクストを精力的に刊行する中で、本書の翻訳を手掛けたヨーロッパの学者はいるにはいたし、中村元先生と早島鏡正先生による和訳が五十年以上も前に刊行されたとはいえ、哲学思想史的な観点で真っ向から考究する研究が余りにも乏しい状況のまま、今日に至っている。ましてや、初期大乗仏教成立史を視野に置いた考究は、わたくしの知る限り皆無に等しいといってよいであろう。

今回のわたくしの仕事をきっかけに、本文献の大胆にして緻密な研究が本格的に稼働することを願ってやまない。

令和二年（二〇二〇年）晩秋

東京は中野区の北の辺境にて　訳者識す

宮元啓一（みやもと・けいいち）
1948 年生まれ。東京大学で博士（文学）号を取得。
現在、國學院大學名誉教授、公益財団法人中村元東方研究所が運営する東方学院の講師。
著作に、『インド哲学七つの難問』（講談社選書メチエ）、『仏教誕生』（講談社学術文庫）、『仏教かく始まりき　パーリ仏典『大品』を読む』『インド哲学の教室』（春秋社）、『わかる仏教史』『ブッダが考えたこと』（角川ソフィア文庫）、『勝宗十句義論』（臨川書店）など。

新訳　ミリンダ王の問い――ギリシア人国王とインド人仏教僧との対論

2022 年 2 月 20 日　初版第 1 刷発行
2023 年 6 月 15 日　初版第 2 刷発行

著者――――宮元啓一
発行者―――平田　勝
発行――――花伝社
発売――――共栄書房
〒 101-0065　東京都千代田区西神田 2-5-11 出版輸送ビル 2F
電話　03-3263-3813
FAX　03-3239-8272
E-mail　info@kadensha.net
URL　https://www.kadensha.net
振替　00140-6-59661
装幀――――佐々木正見
印刷・製本――中央精版印刷株式会社

ISBN978-4-7634-0998-0　C0015